学校で習わない日本の近代史

なぜ戦争は起こるのか

横内則之

Noriyuki Yokouchi

文芸社

はじめに

二〇〇八年九月から四カ月間、かねてから興味のあった「地球一周の船旅」に参加する機会があった。乗客約七百人のうち約半数がリタイア組で、残りは二十～三十歳代の若者という構成であった。今回はこの船旅催行二十五周年ということで、特別企画として広島・長崎の被爆者百余名が同乗しており、その交流を通じて特異な体験をした。この船に乗っている若者は、同世代の平均像に比べると社会に対する見方も問題意識も高い方ではあるが、最近の学生は日本史を学ばない人が増えており、何しろ六十年前に日本とアメリカが戦ったことすら知らない大学生が二〇パーセントもいるといわれる時代なので、これらの若者に近代日本の生みの苦しみと覇権《はけん》国家への暴走、そして自滅への道を知ってもらうことは、これからの日本を担う彼ら彼女らにとって是非必要なことと思い、『日本の近代（明治維新から東京裁判まで）を語る会』というタイトルで、船内での自主企画講座を開くこととした。

この中で私が特に言いたかったことは二つである。

一つ目は、〝なぜ無謀なあの戦争をしたのか〟ということである。誰でも戦争はしたくないし、平和がいいに決まっている。しかしながら、物事には表もあれば裏もあり、何かを為《な》すにはそれなりの理由がある。歴史というのは往々にして勝者が作るもので、それは明治政府が江戸時代をどう評価したかを見れば明らかである。また、軍国主義や戦争から被害を受けた者は、その反動で、その時代のことをすべて否定し、それに異を唱える者を保守反動として頭から拒絶してきた。こうした考え方は、ＧＨＱ

（連合国軍総司令部）の占領政策と相まって、戦後長く正統の立場を堅持してきた。しかしながら、事実を無視し、偏った見方でつじつまを合わそうとするのは、公正を欠くし、真の問題解決にはならない。異質な見方を受け付けないのは、時の政府に異を唱える者を一網打尽《いちもうだじん》に排斥した戦前のやり方と何ら異なるところはない。言論は、自由でなくてはならない。

また、外国からは、未だに歴史認識の無さが指摘されるにもかかわらず、自国およびその周辺国に及ぼした重大な事実を、『知らない、教えない、知ろうとしない』で安穏な日常生活に浸っている現状は、外国から軽蔑されるだけでなく、無責任の誹《そし》りを受けても致し方のないことである。

『戦争はなぜ起こるのか？』その真の原因を深く追求し、その根本対策を講じなければ、有史以来連綿《れんめん》と続いてきた戦争をそう簡単に防止することはできない。平和は、念仏のように唱えるだけで実現できるものではない。『南無阿弥陀仏《なむあみだぶつ》』と唱えるだけで極楽へ行けるのならそれに越したことはないが、本当に極楽に行くには、現世《げんせ》でそれなりの努力をしなければならない。

二つ目は、明治以来、世界情勢の変化に揉《も》まれながら、ほんの数世代前の人たちが、近代国家建設のためにどんなに大変な苦労をし頑張ってきたかを、これからの時代を担う若い世代に知ってもらい、元気を出してもらいたいということである。明治以来の対外膨張政策で、非難されることも多々あるが、日本人的な倫理観、美学の下に、志を貫いていった先人の生きざまは、たとえ時空を超えても普遍的に通用するものがある。

これから増えていく外国との交流の中で、自分や自国のアイデンティティー（独自性）を持たない者は尊敬されず、信用もされない。それ故に、自国の歴史と文化を知るということは、グローバルの時代にこそ不可欠なことである。

すでに戦後六十年が経過し、敗戦の呪縛《じゅばく》から逃れ、また諸外国の秘密情報の公開が進む中で次々と新しい事実が明らかになりつつあり、これまでよりも広い観点から歴史を見直すことができるようになっている。ここで日本の近代史を、善きにつけ悪しきにつけ公正に再評価し後世に伝えることは、現代に生きる者の務めである。

この講座で気をつけたことは、個々の出来事を専門的に詳細に述べることよりも、一般人の目から見て、出来事の背景や全体像・流れが体系的にわかるようにすることと、できるだけ事実を紹介して、興味のある方はそれを糸口に自分で調べることができるようにすること、そして平易に述べることであった。本稿は、船内の自主企画講座で十二回にわたって話したことに、加筆訂正したものである。

ところで、幕末前後の日本人について、欧米人がどのように見ていたかは興味のあるところである。一八五三年に、日米通商を求めて浦賀に来航したペリーは、シーボルトの『日本』を事前に読んでそれなりに日本の研究をしてきたようであるが、自らも日本人をつぶさに観察し、『ペリー艦隊日本遠征記第一巻』でそれを次のように的確に記述している。

・日本人女性について

「若い娘は姿かたち良く、立ち居振る舞いは大変に活発で自発的である。それは彼女たちが比較的高い尊敬を受けているために生じる品位の自覚からくるものである」

・日本の技術について

「実際的および機械的技術において、日本人は非常な巧緻《こうち》を示している。……日本人がひとたび文明世界の過去・現在の技能を有したならば、強力なライバルとして機械工業の成功を目指す競争に参加することであろう」

・好奇心と知識について

「読み書きが普及しており、見聞を得ることに熱心である。……長崎のオランダから得た彼らの知識は、実物を見たこともない鉄道や電信、銀板写真、ペキサン大砲、汽船などに及ぶ。欧州の戦争、アメリカ革命、ワシントンやボナパルトについても的確に語った。……上流階級が示した知的関心と同様に、庶民たちも熱い好奇心を示した。街中で士官や水兵を取り囲み、身体や帽子から靴に至る各部分の英語名を、身振り手真似で質問し、紙と筆で記録した」

・密航者（吉田松陰　当時二十五歳）について

「漢文をよどみなく見事に書き、物腰も丁寧で洗練されている。……知識を求めて生命さえ賭そうとした教養ある日本人の激しい知識欲……道徳的・知的に高い能力……この興味ある国の前途はなんと有望か」（『横濱』二〇〇四年夏号　Vol.5　開国百五十周年特集）

さらに、ペリー来航後日本を訪れた旅行者が、感激しきった面持ちで日本について語るのを聞き、はやる気持ちで一八六五年六月に来日したシュリーマン（トロイ遺跡の発掘者）はその旅行記の中で、清国と対比して日本を「清潔で秩序正しく、人々は親切で心付けも取らない」（『シュリーマン旅行記　清国・日本』シュリーマン著、石井和子訳、講談社学術文庫）と誉めそやしている。これは安土桃山時代の宣教師ザビエルやルイス・フロイスの描く日本人像ともよく符合している。

こういった見方は、奇しくも、マッカーサーの連合国軍司令官解任後の米上下両院合同会議（一九五一年四月）でも、以下のように述べられており興味深い。

「日本国民は戦後、現代史上最大の変革を行ってきた。日本国民は見事な意志力と学ぼうとする熱意、すぐれた理解力を発揮して、戦いの跡に残された灰の中から個人の自由と尊厳を至高とする高い精神を築きあげた。……日本が今後のアジアの動向にきわめて有益な影響を及ぼすことは十分に期待できる。……私は日本ほど安定し、秩序を保ち、勤勉である国、日本ほど人類の前進のため、将来建設的な役割を果たしてくれるという希望の持てる国を他に知らない」（『マッカーサー回想記』ダグラス・マッカーサー著、津島一夫訳、朝日新聞社）

このような日本人が、明治維新を経てどのように近代国家を作り上げ、そして崩壊していったのかを辿るのがこの話のテーマである。

目次

写真説明の後に、（国H）とあるのは「国立国会図書館ホームページ」、（国蔵）とあるのは「国立国会図書館所蔵」、（防衛）とあるのは「防衛研究所図書館所蔵」、（近現）とあるのは「近現代フォトライブラリー」、（自）とあるのは著者撮影からの転載をそれぞれ明示します。

第一章　近代国家の黎明《れいめい》

近代国家の基盤造り

国民国家の形成

①近代化の要請

十八～十九世紀にかけて、西欧では市民革命を経て国民国家が形成されていった。それは、共通の歴史、文化、経済等を基盤とし、民族としてのアイデンティティーを強烈に意識したもので、国民一人一人に国家の一員としての誇りと自覚を植え付け、国の発展・近代化に大きく寄与した。おりしも各国で産業革命が興り、その生産過剰のはけ口として、アフリカやアジアの市場が標的となり、未開の地に文明を移植するとの美名のもとに露骨な帝国主義政策が展開されていった。極東の島国である日本も、その局外にあることは許されず、幕末から度重なる外国船の来航をうけ、日増しに国の存立を揺るがす一大脅威となっていった。日本が、欧米列強の植民地化を避ける為には、彼らのやり方を早急に取り入れ、国を近代化し、国力を充実し、軍備を整えてこれに対抗する他なかった。当初、尊王攘夷派であった薩摩、長州も、一八六三年（文久三年）の薩英戦争や馬関戦争を経て、攘夷の無謀さと幕府の当事者能力の無さを痛感し、倒幕開国に方針転換し、明治維新を成し遂げた。

②五箇条の御誓文（一八六八年＝明治元年）

その国の形を決定づける基本理念として『建国の精神』は大変重要である。フランスにあっては〝自由　平等　博愛〟、アメリカにあっては〝自由　平等　民主主義〟がそれに当たる。基本理念が大切な所以《ゆえん》は、国民の総力を結集して目指すべき方向が明らかになることと、たとえ一時的な事情で価値観や行動規範に〝ぶれ〟が生じることがあっても、結局はそこへ収斂《しゅうれん》することができるからである。

建国の精神は、本来、憲法によって謳われるべきものであるが、明治にあって、憲法制定は後々一八八九年（明治二十二年）のことであり、その思いは「五箇条の御誓文」の中に込められている。これは、由利公正《ゆりきみまさ》（越前）が起草し、福岡孝弟《ふくおかたかちか》（土佐）が修正し、最終的には木戸孝允《きどたかよし》（長州）が手を加えて完成したもので、明治元年三月十四日に明治天皇が天地神明に誓うという形で発布された。この第一条、第二条は、聖徳太子の憲法十七条の第一、「和を以って貴《とうと》しとなし、忤《さから》ふこと無きを宗《むね》とせよ」にある通り、利己主義を捨て、上下が和気藹々《あいあい》のうちに意見を述べ合うことを良しとする考えを下敷きにしたものと思われる。

明治天皇（防衛）

〈五箇条の御誓文〉

一、広く会議を興し、万機公論《ばんきこうろん》に決すべし。

一、上下心を一にして、盛《さかん》に経綸《けいりん》を行うべし。
一、官武一途庶民に至るまで、おのおのその志を遂げ、人心をして倦《う》まざらしめんことを要す。
一、旧来の陋習《ろうしゅう》を破り、天地の公道に基づくべし。
一、智識を世界に求め、大いに皇基《こうき》を振起《しんき》すべし。

後々、木戸孝允はこれを読み返し、何度見ても良くできていると自画自賛したと伝えられている。しかし、残念ながら当初の意気込みとは裏腹に、明治初期の政権運営は、万機公論とは言い難く（元々この公論とは、国民ではなく諸侯を指していた）、専制的な藩閥政治に傾斜していった。国の揺籃《ようらん》期においては、万機公論よりも機敏な意思決定と強力なリーダーシップがより必要であった。

岩倉使節団（近現）

③岩倉使節団

まだ国の基礎が固まらない一八七一年（明治四年）十一月から二年間、岩倉具視《いわくらともみ》を団長とする大久保利通《おおくぼとしみち》、木戸孝允、伊藤博文《いとうひろぶみ》他政府首脳の多く（使節四十六人、随員十八人、留学生四十三人）が、百万円という当時としては莫大な国費を使って、アメリカ、イギリス、フランス、ベルギー、オランダ、プロシア、ロシア、デンマーク、スウェーデン、オーストリア、イタリア、スイスなど十二カ国を外遊したのは驚くべきことである。その主目的は、欧米列強の制度・文物の視察調査と「日米修好通商条約」以来の各国との不平等条約（治外法権、関税自主権）の改正交渉にあった。この一行には、最年少の津田梅子《つだうめこ》（六歳）をはじめ、アメリカへの五人の女子留学生が随行しており、明治政府が開明的であったことがよくわかる。津田は、後に、津田塾を創設し、伊藤博文とは相談相手として終生親交があった。

まずアメリカで大歓迎を受け、気を良くした一行は条約改正にも大いに期待したが、アメリカ側はこれには全く応じようとはせず、国際交渉においては国力の裏付けがいかに重要であるかを思い知らされることになる。一方、アメリカではすでに成人に選挙権が与えられており、世の中には自由で民主的な社会があるのを目《ま》の当たりにし、さぞ目から鱗《うろこ》が落ちる思いがしたことであろう。次いで、欧州ではイギリス、フランスを訪問し、議会制などを学んだ後、プロシアでは鉄血宰相《さいしょう》ビスマルクから「国際問題は国際法や条約ではなく、鉄（武器）と血（兵士）によってのみ解決される。……日本が真に模範とすべき国は、君主権の大きい軍事力の強いプロシアである」とのアドバイスを受け大いに感銘を受けた。

帰国にあたって、セイロン、シンガポール、サイゴン、香港、上海に寄港し、そこで植民地の実態を見ることとなる。その感想を「本国にありては勤倹順良な民である欧州人が、その東南洋に向かえば、なお暴侮《ぼうぶ》の挙動を見る」（岩倉使節団文書　国立国会図書館　憲政資料室、ＭＦ：国立公文書館蔵）と記している。植民地の屈辱、悲惨さに同情しながらも、弱肉強食の現実を目の当たりにし、自主独立の意味と大切さを身に沁みて感じ取り、これからの国造りがいかにあるべきか、深く心に期するところがあったものと思われる。

その一方で、東南アジア諸民族は、「……千古一日、開花の歩みを進むことなく……古の語にいわく、沃土《よくど》の民は惰なり」（前掲「岩倉使節団文書」）と、もともと怠惰な民であるが故に進歩がないのだという厳しい見方もしている。植民地の人々にも責任の一端があると見たのであろう。

幕末の志士たちは陽明学の「知行合一」（知識は行動を伴って初めて生きてくる）の思想に大いに感化され、旺盛な知識欲と類《たぐい》まれなる勇気と行動力を持っていたことが、日本にとって幸いした。ちなみに当時、吉田松陰は「狂」という字を好み、これには、「浩然《こうぜん》たる誇りに支えられた志のために、狂おしいまでに行動すべき」といった意味が込められており、高杉晋作《たかすぎしんさく》が「西海一狂生」、山県有朋《やまがたありとも》が「山県狂介」と名乗ったように、一時、志士の間でこの名を付けることが流行《はや》った。このように「志」と「行動力」を行動規範とする人たちが、明治の国造りに励んでくれたおかげで、維新の大業を為すことができたのである。

④天皇制

長年にわたる二百七十余諸侯による幕藩体制から、一挙に近代的な統一国家を樹立するために、唯一無二の権威としての天皇が利用された。天皇は、万世一系であるとともに、平安時代以来、実際の政治は貴族や武士に委ね（後醍醐天皇による建武《けんむ》の中興を除き）、栄誉授与以外は象徴的な存在であり続けた。そのために透明性が高く、国民の尊崇を受けるには最適であった。さらに、その権威を高めるために、天孫降臨《てんそんこうりん》以来の神道を基に、皇国史観の教化に努め、より一層の神聖化を図った。天皇制絶対の政体は、明治維新以来ほんの八十年弱のことである。

⑤統治機構

明治政府は、太政官《だじょうかん》のもとに、アメリカの政治形態を真似て議政官（上局、下局）、刑法官（司法、検察）、行政官（行政、神祇、会計、軍務、外国、民部）の三権分立を図ったが、明治初期は藩閥官僚を背景とした行政の力が圧倒的に強かった。江藤新平《えとうしんぺい》（肥前）は、司法制度を整備し、法による支配を推し進めたが、薩長藩閥政治を代表する大久保利通と対立し、征韓論で失脚したのち、佐賀の乱で刑死することになった。

また、国内の内政、民政の要として、内務省が一八七三年（明治六年）に設置され、初代の内務卿に大久保が就任し、地方行政、治安維持、土木、厚生、労働、産業など広範な領域を管掌《かんしょう》し、絶大な権限を持った。川路利良《かわじとしよし》（薩摩）は、一八七二年（明治五年）に渡仏し、王制、共和制、皇帝制、王制と、目まぐるしく変遷する中でしたたかに生き延びた警視総監ジョセフ・フーシェの築いた警察制度を範として、警視庁を創設し、日本の近代警察制度の基礎を築いた。この制度は、後に、佐賀の乱や西南の役で、情報収集、撹乱《かくらん》、捜索などで大いに力を発揮することになる。

大久保利通（国H）

⑥四民平等

国民国家の形成のために、一八六九年（明治二年）以降、江戸時代の士、農、工、商の身分制度を廃止し、華族（公家、大名）、士族（武士）、平民に再編成し、四民平等の下に平民も苗字《みょうじ》を付けることが許された（国民皆姓）。併せて、一八七二年（明治五年）に「壬申《じんしん》戸籍」が作られた。

⑦版籍奉還《はんせきほうかん》

従来、知藩事（旧藩主が任命されていた）が持っていた領地（版図《はんと》）と領民（戸籍）を、一八六九年（明治二年）六月に朝廷に返還することとなったが、これは意外とすんなりと事が運んだ。これは、中央集権化の第一歩ではあったが、趣旨が曖昧であったことと、これまでの幕府に代わって朝廷が知行《ちぎょう》安堵《あんど》をしてくれるとの誤解もあった。

⑧廃藩置県《はいはんちけん》

大蔵大輔《たいふ》大隅重信《おおくましげのぶ》による「全国一致の政体」の建議により、中央集権を確立して国家財政の安定を図るため、一八七一年（明治四年）七月に藩を廃止し、新たに府県を設置することとなった。これは、知藩事の解任はもとより、武士の大量解雇にも繋がるもので、大きな抵抗が予測されたため、あらかじめ、陸軍大将西郷隆盛《さいごうたかもり》の下に薩長土を中心とした一万人の御親兵が動員されて、その武力を背景として断行された。諸藩は一県三十万石を目途《もくと》に、三府七十二県に再編成され（明治二十二年には最終的に三府四十三県となる）、知藩事は失職し東京に集められた。各県には知藩事に代わり、新たに中央政府から任命された県令（知事）が送られた。薩摩の島津久光《しまづひさみつ》は大久保たちに騙されたと憤慨し、磯の別邸で夜通し花火を打ち上げて憂さを晴らしたと伝えられている。この大改革も大した問題もなく行われたのは、多くの藩がすでに財政的に破綻《はたん》していたので、藩主は政府から俸禄《ほうろく》をもらう一方、家臣を養う必要がなくなり、実質的に負担軽減となったためである。さらに、列強の脅威を肌身に感じ強力な統一国家の必要性が理解され、天皇の権威が求心力として十二分に発揮された結果である。

同時に、藩札を廃止し、新政府が各藩の債務を引き受けたが、その額は当時の歳入の二倍にも達するもので、新政府の大きな負担となった。

この廃藩置県は、鎌倉時代以降続いてきた領主による封建的な土地支配の制度を根底から覆す大改革であり、統一国家造りの根幹を成すものであった。

なお、新たに県名を付けるにあたって、戊辰《ぼしん》戦争時に佐幕派であった県は、県名と県庁所在地名を異なる名称にするような差別を受けた。

⑨地租改正

新政府の財政基盤の安定化のために、一八七三年（明治六年）に、従来の収穫に応じた課税方式から、土地の収穫力に応じて決められた地価の三パーセントを、所有者（地主）から金納で徴収することにした。これによって、政府はその年の収穫の出来高に関係なく、安定して予算を組むことができ、重要政策を円滑に推進できるようになった。ただし、これは収穫の約三分の一に相当し、小作人にとって、他に地主へ納める年貢を加味すると、旧幕時代よりもむしろ重く、農民の反抗や自由民権運動の誘因となった。また、所有権の明らかでない入会地《いりあいち》（薪《まき》等を採っていた）を国が没収したことも不満の種となった。
地租改正に先駆け、政府は地籍調査（地目、面積、番地、所有者等）を行い、所有者に地券を発行した。この結果、土地の所有権が明確となり、課税が円滑になるとともに、その売買や抵当権の設定等が容易となって資本の蓄積が進み、資本主義経済の発展の基礎となった。

⑩学制公布

わが国では、江戸時代から寺子屋が普及しており、識字率は当時の世界のトップレベルであった。一八七二年に、全国に小学校、中学校、高等学校、大学が作られ、義務教育が導入されたが、寺子屋のおかげで義務教育の普及は円滑に進んだ。

東京大学（前身は昌平黌《しょうへいこう》、開成所）ができたのは、一八七七年（明治十年）である。大学、高校には、海外から多くの教師を招聘《しょうへい》し、若者に当時一流の教育を施すとともに啓発に努めた。これらの教師は学業だけでなく、日本古来の文化・芸術の価値の再発見や保存に多大の貢献をしてくれた。学術・教育では、『怪談』を書いたラフカディオ・ハーン（英）、大森貝塚発見者のエドワード・モース（米）、札幌農大（北大）教頭のウィリアム・クラーク（米）、フォッサ・マグナやナウマン象の発見者のハインリッヒ・ナウマン（独）、医学ではエルヴィン・ベルツ（独）、法律ではギュスターヴ・ボアソナード（仏）、建築では、鹿鳴館《ろくめいかん》のジョサイア・コンドル（英）、美術では、日本美術の発見者アーネスト・フェノロサ（米）、肖像画のエドアルド・キョソネ（伊）、軍事では、陸軍大学校のクレメンス・メッケル（独）、海軍士官学校のアーチボルト・ダグラス（英）等、明治元年から明治二十二年までに約二千三百人のお抱え外国人がいた。

「ヘボン式ローマ字」のヘボンもその一人で、たまたまアパラチア山脈の鄙《ひな》びた山間部にあるバックネル大学を訪ねたとき、近くの小さな町でガレージ・セールをしている家があったので立ち寄ったところ、その家が奇しくもヘボンの生家で、日本の書画骨董をはじめ中国の文物が多数展示されていた。せっかくなので、安藤広重《あんどうひろしげ》の近江八景の版画を買ったが、こんな田舎からも日本に渡って来ていたのかと驚いた。ちなみにそのとき、ヘボンの綴りが「Hepburn」であることを知り、当時の日本人はそれを「ヘップバーン」でなく、「ヘバン」と耳に聞こえた通り表記していたのがわかる。ヘボンが、「ヘボン式ローマ字」を流布したがために、日本人は英語が下手になったのではないかと思う。ペリー提督の旗艦「サスケハナ号」の造船所も近くにあった。気を留めていると、歴史は意外と身近なところに転がっているものである。

殖産興業

生糸以外にさしたる産業のない日本は、いち早く産業革命を興し、国を富ませて、欧米列強に対抗できる軍事力を築き上げる必要があった。そのために新政府は、一八七〇年（明治三年）に工部省を作り、その推進を任せるとともに、欧米から多くの顧問を招聘し、多くの留学生を送り、有能な若手人材の育成に努めた。今にして考えれば、とても一人前とは思えない若者も積極的に登用し、殖産興業に努め、彼らもその期待に大いに応えた。政府は、そのためのインフラ整備や、リーディング・カンパニーとしての官営工場を造り、産業の近代化を精力的に進めていった。その主な事業は以下のとおりである。

・居住移動、職業選択、土地売買の自由化により人民や資産の流動化を促進。
・官営工場の設立（富岡製糸工場、三池炭鉱、長崎造船所他）により、重要産業の育成に尽力。
・国立銀行設立（一八七二年＝明治五年）により、資本の集中化と投資を促進。
・財閥（三井銀行、三菱郵船等）を、政府の庇護《ひご》のもとにリーディング・カンパニーとして育成。
・郵便制度は、前島密《まえじまひそか》によって一八七一年（明治四年）に、全国隈なく設置。
・太陽暦を、一八七二年に採用。
・鉄道は、イギリスの資金と技術の支援を受け、一八七二年新橋～横浜間で開通。
・アーク灯の点灯は、一八七八年（明治十一年）。
・電話も、ベルの発明の翌年には導入。

強兵策

①常備軍の設置

維新後、各藩の藩兵の供出をもって新政府の軍隊としていたが、お互いに利害は合わず、装備もまちまちで統一的な軍隊の体をなしていなかった。廃藩置県を断行するに当たり、一万名の御親兵を募ったのが政府直属の軍隊の始まりであった。

その後一八七一年（明治四年）八月に、主として国内の治安を目的として、仙台、東京、大阪、熊本に「四鎮台」を設置し、その近辺の主要な拠点に出先として二～四個の連隊を置いた。これをもって、藩兵は廃止となった。
一八七三年（明治六年）に、名古屋、広島が追加されて「六鎮台」となり、一八八八年（明治二十一年）に「師団」に改称された。師団（指揮官は中将）とは、幕僚と三～四個の歩兵連隊（指揮官は大佐）を基幹とし、砲兵、騎兵、工兵、輜重《しちょう》、情報・通信・衛生などで構成され、それ自体で自己完結的に運用できる戦略単位（英語ではDIVISION）をいう。平時は、一万人程度であるが、戦時になると二万～二万五千人（日中戦争以後は、四万五千人になることもあった）に膨れ上がる。「旅団」（指揮官は少将）は、その半分で、歩兵二個連隊で構成され、師団が二個旅団で構成されることもある。

〈陸軍の師団編成（日清戦争以後の基本形）〉

- 師団（中将）
  - 歩兵連隊（3～4個）（大佐）
    - 大隊（少佐）
      - 中隊（大尉）
        - （小隊）（中・少尉）
          - 分隊（軍曹）
          - 分隊
          - 分隊
        - （小隊）
        - （小隊）
      - 中隊
      - 中隊
    - 大隊
    - 大隊
  - 騎兵連隊
  - 砲兵連隊
  - 工兵大隊
  - 輜重大隊（物流）
  - 弾薬大隊
  - 偵察中隊

師団　：約1万人（戦時は約2～2・5万人）

旅団　：約5000人

通信中隊
衛生中隊

歩兵連隊：約3000人
歩兵大隊：約1000人、歩兵中隊：約200人
歩兵小隊：約　50人、歩兵分隊：約　10人

（注）
旅団（歩兵2個連隊）は独立する場合も、2個旅団で師団を構成する場合もある。

〈陸軍の階級〉

元帥（終身の名誉職）、将官（大、中、少）、佐官（大、中、少）、尉官（大、中、少）、曹長、軍曹、伍長、兵長、上等兵、一等兵、二等兵（尉官以上を将校又は士官、曹長～伍長を下士官という）

②徴兵令の公布と軍備の増強

一八七二年（明治五年）に「陸軍省」が創設され、次いで一八七三年（明治六年）一月に、これまでの士族による軍隊に代わって、国民皆兵による「徴兵制」が敷かれた。これはナポレオンが創設した制度で、王様の軍隊から国家の軍隊へと大きく変貌を遂げたことにより、国民に強い愛国心と団結心を芽生えさせ、その圧倒的な動員力がナポレオン軍の強さの源泉となった。それに伴って戦争の規模も急拡大し、ナポレオン戦争を通じて欧州全体での戦死者は二百万人という膨大な数に上った。

平民も含めた軍隊は鎮台兵として各地に配置され、それとともに大阪をはじめ重要拠点に兵器廠《しょう》が造られ、急速に装備の近代化・充実が図られた。百姓・町人等が兵隊の役に立つわけがないとの見方もあったが、山県有朋は、第二次長州征伐のとき、百姓・町人で編成された奇兵隊を率いて幕府軍を随所で打ち破った経験から、徴兵制に成算を持っていた。一八七六年（明治九年）には、武士の名残を一掃するために「廃刀令」が施行され、士族の存在意義はますます薄れた。

陸軍は人材養成のため、一八七四年（明治七年）に陸軍士官学校を、そして一八八三年（明治十六年）には陸軍大学校を設立し、軍の近代化に努めた。陸軍は当初フランス式であったが、普仏戦争（一八七一年）で、鉄血宰相ビスマルクと参謀総長大モルトケの率いるプロシアがナポレオンⅢ世のフランスを破ったので、一八八七年（明治二十年）からプロシア式に切り替えた。軍制改革の指導のために招聘した大モルトケの愛《まな》弟子のメッケル少佐は、陸軍大学校で戦略・戦術の教師として大きな功績を残した。当時、陸軍大学校長であった児玉源太郎《こだまげんたろう》をはじめ、陸軍の俊英はその薫陶《くんとう》を受け、後に日清・日露戦争の指揮官として大いに活躍することになった。陸軍は、唯一の大将であった西郷隆盛の死後、高杉晋作の奇兵隊以来、軍事畑を歩んできた山県有朋が実権を握り、『陸の長州』と呼ばれる閥を作っていった。

一方、海軍はイギリスに学び、一八七六年（明治九年）に海軍兵学校を、そして一八八八年（明治二十一年）に海軍大学校を設立するとともに、欧州から最新の軍艦を購入して近代的海軍の創設に努めた。海軍では、西郷従道《さいごうつぐみち》、川村純義《かわむらすみよし》、山本権兵衛《やまもとごんべえ》などの活躍により『海の薩摩』と言われるようになった。

これらの維新の改革により、日本はアジアで唯一の近代国家として生まれ変わり、半周（五十年）遅れで欧米列強の後を追うことになった。

士族の反乱

家禄制度の廃止

徴兵制の導入で士族（四十万戸の二百万人、国民の約六パーセント）は家禄を受ける根拠を失い、秩《ちつ》禄《ろく》処分（一八七三〜七六年＝明治六〜九年）により、一時金として金禄公債（家禄の四〜六年分で、約五百五十円／人）を受け取った。しかしながら、その日割り金利は東京の最低賃金労働者の賃金の三分の一でしかなく、それだけで生活できない士族は、それを元手に自活の道を歩むしかなかった。役人、軍人、教師等になれた者は幸運であったが、自営業に手を染めたものは「武士の商法」と揶揄《やゆ》された通り、ほとんどの者が失敗し、政府による事業化や帰農、屯田兵《とんでんへい》制などの授産政策の甲斐もなく、約三分の二の士族が没落した。困窮した士族は生活に困り、娘の身売りが頻発する等、その不満は増大していった。

征韓論

①朝鮮との関係

朝鮮と日本は、秀吉の朝鮮出兵で険悪な関係になっていたが、家康が関係を修復して以来、幕府の将軍の交代の都度、朝鮮通信使を送ってきていた。当時、朝鮮は、冊封《さくほう》体制の下に清国に従属し、中華思想に基づき日本に対しては兄貴分（中国の大中華に対して、小中華）のつもりで日本に接していた。

明治政府は、新政府を樹立すると、直ちに朝鮮に使いを出し、誼《よしみ》を通じるとともに鎖国を捨てて近代化を進め、独立国家として自立するように勧めた。日本としては、朝鮮が欧米列強の植民地になれば、脇腹に刃を突きつけられるような状況となり、自衛上それは是非とも避ける必要があった。「唇がないと歯がしみる」という諺があるが、日本にとって朝鮮はまさに唇であり、ここを外国に押さえられると、日本が直接脅威にさらされることになる。秀吉の「文禄・慶長の役」の折、明《みん》は朝鮮に援軍を送ったが、それは属国である朝鮮からの要請があったことよりも、むしろ、日本に朝鮮を征服されると、明が直接脅威を受けることになるためであった。そういう意味では、朝鮮は日本および大陸国家の狭間《はざま》にあり、地政学上お互いに安全保障上押さえておくべき戦略地域であった。こうしたことは、強国同士に挟まれた地域では、世界のいたる所で起こっている。ところが鎖国を続け、国際情勢に疎《うと》い李《り》王朝は攘夷《じょうい》思想に凝り固まっており、しかも、日本の国書に「皇」や「勅」（中国の皇帝にのみ許される称号と命令の文字があることを華夷《かい》秩序（中国を中心とした上下関係）を乱すものとして、また日本を西洋の手先として、その受け取りをことごとく拒否した（書契問題）。

これを非礼として、韓国を討つべしとの意見がにわかに沸き起こった（征韓論）。これには、失業した数多くの士族の不満の捌《は》け口を求める狙いもあった。

②明治六年の政変

岩倉使節団は、出発に際し留守政府に対し、帰国まで重要案件は決めないことを約束させていたが、西郷隆盛、江藤新平、板垣退助《いたがきたいすけ》、後藤象二郎《ごとうしょうじろう》、副島種臣《そえじまたねおみ》の各参議は、徴兵令、地租改正、学制公布、国立銀行条例などの重要案件を次々と決めていった。中でも「征韓」については、西郷の強引ともいえる主張により、政府の議決はもとより天皇の裁可まで得ていた。西郷は、自分が朝鮮に行けば殺されるかもしれないが、それが口実となって征韓が行われるならばそれでよいとの思いがあったようである。

西郷は幕末には、幕府を挑発するために江戸市中で「御用盗」による辻斬り、火付け・強盗などの撹乱工作をさせたり、小御所会議では公武合体にこだわる山内容堂《やまのうちようどう》（土佐藩主）を、「短刀一振りあれば片付くことだ」と言って黙らせたり、権謀術数の限りを尽くした軍人政治家であったが、維新後は別人のように徳の人となった。勝海舟《かつかいしゅう》が西郷を「小さく打てば小さく響く。大きく打てば大きく響く」と評しているが、「水は方円《ほうえん》に随《したが》う」の譬《たと》えの通り、四角い器に入れれば四角となり、丸い器に入れれば丸となる形にとらわれない自然体の人であったのだろう。西郷は、大久保たちの急進的な西欧化・近代化に対して疑念を持ち、農本主義の立場から旧士族に対しても深く同情するところがあった。海外を直に見てくる機会のなかった西郷は、あるいは、革命成就後の新国家建設について、大久保のように明確なビジョンを持ち合わせていなかったのかもしれない。

岩倉使節団が一八七三年（明治六年）九月に帰国すると、大久保を中心とした帰国組は、留守政府の約束違反を糾弾するとともに、現下の日本の実力では無謀な征韓論を推し進めるよりも、国力の充実が先決であることを主張し、閣議決定を覆した。この結果、西郷以下の全参議は辞表を提出し野に下った。これを「明治六年の政変」という。

③台湾出兵・江華島《こうかとう》事件

政府の実権を握った大久保は、「征韓論」は抑えたものの国内の不満を放置するわけにはいかず、一八七一年（明治四年）十月に宮古島の難破船員五十四人を台湾の高砂族《たかさごぞく》が殺害した事件（牡丹社事件《ぼたんしゃじけん》）では強硬論をとり、それを口実に一八七四年（明治七年）四月に西郷従道を台湾に出兵させてこれを鎮定し、自ら北京に赴き清朝と賠償金交渉を行い、名を挙げた。このとき清朝は、台湾は「化外《けがい》の民」として、清朝のあずかり知らぬことと拒絶したが、結局、日本の要求を呑むこととなった。

また、開国要求に応じない朝鮮に業《ごう》を煮やした日本は、一八七五年（明治八年）九月にデモンストレーションとして軍艦「雲揚《うんよう》」を派遣し、漢城《ソウル》への入り口にある江華島周辺の海岸測量を行おうとした。これに反発した江華島砲台が、砲撃したのを口実に同砲台を占領し、その圧力のもとに一八七六年（明治九年）二月に「日朝修好条規（江華島条約）」を結んだ。「牡丹社事件」での日本の強硬姿勢に驚いた清国は、宗主国の立場で朝鮮国に、日本の要求に応じるように勧告していたことも背景にあった。これは、ペリーが日本に来航し、不平等条約を押しつけたのと同様のことであった。これまでも、イギリス、アメリカ、フランス、ロシアなどの各国は朝鮮に開国を要求しており、高宗《こうそう》の父である大院君《たいいんくん》は、いずれもこれを排除することに成功してきたが、ここに至って長年の鎖国を撤廃せざるを得なくなった。

士族の反乱

①佐賀の乱

一八七四年（明治七年）二月に佐賀の不平士族が江藤新平を擁して乱を起こしたが、内務卿として治安を担当する大久保は、東京・大阪の鎮台兵を直接陣頭指揮し、直ちにこれを鎮圧した。これには、藩閥政治を批判し法治国家を説く政敵江藤の排除と、新政府への反乱に対する見せしめという二つの意味があり、大久保は徹底的にこれを弾圧し、江藤ら首謀者を即断即決で斬首・さらし首にし、その写真を全国に掲示させた。

江藤は、当時、「民撰議院設立建白」に携わっていたが、佐賀の不穏な情勢を聞き、同志の忠告も聞かず暴発を抑えるために帰郷した。そこで結局、首謀者に祭り上げられてしまった。乱の帰趨《きすう》が決まった後、鹿児島に行き西郷に挙兵を懇請したが断られ、土佐に逃れそこで捕縛《ほばく》されることとなった。自ら心血を注いだ法治国家の仕組みが、日本全国の津々浦々にまで張り巡らされていたことは皮肉な結果であった。そのとき、清廉潔白《せいれんけっぱく》な江藤に心酔していた縛吏は、しきりに逃亡を勧めたという。しかし江藤は、正当な裁判で薩長の藩閥政治を糾弾するつもりで縛に就いたが、弁明の機会を与えられることなく無念の最期を遂げた。その辞世は『ただ皇天后土《こうてんこうど》の　我が心を知るのみ（天のみが自分の志を知っている）』で、享年四十一歳であった。惜しい人材であった。

②神風連《しんぷうれん》（敬神党）の乱・秋月《あきづき》の乱

熊本では一八七六年（明治九年）十月に、太田黒伴雄《おおたぐろともお》が、鎮国と惟神道《かむながらのみち》を主張する狂信的な一団である神風連（敬神党ともいう）を率いて、秩禄処分と廃刀令に反対して乱を起こした。その一党は、簡単に熊本鎮台の種田長官、安岡県令を殺害するに至ったが、間もなく、児玉源太郎少佐等の鎮台兵に鎮圧された。それに呼応して、福岡でも秋月藩士宮崎車之助《みやざきくるまのすけ》らが対外強硬論を主張して秋月の乱を起こしたが、これも乃木希典《のぎまれすけ》少佐率いる小倉連隊に平定された。

③萩の乱

一八七六年（明治九年）十月に、長州でも、前参議の前原一誠《まえばらいっせい》が政府の軟弱外交、地租改正、秩禄処分に反対し、山口の萩で反乱を起こしたが、同調する者が少なくこれも難なく制圧された。

④西南戦争

それまで、各地の士族の反乱で同調を期待されながらも動かなかった西郷が、ついに一八七七年（明治十年）二月に、鹿児島の私学校党に推され挙兵した。一八七三年（明治六年）の征韓論に敗れた唯一の陸軍大将西郷が野に下る際、薩摩出身者は二手に分かれ、桐野利秋《きりのとしあき》をはじめ西郷を慕う多くの近衛兵が西郷につき従い鹿児島に帰った。そのとき、皇居のお堀は、近衛兵の脱ぎ捨てた赤い帽子で埋まったという。

西郷隆盛（国H）

鹿児島では、これらの壮丁《そうてい》の教導のために「私学校」が設立されたが、これが不満の温床となり不穏な動きを示すようになった。大警視川路利良《かわじとしよし》は、中原尚雄《なかはらなおお》警吏ら二十四人の密偵を鹿児島に放って動向を探るとともに、鹿児島の弾薬庫の弾薬・設備を撤去しようとした。当時の陸軍制式の後込式スナイドル銃の弾丸製造設備は、鹿児島にだけあり、これを大阪に撤去しようとしたのが直接のきっかけとなった。これが口火となって、私学校党が暴発し、政府を糾弾する挙に及んだものである。大村益次郎《おおむらますじろう》は生前に、将来の鹿児島士族の暴発を予見し、大阪で四斤砲と弾薬の製造を指示しており、政府は大阪の造兵廠で兵器弾薬の増産に努めた。これが、後々威力を発揮することになる。肥前、長州、薩摩という維新革命の中心となる藩で士族の反乱が起きたことは、何か因縁めいたものを感じる（土佐も自由民権運動の中心地となった）。下級士族であった彼らは、革命の成就の暁《あかつき》には新たな特権階級に成れることを夢想していたのかもしれないが、大久保たちの新政府はその先を行っており、四民平等の国民国家でなければ近代国家として脱皮することはできないとの確信を持っていた。

二月十五日に、西郷軍一万五千人は、「政府に尋問すべきこと之あり」と言って、六十年ぶりの大雪の中を、遥か白銀に輝く桜島を後にして、凍てつく熊本路を粛々と北上していった。その後、各地の同調者を糾合し、最大時には三万～四万人の大勢力となった。

政府は、直ちに十九日に征討の詔勅《しょうちょく》を出し、有栖川宮熾仁《ありすがわのみやたるひと》親王を征討総督とし、参軍（副司令官）に陸軍の山県有朋中将（長州、後に元帥、首相。御親兵や陸軍省創設で西郷の知遇を得ていた）と海軍の川村純義中将（薩摩、西郷の縁戚）を任命し臨戦態勢に入った。事実上の指揮官であった桐野利秋は鎮台兵を馬鹿にして「クソ鎮台は、青竹で地面を叩くだけで降参する」と豪語していた。挙兵の趣旨からして、海路直接大阪、東京を目指すべきだとの主張もあったが、桐野の強硬論が通り、二月二十日から熊本城の攻防戦が開始した。精強な薩軍一万四千人が四千人の熊本鎮台を攻めたが、鎮台には司令長官の谷干城《たにたてき》少将（土佐、後に中将、農商務大臣）をはじめ、参謀長の樺山資紀《かばやますけのり》中佐（薩摩、後に大将、海軍大臣・軍令部長）、児玉源太郎少佐（長州、後に大将、陸軍大臣・参謀総長）、川上操六《かわかみそうろく》少佐（薩摩、後に大将、参謀総長）、奥保鞏《おくやすかた》少佐（小倉、後に元帥、参謀総長）など、後の錚々《そうそう》たる大物軍人・政治家がいたことと、優れた装備によりこれを抜くことができなかった。そのうちに第一旅団・野津鎮雄《のづしずお》少将（薩摩、後に中将）、第二旅団・三好重臣《みよししげおみ》少将（長州、後に中将）、第三旅団・三浦梧楼《みうらごろう》少将（長州、後に中将）と小倉歩兵第十四連隊・乃木希典少佐（長州、後に大将）、参謀長野津道貫《のづみちつら》大佐（薩摩、後に元帥）、征討本営の大山巌《おおやまいわお》少将（薩摩、西郷の従兄弟で後に元帥、陸・海軍大臣・参謀総長）などの官軍が、熊本城救援のために南下し、それを阻止する薩軍との間で、三月一日から三十一日まで田原《たばる》坂《ざか》・吉次峠《きちじとうげ》で、三月二十三日から四月十五日まで植木・木留方面でそれぞれ激戦が行われた。薩軍は勇敢に戦ったが、兵員・装備に勝る官軍の前に薩軍は敗退していった。

植木の攻防戦で、小倉連隊は連隊旗を奪われるという失態を犯した。薩軍の猛攻を受け退却中に、連隊旗手の河原林《かわらばやし》少尉は殿《しんがり》軍を務め、運悪く戦死し薩軍に奪われたものである。連隊長の乃木少佐はこれを深く恥じ入り、死に場所を求めて無謀な戦闘を繰り返し、「待罪《たいざい》書」を提出し、自殺未遂も起こしているが、山県有朋、児玉源太郎に慰留されている。以後荒れた生活をし、それはドイツ留学まで続いた。天皇に申し訳ないと終生これを苦にし、後の殉死の際、この「待罪書」が傍《かたわ》らにあったという。その責任感の強さは国の内外に深く感銘を与えた。元々、乃木は軍人よりも文人肌で、図上作戦ではいつも児玉に負けて馬鹿にされていたという。しかし、実直で部下に信望があるということは指揮官として得難い資質であった。

この戦いで、白刃を振りかざした薩摩軍の抜刀隊に鎮台兵では歯が立たず、急遽《きゅうきょ》、旧士族から成る警視庁抜刀隊を編成してこれに対抗した。警視庁抜刀隊には、元会津藩士をはじめ、失職中の旧佐幕派の士族が多数応募し、「戊辰《ぼしん》の仇、戊辰の仇」と言って薩軍と互角に斬り結んだと伝えられている。「雨は降る降る人馬は濡れる　越すに越されぬ田原坂」と歌われた田原坂は車二台がやっとすれ違える程度の緩やかな峠道で、頂上に歴史博物館や美少年像があり、往時の激戦の跡がうかがわれる。

三月十八～二十五日に、黒田清隆《くろだきよたか》参軍（薩摩、後に中将、首相）が率いる、別働第一旅団・高島鞆《たかしまとも》之《の》助《すけ》大佐（薩摩、後に中将、陸軍大臣）、同第二旅団・山田顕義《やまだあきよし》少将（長州、後に中将、司法大臣）、同第三旅団・川路利良少将（薩摩、大警視）の衝背軍が八代《やつしろ》に上陸し、薩軍を背後から攻撃し、四月二十三日、熊本城の攻囲は解かれ大勢は決した。

以後、官軍の攻勢の下に薩軍は敗退を続け、次第に南方に追い詰められていった。薩摩以外の郷党《きょうとう》軍は解散を命じられたが、中津藩の増田宋太郎《ますだそうたろう》は西郷の人となりに魅せられ、「一日先生に接すれば、一日の愛があり、誠に不思議な人で、いったん会ってしまった自分は、どうしようもない」と言って、城山まで付き従い共に戦死している。増田の思いは、辞世の句「さりとはと　思いたれども大空の　風を結びて　なすこともなし」に凝縮されている。西郷は一枚の写真も残しておらず、弟の従道や従兄弟の大山巌から模写した銅版画家キヨソネの肖像画からその面影を推察するほかないが、胆力に優れ、かつ懐が広く仁愛に満ちた人物であったようである。西郷が好んで揮毫《きごう》した「敬天愛人」からも、その人柄がしのばれる。

九月一日、鹿児島に入った西郷軍は城山に布陣し官軍を迎え撃ったが、そのとき、山県の指揮する官軍五万人に対し、西郷軍は約三百七十人を数えるのみであった。西郷は、参軍川村純義からの降伏勧告も参軍山県有朋からの自決勧告も無視し、九月二十四日の官軍総攻撃を受けることとなった。戦いの帰趨がはっきりするに及び、股《もも》と腹に被弾した西郷は、傍らの別府晋介《べっぷしんすけ》に「晋どん、もうここいらでよか」と言って、将士が跪座《きざ》して見守る中、襟を正してはるかに宮城を遥拝《ようはい》した後、別府晋介の介錯《かいしゃく》を受け自決した。山県は、山城屋和助《やましろやわすけ》事件（陸軍公金使い込み事件）、陸軍卿への取り立て、徴兵制の実施などで、西郷に大恩があり、心中は穏かでなかったろう。西郷は、稀代の策略家であったにもかかわらず、担がれて挙兵して以来、作戦については一切口を出さなかった。滅びゆく武士と運命を共にすることが最後の務めと達観していたのか。西郷が潜んだという岩崎谷《いわさきだに》の洞窟はあまりにも小さく、その中で最後の夜を迎えた西郷の胸中に去来したものは何であったろうか。

　攻める方も守る方も、幕末から戊辰戦争の矢弾の下をくぐり抜けた兄弟、縁者、同輩であり、立場こそ違え心に相通じるものがあったことは想像に難くない。『ラスト・サムライ』というハリウッド映画があるが、そのラストシーンで、最後の突撃をしてくるサムライの騎馬隊を撃ち倒す官軍の砲兵指揮官が見せる、滅びゆく武士に対する哀惜《あいせき》の表情と頭《こうべ》を垂れて深く跪《ひざまず》く畏敬《いけい》の仕草は、この西南戦争の姿そのものであったろう。西郷隆盛は賊軍にはなったが、武骨な正直者、清廉潔白な者を好まれた明治天皇からはその死をいたく惜しまれ、死後十二年目に名誉が回復された。また、私の子供時代までは、その死が、素朴で哀愁に満ちた手毬唄として全国で歌い継がれてきたことからも、国民に広く親しまれてきたのは間違いない。

一かけ　二かけ　三かけて
四かけて　五かけて　橋をかけ

橋の欄干腰かけて　遥か向こうを眺むれば
十七八の姉さんが　片手に花持ち線香持ち
姉さん姉さんどこ行くの
私は九州鹿児島の　西郷隆盛娘です
明治十年戦争で　討ち死になされた父上の　お墓参りに参ります
お墓の前で手を合わせ　南無阿弥陀仏と拝みます

この維新後最大の内乱での死者は、官軍六千四百三人、西郷軍六千七百六十五人であった。植木の七《なな》本《もと》には、河原林少尉ほか官軍の軍人、軍夫、警視隊三百人の官軍墓地があり、桜や楓《かえで》の下で隊列を組んだように石碑が整然と並んでいる。

この戦いにより、士族が武力で新政府に対抗はできないことが明らかとなり、それこそが、大久保が郷土の汚名を一身に甘受してまでも、近代統一国家の確立のために精魂を傾けて守ったことであった。

奇しくもほぼ同時代の一八六三年七月に、アメリカでも南北戦争があり、ゲティスバーグの古戦場に立つと、滅びゆく南部の悲哀が薩摩軍と二重写しになったのを覚えている。社会の成り立ち、価値観の転換を伴う歴史の節目には大きな戦いがあり、主義主張の違いはこれほどの犠牲を生むものかと沈痛な思いになる。それだけにリンカーンの「人民の、人民による、人民のための政治」の演説は深い意味がある。

西南戦争の戦費は四千百万円に上り、その年の税収四千八百万円とほぼ同額であった。すでに政府は、廃藩置県、秩禄処分で各藩の借金と士族への家禄を引き継いでおり、その額は歳出の三〇パーセント以上を占めていた。それに追い打ちをかけた西南戦争の出費によりインフレが高進し、それを抑えようとした通貨整理で松方（蔵相）デフレが起こり、農村は疲弊して小作農化と都市労働者の増加が一層進んだ。これは反面、資本主義を発展させる原動力になった。

この戦争で、西郷隆盛をはじめ、篠原国幹《しのはらくにもと》、村田新八《むらたしんぱち》、永山弥一郎《ながやまやいちろう》ら、多くの有能な薩摩人が亡くなった。長州も幕末の動乱で、吉田松陰《よしだしょういん》、来島又兵衛《きじままたべえ》、久坂玄瑞《くさかげんずい》、国司信濃《くにししなの》、周布政之助《すふまさのすけ》、高杉晋作など多くの人材を失っていた。こうした僻地の藩の、しかも小さな集落から一時期に多くの人材（鹿児島の小さな鍛冶屋《かじや》町からは、西郷隆盛、西郷従道、大久保利通、大山巌、東郷平八郎等）が輩出するというのは不思議な現象である。使命感とチャンス、場所を与えられれば、案外どんな人も頭角を現すものかもしれない。

なお、この戦争で装備に劣る薩軍が、西郷のために身命を賭して戦う様をつぶさに見て、山県は組織には求心的な象徴が必要であることを痛感し、以後、天皇の神格化と絶対服従の軍国教育を強力に推し進めることになる。また、この戦役には、後に日清・日露戦争で活躍する多くの少壮気鋭の若手軍人が従軍しており、これらの実戦経験が大いに役立つことになった。

憎まれ役を買った大久保には暗殺の噂があり、警視庁から再三警告があったにもかかわらず、特別の警護も付けないまま登庁の途上で、一八七八年（明治十一年）五月に、石川県士族島田一郎《しまだいちろう》（征韓論に同調し、佐賀の乱・西南戦争に同情。桐野利秋らとも親交あり）らによって紀尾井坂で暗殺された。そのときの懐中には、お互いに苦楽を共にしてきた西郷の手紙があったという。『南洲遺訓』にある「命もいらず、名もいらず、官位も金もいらぬ人は始末に困るものなり。この始末に困る人ならでは艱難《かんなん》を共にして国家の大業は成し得られぬなり」という気持ちが、地下水脈として二人を固く結びつけていたのであろう。享年四十七歳であった。

その日の朝、福島県令の山吉盛典《やまよしもりすけ》に、これからの経世について、以下のように語ったという。

「ようやく戦乱も収まって平和になった。よって維新の精神を貫徹することにするが、それには三十年の期間がいる。それを仮に三分割すると、明治元年から十年の日本は、戦乱が多く創業の時代であった。これからの十年は、内治を整え、民産を興す、すなわち建設の時代で、これは不肖私の尽くすべき仕事である。更にその先の十年は、優秀な後輩が後を継いで明治の日本を大きく発展させてくれるだろう」

(『済世遺言』山吉盛典著、国立歴史民族博物館所蔵)

思い半ばで世を去ったが、彼の遺志は忠実な部下であった伊藤博文に受け継がれていった。大久保は藩閥の元凶と非難されていたが、死後、財産を調べてみると、質素な自宅と公共事業に私財を投じたための借金八千円(今では二〜三億円程か)が残っていただけで、それを哀れに思った有志が寄付を集め、残された妻子に渡したという。人物は寡黙で他を圧倒する威厳を持ち、冷静な理論家で清廉潔白の士であったという。明治という国家が、このような高潔の士によって建設されていたということは誠に幸運以外の何物でもない。

この最初の十年は、まさに生みの苦しみと、統一国家としての基盤造りの時代であった。藩主を欺き、共に戦ってきた同輩の誇りと特権を奪い、国民に出血を求めた政権担当者も、一朝事あればいつでも公に奉じる覚悟でこの大改革を断行してきた。そうした人々の使命感、情熱と多くの犠牲のおかげで、この国はごく短期間で封建社会から近代国家へ脱皮することができた。

藩閥政治から政党政治へ

自由民権運動

①自由民権運動の始まり

征韓論で下野した江藤、板垣、副島、後藤などの元参議は、「愛国社」を設立し、一八七四年（明治七年）一月に『民撰議院設立建白書』を発表し、藩閥官僚による専制を非難し、国会の開設を要求した。

板垣退助（国H）

これに対し、政府も時流に逆らえず、やむなく一八七五年（明治八年）四月に、「立憲政体移行の詔勅」を出さざるを得なくなった。併せて、これまでの左院を廃止して、元老院（立法の審議）と大審院（司法）を作り、形式的に三権分立の形式を整えた。さらに、「民撰議院」に代わるものとして「地方長官（府県知事）会議」を設置することにした。

②言論・集会の統制

政府は、自由民権化への対応を進める一方、その行き過ぎを抑えるために、言論・集会を規制する以下の諸条例を公布した。
・新聞紙条例（一八七五年＝明治八年六月）：犯罪の教唆、国家の騒乱を煽《あお》ることを禁止。
・讒謗律《ざんぼうりつ》（同年六月）：事実に基づかない人の誹謗《ひぼう》、中傷を禁止。
・出版条例（同年九月）：出版の届け出と検閲、場合によっては出版を禁止。
・集会条例（一八八〇年＝明治十三年四月）：集会の三日前の届け出、公安に害あるときは解散を命令。
これらの条例の内容は、至極当たり前ではあったが、その運用の中で、国民の言論・集会の自由を厳しく制限した結果、自由民権運動は一時沈滞した。

③自由民権運動の高まり

地租改正に対する農民一揆の高まりと、西南戦争以後、武力闘争の無謀さを悟った士族の反政府活動の方針転換により、再び自由民権運動が活発となった。一八七四年（明治七年）四月に、板垣退助、片岡健吉《かたおかけんきち》、植木枝盛《うえきえもり》、林有造《はやしゆうぞう》によって作られた土佐の「立志社」が、国会開設、地租軽減、条約改正の提言をし、一八七五年八月に、河野広中《こうのひろなか》他によって作られた福島の「石陽社《せきようしゃ》」等の政治結社も活発に活動を開始した。一八八〇年三月には河野広中によって、「国会期成同盟」が結成され、政府に国会開設の請願がなされた。それに伴い、植木枝盛をはじめ様々な人たちが、憲法の草案を作った。

一八八一年（明治十四年）八月には、イギリス流の国会の早期開設を主張していた大隈重信が、政府から追われるという事件が起こった（明治十四年の政変）。しかし同時に、「北海道開拓使官有物払下げ事件（官有物を薩摩の五代友厚《ごだいともあつ》に不当の安値で払い下げ）」が起こり、これに対する激しい政府攻撃があり、政府は、一八九〇年（明治二十三年）を期して国会を開くことを約束せざるを得なくなった。時を同じくして、一八八一年（明治十四年）に、板垣を総裁とした中江兆民《なかえちょうみん》、植木枝盛などの急進派による「自由党」が、そして、一八八二年（明治十五年）に、大隈を総裁にした前島密などの穏健派による「立憲改進党」が次々と結成され、議会政治の気運が高まっていった。

④没落農民の反抗
西南戦争後の不況で困窮した農民は、自由党と結託して各地で暴動を起こした。

・福島事件（一八八二年＝明治十五年十一月）：県令三島通庸《みしまみちつね》が、自由党を弾圧したことに対して反抗。
・加波山《かばさん》事件（一八八四年＝明治十七年九月）：栃木県令兼務の三島通庸の暴政に対して反抗。
・秩父事件（一八八四年十月）：高利貸し並びに前橋監獄を襲撃。

など各地で多数の事件が頻発した。

帝国憲法、諸法令の制定

①不平等条約の改正交渉
外務卿寺島宗則《てらじまむねのり》は、各国と懸案の不平等条約の改正交渉を試みたが失敗した（一八七八年＝明治十一年）。そこで、井上馨《いのうえかおる》の発案で鹿鳴館《ろくめいかん》を造り、毎夜、欧米の要人を招いて洋装の華やかな舞踏会を催し、

欧米人を懐柔しようとしたが、この交渉も国民から卑屈軟弱との非難を浴び頓挫《とんざ》した（一八八七年＝明治二十年七月）。大隈重信による条約改正案も軟弱の誹りを受け、爆弾を投げつけられ片足を失うという目に遭い、これも失敗した（一八八九年＝明治二十二年）。

（注）治外法権の廃止は、陸奥宗光《むつむねみつ》が、ロシアの南下政策に危機感を持ったイギリスと、一八九四年（明治二十七年）七月に、「日英通商航海条約」を締結したことにより初めて実現した。

一方、関税自主権の回復は、日露戦争の勝利を背景に、小村寿太郎《こむらじゅたろう》が、一九一一年（明治四十四年）二月に、「日米修好通商条約」を引き継いだ「日米通商航海条約」の改定まで待たなければならなかった。いずれにしても、国際問題を解決するには、正義や道理は無力で、鉄血宰相ビスマルクの言ったように力を背景とした外交か、相手にもメリットのあるギブ・アンド・テークの交渉の、いずれかであるという現実を思い知らされた。

②帝国憲法

政府は、諸外国に対する近代国家の体面作りと、国内の民権論者の国会開設要求に応えて、立憲体制を確立するべく、一八八二年（明治十五年）に伊藤博文らを欧州に派遣し、憲法の調査にあたらせた。伊藤は、未だ中央集権が固まらず、国民の意識も未熟な日本においては、専制色の強いプロシアの憲法こそわが国にはふさわしいと考え、ベルリン大学のグナイスト教授から憲法の基本的な成り立ちを教わった。一方、ウィーン大学のシュタイン教授からは、国民国家であるために、君主の独裁を制限する立憲制の意味と運用の教えを受けた。シュタイン教授は、一八八八年（明治二十一年）に欧州を訪れた山

伊藤博文（国H）

県有朋には、国防のためには主権線（国境線）と利益線（安全保障のために譲れない線）を説いており、日本にとって、朝鮮、満州がその利益線として、強く意識されるようになっていった。

欧州での一年余りの研究の後、伊藤の下で井上毅、伊東巳代治《いとうみよじ》、金子堅太郎《かねこけんたろう》がひそかに憲法草案の作成に取り掛かった。それにしても、一国の宰相になる人が、一年の長きにわたって、自ら憲法の調査に行くということは信じ難いことであり、明治人の意気込みと闊《かっ》達《たつ》さに驚く。

伊藤は貧農の子に生まれ、下級武士の養子になった。松下村塾《しょうかそんじゅく》で松陰の薫陶を受け、尊王攘夷に奔走し、高杉晋作、井上馨らと共に品川・東禅寺《とうぜんじ》の「イギリス公使館の焼き討ち事件（一八六二年＝文久二年）十二月」に参加している。その一方で、西欧の実情を知るために鎖国の禁を破って、井上馨ら「長州五傑」といわれる五人と共に私費留学でイギリスに密航（一八六三年＝文久三年五月）をしている。これは、松下村塾の師である吉田松陰が、禁を犯してペリーの艦隊で密航しようとして捕まった事件を念頭に置いてのことだろう。攘夷を実行しながらも相手の懐に飛び込んで行った若き志士たちの勇気と行動力を想起し、今の若者も自分を奮い立たせてもらいたいものである。イギリスで西欧の圧倒的な文明を間近に見、その吸収に没頭していた矢先、長州が「外国船打ち払い令」に基づき仏艦隊等を砲撃（一八六三年＝文久三年五月末）した結果、その報復に四カ国艦隊（イギリス、アメリカ、フランス、オランダ）が来襲して戦争になるとの英字新聞を見た。伊藤と井上は、滞在半年も経たずにすかさず日本に取って返し（一八六四年＝元治元年六月）、命懸けで攘夷の無謀を説いており、二人の政治的センスと行動力はずば抜けていた。四カ国艦隊による下関砲台占領（一八六四年＝元治元年八月）後、休戦交渉に当たった高杉晋作は、彼らの彦島《ひこしま》（下関市）租借の要求を頑として拒否し、外国に植民地化の糸口を与えなかった。そのときの通訳を伊藤が務め、外国との交渉の経験を積んでいった。

伊藤は、第一次長州征伐（一八六四年＝元治元年八月）後に、藩の実権を握った「俗論党（幕府恭順派）」を、高杉晋作の「正義党（改革派）」の下で打倒し、長州藩を倒幕に導くことに貢献した。高杉なき後は桂《かつら》小《こ》五郎《ごろう》（木戸孝允）の下で薩長連合に奔走し、倒幕を進めていった。

明治になって、大久保暗殺（一八七八年＝明治十一年五月）の後は、内務卿を引き継ぎ、その後継者として重きを為した。明治天皇は、立憲君主制や政党政治（伊藤は「立憲政友会」を設立）の導入については、伊藤と軋轢《あつれき》もあったが、正直でバランス感覚に優れた伊藤を厚く信頼し、初代総理大臣（一八八五年＝明治十八年）を含め四度の組閣を命じ重用した。

井上馨も、第一次長州征伐を前に、「俗論党」の降伏主義に反対し、襲撃されて膾《なます》のように切り刻まれて瀕死の重傷を負っている。当時、国家百年の計を説くことはまさに命懸けのことであった。留学の他の三人はイギリスに残り、鉄道や造船技術を習得し、明治の近代化、殖産興業の牽引役として重きをなしたが、伊藤、井上との人物の違いは比ぶべくもなかった。このような人材が澎湃《ほうはい》と輩出し、活躍した時代が明治時代であった。

一方、一八八四年（明治十七年）に「華族制度」を作り、将来、貴族院を支える保守勢力の基盤作りと、一八八八年（明治二十一年）には天皇を補佐する「枢密院」を設けて、議会を牽制する準備を整えた。また、太政官制を内閣制度に変え、旧勢力である公家から国民の代表である総理大臣へ権限を委譲し強化した。こうして、一八八九年（明治二十二年）二月十一日に「大日本帝国憲法」が発布された。この憲法に基づき、一八九〇年（明治二十三年）に「帝国議会」が開設となり、政府（藩閥）と民党（板垣、大隈など）とが激しく対立することとなった。伊藤博文も一九〇〇年（明治三十三年）には「立憲政友会」を結成し、次第に政党政治に移行していった。時に、選挙権者は十五円以上の納税者で、国民の一パーセントにすぎなかった。

〈大日本帝国憲法の主な条文〉

第一条　大日本帝国は万世一系の天皇がこれを統治する（天皇主権）。
第三条　天皇は、神聖にして侵すべからず（神格化）。
第四条　天皇は、国の元首であって、統治権を総攬《そうらん》し、この憲法の条規によってその統治権を行使する（立憲君主制）。
第五条　天皇は、帝国議会の協賛を以て立法権を行う（立法権）。
第十一条　天皇は、陸海軍を統帥する（統帥権）。
第五十五条　国務大臣は天皇を輔弼《ほひつ》し、その責に任ず（政府の輔弼責任）。
第五十七条　司法権は天皇の名において、法律により裁判所がこれを行う（司法権）。

この憲法は、日本が君主制をとる以上、天皇中心に作られているが、同時に立憲制に立っており、君主の恣意《しい》的な専横を事実上制限している。公布に当たり天皇の親政を説く山田顕義司法卿と論争になり、伊藤はこの憲法は君主制をとるがあくまで立憲制であり、天皇の独裁を認めるものではないとのシュタイン教授の教えを説き納得させた。また、伊藤は、西欧思想に不快感を示す明治天皇に、憲法が何たるかを理解していただくために、側近の侍従藤波言忠《ふじなみことただ》を、一年間シュタイン教授の下に勉強に行かせ、帰国後、明治天皇に憲法学を講釈させている。伊藤の周到な手回しのおかげで、歴代の天皇は立憲君主制の意味を理解され、護憲の立場を堅持し、そこから逸脱することはなかった。伊藤博文のような当事者意識とバランス感覚に優れた政治家が、大久保の後を継いでくれたことが明治という国家の第二の幸運であった。

もともと日本の天皇は、平安時代以後、象徴的な存在として「君臨」していただけであったが、昭和天皇は、激動の時代を治世されたために、後述する通り憲法を逸脱する統治行為を三度しておられる。一度目は張作霖《ちょうさくりん》爆殺事件、二度目は二・二六事件、三度目は終戦の御聖断で、いずれも余人をもって代え難い天皇にしかできない行為であった。

ただ、この憲法の欠陥は、立法、司法、行政の大権がすべて天皇（天皇主権）にありながら、実際は政府・軍部の行う輔弼・輔翼《ほよく》にかかっており、為政者は天皇を侵すべからざる存在に神格化することによって、その権威を隠れ蓑にし、思うような専制政治ができるようになっていたことであり、それこそが、明治憲法を作った伊藤たちの真の意図であった。さらに致命的であったのが統帥権であり、戦争は政治の一環であるにもかかわらず、政府の権限がこれに及ばなかったことである。天皇は、立憲制の趣旨に則《のっと》り自らは意思表示をしないので、実際の戦争の企画・実施は政府から独立した統帥部（陸軍参謀本部、海軍軍令部）が勝手にやれるということである。

それでも、明治・大正時代は、幕末の修羅場をくぐり抜けてきた伊藤、山県、井上、大山、松方などの元老が健在で、わが国の現状と国際情勢に対する客観的な理解と判断を行い、軍部も政府とよく連携を保ち、明治憲法の欠陥を運用でカバーしていた。ところが、昭和になってその歯止めがなくなったために、軍部の独走を許し悲惨な結果を招くことになった。時代とともに政府・軍部から藩閥色は薄れ、特に陸軍から長州閥が排斥されたことは軍の民主化に寄与したが、その反面、軍と政府首脳間の連携が薄れ、このような結果を招いてしまった。

山県有朋（国H）

③軍人勅諭《ちょくゆ》
西南戦争では、親類縁者、同輩が敵味方に分かれて戦ったために、軍の内部に動揺が広がった。それを鎮め士気を高めるために、以前に山県有朋が作り、全軍に配布した「軍人訓戒」を基にして、西周《にしあまね》が起草し、福地源一郎《ふくちげんいちろう》、井上毅、山県有朋が加筆した「軍人勅諭」を作成し、天皇自ら軍人に賜った（一八八二年＝明治十五年）。この前文には、天皇の統帥権が謳われ、主文には「忠節、礼儀、武勇、信義、質素」の五つの徳目があり、後文には誠心をもってこれを順守実行するよう命じている。これは軍人として絶対に守らなければならないものとして、後の「戦陣訓」（一九四〇年＝昭和十五年）とともに、

軍人はもとより一般国民の精神構造の中に深く刻み込まれていった。

④教育勅語

維新後の知識教育偏重の反省から、天皇より道徳教育の復活が求められ、山県内閣の下で、当代随一の見識を謳われた内閣法制局長官の井上毅《いのうえこわし》（肥後）により、「教育勅語」が起草された。

当初、作成を命じられた井上は、明治憲法があるのでその必要性を認めず断ったが、度重なる要請に応じ、七つの条件（立憲主義に立って個人の自由に干渉しないこと、宗教色を排すること、命令口調にしないこと、肯定的な表現にすること等）を前提に作成を引き受けた。これを、著名な儒学者である元田永孚《もとだながざね》が校正して完成した（一八九〇年＝明治二十三年十月三十日）。前文・後文には皇国史観が色濃く出ているが、中心部分は、父母、兄弟、夫婦、友人、衆人に対する仁愛、知識・技能の習得、礼と徳義の堅持、公に尽くすことの大切さ、法律の順守といった、今でも通用する至極まっとうな内容である。自然に身に付いたこうした振る舞いが、古来の日本人の美徳（国体の精華《せいか》）であり、教育の目指すところであるとし、これを命令するのではなく、天皇が国民と共に、胸に収めて共に頑張ろうと国民に呼びかける形式を採っている。内容もさることながら、名文であるのでよく味わってもらいたい。

井上毅（国H）

外国人が日本人を見て、高い道徳性と美意識に畏敬の念を持った理由はここにあった。当時、これを翻訳して諸外国に配ったところ、イギリスをはじめ各国から高く評価され、これを参考にした国もあると伝えられている。

台湾では、戦後長く教育勅語が生きており、私が一九八〇年（昭和五十五年）頃、台湾プロジェクト要員に日本人留学生を募集したとき、紹介してきた女子学生の父親が、「手に負えない娘だったが、台湾留学後は別人のように良くなって帰ってきた。何と、台湾にはまだ教育勅語が残っているのですよ」と、驚きをもって娘の変貌ぶりを話してくれたことがある。

現在は、これに代わるものとして教育基本法があり、「教育の目的」の各条文に行動規範が記されているが、単に法律に書けば足りるのでなく、教育の実践の場で活かされるように、日常的に目に触れる所に掲示し徹底すべきである。

ただ、この教育勅語の難点は、国家中心主義に偏していたことと、そのものが神聖視されすぎたことである。西園寺公望《さいおんじきんもち》は、すでにこの点を問題視し、国際社会の中での日本の観点を入れた、第二次教育勅語を作ろうと原案まで起草したが、内閣総辞職のため日の目を見なかった（その草案は立命館大学に保管されている）。

〈教育勅語（口語文）〉

朕惟《ちんおも》うに、我が皇祖皇宗《こうそこうそう》、国を肇《はじ》むること宏遠《こうえん》に、徳を樹《た》つること深厚《しんこう》なり。我が臣民《しんみん》克《よ》く忠に克《よ》く孝に、億兆《おくちょう》心を一にして世世《よよ》其の美を済《な》せるは、此れ我が国体の精華《せいか》にして、教育の淵源亦実《えんげんまたじつ》にここに存す。爾臣民《なんじしんみん》父母に孝に、兄弟《けいてい》に友に、夫婦相和し、朋友《ほうゆう》相信じ、恭倹己《きょうけんおのれ》を持《じ》し、博愛衆《しゅう》に及ぼし、学を修《おさ》め業を習い、以《もっ》て知能を啓発し、徳器《とくき》を成就し、進んで公益を広め、世務《せいむ》を開き、常に国憲を重んじ、国法に遵《したが》い、一旦緩急《いったんかんきゅう》あれば義勇公《ぎゆうこう》に奉じ、以《もっ》て天壌《てんじょう》無窮《きゅう》の皇運《こううん》を扶翼《ふよく》すべし。是《かく》の如きは、獨《ひと》り朕《ちん》が忠良の臣民たるのみならず、又以て爾祖先《なんじそせん》の遺風を顕彰するに足らん。斯《こ》の道は、実に我が皇祖皇宗《こうそこうそう》の遺訓にして、子孫臣民の倶《とも》に遵守すべき所、之《これ》を古今に通じて謬《あやま》らず、之を中外に施して悖《もと》らず、朕爾《ちんなんじ》臣民と倶《とも》に拳拳服膺《けんけんふくよう》して咸《みな》其の徳を一《ひとつ》にせんことを庶幾《こいねが》う。

明治二十三年十月三十日　御名御璽《ぎょめいぎょじ》

こうして、維新以来二十数年で近代国家としての形を整え、産業、軍事、教育の充実を図った。以後、明治憲法、軍人勅諭、教育勅語が日本人の精神構造を強く規定していくことになり、大陸への進出、太平洋戦争で、不幸にも、それが遺憾なく発揮されることになった。

〈まとめ〉

一、明治維新は市民革命ではないが、武士階級が旧体制を自己否定することによって、真の革命を果たすことができた。これは、中国、朝鮮ではできないことであった。

二、日本には、古来から外国文化への受容能力があり、教育も普及しており、近代化にあたり、上下、庶民に至るまで、西欧の文物を受け入れるのに抵抗がなかった。

三、最初の十年で、旧体制との決別を図り、次の十年で、近代国家としての形を作り上げることができた。

四、ここで本当の国民国家が形成され、国はまだ貧しいが、国民がそれぞれの分野で、大きく羽ばたこうとしていた。成長のマグマが横溢《おういつ》し、まさに外へ噴出しようとしていた時代であった。

第二章　日清戦争・大陸への道

帝国主義の時代

帝国主義

帝国主義とは、古代ローマ帝国によって行われた他民族支配と領土拡大の国家政策を言う。西ローマ帝国が四七六年に滅んだ後も、西欧各国はローマの遺風を受け継ぎ、その栄光を体現することに努めた。それは、ハプスブルク家の「神聖ローマ帝国」や、ヒトラーが千年続くと豪語した「第三帝国」にも脈々と受け継がれている。

近世になって、西欧各国は産業革命を経て生産過剰に陥り、その捌け口をアフリカ、アジア、太平洋に求めて激しい植民地の争奪戦に入っていった。大航海時代以後、西欧諸国による海外での植民地化は行われていたが、いわゆる帝国主義の時代とは、特に一八七〇年から第一次世界大戦の終わる一九一八年までを指す。

イギリスのアジア侵略

①インド

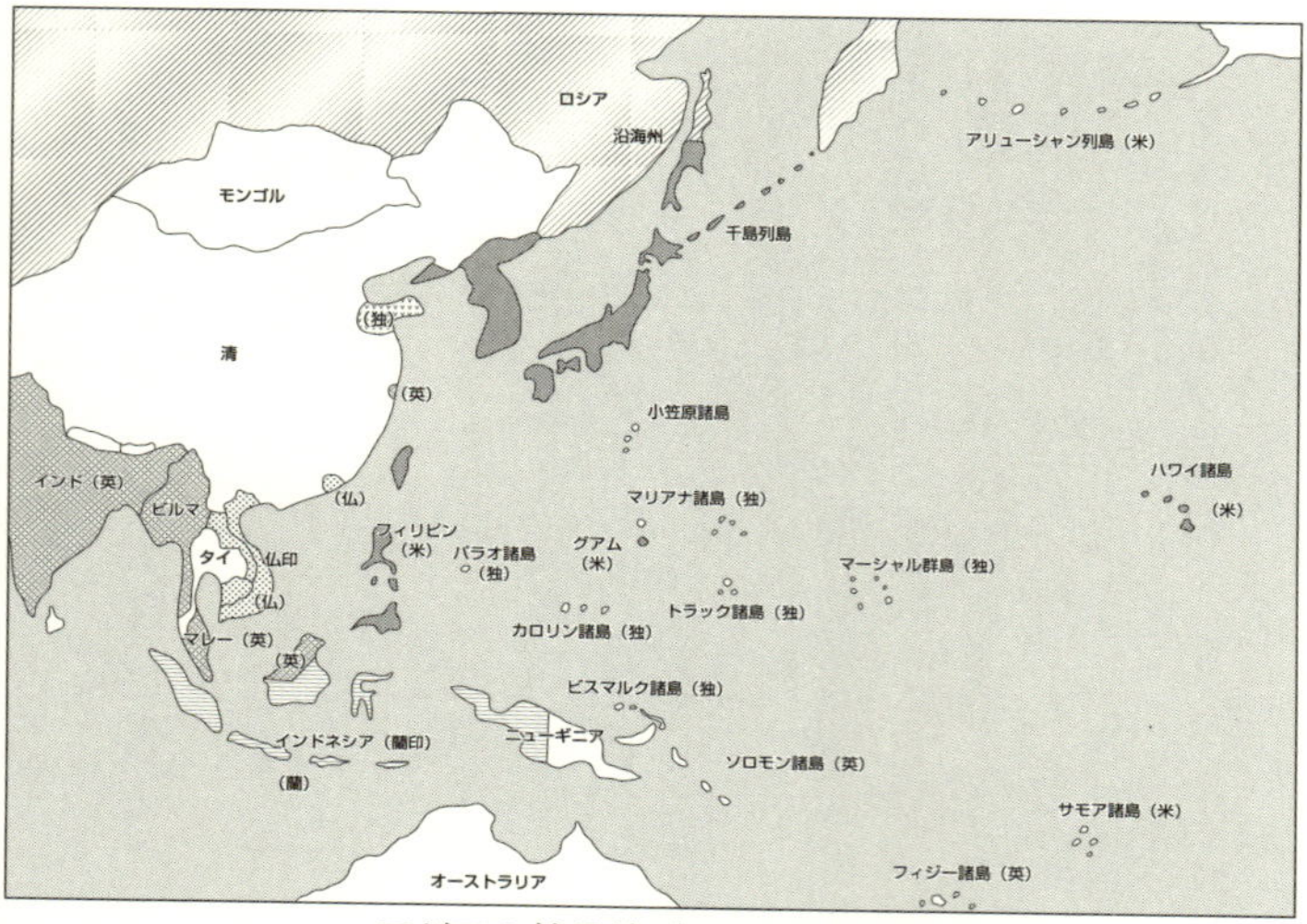

アジアの植民地（1910年時点）

一七五七年、イギリスの東インド会社はフランスの東インド会社を駆逐し、インドに排他的な支配権を確立した。さらに一八五七〜五九年には「セポイの乱」を鎮圧し、十九世紀末までに、インドの主要地域を次々と植民地化していった。

一八七七年には、ついにムガール皇帝を廃止し、ヴィクトリア女王を皇帝とする「英領インド帝国」を樹立した（完全な植民地化）。

②中国

まず、一八四〇〜四二年に「アヘン戦争」を起こし、その結果、「南京条約」で香港の割譲と上海など五港の開港、没収アヘンの代金支払い、不平等条約（治外法権、関税自主権）を押しつけた。

元々、清政府はアヘンの密輸を禁じていたが、地方の役人は賄賂を受けてこれを黙認し、一八三〇年半ばで、アヘン吸引者は二百万人以上となっていた。その支払いで大量の銀貨が流失したために銀価が暴騰し、銀での納税を義務づけられていた農民は困窮していった。道光帝《どうこうてい》はアヘンの厳禁を主張する林則《りんそく》徐《じょ》を広州に派遣し、林則徐は千四百トンのアヘンを没収し焼却した。これをきっかけにイギリスとの間でアヘン戦争が勃発した。これは、十九世紀にイギリスに紅茶ブームが起こって中国からの輸入超過となり、これを解消するためにインド産のアヘンを売りつけ、貿易バランスを取ろうとしたことによる。なお、インドからのアヘンの買い付けには、イギリス産の綿布の輸出代金を充て、これを三角貿易という。

さらに、一八五六〜六〇年には、「アロー号事件」（第二次アヘン戦争）」を起こし、その結果、「北京条約」で天津他十一の開港と九龍《きゅうりゅう》を割譲させ、公使の北京駐在を認めさせた。これは、キリスト教の一派で「滅満興漢《めつまんこうかん》」を唱える洪秀全《こうしゅうぜん》による「太平天国の乱（一八五一〜六四年）」に乗じて、広州でのイギリス船籍の密輸船アロー号の拿捕《だほ》と英国旗侮辱、並びに広西省でのフランスの宣教師の殺害を理由に、英仏連合が清国に開戦したものである。このとき、康熙《こうき》帝以来建築されてきた世界一美しいと言われた北京郊外の円明園《えんめいえん》が、英仏軍に略奪され貴重な文物が持ち去られるとともに、徹底的に破壊された。中国政府は、今、その流出した文物の回収と庭園の復元に努めている。

なお、日清戦争直後の「三国干渉」の後、列強による中国分割に乗じて、一八九八年には山東半島の威海衛《いかいえい》を租借した。

このようにして英国は、特に、上海から揚子江上流一帯を勢力圏に収め、中国での最大の帝国主義国家として特殊権益を確保していった。

③ビルマ・マレー

一八八五〜八六年の三度にわたる「英緬《えいめん》戦争」で、ビルマを植民地化した。ビルマは誇り高い国だったために、正面からイギリスに対抗し、結局、国全体が滅ぶことになった。

なお、マレー半島も、一八二四年の「英・蘭協定」によりイギリスの勢力下に入り、一八九六年に「英領マラヤ」としてイギリスに組み込まれていった。

フランスのアジア侵略

①中国

一八五六〜六〇年の「アロー号事件」の結果、イギリスとともに十一港を開港させた。さらに、「三国干渉」の後、一八九九年に広州湾を租借し、広州から南一帯をフランスの勢力圏とした。

②インドシナ

次いで一八八四〜八五年の「清仏戦争」後、「天津条約」で仏印（ベトナム、ラオス、カンボジア）を、清の属国から分離し植民地化した。

ロシアの南下政策

①日本

当時、ロシアは不凍港を求めて、ユーラシア大陸の東西で南下政策を進めていた。一七九二年（寛政四年）に、アダム・ラクスマン陸軍中尉が、カザリンⅡ世の使いとして伊勢の漂流民大黒屋光太夫《だいこくやこうだゆう》を伴い、第一回目の遣日使節として根室《ねむろ》に来航し通商を求めた。時の老中松平定信《まつだいらさだのぶ》は、光太夫は受け取ったが通商は拒否した。光太夫はカザリンⅡ世の知遇を得て、サンクトペテルブルグに留め置かれ、東洋語学校の日本語講師を務め、十年後に帰国を許されたものである。そのせいか、今でもサンクトペテルブルグは親日的で日本語学習が盛んである。

一八〇四年（文化元年）に露米会社の総支配人レザノフが、クルーゼン・シュテルンの軍艦に乗って、第二回目の遣日使節として長崎に来航した。幕府は通商を拒否したために、一八〇六～〇七年にわたって、レザノフの部下は蝦夷《えぞ》地を断続的に攻撃した。

一八五三年に、ロシアは樺太の西端アニワ湾を占領した。ニコライⅠ世の命により、一八五三、五四年にプチャーチン中将が長崎に来航し、一八五五年（安政元年）に、米国に続き「日露和親条約」を締結し、エトロフ島とウルップ島の間を国境とし（つまり、北方四島は日本領）、樺太は両国雑居の地とした。その後、樺太《からふと》で日露人民の紛争が絶えなかったので、一八七五年（明治八年）にロシアの提案で（というより押し付けで）「千島・樺太交換条約」が結ばれ、樺太は全域ロシア領、千島列島は全島日本領になった。

やがて、朝鮮半島の支配権をめぐり日露戦争となり、「ポーツマス条約」により樺太の南半分が日本に割譲された。

②中国

一八五八年には、清国との「愛琿条約《あいぐん》」で、黒龍江以北の国境を確定した。

さらに、一八六〇年の「アロー号事件」の仲介の労により、「北京条約」で日本海に面した広大な沿海州を濡れ手に粟で取得した。一八八一年の「伊梨条約」で、伊梨地方の国境を定め新疆《しんきょう》地区での交易も確保した。

「三国干渉」の直後、李鴻章《りこうしょう》に賄賂と圧力で秘密条約を結ばせ、一八九八年（明治三十一年）に、日本から返還された大連《だいれん》、旅順《りょじゅん》を租借し、満州を横断しウラジオストック（「東方を征服せよ」の意）に通じる東清鉄道の敷設《ふせつ》権も取得した。

一九〇〇～〇一年の「義和団《ぎわだん》事件（北清事変）」の際、ロシアは満州のロシア人居留民への危害と弾薬庫への襲撃を口実に進駐し、奉天《ほうてん》以北を占領し、乱の鎮定後も撤退宣言にもかかわらず「露清密約」により満州に居座った。さらに、ハルビン・旅順間の南満州鉄道の敷設権も得て、旅順に難攻不落の永久要塞を築き、太平洋艦隊の根拠地とした。

③中央アジア

一七六八～七四年の「露土戦争」で、トルコからクリミアを奪い、更に南下を図ったが、一八五三～五六年の「クリミア戦争」でトルコ、イギリス、フランス連合軍に敗れ、挫折した。次いで、トルコが、バルカン半島のスラブ化を弾圧したのに対し、一八七七～七八年に再びトルコに開戦したが、イギリス、オーストリア・ハンガリー帝国の大反対で、地中海への進出も断念せざるを得なかった。他に、アフガン周辺でもイギリスとの緊張関係を現出した。帝国主義とは、自ら植民地を確保するとともに、お互いにパワー・バランスを巡って足を引っ張り合い、合従連衡《がっしょうれんこう》を繰り返すものであった。

アメリカの西進

①北米領土の拡張

北米では一六二二年以後、イギリスは、勇猛果敢なイロコワ族等を利用し間断なくインディアン同士の抗争を煽り、その勢力の弱体化を図る一方、彼らとの協定と破棄の繰り返しで原住民の土地を蚕食《さんしょく》していった。一七七五～八三年の「独立戦争（独立宣言は一七七六年）」の結果、東部十三州が「アメリカ合衆国」としてイギリスから独立した（政治的な独立）。その一七八三年の「パリ講和条約」でイギリスは、それまで味方について戦っていたインディアンの広大なミッドウエスト（ミシシッピ川より東）の土地を、彼らに何の相談もなくアメリカに割譲した。ちなみに、そのとき、フランス、オランダ、スペインはアメリカ側につき、イギリスに参戦していた。

「ナポレオン戦争（一八〇三～一五年）」中に、トラファルガーの海戦で大西洋の制海権を失ったフランスは、そのままではイギリスに米大陸の領土を占領されるのを恐れ、親密な関係であったアメリカに、一八〇三年にルイジアナ（ミシシッピ川からロッキー山脈の間）を売却し、アメリカは広大な領地を獲得した。

ロッキーからミッドウエストを飛行機で飛ぶと、下界は見渡す限り農地と牧場が広がり、原生林は所々に原形をとどめるだけで、よくもまあこれだけ広大な土地を切り開いたものだと、人間のあくなき欲望に感心する。エコ問題の発祥の地はアメリカである。

次いで、「ナポレオン戦争」末期にイギリスが大西洋の海上封鎖をしていたのに反発して、一八一二～一五年に「米英戦争（第二次独立戦争）」が起こり、その結果、アメリカは経済的な独立を達成した。このときにも、イギリスは味方をしたインディアンを裏切っている。この戦争のとき、米艦「コンスティチューション」が英艦を破り、イギリスの「ヴィクトリア」、日本の「三笠」とともに「世界の三大記念艦」として称えられている。またこのとき、フランシス・スコット・キーは捕虜釈放の交渉のために英軍艦上にあり、ボルチモアのマックヘンリー要塞が、激しい艦砲射撃にも挫けずに翌朝も星条旗を翩翻《へんぽん》と翻《ひるがえ》しているのを見て感動し、『マックヘンリー要塞の詩』を作った。それに当時流行っていたイギリスの俗謡『天国のアナクレオンへ』のメロディーをつけたのが今のアメリカ国歌である。また、イギリス軍にワシントンDCが占領され、焼かれた大統領府に、白いペンキを塗ったのがホワイトハウスのいわれである。アメリカの建国時の息吹と未来への希望を感じさせる時代であった。

一八一九年に、フロリダをスペインから買収し、一八四五年には、テキサス共和国を併合した。それまでテキサスはメキシコ領であったが、入植したアメリカ人と、サンタ・アナ大統領の専制政治に反対するメキシコ人によって「アラモの戦い」等の独立運動が行われ、一八三六～四五年の間、一時的に独立し共和国になっていた。これを、アメリカは、ジョン・オサリバンが提唱した「マニフェスト・デスティニー（明白な運命の意）」を掲げて、一八四五年に併合した。

これに反対したメキシコとの間で、一八四八年に「米墨《べいぼく》戦争」が勃発した。その結果、勝利したアメリカはカリフォルニア、ネバダ、ユタ、ニューメキシコの広大なウエストコーストの領土を獲得し、太平洋への道が開けた。ちなみに、一八四九年に、カリフォルニアで金鉱が発見され、それを目当てに雲《うん》集《しゅう》した男たちを『フォーティーナイナーズ』といい、今ではフットボール・チームの名前となっている。そして一九五二年に、その男たちを追ってきた女たちを「フィフティーセカンダーズ」という。一八四六年に、それまでイギリスが管理していたオレゴン州を併合し、一八六七年にロシアからアラスカを買収して、北アメリカでの領土拡大は終結した。

「土地自由法」のできた一八六〇年代からは、未開拓地を求めてイリノイから西部開拓の歴史が始まり、インディアンとの数々の抗争を経ながら西漸《せいぜん》し、一八九〇年頃、太平洋に至って北米でのフロンティアは消滅した。所謂《いわゆる》、西部劇の時代である。協定を結んでは、種々の口実を設けてそれを破り、次第に原住民を圧迫していった。

その間のことは、『ソルジャー・ブルー』や『ダンシング・ウィズ・ウルブズ』の映画によく描かれている。その戦いの中で、インディアン人口は激減し、各地のリザベーション（居留地）に押し込められていった。最大の種族であったナバホ族も勇敢に戦ったが敗れ、今では映画『駅馬車』の舞台になったモニュメント・バレーの荒涼たる砂漠地帯で、わずかな農業と観光収入を頼りにひっそりと暮らしている。彼らは、先祖が一万年前にシベリアから渡来した同じモンゴロイドであることを知っており、乳幼児の蒙古斑《もうこはん》や「てっぺん（頂上）」等、発音も意味も同じ言葉が幾つもあることから、日本人に大変親近感を持っている。

一八九三年にハワイで、アメリカ人移民の農場主がクーデターを起こした。アメリカは、自国民の生命財産の保護を名目に海兵隊を送り、リリウオカラニ女王を退位させて臨時政府を樹立し、一八九八年（明治三十一年）にこれを併合し属州とした。ハワイ王国のカラカウア王は、アメリカの脅威に対抗するために一八八一年（明治十四年）に日本を訪れ、明治天皇に、日本を盟主としたアジア諸国の連合・同盟を結成すべきであることと、王の姪であるイウラニ姫の婿として山階宮《やましなのみや》定麿王（後の東伏見宮依仁《ひがしふしみのみやよりひと》親王）を迎え、ハワイの独立を守ってもらうよう申し入れたが、明治天皇は、当時の日本とアメリカの国力差と摩擦を慮《おもんぱか》って丁重に断った経緯がある。日本とハワイは、明治の初めから移民に関する契約を結んで正式な外交関係があった。一九〇〇年には、日本人移民は、三万五千人で全島人口の四〇パーセントを占めており、日本とハワイの結びつきの深さを示している。太平洋戦争中に、アメリカ本土の日系人は内陸に隔離されたが、ハワイではそういうことがなかったのは、多すぎてやれなかったという事情がある。

②スペイン領

アメリカは、すでにキューバを経済的な影響下に置き、キューバの独立を支援していた。参戦の口実を窺っていたアメリカは、一八九八年に、ハバナのサンチャゴ湾でアメリカ戦艦メイン号が謎の爆沈したのを契機に「米西戦争」を起こし、キューバを独立（事実上保護国化）させ、プエルトリコ、グアム、フィリピンを獲得した。フィリピンでは、その後、エミリオ・アギナルドの下で独立を求めて「米比戦争（一八九九～一九一三年）」が起こったが、十数万の大軍を送り、アーサー・マッカーサー将軍（マッカーサー元帥の父）がこれを武力で鎮圧し植民地にした。この一連の戦争は、アメリカに共通の敵をつくることになり、南北戦争の南軍、北軍のしこりを解消し団結するのに一役買っている。

なお、サンチャゴ湾での海戦には、アメリカ留学中の日本海海戦の英雄秋山真之《あきやまさねゆき》が従軍武官としてアメリカ艦に乗艦しており、その実体験が日露戦争に大いに役立った。

③パナマ

一九〇三年に、パナマをコロンビアから強引に独立させ、運河地帯を租借して一九一四年にパナマ運河を完成した（スエズ運河と同じレセップスによる）。

④太平洋、アジア

パナマ運河の開通で大西洋と太平洋が結びついたのを機に、アメリカはフィリピンを拠点としてアジア進出の態勢を整えた。一八九〇年（明治二十三年）にマハン大佐（後に海軍大学校長）は『海上権力史論』を発表し、その中で、大海軍の建設、商船隊の拡充、海外基地の建設、植民地の確保を主張し、それがその後のアメリカの海外戦略の基本方針になった。マハン自身は日本嫌いで、日本を仮想敵国としていたが、制海権の重要性を説くこの本は、金子堅太郎から海軍大臣西郷従道に進呈され、日本海軍でもバイブルとして広く研究された。秋山真之も、一八九八年にマハン大佐に直接師事しており、皮肉なことに、マハンの世界で一番の愛弟子は日本帝国海軍であった。

アフリカ、太平洋諸島の分割他

①ベルギーは、一八八三年に資源調査の名目でアフリカに進出し、コンゴを植民地化した。これをきっかけに、欧州列強によるアフリカの分割が開始した。

②イギリスは一八七五年に、スエズ運河の管理権を取得した後、エジプトからケープタウンまでの南北縦断作戦をとっていた。一八八〇～一九〇二年には、南アの金、ダイヤモンドを狙い、オランダ系白人国家のトランスヴァール共和国、オレンジ共和国に強引に戦争を仕掛け（第一次、第二次ボーア戦争）、これを領有した。

③フランスはアルジェリア、サハラから東へ横断作戦を展開し、スーダンのファッショダで英仏が衝突したが（一八九八年）、フランスは譲歩してスーダンはイギリス領となった。

④ドイツも、遅ればせながら、東アフリカ（ブルンジ、ルアンダ、タンザニア）を獲得した。

さらに、米西戦争で弱体化したスペインから南洋諸島（マリアナ、マーシャル、カロリン諸島等）を買収し、これを契機に太平洋の諸島も、二十世紀初頭までにすべて欧米の植民地となった。

こうして、弱肉強食、砲艦外交により、アフリカ、東南アジア、太平洋はすべて欧米の植民地と化し、残るは極東の中国、朝鮮、タイ、日本のみとなった。

日清戦争

朝鮮をめぐる情勢

①李氏朝鮮

一三九二年に、李成桂（太祖）が高麗朝の王位を簒奪《さんだつ》して李氏朝鮮を建国した。一四〇一年に、太宗が明国から冊封《さくほう》を受けて、正式に朝鮮国王となった。以後、李朝は中国を盟主とした冊封体制を堅持し、華夷《かい》秩序を守って、厳しい鎖国政策をとっていった。ただ、日本には家康以来、将軍が交代するたびに

「朝鮮通信使」を十二回派遣しており、日本側はその返礼に「日本国王使」を派遣していた。ただし、これは対馬《つしま》藩が代行し、釜山《ふざん》の倭館《わかん》までで、そこから内陸には軍事上の問題で入国を許されなかった。一七六四年（明和元年）、第十一次通信使の日記『日東壮遊歌』によると、日本の街並みの豪壮さと高度の文化に驚き羨望《せんぼう》している。江戸時代の日本は、世界でも有数の文明国であった。

②明治維新当時

当時は、幼い国王高宗に代わって、西洋嫌いの実父の大院君《だいいんくん》が政府の実権を握っていた。一八六六年八月に、アメリカの武装商船ジェネラル・シャーマン号を焼き討ちにし（シャーマン号事件）、十月には、フランス人宣教師九名を処刑（丙寅教獄《へいいんきょうごく》）し、その報復として江華島に侵攻したフランス艦隊と戦闘（丙寅洋擾《ようじょう》）を行う等、西欧諸国に対しても強硬姿勢をとっていた。

大院君（近現）

その頃の朝鮮の国情は極めて悲惨で、政治は、両班《ヤンバン》制度（文班と武班）の下に、文官主導で行われていた。当初、科挙試験に準じた両班制度は、有効に機能していたが、次第に世襲化し身分が売買されるようになると、李朝末期では両班は人口の四〇パーセントを占め堕落していった。

一八七四年（明治七年）のパリ外邦伝教会の宣教師ダレ著の『朝鮮事情　朝鮮教会史』や、一八九七年（明治三十年）のイギリスの旅行家イサベラ・バード著の『朝鮮紀行』（時岡敬子訳、講談社)、マリ・ダブリュイの『朝鮮事情』等によると、「転んでも自力で起き上がらない、箸より重いものを持ったことがない、労働行為そのものを忌み嫌う、まるで支配者か暴君のごとく振る舞い、金がなくなれば商人や農民を捕まえ、金を出すまで投獄し鞭うつ」といった具合に書かれている。また、「ソウルは不潔で、都会であり首都であるにしては、そのお粗末さは実に形容しがたい」とも報告されている。さらに、一九〇八年(明治四十一年)ロンドン・デーリーミラーの記者のF・A・マッケンジー著の『緒戦の悲劇』(渡辺学訳、平凡社東洋文庫)には「監房は筆舌に尽くしがたい程に不潔であり……私のこれまで見た限りでの地獄の一歩手前であった」と記されている。

他にも、明治初期のソウルのみすぼらしい街並みの写真は数多く残されている。ただ、イサベラ・バードはそんな朝鮮に愛着を持ち、これらのことは、民族の問題ではなく政治の責任であるとしている。その証拠に、ロシア領内の朝鮮人はきちんとした生活をしていると報告している。

当時、中国、朝鮮にも、日本と三国が連携して欧米列強に対峙《たいじ》すべきとの考えがあった。そのために日本は、新政権樹立の通告と国交を求める国書を持った使者を何度も送ったが、その都度受け取りを拒否された(書契問題)。

一八七二年(明治五年)五月に外務省官吏相良《さがら》正樹は、草梁《そうりょう》倭館《わかん》(釜山にあった対馬藩の現地駐在事務所で、そこからの外出は禁じられていた)を出て東莱府《トンネブ》(対日外交窓口)へ出向き、府使との会見を求めた(倭館欄出《わかんらんしゅつ》)。さらに、同年九月に、草梁倭館を「日本公館」と改名し、外務省の直轄にした。同月、対馬藩と交代のために花房義質《はなぶさよしもと》が「春日丸」で訪れたところ、日本を西欧同様に排斥の対象として、日本公館への食料などの供給停止、貿易の停止、日本を無法の国とする「侮日広告」の掲示などの敵対的行為を行った。かつ、大院君は「日本人は、なぜ蒸気船で来て、洋服を着ているのか。そのような行為は華夷秩序を乱す」と非難して取り合わず、交渉は暗礁に乗り上げた。

このような中で、一八七三年（明治六年）に、西郷を中心とした征韓論が沸き起こったが、これは大久保たちの「内治が急務で外征の余裕などない」との反対で、頓挫することになった（明治六年の政変）。

その間一八七三年（明治六年）に、日本の強い要求で、直隷総督李鴻章と外務大臣副島種臣の間で「日清修好条規」が締結されていた。これは平等条約で、その第二条では「もし、他国より不公及び軽《けい》藐《びょう》することある時、その知らせを為さば何れも互いに相助け」と、相互扶助の条項があった。一八七四年（明治七年）の台湾出兵に関わる交渉で、日本の強硬姿勢に驚いた清国は、宗主国の立場から、朝鮮に日本の国書を受け取るように勧告していたので、大院君も仕方なくこれに従うことになった。

そこで一八七五年（明治八年）に、釜山で東莱府と森山理事官の間で初めての政府間交渉が持たれた。その宴席で日本大使が着用する大礼服と、通過する門について、東莱府からクレームがつき、さらに、中央政府でも大院君の支持者が交渉中止を求めたために議論が紛糾し収拾がつかなくなっていた。ちなみに、清の使者に対しては、朝鮮王は「迎恩門」まで出迎え、屈辱的な九叩三拝《きゅうこうさんはい》（頭を九回地面につけて三拝する）の礼を尽くして迎えていた。清は、ご丁寧にも朝鮮が礼を忘れないように、その姿をレリーフに刻み、モンゴル語、満州語、漢語で記した碑まで建てさせていた。

しびれを切らせた日本政府は、軍艦「雲揚」「第二丁卯《ていぼう》」を漢城《ソウル》近海に派遣して示威し、江華島から砲撃を受けたのを口実に江華島の砲台を攻撃・破壊し、その圧力の下で一八七六年（明治九年）二月に「日朝修好条規（江華島条約）」を結んだ（前述）。

③壬午軍乱《じんごぐんらん》

江華島事件以来、朝鮮では、清の冊封国（または属邦）のままでよいという「事大党（守旧派）」と、現状を憂い、朝鮮の近代化を目指す「開化派」とが激しく対立しており、宮中でも、高宗の父の大院君と、妃の閔妃《びんひ》が激しく勢力争いをしていた。元々、閔妃は大院君の遠縁で、幼いときに両親を失ったので大院君が庇護し、長じて高宗の妃にしたものである。ところが、閔妃は長じるにつれ、政治的な才覚を発揮し、控えめな高宗をさしおいて、一族を擁して大院君と対立するようになっていった。

閔妃（近現）

開国して五年目の一八八一年（明治十四年）五月、政府の実権を握った閔妃一派が、開化派の先頭に立ち、日本と同じ新式装備の「別技軍《べつぎぐん》」を編成し、軍制改革に乗り出した。日本から、軍事顧問を招き日本式の訓練をする一方、日本への留学も積極的に進めていった。隊員は、両班の子弟から選抜されたエリートで、待遇も守旧派の軍隊よりも優遇されていた。

そうした折、守旧派の軍隊の給与（米で支給）が滞ったうえに、砂で水増しされていたことに怒った兵士が暴動を起こした。この騒ぎの中で、兵士たちは閔妃の甥である別技軍教練所長の閔泳翊《びんえいよく》に重傷を負わせ、開化派高官を多数殺害し、さらに、日本人の軍事顧問や公館員、学生なども襲撃した。直ちに、日本公使館は朝鮮政府に警備を要請し自らも応戦したが、無勢のため、花房公使以下は、夜陰に紛れてイギリス船で長崎に避難した。

閔妃も王宮を脱出し、清国駐留軍の袁世凱《えんせいがい》に保護を求めた。これは政敵閔妃一派を一掃するための大院君の陰謀で、首尾よく高宗から政権を譲り受け、計画は成功したかにみえたが、閔妃は高宗と連携を取り、清を味方につけて巻き返しに出た。清は、反乱を鎮圧し大院君を捕らえて清国に連行したので、政権は再び閔妃一族に戻った。これを「壬午軍乱（一八八二年＝明治十五年七〜八月）」という。この事件で、日本も軍隊を派遣したが、日本が意外と無力であることを知った閔妃一族は、以後、日本頼りの政策から親清政策に転換していった。

事件後、日本は、朝鮮政府による謝罪と遺族への扶助料支給、犯罪者の処罰、巨済島《きょさいとう》または鬱陵島《うつりょうとう》の割譲を要求したが、清国と米国の牽制により領土割譲は諦め、「済物浦条約《さいもっぽ》」により、日本公使館の警備用の軍隊を置くことにした。この結果、朝鮮をめぐり、影響力を発揮したい日本と、あくまで自国の冊封国として配下にとどめたい清国との間で次第に緊張が高まっていった。

一方、開化派もこれを機に分裂し、金允植《きんいんしょく》などの年長者の改良派（穏健派）は、清の洋務運動（西欧化）を参考に、閔妃一派と妥協しつつ徐々に近代化を図ろうとしたのに対し、金玉均《きんぎょくきん》などの若手の開化派（急進派）は、閔妃一派を排除し、日本の明治維新をモデルに一挙に近代化を図ろうとした。しかしながら、急進派は次第に要職から外され、不利な立場に追い込まれていった。

④甲申政変《こうしんせいへん》

金玉均（近現）

開化派（独立党）は、金玉均、朴泳孝《ぼくえいこう》、徐載弼《じょさいひつ》らの若手エリート官僚たちで、日本への留学組が多く、福沢諭吉や大隈重信などの日本財界の支援を受けて、明治維新を手本に日本型の近代立憲君主制国家の樹立を目指しており、高宗からも内々に支持を取り付けていた。一八八四年（明治十七年）十二月の郵政局開設パーティーの日に、金玉均一派は、放火を合図に閔妃一族を殺害し新政府を樹立した。直ちに高宗の決裁を受け、李載《りさい》元《げん》を首相とし、朴泳孝を副首相、金玉均を大蔵大臣とする内閣を組織し十四項目からなる新政策を発表した。

〈新政策〉
一、清国に対する朝貢、虚礼を廃止すること。
二、門閥を廃止し、人材を登用すること。
三、地租法を改革すること。
四、軍制・警察を改革すること。
五、行政官庁を改革すること。他

当時清国は、清仏戦争（一八八四～八五年）の結果、属国のインドシナ（ベトナム、ラオス、カンボ

福沢諭吉（国H）

ジア）を失ったばかりであり、朝鮮まで失うわけにはいかず、袁世凱率いる清軍は王宮を守る日本軍を排除し、クーデターは三日で失敗に終わってしまった。閔妃一派（親清派）は、臨時政府を樹立し、開化派の家族を含め三親等まで残忍な方法で処刑した。一旦、日本に亡命していた金玉均は、その後、日中朝の連携を訴えるために李鴻章《りこうしょう》に会いに上海に渡ったところを、閔妃の差し向けた刺客に暗殺され、凌辱刑《りょうじょくけい》で死体を引き裂かれて各地に晒《さら》された。

この改革派を支援していた日本の政・財界の内でも、特に福沢諭吉は、二十年前にちょんまげ姿で咸《かん》臨丸《りんまる》に乗り渡米した頃の自分と重ね合わせ、親身になって多くの留学生を世話していた。それだけに、この状況を見て福沢は支那、朝鮮にいたく失望し、一八八五年（明治十八年）三月に『脱亜論』を発表し、

「この二国は、古風老大の政府ありて、之を如何ともすべからず。……今の支那、朝鮮は我が日本国のために一毫（少し）の援助とならざるのみならず、西洋文明人の目を以ってすれば、地理相接するが為に日本も同一視し、……共に悪名を免るべからず。……ただ脱亜の二字あるのみ。……我が国はその伍を脱し、西洋の文明国と進退を共にし……我は心に於いて亜細亜東方の悪友を謝絶する者なり」と、アジアを捨てて、西欧と付き合うべきと説いた（脱亜入欧）。

さらに、『朝鮮人民のためにその国の滅亡を賀す』という論文においては、「今、朝鮮の有様を見るに、王室無法、貴族跋扈《ばっこ》、税法

紊乱《びんらん》、民に私有の権なく、法律不完全にして無辜《むこ》を殺し、私欲・私怨で人を勾留し、傷つけ、殺すも人民は訴える由なし。……むしろ、露・英等の強大文明国の保護を蒙り、せめて生命と私有のみにても安全にするは不幸中の幸いならん。英支配の巨文島を見れば、独立国民の栄誉は尽き果てたれども、(法治の下で)他に羨まるるほどの幸せなり。故に、朝鮮の滅亡、その期、遠からざるを察して、一応は政府のために之を弔し、顧みて、その国民のために之を賀せんと欲す」と、国が滅んだ方が人民のためであると述べている。

(『福沢諭吉著作集第八巻』慶応義塾大学出版会)

古来、中国、朝鮮は日本にとって文明の発するところであったが、頑迷固陋《ころう》な政府と劣悪な社会・生活環境を見て、このあたりからアジア人を蔑視するようになっていった。日本が、以後、朝鮮や満州、中国に進出していったことは、その国の人から見れば、はた迷惑なことであったろうが、その背景にはこのような実態があったことも事実である。以後、その国の人々の中からも、日本の政策に同調する者が多く出てきており、これらの者を単に「売国奴」と一言で片付けるのは現実にそぐわない。ちなみに、秀吉の「文禄・慶長の役」でも、それまで虐《しいた》げられてきた農民や賎民の中には、人民を見捨てて逃げ出した李王朝に失望し、日本軍を解放軍として迎える人もいたが、日本軍の武断派の諸将は恐怖政治で臨み、結局、これらの人々を味方につけることができなかった。秀吉は、直接朝鮮に渡り陣頭指揮をしようとしたが、後陽成《ごようぜい》天皇に押しとどめられて諦めた。諜略《ちょうりゃく》を得意とし殺戮《さつりく》の嫌いな秀吉ならば、無益な血を流さず、もっと人心を収攬《しゅうらん》できたかもしれない。日本人は昔から、異民族との接し方が下手だった。

もし、このときの金玉均等の改革が成功していたならば、その後の日韓関係は共存共栄を基調に、随分変わったものになっていただろうと思うと、惜しまれてならない。この改革運動は、一部の若手エリート集団に率いられたもので、大衆に基盤を置かない未熟なものであったが、その理念は、後の社会改革運動（甲午《こうご》改革、独立教会、愛国啓蒙運動）に引継がれていった。

事件後、日本も清国も、朝鮮での無益な抗争の愚を覚り、一八八五年（明治十八年）四月に「天津条約」を結び、双方とも軍事顧問の派遣中止、軍隊駐留の禁止、派兵する場合の事前通告などが決められた。

⑤東学党の乱（甲午農民戦争）

東学は、一八六〇年に崔済愚《さいさいぐ》（没落両班）によって始められた西学（キリスト教）に対する新宗教で、これを信ずればユートピアを地上に現出できると説いた。朝鮮政府はこれを弾圧し、教祖の崔済愚は一八六四年に処刑された。しかし、その教えはその後、農民の間で急速に広まっていった。

あるとき、農民が自力で灌漑《かんがい》施設を造り収穫量を増やしたのに対し、村役人がこれに課税しようとしたので、農民一揆が発生した。それが、進出する日本をはじめ外国資本、不正を行う地方官吏、保守的で外国に弱腰な閔妃の政府等に対する鬱積《うっせき》した不満に飛び火し、全琫準《ぜんほうじゅん》（地方官吏出身の貧しい私塾の教師）を指導者とし、東学教団を主体とする大規模な農民戦争に発展した（一八九四年＝明治二十七年）。甲午《こうご》農民戦争ともいう。

当時、李氏朝鮮は、建国者の李成桂《りせいけい》が軍事クーデターで政権を取ったことに鑑み、強力な軍隊を持たない方針で常備軍は数千人しかいなかった。したがって、東学党の乱を鎮圧する力のない閔氏政府は、一八九四年に清国に援軍を求め、清国は三千人の軍隊を派遣してきた。これに対し、清国に朝鮮の主導権を握られることを恐れた日本は、「天津条約」に基づいて清軍以上の八千人の軍隊を派兵した。この事態に慌てた朝鮮政府は急遽、六月十日に農民軍と和解し、日・清両国に撤兵を求めたが、両国はこれに応じなかった。

日本はこのとき、朝鮮の内政改革を提案したが、朝鮮政府と清国はこれを内政干渉として拒否した。日本は、七月十六日に日英条約の改正（日英通商航海条約）により英国の支持を取り付け、臨戦態勢に入った。日本は、七月二十日に清軍の撤兵を要求する最後通牒を発令し、七月二十三日に王宮を支配下に置き、朝鮮政府から日本軍に対し、「清軍を朝鮮から撤兵させるように」との要請を出させた。国際協調主義の伊藤博文首相はこのような対外政策には慎重であったが、陸奥宗光《むつむねみつ》外相、山県有朋をはじめとする軍部は、日本の国防と国際的地位向上の観点から、積極策を進言した。

戦争が起こる理由は幾つもあるが、最も基本的なものは、「安全保障と食」が脅かされる場合である。朝鮮の清からの独立を狙う日清戦争は、日本にとって、主として列強（特にロシア）の潜在的脅威に対する自衛権の行使であった。それに加えて、あわよくば大陸進出の足掛かりを築き、遅ればせながら帝国主義列強の仲間入りをしたいとの願望の表れでもあった。

日清戦争の勃発

①緒戦

清国は衰えても〝眠れる獅子〟と恐れられ、とても日本如きの及ぶところではないとの見方が大方で

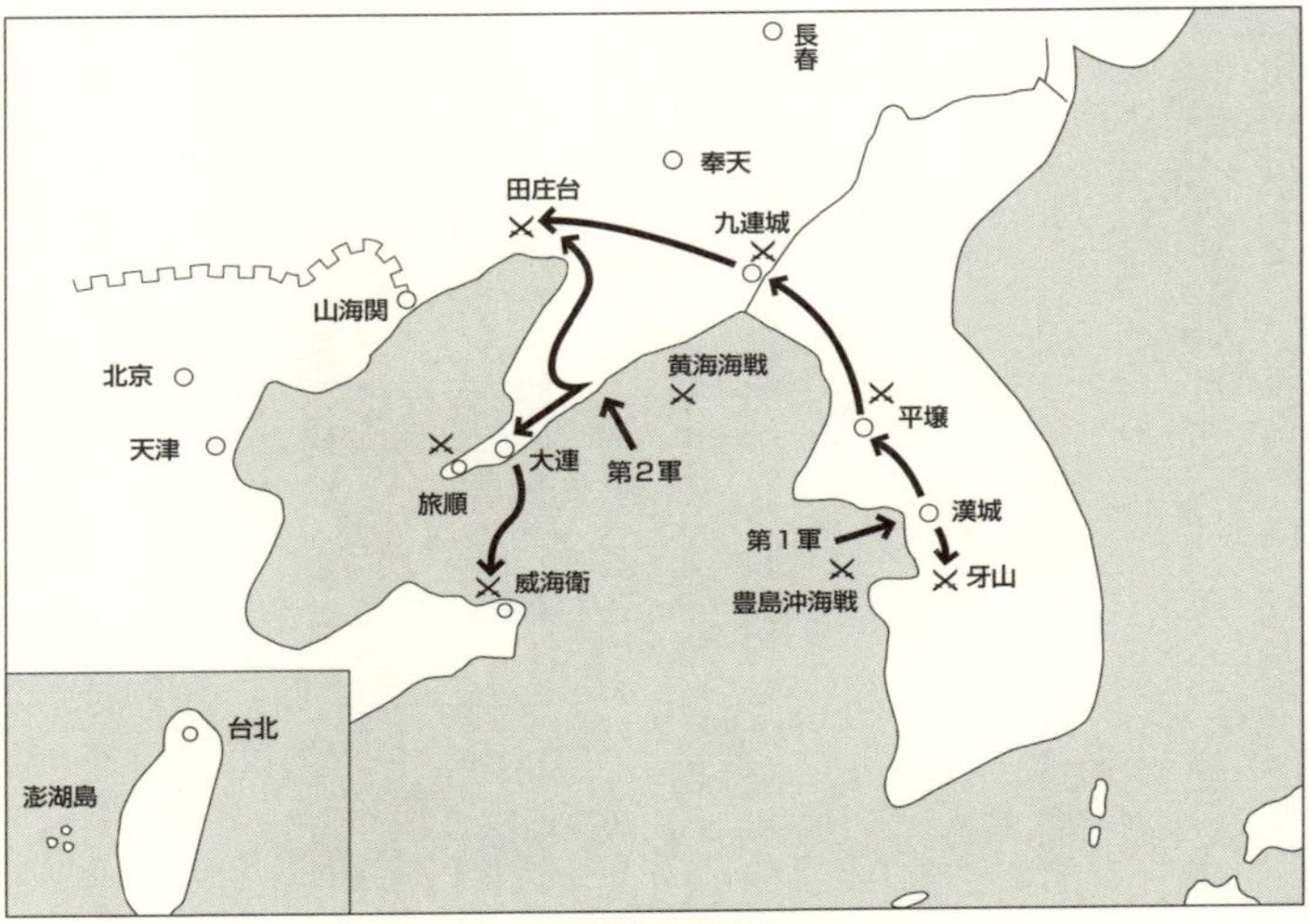

日清戦争地図

あったが、一八九四年（明治二十七年）七月二十五日の緒戦で、海軍が、豊島《ほうとう》沖で清国艦隊と交戦すると、清国軍艦「済遠」は損傷して逃走、「広乙」は座礁し、「操江」は降伏した。また、清国兵を満載した英船籍の「高陞号《こうしょうごう》」は、停船命令に従わなかったので、「浪速」艦長の東郷平八郎《とうごうへいはちろう》大佐はこれを撃沈した。この件は、「高陞号事件」として国際問題になったが、英国の学者がこれを万国公法に照らして正当な処置であったと公表したために、むしろ日本の順法能力が評価され事なきを得た。東郷は、英国に六年間留学し、万国公法にも通じていたことが幸いした。

また、陸軍もソウル南方にある牙山《がさん》の駐屯地を攻撃すると、清軍四千百余は総崩れとなった。

②陸戦

清国は、新たに一万五千人の増援部隊を平壌に派遣したが、これも日本軍の攻撃を受けて潰乱《かいらん》し、北へ遁走《とんそう》した。十月二十五日に、第一軍・山県有朋大将は鴨緑江《おうりょっこう》を渡河し、日本は初めて満州の地に足を踏み入れた。清軍は、日本軍の猛攻に恐れをなして逃亡し、日本軍は国境近くの九連城《くれんじょう》を無血占領した。十月二十四日に、第二軍・大山巌大将の一万五千人は、遼東半島の金州《きんしゅう》に上陸して金州城を占領し、十一月二十一日にはその配下の第一旅団・乃木希典少将が、当時、東洋一と謳われた堅固な旅順要塞をほんの一日で陥落させた。さらに、第二軍は、山東半島に転進し威海衛を攻略した（明治二十八年二月）。第一軍も西に進み、営口《えいこう》を抜き、日清戦争最大の砲撃戦と言われた田庄台《でんしょうだい》を攻略し（明治二十八年三月）、さらに、満州と中国本土を隔てる万里の長城が渤海《ぼっかい》湾に接する山海関《さんかいかん》を目指す勢いを見せた。

この頃、日本軍を「文禄・慶長の役」以来の侵攻と受け止めた朝鮮民衆は、軍用電線の切断、兵站《へいたん》部への襲撃、日本兵の捕縛・殺害等の反日義兵活動を行い、十月九日に東学党の全琫準を指導者として再蜂起した。ロシアの軍事介入を極度に恐れていた日本は、その口実をつくらさないために、東学農民軍を朝鮮西南端に追い詰め、徹底的に殲滅《せんめつ》した。

③海戦

一方、海の方では、伊東祐亨《いとうすけゆき》中将率いる日本艦隊十二隻は、丁汝昌《ていじょしょう》提督率いる北洋艦隊十七隻と黄海で遭遇し、清国の「超勇」、「致遠」、「経遠」など五隻を撃沈し、六隻を大中破、「楊威」、「広甲」を擱座《かくざ》させた（黄海海戦＝明治二十七年九月）。「定遠」、「鎮遠」という最新の巨大戦艦を持ちながら、簡単に日本海軍に敗れたのは、将兵の自覚と士気の違いにあった。前年、示威のために来航した北洋艦隊の実情を見て、日本海軍は勝利を確信していた。戦争は、もちろん装備・物量がものをいうが、戦いを決するのは結局のところ人間である。

以後、清国艦隊は山東半島の軍港威海衛に閉じこもったが、占領された砲台からの砲撃と、日本軍水雷艇による魚雷攻撃で、主力艦の「定遠」は大破・自沈、「来遠」、「威遠」、「靖遠」など四隻も撃沈され北洋艦隊は全滅した。丁汝昌は、将兵の助命と引き換えに毒を仰ぎ自決した。丁汝昌に対する親身な降伏勧告と、その亡骸《なきがら》を手厚く葬り、拿捕した商船をもって故郷に送り届けた伊東長官は、日露戦争のときの上村彦之丞《かみむらひこのじょう》とともに海軍軍人の手本として、長く各国海軍の教本に名を残した。

④犠牲者
日本側の死傷者は戦死約千四百人、病死約一万二千人、負傷者約四千人で、中国側の死傷者は約三万五千人であった。陸軍の死亡の多くは脚気《かっけ》で、麦飯主体の海軍と違い、脚気細菌説を信じ、兵食を白米食に固執した陸軍軍医森林太郎《もりりんたろう》（鷗外《おうがい》）の責任は大きい。この状況は、日露戦争まで続いた。

日清戦争の戦後処理

①講和条約
アメリカの仲介により一八九五年（明治二十八年）三月から、伊藤博文首相、陸奥宗光外相と李鴻章全権大使の間で、下関の春帆楼《しゅんぱんろう》で講和会議が始まった。清側は、一月から講和使節を日本に差し向けていたが、日本側はこれに応じず、第二軍は遼東半島の完全制覇と、台湾領有を狙い澎湖《ほうこ》諸島上陸作戦を進めていた（三月二十三日）。李鴻章は、講和条件で大いに粘ったが、三月二十四日に日本人暴漢に狙

李鴻章（近現）

撃され、四月十七日についに講和条約が調印された。

〈下関条約の主な内容〉

第一条　清国は、朝鮮が独立国であることを認め、清国に対する貢・献上・典礼などは永遠に廃止すること。

第二条　清国は、遼東半島、台湾、澎湖島《ほうことう》を日本に割譲すること。

第四条　清国は、賠償金二億両《テール》を支払うこと。

第六条　清国と欧州各国間の条約を基礎に、「日清通商航海条約」を締結すること。

其一　新たに、沙市、重慶、蘇州、杭州の四港を開港すること。

其二　日本人は、清国内の開市、開港場での各種製造業に従事できること。

日本の動員兵力は二十四万人、戦費は約二億円であった。清国からの賠償金二億両（約三億円）は、当時の歳入が約一億円、ＧＮＰが約四億円であったことを考えるといかに巨額であったかがわかる。

②列強の進出

清国の弱体ぶりを目の当たりにした西欧列強は、自国からの借款を強要し、その見返りとして租借地、鉄道の敷設権、鉱山採掘権などを次々と確保していった（ロシアは旅順と大連、ドイツは膠州《こうしゅう》湾、フランスは広州湾、イギリスは九龍半島と威海衛を租借)。

③三国干渉

講和条約直後の四月二十三日、満州への進出を企てていたロシアは、ドイツ、フランスに働きかけ、日本政府に対し武力を背景に遼東半島の放棄を要求した。

〈三国干渉勧告文〉

「遼東半島を日本にて所有することは、ただに、清国首府を危ふするの恐れあるのみならず、之と同時に、朝鮮国の独立を有名無実となすものにして、右は、将来、極東の永久の平和に対し、障碍を与ふるものと認む。

依って、ロシア政府は、日本皇帝陛下の政府に向かって、重ねてその誠実なる友誼を表わさんが為、ここに、日本政府に勧告するに、遼東半島を確然領有することを放棄すべきことを以ってす。」

当時、ロシアは不凍港を求めてシベリア鉄道を建設中で、さらに満州横断鉄道も計画しており、いずれは満州・朝鮮への進出を考えていた。日本は、到底三国に対抗する力はなかったので、涙を呑んで遼東半島を返還したが、日本国民は怨《うらみ》骨髄に徹し、「臥薪嘗胆《がしんしょうたん》」を合言葉に、ロシアを仮想敵国として復讐心に燃えた。賠償金の二億両と、遼東半島返還の見返りの三千万両を合わせると莫大な金額となり、それを軍備拡張と八幡製鉄所他の建設、鉄道、電信の拡充、台湾の植民地経営などに充てて、国力の充実に努めた。

④台湾割譲

台湾の割譲は、台湾人にとっては寝耳に水であり、三国干渉で遼東半島が返還されたのに勇気づけられて、清を宗主国とする「台湾民主国」を造り（一八九五年＝明治二十八年五月）、日本軍に激しく抵抗した。日本は、初代台湾総督に樺山資紀海軍大将を任命し、近衛師団、第二師団（乃木中将、後に第三代総督）を派遣し、十一月末にはこれを平定した。その間の日本人戦死者は百六十四人で、他にマラリア等で多くの病死者が出た。

⑤社会主義運動の始まり

一八九七年（明治三十年）に、片山潜《かたやません》、高野房太郎《たかのふさたろう》による「労働組合期成会」、片山潜、幸徳秋水《こうとくしゅうすい》、大井憲太郎《おおいけんたろう》による「普通選挙期成同盟会」が結成され、片山、幸徳、安部磯雄、西川光二郎《にしかわこうじろう》により、初の社会主義政党である「社会民主党」が設立された。その一方、台頭してきた社会主義を取り締まるために、一九〇〇年（明治三十三年）に「治安警察法」が成立した。

⑥金本位制の復帰

日本は、一八七一年（明治四年）の新貨条例により元々、金本位制をとっていたが、金の流出が多かったので、次第に金銀本位制を経て銀本位制に移行していった。これを、為替の安定のために、一八九七年（明治三十年）に再び金本位制に復帰した。

〈まとめ〉

一、朝鮮を、ロシアの脅威に対する防波堤にするために、清国から独立させ、近代化の道を開いた。

二、初の本格的な対外戦争の勝利は、日本の近代化の成功を世界に印象づけ、明治維新はアジア諸国の手本となって、同調者、日本留学生が急増した。

三、清国の脆弱《ぜいじゃく》さが、白日の下にさらされ、列国による清国の蚕食と、国内の革命気運が急速に盛り上がった。

四、二億三千万両（三億七千五百万円）の賠償金は、当時のＧＮＰ総額に匹敵し、殖産興業、台湾経営、軍備拡張に使われ、国力の充実に寄与し、日露戦争のための基盤整備に役立った。

第三章　日露戦争・近代国家への分水嶺

朝鮮・満州をめぐる情勢

朝　鮮

①相次ぐ政変

日清戦争後、開化派は高宗の下で明治維新を手本に、清への臣従廃止、教育の近代化、人材登用、徴兵制、奴隷制・身分制の廃止等の近代化を進めてきた（甲午改革、一八九四～九六年＝明治二十七～二十九年）。当初、改革派の勢いが強かったが、日本が三国干渉に屈服するのを見るや、閔妃一族と保守派が、再び勢力を盛り返してロシアに接近し、改革は後退した。

ロシアの勢力伸長に危機感を持った日本は、三浦梧楼公使を送り込み、勢力挽回を画策している中で、日本人壮士と朝鮮人訓練隊が王宮に乱入し、閔妃を殺害する事件が起きた（乙未事変、一八九五年＝明治二十八年十月）。再び大院君が復帰し、親日政権を樹立したが、これを日本の陰謀として、日本は各国の非難を浴びた。その後、政権は再び高宗に移ったが、閔妃暗殺を見て恐れをなした高宗は、ロシア公使館に居を移し（露館播遷《ろかんはんせん》、一八九六年＝明治二十九年）、朝鮮はロシアの支配下に置かれ、親日派は弾圧を受けた。

②独立協会

開化派の流れをくむ徐載弼《じょさいひつ》、李完用《りかんよう》は、一八九六年（明治二十九年）七月に「独立協会」を設立し、朝鮮の独立、法治主義、新教育、農業改革、工業育成、愛国心、君主への忠誠等を掲げ、近代化を提唱した。一八九七年（明治三十年）以後、ロシアが朝鮮への侵略政策を鮮明にしてくると、反露闘争を展開し、高宗を王宮に連れ戻し、「大韓帝国」の独立を宣言した（一八九七年＝明治三十年十月）。しかしながら、その後の保守派との抗争に敗れ、改革派は弾圧され、専制君主制を望む高宗により同協会は解散させられた。

③ロシアの進出

義和団事件（一九〇〇〜〇一年＝明治三十三〜三十四年）で満州を事実上、手に入れたロシアは、さらに露骨な南下政策を進め、朝鮮にも軍港を開設しようとしたが、これは日本の反対で一時断念した。しかし、一九〇三年（明治三十六年）七月には鴨緑江を越えて、朝鮮の龍巌浦を租借し兵営を建設したために、日本の危機感は一気に高まっていった。

ロシアとの戦争を予期した日本政府は、一九〇四年（明治三十七年）二月に、「日韓議定書」を結び、韓国政府に対する施政忠告権、韓国王室の安全保障、韓国の独立の保障と防衛などを取り決め、韓国内で合法的に軍事行動がとれるようにした。

満州

①ロシアの勢力拡張

一八九五年（明治二十八年）四月に、ロシアを中心としたドイツ、フランスの「三国干渉」により、日本は断腸の思いで遼東半島を清国に返還した。その舌の根も乾かないうちに、ロシアは一八九六年（明治二十九年）六月に満州を横断する東清鉄道の敷設権を獲得し、次いで、一八九七年（明治三十年）十二月には旅順を占領して、ウラジオストック艦隊の大半をここに移動し、一八九八年（明治三十一年）三月に、旅順、大連（ロシア語の〝ダルュ〈遥かの意〉〟）を二十五年間租借し、遼東半島を関東省と命名し永久要塞化した。さらに、ハルビン～旅順間の南満州鉄道の敷設権も獲得した。

さらに、「義和団事件」に乗じ、居留民保護の名目でロシアは満州全域を事実上占領し、帝国主義的政策を露骨にしてきた。乱後に、各国からの撤兵要求により、三段階での撤兵を約束したにもかかわらず、第一回の撤兵を行っただけで、その後は居座り、満州の独占的な支配権を清国に認めさせた（露清密約）。ロシアは、さらに一九〇三年（明治三十六年）四月には、満州の鴨緑江河口にも軍事基地の建設を開始した。

〈義和団事件〉

北清事変ともいう。元々、官憲に弾圧された人々が教会へ救いを求め、布教活動とともにキリスト教信者は増えていった。やがて、その信者たちが外国の軍隊や不平等条約を背景にして、一般民衆と土地などを巡って抗争するようになったために民衆の反感を買い、次第に反植民地、反西欧の気運が高まっていった。山東省で起こったドイツ人宣教師の殺害事件（一八九七年）を口実に、ドイツが山東省に出兵すると、白蓮《びゃくれん》教徒の一派である義和団が中心となって排外運動が起こった。困窮した住民がこれに同調し、「扶清滅洋」（清国を助け、西欧を排撃）をスローガンに、欧米帝国主義打倒の運動が急拡大し、一九〇〇年（明治三十三年）六月に、北京の一団が、日本公使館書記とドイツ公使ケットラーを殺害する事件が起こると、一挙に国際問題化した。西欧に反感を持つ西太后《せいたいごう》は、義和団を支持し各国に宣戦布告したために、運動は瞬く間に官吏、軍隊にも波及し、各地で公使館、領事館、教会、牧師などが襲撃された。

六月に、イギリスのシーモア中将に率いられた八カ国連合軍二千人（日本、イギリス、アメリカ、フランス、ドイツ、ロシア、イタリア、オーストリア）は、北京解放に向かったが、失敗し退却した。八月に、ドイツのガスリーが率いる連合国軍二万人が、再度北京解放を目指し、八月十四日に北京を解放した。当時、イギリスは第二次ボーア戦争で忙殺され、アメリカもフィリピンの独立戦争で手を焼いていたので、日本とロシアが連合軍の中核となっていた。日本からは「シベリア単騎横断」で有名な福島安正《ふくしまやすまさ》少将が第五師団八千人（最大時一万四千人）を率いて参加し、その中心的な働きをしている。北京での二カ月に及ぶ籠城《ろうじょう》戦では、公使館付き武官の柴五郎《しばごろう》中佐が実質的に連合国の指揮を執り、諸外国から多くの賛辞を得た。この頃までの日本軍は、軍紀厳正で世界の模範とされていた。

北京が解放されると、西太后は掌《てのひら》を返すように義和団鎮圧に方針転換し、以前に弾圧した光緒帝《こうちょてい》・康有為《こうゆうい》の変法自強運動（近代化）を復活させたので、民衆の信頼を一挙に失った。それに失望した義和団も、スローガンを「扶清滅洋」から「掃清滅洋」（清国も西欧も排撃）に変え、清朝に敵対するようになっていった。九月に、ドイツのワルテルガー元帥が連合軍司令官に就任し、数万人の連合軍を率いて義和団の掃討を進め、一九〇一年（明治三十四年）九月に、「北京議定書」により乱は終結した。この結果、清国は四億五千万両の賠償金と治外法権、外国軍による北京、天津、上海等への駐留権を受け入れた。盧溝橋事件のときの支那駐留軍はこの条約に基づくものであり、満州の権益保護の関東軍とは別物である。このときも連合軍は、紫禁城や頤和園《いわえん》の文物を略奪し国外に持ち出している。なお、ワルテルガー元帥は、中国事情の複雑さから、中国には深入りすべきではないと忠告している。

この事件により、列強による中国の植民地化がさらに進んだこと、清朝に対する一般民衆の不信感が増大したこと、国民意識の高揚を招いたこと等で、清朝の崩壊が加速したという意味で大きな事件であった。

②日英同盟

ロシアの露骨な満州進出を見て、極東での軍事バランスが崩れることを危惧したイギリスは、「第二次ボーア戦争（一八九九～一九〇二年）」で忙殺されていたので栄光ある孤立政策を捨て、日本を利用することを考え、一九〇二年（明治三十五年）一月に「日英同盟」を締結した。この結果、日本は初めて西欧列強と対等の同盟を結ぶことになり、国際的な地位を著しく高めるとともに、イギリスの後ろ盾を背景に公然と「極東の憲兵」の役割を担うこととなった。

〈日英同盟〉
一、日露開戦したら、イギリスは中立を守る。
二、フランス・ドイツがロシアに加担して参戦した場合、イギリスは日本に与《くみ》して参戦する。
三、朝鮮における日本の優先権を認める。

③日露交渉

日本はロシアに対し、満州はロシア、朝鮮は日本の支配権を相互承認するとした「満韓交換論」を提案したが、ロシアは「満州の独占的支配」と「朝鮮の共同支配」にこだわり交渉は決裂した。さらに、ロシアは清国に対し、満州には外国の租借・利権を許可しないように要求していた。これは、後に悪名高い日本の「対華二十一か条の要求」の原型とも言える。

伊藤博文、井上馨は日露の国力の差に鑑み、日露協調路線を主張したが、山県有朋、桂太郎首相、小村寿太郎外相等は対露強硬論であった。その後、ロシアは、朝鮮の龍巌浦にまで兵営を造り始め、朝鮮もその支配下に置こうとしてきた。さらに二年も経てば、シベリア鉄道の完成を見て極東の軍事バランスは完全に崩れるので、戦うなら今をおいてないとの状況判断と、戸水寛人《とみずひろんど》ら東大七教授の意見書や黒岩涙香《くろいわるいこう》の『万朝報《よろずちょうほう》』（元々は戦争反対であったが、賛成派に転向）などの「露国討つべし」の世論の高まりもあり、次第に政府は開戦論に固まっていった。

なお、『万朝報』が開戦論に転向したのに反対して、内村鑑三《うちむらかんぞう》、幸徳秋水、堺俊彦《さかいとしひこ》は退社し、一九〇三年十月に「平民社」を結成し、『平民新聞』で反戦を訴えた。大阪・堺の老舗の羊羹《ようかん》屋に生まれた与《よ》謝野晶子《さのあきこ》（本名は鳳志《ほうし》よう）も、旅順にいる弟を慮って、有名な「君死にたまふことなかれ」を雑誌『明星』に発表し、肉親の情を細やかに歌っている。なお、長兄の鳳秀太郎《ほうひでたろう》は、東京大学工学部教授として日本の電気工学界に大きな足跡を残した学者であった。彼は、妹の背徳行為（鉄幹《てっかん》との駆け落ち）と社会批判（反戦）思想を恥じてこれを許さず勘当《かんどう》し、自らは日露戦争を支持する私本を著しており、戦争は兄妹の関係に深い傷跡を残した。なお、晶子は、第一次世界大戦以後は、むしろ戦争を鼓舞する歌を作っている。

日露戦争

日露戦争勃発

①開戦

日本側は、伊藤博文が粘り強く対露協調交渉を行い、満韓交換論の妥協案も提示したが、ロシア側は、ウィッテ首相の戦争回避論を抑えて海軍と関東州総督アレクセーエフらの強硬論が通り、ニコライⅡ世やクロパトキン陸軍大臣もこれに同意するに至った。一九〇四年（明治三十七年）二月六日に、小村寿太郎外相は駐日ローゼン公使を外務省に呼び、日露国交断絶を伝えた。ロシア側は、日本がまさか戦争に踏み切るとは思わず、強硬姿勢に大変驚いたという。ニコライⅡ世は皇太子のときに、四隻の軍艦を引き連れてアジアを回り、シベリア鉄道の起工式出席のためにウラジオストックに行く途中、一八九一年（明治二十四年）四月に日本にも立ち寄っている。鹿児島、長崎、京都等で一カ月余り遊び、琵琶湖見物の帰途、大津《おおつ》事件に遭遇した。以来日本嫌いになって日本人を猿呼ばわりしたとも言われるが、当

ニコライⅡ世（近現）

時の克明な日記によると、皇帝は家族思いの温和な人柄で、薩摩の最後の藩主島津《しまづ》忠義《ただよし》とも親交を結び、日本のことを大変気に入っていたようで、対日戦を望まず、開戦にあたってもロシア側からは仕掛けないように大臣に指示している。このあたりのことは、ＮＨＫ・ＢＳ制作のドキュメンタリー『エルミタージュの秘宝が明かす最後の皇帝ニコライⅡ世と日本』によく描かれている。

〈大津事件〉

五月十一日、琵琶湖観光に行った帰途、大津で警護中の津田《つだ》三蔵《さんぞう》巡査に切りつけられ負傷した。政府はロシアの報復を恐れ、即座に刑法百十六条（皇室に対する大逆罪）を適用して死刑を求めたが、大審院長の児島惟謙はこれに応じず、一般刑法二百九十二条の謀殺未遂罪で無期徒刑の判決を下した。これが三権分立の実態を示すものとして、かえって列国の称賛を浴び、治外法権などの不平等条約改正の糸口になった。津田が斬りつけた理由は、北方諸島に対するロシアの強圧的な施策に反発してのことと言われている。なお、ロシアの皇帝アレキサンドルⅢ世もニコライⅡ世も、日本の迅速な対応と謝罪に寛容な態度を示し、特に国際問題には発展しなかった。

同二月十日、日本はロシアに宣戦布告した。このとき明治天皇は、大国ロシアと戦って、万一のときには祖宗に対して申し訳が立たないと憂慮され、心配のあまり夜も寝れず、御前会議の場でも、「四方《よも》の海　みなはらからと思う世に　など波風の　立ち騒ぐらむ」の御製を謳われている。太平洋戦争に劣らぬ一大決心を要する出来事であった。

②資金調達

大国ロシアと戦うために、日本は戦費の調達に大変苦労した。時の日銀副総裁の高橋是清《たかはしこれきよ》は、外債発行のため、まずアメリカに行ったがまるで相手にされず、同盟国のイギリスでわずかに五百万ポンド（約五千万円）の外債の発行に成功した。その後アメリカで、ユダヤ人を迫害するロシアを嫌うユダヤ人銀行家のジェイコブ・シフ氏の好意で、五百万ポンドの外債引き受けと追加融資を受け一息ついた。鴨緑江の渡河以降は、予想に反し日本の勝利が続いたために日本外債は急騰し、順調に資金調達ができ、調達額の総額は十億円（当時の国家予算は二億〜三億円）の多額に上った。シフ氏は日露戦争で大儲けすることになり、その後も高橋是清との友好関係は続いた。

③講和工作

当時の指導者には、まともに大国ロシア（陸軍の常備兵力は十倍以上、動員能力も四倍以上、海軍艦艇は三倍）と戦って勝てると思う者はおらず、満州軍の大山総司令官、児玉総参謀長さえ出陣に際し、時宜《じぎ》を得た講和のことを政府に強く要請している。伊藤博文も直ちに金子堅太郎をアメリカに遣わし、ハーバード大学の旧友であるセオドア・ルーズベルト大統領に講和の調停を依頼させている。初め、金

金子堅太郎（国蔵）

児玉源太郎（近現）

子は事の難しさに固く辞退したが、対露協調派だった伊藤から、彼我の実態と今に至っては国家の存亡を懸けて戦うしかないと説かれ、「満州の野で日本陸軍が壊滅し、対馬海峡で日本海軍がことごとく沈められ、ロシア軍が海陸からこの国に迫れば、臣伊藤、銃をとり一兵卒になって砲火の中で死ぬつもりである」との決意を吐露されるに及び、意気に感じついにこれを受けた。この時代には、昭和の軍隊のような驕りも独善もなく、まして統帥権問題などといった縄張り争い等は微塵《みじん》もなかった。国家存亡の危機にあたり、元老、政府、軍が一体となって、冷静な状況判断に基づき、合理的かつ現実的な施策にそれぞれが全力を傾注していた。「一旦、緩急あれば義勇公に奉じる」精神が、上から下まで一本筋が通っていた。

④編成

この戦争は、当時としては、最新の装備と最大の兵力で戦われた世界最初のものであった。陸軍では、満州軍総司令官に前参謀総長の大山巌元帥が選ばれ、前参謀次長の児玉源太郎大将は格を二つ落としてまで自ら総参謀長に就任し、日本の参謀本部がそのまま満州に移動する形となった。満州軍には第一軍（黒木《くろき》為楨《ためもと》大将）、第二軍（奥保鞏大将）、第三軍（乃木希典大将）、第四軍（野津道貫大将）の四軍が編成され、大本営の参謀総長には、山県有朋が就任し、後方を固めた。

〈陸軍の編成（1937年以後の基本形）〉

方面軍：約20～30万人
軍　：約7～10万人
師団：約1万人
　　（戦時は約2～2・5万人）
旅団：約5000人
連隊：約3000人

- 派遣軍（大将）
  - 方面軍（大将）
    - 軍（大・中将）
      - 師団（中将）
        - 歩兵連隊（3～4個）（大佐）
        - 騎兵連隊
        - 砲兵連隊
        - 工兵大隊
        - 輜重大隊（物流）
        - 弾薬大隊
        - 偵察中隊
        - 通信中隊
        - 衛生中隊
      - 師団
      - 師団
    - 軍
    - 軍
  - 方面軍
  - 方面軍

（注）
旅団（歩兵2個連隊）は独立する場合も、2個旅団で師団を構成する場合もある。後には、機甲師団（戦車、装甲車）、空挺師団（落下傘部隊）等も創設された。

海軍では、連合艦隊司令長官に東郷平八郎大将が選任された。東郷は短軀《たんく》、無口な目立たない男で、舞鶴《まいづる》鎮守府長官で終わりと思われていたが、山本権兵衛海軍大臣の推挙で急遽抜擢された。それに激高した先任の連合艦隊司令長官日高壮之丞《ひだかそうのじょう》が、その理由を詰問すると、山本は、「東郷は、大本営の方針に忠実に従い、臨機応変の動きもできる。また運のいい男である」と言ったそうである。確かに東郷は、日清戦争時の「高陞号《こうしょうごう》事件」でも、冷静沈着に万国公法に則った断固たる処置を取っており、山本はこのときのことを想起したのかもしれない。参謀長に島村速雄《しまむらはやお》少将（後に加藤友三郎《かとうともさぶろう》少将）、参謀に秋山真之中佐他の逸材が就いた。

⑤緒戦の海戦
・仁川《じんせん》沖海戦
海軍第四戦隊・瓜生外吉《うりゅうそときち》少将は、陸軍を仁川港に上陸させた後、同港に停泊していたロシアの「ワリヤーグ」、「コレーツ」の二艦と仁川沖で交戦しこれを撃破した（一九〇四年＝明治三十七年二月八～九日）。二艦は仁川港に戻り自沈した。
・旅順港閉塞作戦

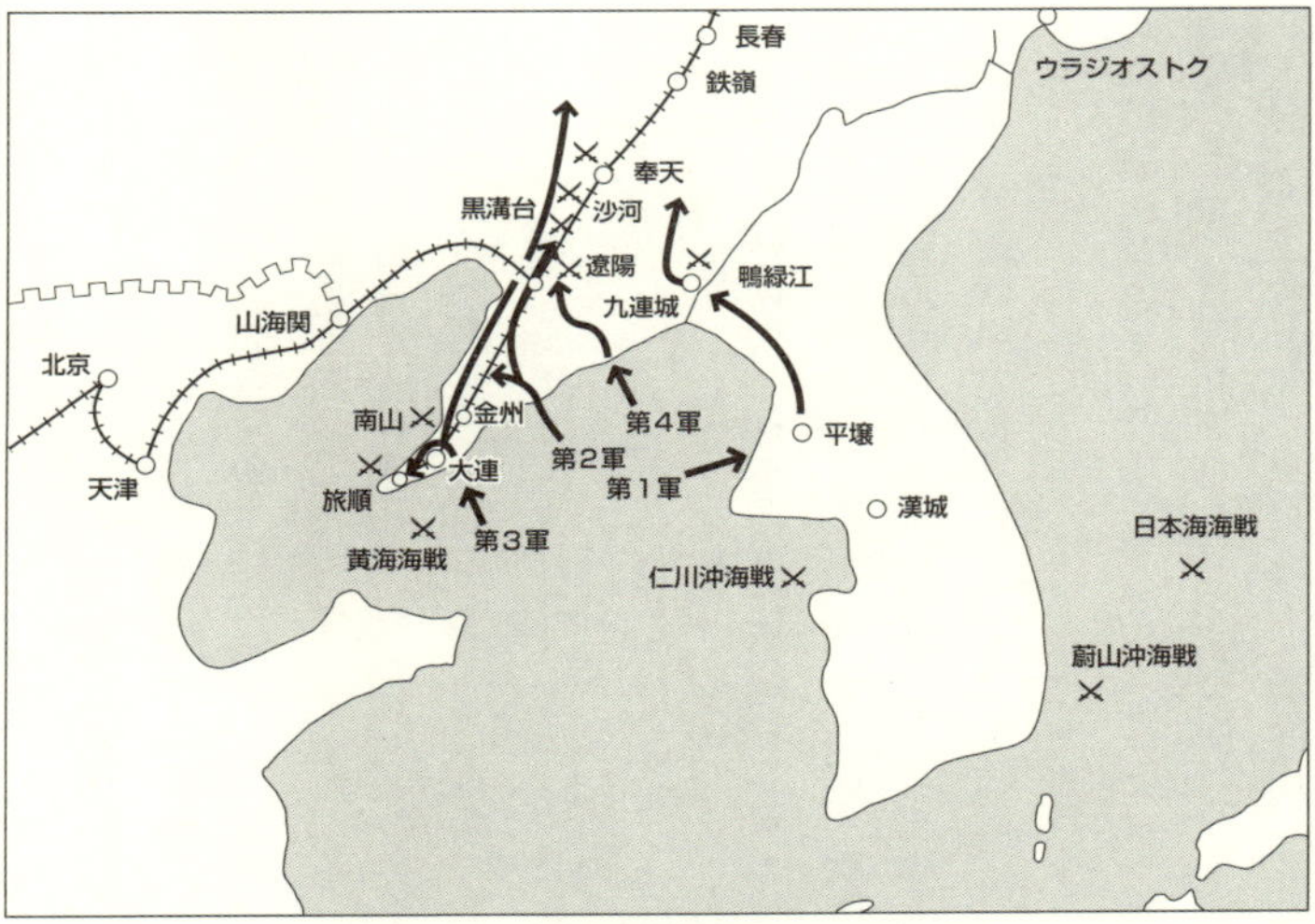

日露戦争地図

ロシアの旅順艦隊（正式には第一太平洋艦隊という）は、戦艦七、巡洋艦十一、海防艦五、砲艦七、水雷母艦二、駆逐艦二十四、合計五十六隻の大艦隊で、それ自体で日本の連合艦隊に匹敵していた。日本側は、なんとか決戦に持ち込むべく誘いをかけたが、ロシア側は勢力温存を図って旅順港から出ようとしなかった。それではと、三回にわたって港の入り口に廃船を沈めて封鎖する作戦を行ったが（一九〇四年二～五月）、いずれも、陸上の要塞から猛砲撃を受け失敗し、軍神広瀬《ひろせ》武夫《たけお》中佐が戦死した。

・黄海海戦

海上からの旅順艦隊攻撃は失敗したので、乃木大将の第三軍が陸上から旅順を攻撃することになった。海軍重砲隊も、緒戦で占領した旅順東方の大孤山から山越しに手探りで旅順港のロシア艦隊を砲撃した。この砲撃により少なからず損傷を受けた旅順艦隊は、バルチック艦隊（十月十五日出航）と合流するまで戦力を温存するために、同艦隊（戦艦六、巡洋艦四、駆逐艦八、水雷艇、病院戦他）をウラジオストックへ回航しようとした。これを好機と待ち受けていた日本連合艦隊（戦艦四、巡洋艦二、駆逐艦他）は黄海でこれを捕捉し、これに大きな損害を与えた（黄海海戦（一九〇四年八月十日））。旅順艦隊の半数は旅順港に逃げ帰ったが、半数は散り散りになり、中立国の港に避難し武装解除されるか自沈した。

また、それまで日本近海のシーレーンの破壊を行っていたウラジオ艦隊（巡洋艦三隻）も旅順艦隊の援護のために出撃したが、蔚山沖《うるさんおき》で日本の第二艦隊（上村彦之丞中将）に捕捉され、ロシア側は、沈没一、大破二を出してウラジオストックに逃げ帰り、再起不能となった。

⑥旅順攻撃

二月の開戦以来、日本海軍は旅順を海軍の持ち場とし、陸軍に協力を要請しなかった。ところが、旅順艦隊が港から出ようとせず、閉塞作戦も失敗し、バルチック艦隊の増援の噂もあり、海軍は焦って七月に陸軍に陸上からの攻撃を要請した。日本海の制海権を失うと、満州の陸軍が立ち枯れになるので、バルチック艦隊の合流前にどうしても旅順港に籠る旅順艦隊を壊滅させておく必要があった。六月に、大連に上陸していた乃木の第三軍に、七月末に、旅順攻略の命令が下った。日清戦争では、東洋一と謳われた旅順要塞を、乃木将軍の第一旅団は一日で陥落させたので、ひと月もあれば落とせると高をくくっていたが、近代化されたロシア要塞は全く様相が異なっていた。旅順への鉄道、幹線道路が通じる東北正面は、東から北に東鶏冠山《ひがしけいかんざん》、盤龍山、二龍山、松樹山といった小高い禿山が連なり、いずれもその

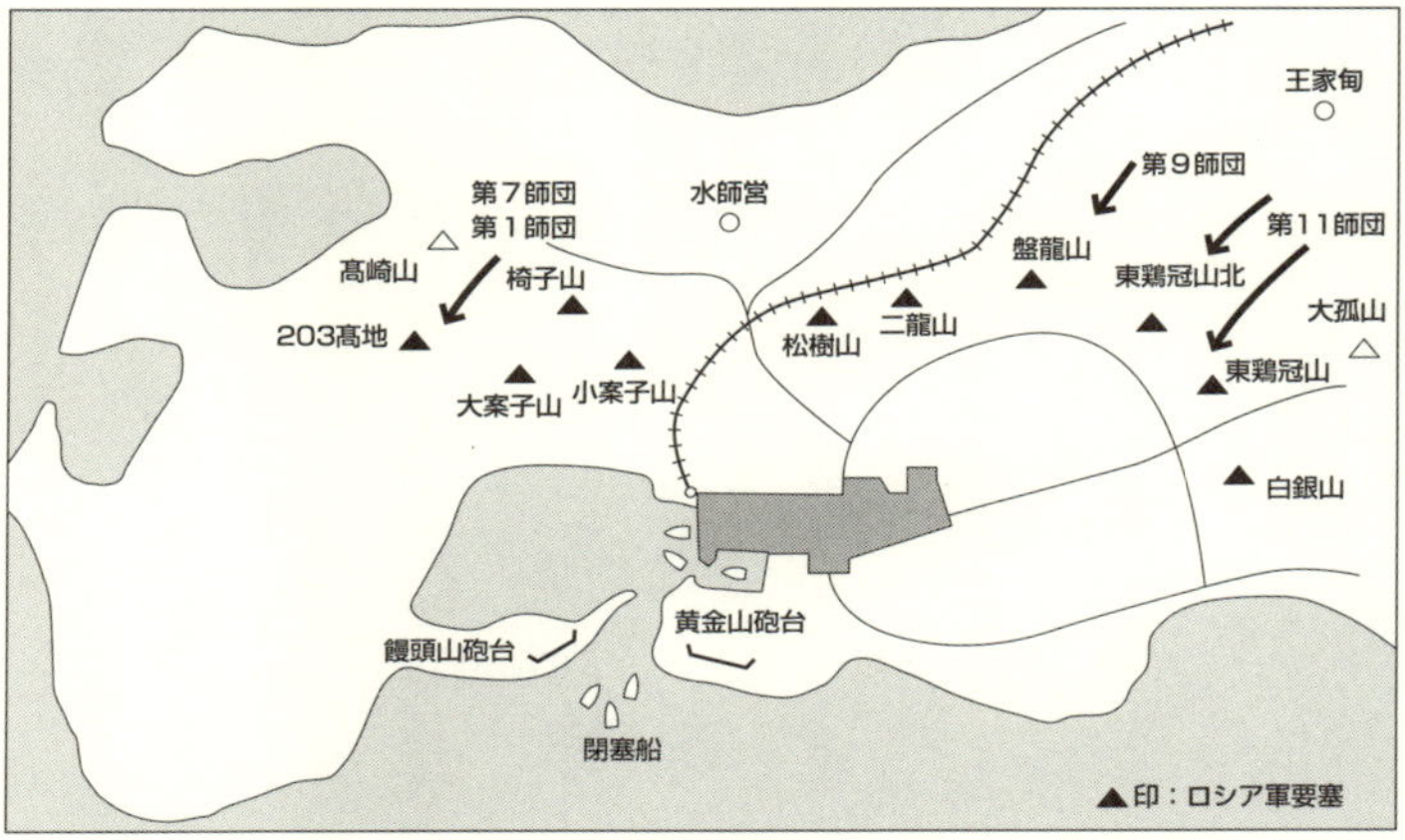

旅順地図

乃木希典（防衛）

稜線は厚いベトン（コンクリート）で塗り固められ、その前は、深い壕と鉄条網で防護され、大砲と機関銃でハリネズミのように武装された難攻不落の要塞に変わっていた。そうとは知らない第三軍は正面突破を試みて、三度の総攻撃をかけ甚大な損害を受けることになった。

第一次総攻撃は八月十九～二十五日で、まず五万人を動員し盤龍山正面を、九月十九～二十三日には松樹山、東鶏冠山を、大砲撃のあと強襲策をとり白兵突撃を行った。このとき、旅順攻撃の主目的は旅順港に逼塞《ひっそく》する旅順艦隊の撃滅にあるので、その要地を奪取すべきとの献策を受け、一部の兵を割いて旅順西部の二〇三高地も攻撃し、一時占領したが奪い返されている。鉄壁の要塞正面は猛砲撃にもびくともせず、日本軍は十字砲火を浴びて死者五千人、負傷者二万一千五百人の大損害を出して敗退した。十月一日からは、観音崎等の海岸要塞から外してきた巨大な二十八サンチ榴弾砲十八門を後方の王家甸周辺に据え、山越しに旅順市内を砲撃し市内をパニックに陥れている。有坂成章《ありさかなりあきら》少将は、早くからこの砲の使用を献策していたが、据え付けに一カ月もかかる代物のため、現地軍は始め乗り気でなかった。

第二次総攻撃は十月二十六～三十一日で、第一回目の白兵突撃の失敗から、敵前まで塹壕《ざんごう》を掘り、そこから突撃する正攻法を取り、松樹山、東鶏冠山を攻撃したが、これも死者千百人、負傷者二千七百人（ロシア側も死傷者四千五百人）を出して撃退された。二十八サンチ榴弾砲は、二龍山、東鶏冠山の火薬庫を破壊し、威力を発揮した。

第三次総攻撃は十一月二十六日からで、東鶏冠山を第十一師団（善通寺）、二龍山を第九師団（金沢）が攻撃したが、死傷者四千五百人を出し苦戦に陥った（ロシア側死傷者千五百人）。二十七日に、乃木は攻撃主力を、かねてより大本営、海軍の主張する旅順西部の二〇三高地に変更し、同方面の第一師団（東京）が壊滅状態なので、二十九日から新たに増援された第七師団（旭川）を投入した。一方、旅順の苦戦を見兼ねた満州軍総参謀長児玉源太郎大将は、大山総司令官の了解を得て十二月一日に旅順に到着し、一時的に第三軍の指揮を執ることになった。児玉は、砲兵主力を高崎山に移動し、二〇三高地に砲撃を集中し、激戦の末十二月四日にやっと同高地の占領に成功した。山頂に機関銃を据え、ロシア軍の反撃を撃退して、二〇三高地の勝敗の帰趨は決まった。

二〇三高地から、旅順港は四〜五キロの指呼《しこ》の間に望見できる。そこに観測所を設け、港内の旅順艦隊を砲撃し壊滅させた。実はその前からも、黄海海戦のダメージと海軍重砲隊の砲撃で、旅順艦隊はすでに外洋で戦える状態ではなくなっていた。ロシア軍は、用をなさなくなった軍艦から大砲を取り外して陸戦に転用し、水兵も陸の戦闘に駆り出していた。

その後、再び攻撃目標を東北正面に戻し、地下壕を掘って肉薄し地下から保塁を一つ一つ爆破して潰し、ついに、一カ月後の一九〇五年一月一日に旅順は陥落した。

元々、大本営と海軍は、旅順港を望む二〇三高地を占領し、そこから旅順艦隊を砲撃するように矢の催促をしていたが、満州軍の大山総司令官・児玉総参謀長は、旅順の東北正面の要塞群の突破にこだわっていた。おそらく、続く満州平野での会戦のためには、旅順艦隊（海軍）だけでなく旅順要塞（陸軍）そのものも潰しておかなければ、補給線を断たれ、背後を突かれる恐れがあるので、後顧《こうこ》の憂いを断っておきたいと考えたのであろう。児玉は、すでに旅順艦隊が戦闘不能に陥っているのを知っており十月からは旅順艦隊への砲撃を禁止していたという。攻撃主力を二〇三高地に転換したのは、旅順艦隊の撃滅よりも、ロシア軍を東北正面から遠く離れた、永久要塞もない二〇三高地へ引き付け、消耗戦を挑んで予備兵力を弱体化させることに主眼があったという。とにかく、旅順を攻略するためには、東北正面に立ちはだかる要塞群を突破しなければならないが、その要塞は、砲弾が一カ所に三発命中しないと崩れないほど堅固なもので、それを落とすには航空機、戦車のなかった当時としては肉弾攻撃で敵の消耗を強いるしかなかった。また、日本軍の砲弾は、野戦を想定した榴散弾（空中で炸裂し人を殺傷）が中心で、分厚いコンクリートで固めた永久要塞を打ち崩すには不向きであった。乃木の行った要塞攻撃の方法（白兵突撃、塹壕戦）が、後の第一次世界大戦の欧州戦線にも踏襲されていったのを見ると、そのやり方があながち的外れとは言えない。乃木将軍は、戦上手《いくさ》とは言えないが、無能呼ばわりするのは必ずしも当たっていない。海軍が縄張りを主張したために、陸軍が攻撃開始するまでの六カ月間に要塞がより堅固になったこと、日本軍に近代における攻城戦の知識がなかったこと、大本営と満州軍の指示が異なっていたこと、第三軍の参謀長伊地知幸介《いぢちこうすけ》少将が現場を見ない硬直的な人物であったこと等が不幸の原因であった。

乃木将軍は、開戦前の明治三十六年の読売新聞で「鉄砲玉の恐くない人、部下を愛する人、清廉潔白の人、古名将の風格のある人、日露開戦せば真っ先に引っ張り出したき人なり」と評されており、多大の犠牲を払いながらも部下が付き従ったということは、優れた将帥《しょうすい》であったという証《あかし》である。乃木は、西南戦争で連隊旗を喪失した後、私生活が荒れていたが、ドイツ留学後は、欧州貴族の「ノーブレス・オブリージ（高い地位に伴う道徳的・精神的義務）」の精神に触れたせいか、別人のように身を律し精神主義を押し通して、武将の一典型を為した。明治天皇も全幅の信頼を置いており、度重なる旅順攻撃の失敗にもかかわらず、更迭《こうてつ》を許さなかった。後に、乃木は学習院の院長として皇室・貴族の子弟を教導し、明治天皇の崩御《ほうぎょ》にあたり、その後を追って夫人と共に殉死した。

私も幼い頃父から、乃木大将は子供のとき、真冬でも毎朝冷水をかぶって鍛錬されたといった話を聞かされた。また、ワシントン大統領が子供のとき、桜の木を切った話とか、子供時代に聞いた話はいつまでも忘れない。

なお、乃木将軍は南山と二〇三高地の戦闘で、二人の息子を亡くしている。二〇三高地は、今は灌木に覆われているが当時は禿山で、塹壕を巡って両軍身を晒《さら》して肉弾戦を繰り返し、弾薬がなくなると双方は岩を投げ合い、取っ組み、耳にかみついたと言われる。未だに山腹には塹壕の跡が残っており、頂上まで後数十メートルの所に、次男保典《やすすけ》少尉の戦死の碑がひっそりと立っている。今は、二〇三高地上には模擬大砲が並び、当時の様子を再現して観光スポットになっており、日本から訪れる人も多い。

当時は、戦死者を収容するときは、お互いに贈り物をして健闘を称え合う場面もあったそうで、戦争の中でもさながら源平合戦を髣髴《ほうふつ》とさせるようなのどかさが残っていたという。こうした古き良き時代は、第一次世界大戦初年度のクリスマスまでで、その後は、憎悪に満ちたいつ果てるとも知れない情け無用の大量殺戮の時代に突入していった。

ステッセル将軍は、水師営《すいしえい》で乃木大将と会見し降伏した。そのとき、敵将に乗馬と着剣を許したことが、後々、武士道の鑑として内外で賛美された。お互いに健闘を称え、ステッセル将軍は愛馬を乃木大将に贈り、文通まで約束したが、ステッセルは生きて旅順を明け渡したとして厳しい軍法会議にかけられた。

現在、水師営は、建物、庭の棗《なつめ》の木とも当時のように復元されており、私を日本人と見ると、古老のガイドが流暢《りゅうちょう》な日本語で懇切に解説してくれた。

日本政府は、将校の捕虜に限って、この戦役中は従軍しないとの誓約の下に、本国に送還することを申し出たが、ロシア政府はこれを拒んだ。日本のロシア兵捕虜に対する待遇は大変厚く、特に松山の捕虜収容所は有名で、道後温泉に浸かったり家族を呼び寄せたりかなり自由で、ロシア兵は両手を上げて「マツヤマ、マツヤマ」と言って投降してきたという。

水師営の会見（防衛）

戦後、乃木将軍は、両軍の戦死者を悼み、二〇三高地に、砲弾型の「爾霊山《にれいさん》の碑」と、東鶏冠山に敵の猛将コントラチェンコ将軍の慰霊碑を建立している。

〈旅順攻略戦の犠牲者〉

	（日本）	（ロシア）
参加人員	：八万八千人	四万七千人
戦死者	：一万五千人	七千人
負傷者	：四万四千人	二万五千人
死傷計	：五万九千人	三万二千人

⑦満州戦線

一方、第一軍（黒木大将）は、仁川上陸後北上し、一九〇四年五月に「鴨緑江の会戦」で勝利し、満州に進出していった。

第二軍（奥大将）は、遼東半島の塩大墺に上陸し、一九〇四年五月の「南山の戦い」で金州城を落として旅順軍の補給を絶った後、遼陽《りょうよう》に向かった。金州城の戦闘で、乃木大将の長男勝典《かつすけ》中尉が戦死しており、将軍は夫人に「勝典名誉の戦死満足す」の電報を打ち、有名な漢詩を残している。乃木は、武人というより優れた文人であった。

金州城下の作

山川草木《さんせんそうもく》転《うたた》荒涼《こうりょう》　十里《じゅうり》風《かぜ》腥《なまぐさし》新戦場《しんせんじょう》

征馬《せいば》不前《すすまず》人《ひと》不語《かたらず》　金州城外《きんしゅうじょうがい》立斜陽《しゃようにたつ》

第四軍（野津大将）も、渤海湾に上陸し北上していった。一九〇四年八～九月に「遼陽の会戦」で、日本軍十三万人、ロシア軍二十二万人が激突し、激戦の末、ロシア軍は奉天に退却したが、日本軍にはそれを追撃・殲滅するだけの余力はなかった。この戦いの死傷者は、日本軍二万人、ロシア軍二万人であった。

日本軍に追撃の余力がないのを見てとったロシア軍は南下し、一九〇四年十月に「沙河《さか》の会戦」で、日本軍十二万人、ロシア軍二十二万人が激突し、またしてもロシア軍は敗退したが、日本軍は砲弾に欠乏し追撃することができなかった。この死傷者は日本軍二万人、ロシア軍四万人であった。

さらに、乃木第三軍の合流する前に決着しようと、ロシア軍は十万人の大軍で、一九〇五年一月の厳冬の中、「黒溝台《こっこうだい》の会戦」を挑んできたが、これも苦戦の末撃退した。秋山好古少将の騎兵旅団が、世界最強のコサック騎兵に互角の戦いを挑み、特に、活躍したのはこのときのことである。

やがて、乃木第三軍の合流を得、一九〇五年三月に、日本軍二十五万人、ロシア軍三十六万人による日露戦争最後の総力戦である「奉天の会戦」が行われた。十日間にわたる激戦が続いたが、左翼から奥深く突出した乃木軍に恐れをなしたロシア軍は総崩れとなり、北へ退却した。面白いことに、満州軍総司令部は、旅順を落とすのに半年もかかった乃木軍を過小評価していたが、クロパトキン総司令官は、あの永久要塞をわずか半年で落とした乃木軍を過大評価していたのが微妙に影響していた。このときも、弾薬の不足で捕捉・殲滅の機会を失い、ロシア軍は鉄道を使って悠々と撤退していった。

ロシア軍の度重なる敗北は、クロパトキンの性格の弱さに起因するところが大であったが、シベリア鉄道による補充を受けて、日本軍の三倍の兵力をハルビンに集中し、日本軍を満州の奥深く引き込み、兵站線の延び切ったところで一気に叩く作戦でもあった。事実、日本には、これ以後、本格的な会戦を行う余裕はなくなっていた。児玉源太郎は、日本軍を奉天北方の鉄嶺《てつれい》を限界線とし、それ以上の北上を許さなかった。もし、勢いに乗ってハルビンまで攻め上っていたら、満州軍はナポレオンのモスクワ遠征の二の舞になっていたことだろう。このときの日本軍は、大本営の指示を無視し、独断専行で制令線を越え、ドロ沼の日中戦争、太平洋戦争にのめりこんでいった昭和の軍隊とは違っていた。

不世出の天才と謳われた児玉源太郎は、将来を嘱望《しょくぼう》されたが、日露戦争に全霊を傾け心身ともにすり減らしたせいか、戦後間もなく惜しまれながら他界した。一八八五年(明治十八年)に来日し、三年間、陸軍大学校教官として教鞭を執ったメッケル少佐(プロシア軍少将で退役)は、「日本陸軍には私の教えた軍人、特に児玉将軍がいる限り、ロシアに敗れることはない。児玉将軍は必ず満州からロシアを駆逐するであろう」と、早くから日本軍の勝利を予想し、遠く欧州から戦いの帰趨を注視し、自分の教え子たちが、期待に違《たが》わず日露戦争を勝利に導いたことを大変喜び誇りにしたという。なお、日露戦争には、陸海ともに多くの外国人の観戦武官が参加しており、イギリスのハミルトン中将は、「いかなる文明の武器も、その国に培われた伝統的軍人精神には打ち勝つことができない」という信念の人で、日本軍の精神面と訓練の優秀さを素早く見抜き、本国に日本の勝利を予告する電報を打っている。後のマッカーサー元帥も、陸軍士官学校卒業直後に、フィリピン初代総督、駐日大使館武官を歴任していた父アーサー・マッカーサー将軍の副官として、日露戦争を観戦したときの感想並びに当時のアメリカの見方を次のように語っている。

「私は、大山、黒木、乃木、東郷など日本軍の偉大な司令官たち、あの鉄のように強靭な性格と不動の精神を持った、表情の厳しい、無口な、近づき難い男たちに、全部会った。そして、日本兵の大胆さと勇気、天皇へのほとんど狂信的な信頼と尊敬の態度から、永久に消えることのない感銘を受けた」と述べている。

また、「一九〇五年一月に、セオドア・ルーズベルトは、〝日本は、もし自戒して日本帝国の最も優れた人々に導かれるなら、偉大な国家群の指導的地位を占める能力を持っている。しかし、狭量で、外部との接触を阻み、日露戦争の勝利から不当な獲物を得ようとするなら、日本は大国全部を相手に回すことになる。日本が、どれほど固い決意を持っていても、団結した世界と対抗して成功することはできない〟と書き、その二カ月後には、下院軍事委員会の委員に手紙で、〝日本は、フィリピンに野心を持っているかもしれない。私はそうでないことを希望するし、またそうであるまいという気もする。しかし、我々はとにかく、海陸の態勢を整えて、フィリピンをいかなる敵からも守れるようにしておくべき〟と書き送っている。

その数年後、父のアーサー・マッカーサーも、〝シーワード国務長官が、上院で、太平洋岸、その海浜地域およびそれから先の膨大な水域は、今後に予想される世界の大きい動きの主な舞台になるだろうと述べている通り、太平洋に関連するいろいろな問題の解決が、おそらく二十世紀の大きい仕事になると思う。日本は今、米国に対して命懸けの攻撃を開始する用意を進めている。それに対抗しない限り、米国が太平洋水域を守ることは不可能だろう〞と言っていた」

と記しており、それが三十三年後に現実のものとなったと書いている。

さらに、「私自身は日本兵の大胆さと勇気に大いに打たれ、一般日本人が質素で礼儀正しく、親しみ深いのに心からの称賛の気持ちを感じていた。日本人は労働の威厳、人間は怠けているよりは建設的な仕事をしているときの方がより幸福で満足な状態にあるということを、どこからか身につけているようだった。しかし、その指導者層の傲慢《ごうまん》で封建的なサムライたちを見るとき、私はこの剣の信奉者たちが戦いに勝ったことに乗じて、やがては東洋全体もその支配下に置かれることになるという危険な考えを抱きはじめているのではないかとの不安を感じた」（『マッカーサー回想記』津島一夫訳、朝日新聞社）

⑧日本海海戦

一方、ロジェストウェンスキー中将率いるバルチック艦隊（第二・第三太平洋艦隊）は、刻一刻と極東に迫っており、世界の耳目はその去就に注がれていた。もし、日本の連合艦隊がこれに敗れることになれば、日本海・黄海の制海権を失い、満州軍は補給を断たれ自滅するしかなかった。日本にとって幸運だったのは、バルト海のリバウ港を一九〇四年十月十五日に出航した後、マダガスカル島でスエズ運河経由の支隊の合流を待ち、ベトナムのカムラン湾で第三太平洋艦隊を待つうちに半年以上が過ぎ、士気が低下したことと、次席指揮官フェリケルザム少将の病没の他、船底に牡蠣殻《かきがら》が付着して船足が鈍るなど、不利な要因が重なったことである。しかも道中では、イギリスが立ち寄る港の諸国に手をまわしたために水・石炭の補給もままならず、友好国のドイツからは良質の石炭を買えず、同盟国のフランスからさえ、カムラン湾での昼間の停泊を断られるなど、散々苦労の長旅であった。そして、やっと陣容整いカムラン湾を後にしたのは、一九〇五年五月十四日のことであった。この間、日本の連合艦隊は、修理を完璧に終え、十分な砲撃演習を積んで、今や遅しとバルチック艦隊を待ち受けることができた。

連合艦隊（防衛）

いよいよ決戦の時が来て、世の中の関心はバルチック艦隊がウラジオストックを目指しどのコースを取るかであったが、東郷長官は、敵が輸送船隊を上海《シャンハイ》で切り離したことから、最短コースを辿るに違いないと読み、対馬海峡で待ち伏せすることにしたのが的中した。

一九〇五年五月二十七日未明、五島列島沖で哨戒中の「信濃丸」から、「敵艦見ゆ」との通報を受け、直ちに、東郷司令長官は大本営に、有名な「敵艦見ゆとの警報に接し、連合艦隊は直ちに出動、これを撃滅せんとす。本日天気晴朗なれども波高し」の電報（秋山真之参謀起草）を発し、朝鮮の鎮海《ちんかい》湾から出撃した。旗艦「三笠」のマストには、Z旗「皇国の興廃この一戦に在り、各員一層奮励努力せよの意」が揚がり、対馬沖の決戦海域に急行した。午後二時五分に、バルチック艦隊と遭遇すると、先頭の「三笠」以下の敵前一斉回頭により、敵の進路を妨害し、世紀の大海戦の火ぶたが切られた。日本海海戦は、当時の最新鋭艦同士の総力戦であり、世界の海戦史上例を見ないものであった。開戦時の艦船数、大砲数はほぼ互角であったが、連合艦隊の完勝に終わった。この大勝利を記念し、アメリカのアナポリス海軍兵学校には、「三笠」が世界三大記念艦の一つとして、顕彰されている由。

東郷平八郎（防衛）

なお、「三笠」は、その後自爆沈没する不幸に遭い、太平洋戦争後は艤装《ぎそう》を外されて米軍用のキャバレーにされていたが、かねてより東郷元帥を師と仰いでいたニミッツ提督は、これを見かねて歩哨を立ててこの艦に敬意を表した。その後、スクラップにされることになった「三笠」の保存のために、一九五八年（昭和三十三年）二月『文藝春秋』に載せた「三笠と私」という一文の原稿料を寄付するとともに、一九六〇年の回顧録『ニミッツの太平洋海戦史』の印税を、三笠の復元と東郷神社の再建奉賛会に寄贈している。また、廃艦となったアメリカの揚陸艦《ようりく》一隻も寄贈して、そのスクラップ代を復元資金の一部（総復元費一億八千万円中、三千万円に相当）にしてくれている。一九六一年（昭和三十六年）五月二十七日の復元完成開艦式には、米海軍からトーリー少将が参列し、「東郷元帥の大いなる崇敬者にして弟子であるニミッツ」と書かれた肖像写真を持参し、三笠公園にニミッツの名で月桂樹を植樹したという。そうした人のおかげで「三笠」は、今日横須賀港に博物館としてその雄姿をとどめることができた。修復済みではあるが、当時の砲弾痕も残っており、東郷元帥以下幕僚たちが陣取ったブリッジに立つと気宇壮大《きうそうだい》な気分になる。

一九〇五年九月、ニミッツは見習士官のとき、たまたま東京湾に派遣されていた戦艦「オハイオ」に搭乗していたために、後の米機動部隊のハルゼー提督、スプルーアンス提督らの同僚五人とともに日本海海戦戦勝記念の園遊会に招待され、そこで東郷元帥と話す機会があり、以来元帥を崇拝するようになったという。さらに、一九三四年（昭和九年）、東郷元帥の国葬のときも、米アジア艦隊旗艦の重巡「オーガスタ」の艦長として米海軍を代表して参列し、砲車（霊柩車）のそばを歩いたという。後のペリリュー島のニミッツの碑文を見ても、彼は日本海軍に畏敬の念と仲間意識を持ち続けていたことがよくわかる。太平洋で日本海軍を打ち破った彼こそが、大日本帝国海軍の真の申し子であったのかもしれない。

この勝利は、東郷司令長官の大胆な作戦にもよるが、猛訓練による射撃精度の向上（通常大砲の命中率は二～三パーセントとしたものであるが、連合艦隊は一〇パーセント）と、鋭敏な伊集院信管《いじゅういんしんかん》と高熱を発し、船の塗料さえも焼き尽くす下瀬《しもせ》火薬の威力によるものであった。一方、ロシア軍の火薬は旧式で、砲撃すると猛烈な黒煙を吐き、しばらくは次の照準ができなかった。日本海海戦は、勝つべくして勝ったパーフェクトな戦いであった。

なお、負傷して捕虜になり病床にあったロジェストウエンスキー中将を見舞った東郷は、元来、寡黙な人にもかかわらず、武運つたなく敗れた敵将に言葉を尽くしてねぎらった。同中将は、「敗れた相手が閣下であったことが、私の最大の慰めです」と涙を流したという。

〈戦闘結果〉

（バルチック艦隊）
・戦艦　　八隻
・巡洋艦　十隻
・海防艦　三隻
・駆逐艦　九隻
・特務艦　六隻
・病院船　二隻
合計　三十八隻中

（日本連合艦隊）
・戦艦　　四隻
・巡洋艦　二十四隻
・海防艦　二隻
・駆逐艦　二十一隻
・特務艦　八隻
・水雷艇　四十一隻他

・撃沈　十九隻
・捕獲　六隻
・抑留　一隻
・日本側の沈没は水雷艇三隻のみ
・残り八隻も自沈、または中立国で武装解除
・ウラジオストックへ逃れたのは巡洋艦一、駆逐艦二の三隻のみ
・ロシア本国へ帰れたのは一隻のみ
・戦死　四千五百人、捕虜　六千百人
・日本側：死者百十六人、負傷者五百三十八人

⑨ロシアの政情不安

明石元二郎《あかしもとじろう》大佐は、レーニンらの革命勢力への支援と後方撹乱により、ロシア本国の政情を不安に陥れ、打ち続く敗戦情報と相まって、ロシア国内は次第に厭戦《えんせん》気分が満ちていった。明石は、風采上がらず、見なりにも無頓着であったが、妙に人を引き付けるところがあった。資金援助をしようとしたとき、さすがにレーニンは外国からの援助に躊躇《ちゅうちょ》したが、世界革命を志す者が何と小さなことにこだわるかと言って、説得したそうであるが、真偽の程は定かではない。明石大佐の功績は、長岡外史《ながおかがいし》参謀次長やドイツのヴィルヘルムⅡ世をして、「それは、大山元帥の満州軍二十万に相当する」と言わしめている。

明石（後に大将）は、一九一八年（大正七年）に、第七代台湾総督になり、台湾電力の建設、「台湾教育令」の発布等で台湾の近代化に貢献し、死後、遺言により台湾に葬られている。碑に「余は死して護国の鬼となり、台民の鎮護たらざるべからず」とあり、台湾では深く尊敬されている。ロシアといい、台湾といい、現地に骨を埋める覚悟で接したのであろう。台湾が、今日でも親日的だと言われる所以は、乃木希典、児玉源太郎（および民政長官後藤新平）、明石元二郎らの優れた総督が、現地に根差した善政を行った結果である。

一九〇五年一月に、ペテルブルグで起きた「血の日曜日事件」で、食料を請願する十四万人のデモ隊に軍隊が発砲し、四千人以上の犠牲者が出た。これを機に、労働運動や農民運動が全国に広がり、また六月には戦艦「ポチョムキン」の反乱もあり、ロシアは革命勢力の拡大を恐れ、戦争を継続することが困難になった。

日露戦争の戦後処理

講和会議

①講和交渉

金子堅太郎の要請を受けて、ルーズベルト大統領は、日露講和の仲介の労を取った。アメリカは、南北戦争で帝国主義への参入が遅れたために、フィリピン領有後は極東に活路を求めていた。そこに立ちはだかろうとしていたのが、遼東半島を手に入れ、さらに満州に独占的な権益を築こうとしていたロシアであった。彼の真意は、極東で日露が争って共倒れした後、中国・満州の市場を確保することにあった。同大統領が、金子に日本のために協力を約束したのは、友情等という甘い理由ではなく、それがアメリカの国益に合致したからに他ならない。

同大統領は、旅順陥落のとき（一九〇五年一月）、奉天の会戦後（三月）、日本海海戦で日本が大勝利した直後（五月）の三回調停に入ったが、ロシア皇帝からは「寸土も占領されていない」ので講和などできないと断られた。しかし、米政府の熱心な働きかけとドイツ皇帝の同調により、ロシア政府は講和斡旋《あっせん》の手続きをアメリカ政府に一任することにした。講和会議はポーツマス市で行われることになり、日本は全権大使に小村寿太郎外相と高平小五郎《たかひらこごろう》駐米公使を派遣し、ロシア全権大使のウィッテとの間で、八月九日から九月五日の調印まで、会議は合計十七回に及んだ。伊藤博文は、歓呼を浴びて出発する小村全権大使に、帰国時は大変な非難を浴びることを予測し、「どんなことがあっても、自分は港に出迎えに行く」と激励して送り出している。なお、同大統領は、金子に密かに「講和をうまく進めるためには、樺太を占領すべき」とアドバイスし、日本はこれに従い、一九〇五年七月三十一日に樺太全土を占領した。

日本は講和条件として、韓国における日本の支配権を認めること、ロシア軍の満州からの撤退、遼東半島および南満州鉄道の譲渡、十五億円の賠償金、サハリンの割譲等を要求したが、ロシアは、「戦いには敗れたが屈服したわけではない」との強硬姿勢を崩さなかった。日本は、すでに十八億円の戦費（年間予算の七倍以上）を使っており、これ以上戦う余裕はなかった。ロシアは、一切の賠償金を払うつもりはなく、ルーズベルトも、日本が賠償金を得てそれを軍備拡張に使われることを嫌い、それを支持しなかったので、結局、日本は賠償金を諦め、九月五日ポーツマス条約に調印した。

T・ルーズベルト大統領（国蔵）

〈ポーツマス条約〉
第二条　日本による朝鮮の支配権を容認すること。
第三条　両軍は、満州から撤兵すること。
第五条　清国の承諾を得て、旅順口、大連の租借と付属する権利を日本に移譲すること。
第六条　清国の承諾を得て、長春～旅順間の鉄道およびその一切の付属する権益を日本に移譲すること。

第九条　サハリン（樺太）南部と付属する島嶼《とうしょ》を割譲すること。
第十一条　日本海、オホーツク海、ベーリング海のロシア沿岸の漁業権を認めること。

とし、以上の項目について、別途、清国との「北京条約」で確定した。

小村寿太郎（国H）

なお、日本の朝鮮支配については、アメリカは、一九〇五年七月の「桂・タフト協定」で、フィリピンの領有の見返りとして認めており、ロシアは「ポーツマス条約」で、英は「日英同盟」の改定の中でこれを認めていた。アメリカは、マハンの『海上権力史論』の下にアジア進出を企てており、中国・満州の門戸開放、機会均等にこだわり、これを独占しようとする日本と次第に対立するようになっていった。

この戦争での日本の総動員兵力は、百九万人、死傷者は三十八万人（うち死者は八万八千人）に上った。

戦後の状況

①日本の状況

この講和条約の中身を見て、国民は、犠牲の大きさに比べ見返りの少なさに怒りが爆発し、日比谷焼き討ち事件が起こった。

大国ロシアに勝ったことと、戦時国際法を順守し、旅順要塞司令官ステッセル将軍やバルチック艦隊司令長官ロジェストウエンスキー中将をはじめ、負傷者や捕虜を武士道精神に則って紳士的に扱ったことで、日本は著しく国際的な評価を高め、このことは、不平等条約の改定（関税自主権の回復は一九一一年＝明治四十四年）に大きく寄与した。黄色人種が白人に勝ったことは、西欧列強の圧迫を受けていたアジア諸国、トルコ、フィンランドを喜ばせたが、同盟国であるイギリスでは、白人国家が敗北したことをむしろ嘆いたという。ドイツのヴィルヘルムⅡ世は、アジアの台頭を恐れ、黄禍論《こうか》を唱えた。当時はあからさまな人種差別の時代であった。

一方、この勝利によって成功体験が独り歩きし、陸軍は技術、補給、合理的な作戦を軽視した精神力過多の白兵突撃至上主義に陥り、海軍では戦艦同士が巨砲で撃ち合う艦隊決戦主義が金科玉条《きんかぎょくじょう》となり、その呪縛のなかで太平洋戦争に突入していくことになった。参謀総長として戦争を指揮した山県は、ロシアの復讐を想定し、また、大陸の権益維持のために「帝国国防方針」を立て、陸海軍を増強し軍事国家への道を進めていった。

賠償金こそ得られなかったが、朝鮮・満州の権益を得て、日本の重工業（製鉄、機械など）は大発展を遂げた。労働者も、一九〇四年の五十万人から、一九一二年には九十万人に大幅に増加した。

一九〇〇年頃から労働運動も活発になり、一九〇〇年（明治三十三年）の治安警察法の成立により、労働運動の弾圧も始まった。一九〇七年には、待遇改善を求めて足尾銅山、別子銅山事件が起こり、軍隊が出動しこれを鎮圧した。一九一〇年（明治四十三年）には大逆事件が起こり、社会主義者の幸徳秋水ら十二名が、天皇暗殺の容疑で死刑となった。

②朝鮮の状況

開戦前の大韓帝国では、日本派とロシア派が対立していたが、日本の優勢を見て、一九〇四年（明治三十七年）に、元東学党員で、日本軍の通訳をしていた宋秉畯《そうへいしゅん》が、独立協会系の尹始炳《いんしへい》らと「一進会」を設立し、東学党系の李容九《りようきゅう》の「進歩会」を吸収して最大の政治結社（自称百万人）を作り、「政治改革と民主主義」および「日韓軍事同盟によるロシアの侵攻阻止」を謳い、無償で京義《けいぎ》線（京城～義州）の建設、武器・食料の運搬などに十数万人を動員し、日本軍に全面的に協力した。一九〇五年十一月には、「外交権を日本政府に委任し、日本の指導保護を受け朝鮮の独立と安定を維持せよ」との宣言を出した。さらに、一九〇九年（明治四十二年）十二月に、会長の李容九は、純宗《じゅんそう》、第二代韓国統監・曾禰《そね》荒助《あらすけ》、李完用《りかんよう》首相に、「韓日合邦建議書」を送り、日韓対等の連邦を献策している。これは、韓国世論の猛反発を受け、日本も日韓対等の合併は受け入れられず消滅したが、彼らは、李王朝の現政権では、朝鮮の近代化は期待できないと考え、このような行動に出たもので、朝鮮内部に、少なからずこのような動きがあったという事実は知っておく必要がある。日露戦争で、もし日本が負けておれば、ロシアが日本に取って代わっていただけのことである。

〈韓日合邦建議書〉

「日本は、日清戦争で、莫大な費用と多数の人命を費やし韓国を独立させてくれた。また、日露戦争では、日本の損害は甲午《こうご》の二十倍を出しながらも、韓国がロシアの口に呑み込まれる肉になるのを防ぎ、東洋全体の平和を維持した。韓国は、これに感謝もせず、あちこちの国にすがり、外交権が奪われ、保護条約に至ったのは、我々が招いたのである。……今後、どのような危機が訪れるかもしれないが、此れも我々が招いたことである。我が国の皇帝陛下と、日本天皇陛下に懇願し、我々も一等国の待遇を享受して、政府と社会を発展させようではないか」

片や日露戦争前後から、日本による韓国支配の動きは強まっていった。

一九〇五年八月の「第一次日韓協約」で、韓国の軍事と経済を掌握した。

同年十一月の「第二次日韓協約」で、外交権を奪い、韓国統監府を設置し、初代統監に伊藤博文が就任した。

一九〇七年六月のハーグでの「第二回万国平和会議」に、高宗は密使を送り、列強に外交権の保護（第二次日韓協約の廃止）を訴えたが、ロシア、アメリカ、イギリス、フランス、ドイツ、オランダの列強は、大韓帝国の外交権は日本にあること、また、大韓帝国の利益は、条約によって日本政府が代行していること等を理由に、これを拒絶した。この結果、李完用首相の勧告で、高宗は退位し、純宗に譲位した。

一九〇七年七月の「第三次日韓協約」で、日本は韓国の全権を握り、韓国の軍隊を解散した。

初代統監の伊藤博文は、ロシアとの交渉でハルビンを訪問中、一九〇九年（明治四十二年）十月に、朝鮮侵略の象徴と見られ、安重根《あんじゅうこん》にハルビン駅で暗殺された。伊藤は、朝鮮が歴史ある国であり、また、国際世論に配慮して、朝鮮の併合には反対していたが、この事件により、朝鮮併合がかえって早ま

安重根（近現）

る結果になった。安重根は、韓国では救国の英雄になっているが、北朝鮮ではいらぬことをして併合を進めた張本人として、あまり評価されていない。ただ、検察官、看守は、彼に人間的共感を覚え、丁重に取り扱っている。死に際して、看守の千葉十七に「東洋に平和が訪れ、韓日の友好が蘇ったとき、生まれ変わって、またお会いしたいものです」と語ったという。

一九一〇年（明治四十三年）八月に、日本は抗日運動を排除し、「韓国併合条約」を結び、韓国を併合した。同時に、朝鮮総督府を設置し、初代総督に寺内正毅《てらうちまさたけ》大将が就任した。この「韓国併合」を最初に承認したのはアメリカで、それは、フィリピン領有との引換えであった。弱小国にお構いなく列強がパイを分け合う、帝国主義の時代とはそういう時代であった。今日から見れば、外国の併合は不当ということになるが、当時としては自立できない国を周辺国が併合することは、洋の東西を問わず、よくあることであった。それに疑義がはさまれるようになったのは、民族自決が謳われた第一次世界大戦以降のことである。

なお、これは併合であったために、韓国の皇族は日本の皇族に準じる王公族に、合併に貢献した人は朝鮮貴族にそれぞれ封じられた。高宗の第七子の李垠《りぎん》皇太子は、幼くして日本に渡り、伊藤博文に養育され、梨本宮《なしもとのみや》家の方子と結婚し、士官学校を出て陸軍中将にまでなった。

〈韓国併合条約〉

第一条　韓国皇帝陛下は、韓国全部に関する一切の統治権を、完全かつ永久に日本国皇帝陛下に譲与する。

なお、金完燮《キムワンソプ》氏の『親日派のための弁明』（草思社）によると、李完用は、幼少から神童と言われた聡明な子で、長じても新式の教育を受け、三年間、外交官としてアメリカ公使館に赴任している。一九〇五年の日韓保護条約を支持し、ハーグ密使事件で日本政府の抗議を受けて高宗を退位させたことで、民衆の怒りを受け、暴漢の襲撃を受け瀕死の重傷を負った。伊藤統監の信任を受け、首相にまで上り、日韓併合後は、朝鮮貴族の侯爵にまでなった人で、韓国の教科書では、日本の朝鮮併合に協力した親日派の象徴で、売国奴と記されているが、その高邁《こうまい》な学識と人柄で、朝鮮と日本の政治家のみならず、一般国民からも尊敬を受けていた。彼が、日本の統治に協力したのは、無能な朝鮮王室が、最後まで拒否していた文明開化という課題を、日本の力を借りて成し遂げるためであり、売国奴の非難には値しないといった趣旨のことが述べられている。

なお、日韓併合と併せて問題になるのが、一つは、「土地調査事業（一九一〇～一九年＝明治四十三～大正八年）」で、「日本人に国土の四〇パーセントが不当に奪われた」と非難されている。しかし、これは大韓帝国のときから始まった「乙未改革」の一環で、近代国家のためには必要な事業であった。しかも没収したというのは、旧王朝の土地、国有地、持ち主不明の土地であり、持ち主から申告された土地の九九パーセント以上は所有権を認定している。日韓で、不毛の論争をするのでなく、土地の種目や、分母、分子が何であるか定義を明らかにする必要がある。この結果、数十万人の農民が土地を失ったといわれるが、持ち主不明の土地を耕していたのかもしれない。また、満州、日本への移民が増えたのは、人口増が一番の理由と思われる（一九一〇年：千三百十二万人、一九三五年：二千百二十四万人、一九四四年：二千五百十二万人）。

もう一つは、「創氏改名」で、「日本名を押しつけた」と言われるが、併合時は日本名を使うことが横行したので、むしろ朝鮮総督府は日本名の使用を禁止していた。この「創氏改名」を施行したのは、ずっと後の一九三九年（昭和十四年）で、これに応じた朝鮮人は約八〇パーセントで、現に有名な、洪思《こうし》翊《よく》中将はこれに応じなかった。しかも、「日本名」ではなく、「日本式の名前のつけ方」、つまり、ファミリー名（氏）を創ることを義務づけたものである。元々、朝鮮には一族名である「姓（金とか朴）」はあるが、ファミリー名である「氏」はない（したがって、結婚しても夫婦はそれぞれ一族名を使用）。自発的にファミリー名（氏）を申告した人はそれがそのまま登録された（「設定創氏」といい、金でも金田でも、全く別の田中でもよかった）。拒否した人は一族名（姓）が自動的にファミリー名（氏）として登録された（「法定創氏」といい、金とか朴がそのまま「氏」になった。したがって、洪思翊は、「一族名」も「氏」も洪となった）。一方、ファースト名（名）は変えても変えなくても自由で、変えるときは手数料を払わなければならなかった。ちなみに、洪思翊中将は光復軍（朝鮮独立運動の軍）からの誘いも断り、何ら縁故もなく自力で陸軍中将にまで昇進し、終戦時、フィリピンの捕虜収容所長として、捕虜虐待の責任を問われ、死刑となった人である。人格高潔で、訴追に値しなかったが、朝鮮半島出身の帝国軍人の代表として輿望《よぼう》を一身に担い、一切弁明することなく刑に服した。なお、台湾で、創氏改名に応じた人は約二パーセントであった。

一方、教育には力を注ぎ、一九一〇年の学校数は百七十三校であったが、一九四五年では五千二百十三校になり、一九二四年には京城帝国大学を設立している（名古屋、大阪より早い）。言葉も、従来は漢文のみだったのが、一九一一年（明治四十四年）の「朝鮮教育令」以後、日本人も朝鮮人もハングル文字を必須とした（一九三五年＝昭和十年の「皇民化教育」以後は、日本語のみとなる）。

また、日本は朝鮮のインフラの整備にも力を尽くした。併合時の総督府の予算の四〇パーセントは日本からの支援で、鉄道・通信、産業振興、土木、教育等に使われた。イギリスも、フランスも植民地の返還時には資産を相手国に売却しているが、終戦時に放棄した日本人の在朝鮮資産は、GHQ試算によると当時の金で五十二億五千万ドルに上る。一九六五年の「日韓基本条約」締結時に日本は無償三億ドル、有償二億ドル、民間借款三億ドル以上の資金供与、貸付をしており、これが朴政権下での「漢江《かんこう》の奇跡」という高度成長の基になったが、そのときの韓国政府の予算は約三億五千万ドルだったので、その大きさがわかる。その後も、多額の円借款が続けられた。やがて、日本の貢献が、正当に評価される時代が来ることを願いたい。

朝鮮半島に日帝三十六年の惨禍を与えたのは事実であり、それには詫びなければならないが、一方で、当時の様々な海外情勢、朝鮮内の動き、日本の貢献も併せて客観的に知る必要がある。日本が何度謝っても足りないというのは、神功《じんぐう》皇后の新羅《しらぎ》征伐以来、天智天皇の白村江《はくすきのえ》の戦い、秀吉の朝鮮征伐等、力をつけると必ず朝鮮半島に攻めてくることから、日本に圧力をかけ続けないと、またいつ攻めてくるかわからないとの疑心と、外敵をつくることによる国民の団結心、向上心の高揚が目的と聞く。また、古来、文明を伝えてきたのに、恩を仇で返されたこと、華夷秩序からして目下にもかかわらず征服されたこと、相手が同じ黄色人種であることからくる近親憎悪の感情、長年中国の属国となり、両班にも苦しめられて「恨《うらみ》」の文化が染みついていること（日本の「恥」に相当）等も、気持ちの根底にはあるだろう。したがって、韓国が、政治・経済・文化で名実ともに日本を凌駕《りょうが》するまでこの状態は続くのかもしれない。

③中国の状況

清国政府は「北京条約」により、遼東半島、南満州鉄道の権益を、日本がロシアから引き継ぐことを認めた。日本は一九〇五年九月に、遼東半島に関東総督府を設置し、遼東半島と、南満州鉄道株式会社を設立し統治することにした。満鉄には、鉄道、炭鉱、森林、漁業など広範な行政権を付与し、実質的な植民地経営を行わせることにした。また、南満州鉄道の守備隊として満州駐箚軍《ちゅうさつぐん》（後の関東軍の前身）二個師団（一万五千人）を配置した。

日本は、当初、満州における機会均等を謳っていたが、次第にロシアと組んで（日露協約）、満州の権益を独占しようとしていった。これに危機感を持った清国政府は、アメリカ資本の導入と、山海関《さんかいかん》以北に漢民族を入れないという祖法「封禁政策」を破り、河北、山東省から漢民族を積極的に移民させ、一九〇七年には行政制度も、北洋軍の一部も満州に受け入れ、日露に対する牽制に努めた。その結果、満州の人口は、一八八〇年の七百四十万人から、一九一〇年には千七百八十万人と倍以上に急増した。

④ロシアの状況

日露戦争後は、一転して日露は親密になり、アメリカを仮想敵国として、四次にわたる日露協約を締結し、満州で協力して排他的権益を確立するように励んだ。しかし、革命勢力の台頭により、一九一七年にロシア革命が起こり、日本との密約はすべて破棄され、ソビエト政府は独自の社会主義国の道を歩むことになった。

⑤アメリカの状況

アメリカは、日露戦争までは日本びいきであったが、戦争直後、鉄道王ハリマンによる南満州鉄道への参入が日本に拒否され、関係は冷却していった。これは、外国との協調派の伊藤博文、井上馨の支持の下に、桂太郎《かつらたろう》首相がハリマンと合意覚書を交わしたにもかかわらず、ポーツマス講和条約調印から帰国した小村寿太郎が、多くの日本人の血であがなった満州の利権を米国に簒奪《さんだつ》されることに猛反対し、これを一方的に破棄したものであった。ロシアに代わって、日本が極東で勢力を拡大することは、アメリカの国益に反し、南満州の市場が閉鎖的になるにつれ、日本とアメリカ間の摩擦は昂じていった。アメリカは日清戦争時に、仮想敵国を色分けし日本はオレンジ、ドイツは黒、イギリスは赤、ロシアは紫、メキシコは緑とする「カラー・プラン」を作っていたが、日露戦争後は日本を第一の仮想敵国とし、毎年「オレンジ・プラン」を練り直していた。一九〇七年（明治四十年）に、世界一周の名目で全戦艦十六隻からなるホワイト艦隊（全艦が白く塗られていた）を日本に派遣したのも、その一環としての示威行動であった。

⑥西欧の状況

イギリスは、その後も日英同盟を、一九二一年の四カ国条約まで維持改定していたが、ロシアの脅威が薄れたので、フランス、ロシアに接近して英仏露三国協商を結び、独墺伊の三国同盟へ対抗していった。そしてイギリスは、ドイツを第一の仮想敵国として建艦競争を行い、それはやがて第一次世界大戦へとつながっていった。イギリスは、一九一五年（大正四年）の「対華二十一か条の要求」の第四号（中国の港湾、島嶼を他国に譲渡・貸与しないこと）、第五号（政治、財政、軍事部門に日本人顧問を受け入れることと、日本製兵器の購入など）を知ると、日本に対する不信感を強めていった。

⑦その他

有色人種の国が、初めて白人の大国を破ったことは、アジア・アフリカの植民地の人々に希望と勇気を与え、その後の孫文《そんぶん》の辛亥《しんがい》革命、ガンジーの独立運動、トルコの青年トルコ革命、東南アジア諸国の独立運動に計り知れない影響を及ぼした。

〈まとめ〉

一、明治の政府、軍、国民が一丸となって、刻苦勉励、勇往邁進した結果、四十年の歳月を経て、ついに日本が近代国家として世界に認知される事となった。

二、日本が帝国主義の道を歩み始めた。そのために、アメリカと太平洋の覇権と中国の市場・権益をめぐり、次第に対立するようになっていった。
三、アジア・アフリカの植民地の人々に、独立の勇気と希望を与えた。
四、日本で、本格的に重工業が発展していった。

第四章　第一次世界大戦と大正デモクラシー

第一次世界大戦前の状況

中　国

①上からの改革

西洋や日本との戦争で、一方的な敗北を喫した清国は、近代化の必要性を痛感し、光緒帝《こうちょてい》のとき、康《こう》有為《ゆうい》の献策を採用し、明治維新に習って「変法《へんぽう》自《じ》強《きょう》運動（近代化）」を進め、科挙制度の改革、新学制の制定、新式軍隊の採用、議会制度の導入等の改革に取り組んだが、西太后・袁世凱の反動クーデター（戊戌《ぼじゅつ》の政変、一八九八年＝明治三十一年）により、ほんの三カ月で潰されてしまい、光緒帝は頤和園《いわえん》に幽閉された。この上からの改革の失敗と、義和団事件（一九〇〇〜〇一年）後の西太后の裏切り、列強の横暴に対する無策に失望し、人心は次第に清朝から離れていった。

②革命運動

一八九〇年代から知識人の間に、武力で清朝を打倒し、共和制を打ち立てようとの気運が興り、その多くは、「満族駆逐、中華復興、衆議政治の確立」を政治綱領に掲げていた。孫文は、一八九四年（明

孫　文（近現）

治二十七年）十一月に、ハワイで「興中会」を結成していた。また、「義和団事件」以降、各地で重税と貧困にあえいだ住民による暴動は、愛国示威運動となり、「興中会（華南地区）」、「華興会（湖南地区）」、「光復会（蘇浙地区）」、「中国同盟会（全国）」等の地方革命団体が、次々と作られていった。一九〇四年（明治三十七年）当時、日本への留学生は二万人を超え、彼らの間にも革命思想が浸透していった。辛亥革命で大きな役割を果たした孫文をはじめ、黄興、宋教仁、章炳麟《しょうへいりん》、胡漢民、廖仲愷《りょうちゅうがい》、朱執信、汪精衛らのほとんどが、この時代の日本留学組であった。一九〇五年（明治三十八年）八月に、孫文は、東京で、興中会、華興会、光復会等を、「中国同盟会」に結集し、大衆を啓蒙し、革命運動を広めていった。

その日本亡命中に、宮崎滔天《みやざきとうてん》、梅屋《うめや》庄吉《しょうきち》は孫文の「大アジア主義」の思想に共感し、終生、献身的に物心両面の支援を行った。このことは、南京の中山陵《ちゅうざんりょう》の記念館にも記されている。宋慶齢《そうけいれい》との結婚は、梅屋宅で、同夫妻の媒酌で行われており、孫文は終生、日本に恩義を感じていた。孫文ゆかりの日比谷公園のレストラン「松本楼」には、当時をしのぶ遺品・展示があり、来日した胡錦濤《こきんとう》主席も訪問している。この頃の孫文は、「滅満興漢」（満州族の清朝を滅ぼし、漢民族の政府を興す）を打ち出して、日本が革命を支援してくれるなら、満州の支配は日本に任せると言っていた。なお、偽名の「中山樵」の姓は、通りかかった中山侯爵家（明治天皇の母方の生家）の名前を借用したもので、「中国の山の樵《きこり》になって、黙々と中国革命のために働く」という意味もあったという。以後、孫文はこの名を大いに気に入り、「孫中山」と名乗ったために、中国、台湾で「中山」の名を冠した道路、施設は多いが、それが日本名から由来していることを知っている人は少ない。

一九〇八年（明治四十一年）十一月に、光緒帝と西太后が相次いで死去し、三歳の愛新覚羅溥儀《あいしんかくらふぎ》（ラストエンペラー宣統帝）が即位した（同年十二月）。

③辛亥革命

一九一一年（明治四十四年）に、武昌《ぶしょう》で「中国同盟会」の党員が逮捕され、軍籍のある三人が斬首されたのを機に、新軍（満州八旗や漢人緑営軍に代わって、一九〇一年に新しく編成された新式軍隊）が蜂起し、総督府を攻撃し、黎元洪《れいげんこう》を都督に選任した（武昌蜂起）。これに続いて全国の八割を占める十四省が次々と独立を宣言した。これを辛亥革命《しんがいかくめい》という。

袁世凱（近現）

翌一九一二年（明治四十五年）一月に、孫文は、南京で三民主義（民族主義、民権主義、民生主義）を唱え、「中華民国」の成立を宣言し、初代臨時大総統に就任し、国旗を五族協和の象徴の「五色旗」とした。このとき、「中国同盟会」を「国民党」と改称した。

清朝は、北洋軍閥の袁世凱を、革命勢力の討伐に派遣したが、袁世凱は、「停戦、宣統帝の退位、共和制の導入、袁世凱の総統就任」を条件に、国民政府と手を握り、一九一二年二月に、宣統帝《せんとうてい》が六歳で退位して清朝は滅亡した。同三月、袁世凱は、中華民国第二代の臨時大総統に就任した。

日　本

①山県の大陸政策

日英同盟はすでに形骸化しており、太平洋・中国政策をめぐり、いずれ日本とアメリカの衝突は避けられないとの考えで、山県有朋、田中義一らは欧州列強の一つであるロシアと組み、日露で英米とのバランスを図ろうと考えた。

日本は南満州の権益保護と、中国本土への勢力拡大を図るとともに、アメリカを仮想敵国とした日露協約を四次にわたり締結した。日清・日露戦争、第一次世界大戦、太平洋戦争等の大戦争の後は、なぜか旧敵同士が仲良くなるケースが多い。雨降って地固まるということか。


第一次日露協約（一九〇七年＝明治四十年）：清国の独立と門戸開放・機会均等。

日本が南満州、ロシアが北満州の利益範囲を確認すること。

日本が朝鮮、ロシアが外蒙古の特殊利益を相互承認すること。

第二次日露協約（一九一〇年＝明治四十三年）：米国務長官ノックスの満州諸鉄道中立化案や米英仏独の四国借款団の結成等に対抗し、満州の権益保護のために、必要ならば日露が相互援助し協働をすること。

第三次日露協約（一九一二年＝明治四十五年）：第三次日英同盟に、対米除外規定が付加されたことや、四国借款団の活動、辛亥革命、外蒙古の独立等の新事態に対応して、日露の勢力範囲を満州だけでなく内蒙古に拡大すること。この間、満州問題やカリフォルニアの日本人移民排斥問題等で、アメリカとの関係が悪化し、外交の基軸が次第に日英から日露にシフトしていった。

第四次日露協約（一九一六年＝大正五年）：日露は、互いに、他の一国に対抗する協定や同盟に加わらないこと。また、極東におけるそれぞれの領土権や、特殊権益を擁護するため協力すること。さらに、中国が日露いずれかに敵意を持つ第三国の政治的支配下に陥ることを防ぐために、相互に協力し、かつ、開戦のときは軍事援助し合うこと（秘密協定）。

山県、田中は、日露戦争がなければ、満州はおろか北京までもロシアの領土となっていたはずで、日本が満州・中国に進出するのはアジア人の自衛行動であり、日支両国の共存共栄にも必要なことだと考えていた。そして、辛亥革命後は、袁世凱政権に資金援助をして取り込み、大陸への足掛かりを築こうとしていた。

山県は、その風貌からして好感のもてる人物ではないが、軍事的才能よりも行政面（組織・制度・管理）で能力を発揮し、国家の体制作りには大いに貢献し、元老としての役割も十分果たした。その細かく口うるさい性格は、明治天皇の好みではなかったが、慎重で、軍部をよく統制したという意味で、昭和天皇からは高く評価されている。なお、私邸である椿山荘《ちんざんそう》や京都南禅寺前の無隣菴《むりんあん》では、日本庭園造りで非凡な才能を発揮し、漢学にも通じていた。

②政権担当

当時の元老会議は、長州の山県有朋、井上馨、薩摩の松方正義、大山巌で構成されており、特に山県は元老、枢密院議長、陸軍元帥を兼務し、実質的なキングメーカーであった。一九一四年（大正三年）三月に、シーメンス事件（軍需品の購入に関する海軍高官に対する贈賄事件）で、薩摩出身の山本権兵衛内閣が総辞職したので、薩摩と摩擦を起こしたくなかった山県は、後継に長州ではなく肥前の大隈を推薦し、第二次大隈内閣が成立した。外相は加藤高明《かとうたかあき》で、彼は日英同盟を後ろ盾にドイツをアジアから駆逐し、併せて満州の懸案事項（大連、旅順の租借権や満鉄の管理権が十年足らずで切れることになっていた）を一気に片付けたいと思っていた。

そのときの野党第一党は立憲政友会で、西園寺公望の後を継いだ原敬《はらたかし》が、第三代総裁を務めていた。

欧州

欧州では、新興勢力の持たざる国であるドイツ、オーストリア、イタリアの三国同盟国が、持てる国のイギリス、フランス、ロシアの三国協商国と激しく対立していた。特に、バルカン半島では、二度のバルカン戦争（一九一二～一三年）を経て、トルコは欧州の大半の領土を失うとともに、バルカン諸国の内紛でブルガリアも不満を持ち、複雑に人種・宗教が入り組む中で、オーストリアの支配権と汎スラブ主義がせめぎ合い、欧州の火薬庫と言われていた。また、イギリスの三Ｃ政策（カイロ、ケープタウ

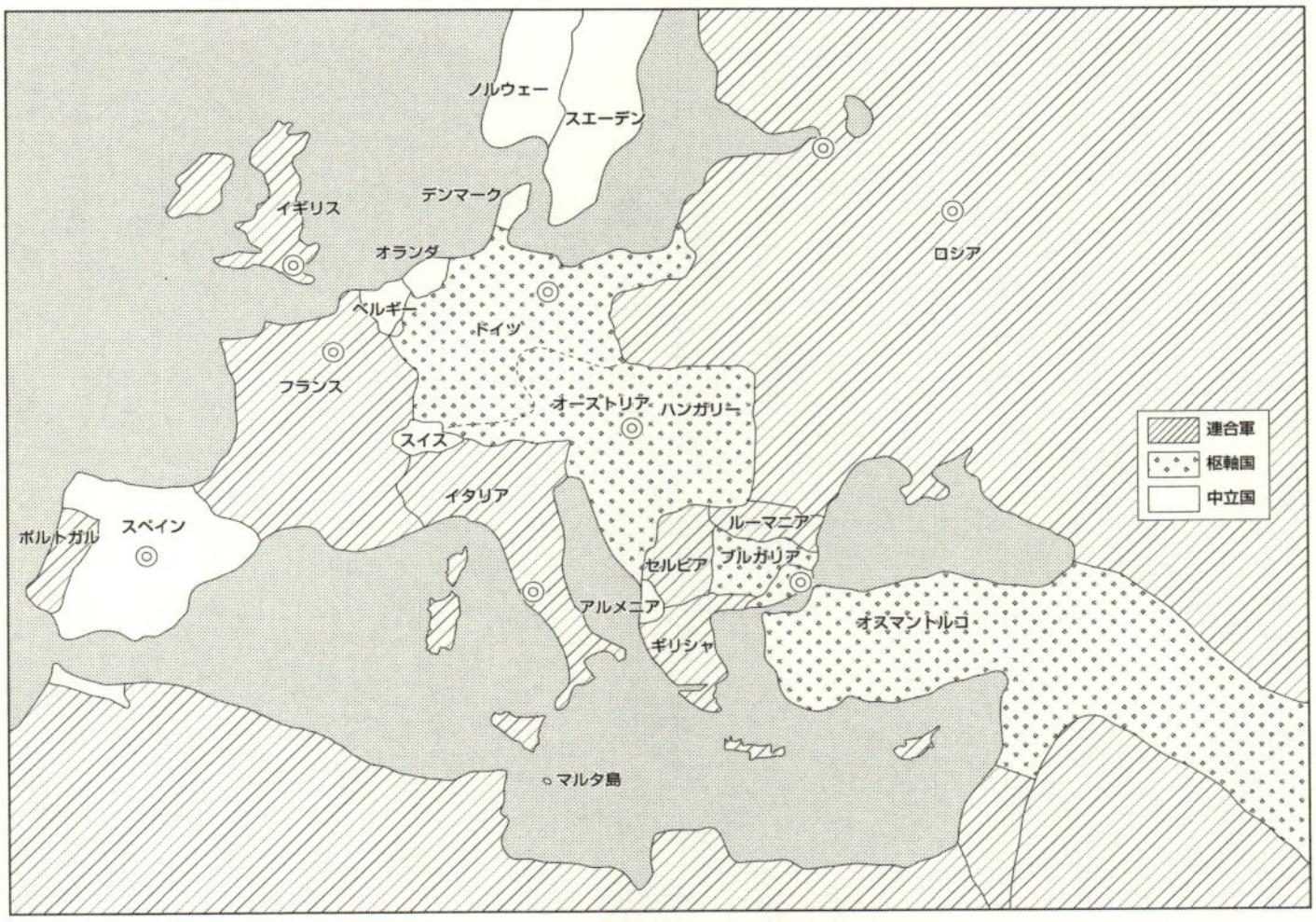

第一次世界大戦欧州地図

ン、カルカッタ）と、ドイツの三B政策（ベルリン、ビザンチン、バクダッド）が中近東で緊張関係を生んでいた。

第一次世界大戦

第一次世界大戦の勃発

①開戦

新興資本主義国のドイツは、バルカン半島、中近東、アフリカへの進出を企て、イギリス、フランス、ロシアを刺激した。その頃、オーストリア・ハンガリー帝国は、一九〇八年の「ベルリン条約」に基づき、ボスニア・ヘルツェゴビナを正式に併合した。それに反発したセルビアの青年が、一九一四年（大正三年）七月に、サラエボでオーストリアの皇太子夫妻を暗殺した。当初、これは一地方の紛争で終わると見られていたが、オーストリアは、直ちにセルビアに宣戦布告をし、セルビアを支持するロシアが意外に迅速に動員をかけたので、ドイツ他の枢軸国も次々に参戦し、七月二十八日、第一次世界大戦が勃発した。それも、クリスマスまでには終結するだろうとの大方の予測に反し、四年間にわたる壮絶な総力戦に発展していった。

枢軸国：ドイツ、オーストリア、トルコ、ブルガリア、イタリア（後に、オーストリアとの間の領土問題により連合国側に寝返り）。

連合国：イギリス、フランス、ロシア、日本（後にアメリカが参戦）等二十七カ国。

②日本の参戦

イギリスは、同盟国である日本に、ドイツの膠州《こうしゅう》湾の東洋艦隊の撃滅を要請してきた。日本は、これを中国大陸進出の千載一遇《せんざいいちぐう》の機会ととらえ、軍事行動の範囲について、イギリスとの同意も待たず、ドイツに最後通牒を発し戦争に突入した。同年八月二十七日、日本軍二万九千人とイギリス軍二千八百人は、青島《チンタオ》のドイツ軍を攻撃し、十一月七日にドイツ軍は降伏した。海軍は、ドイツの植民地であった南洋諸島（マリアナ諸島、カロリン諸島等）を攻略した。

また、一九一七年（大正六年）からは、イギリスの要請を受けて、巡洋艦「明石」を旗艦とした駆逐艦等十八隻からなる第二特務艦隊を地中海に派遣し、連合軍艦船をドイツ・オーストリアのUボート（潜水艦）から守る任務に就いた。その働きは、連合国から「地中海の守り神」として大変感謝され、イギリスのジョージV世から、勲章を授与されるほどであった。駆逐艦「榊《さかき》」は、オーストリアのUボートの攻撃を受け、多くの戦死者を出し、他の病死者等を含め七十八人が、マルタ島のカラカーラの丘の英海軍墓地に埋葬されている。日本艦隊の停泊地は、今も海軍基地として使われており、風景も当時のまま残っている。
マルタ島は元々、ロードス島を拠点に活躍していた十字軍の聖ヨハネ騎士団が、オスマン・トルコに追い出された後、ここに移り、マルタ騎士団として建設した要塞の島である。街並みには、中世の雰囲気が色濃く残り、一瞬、タイムスリップした感じになる。中心にある「聖ヨハネ准司教座聖堂」は、外見は質素だが、内部には出身国別の豪華絢爛《けんらん》な八つの礼拝堂があり、それぞれの紋章と装飾を施された床には功績のあった騎士達が埋葬されている。

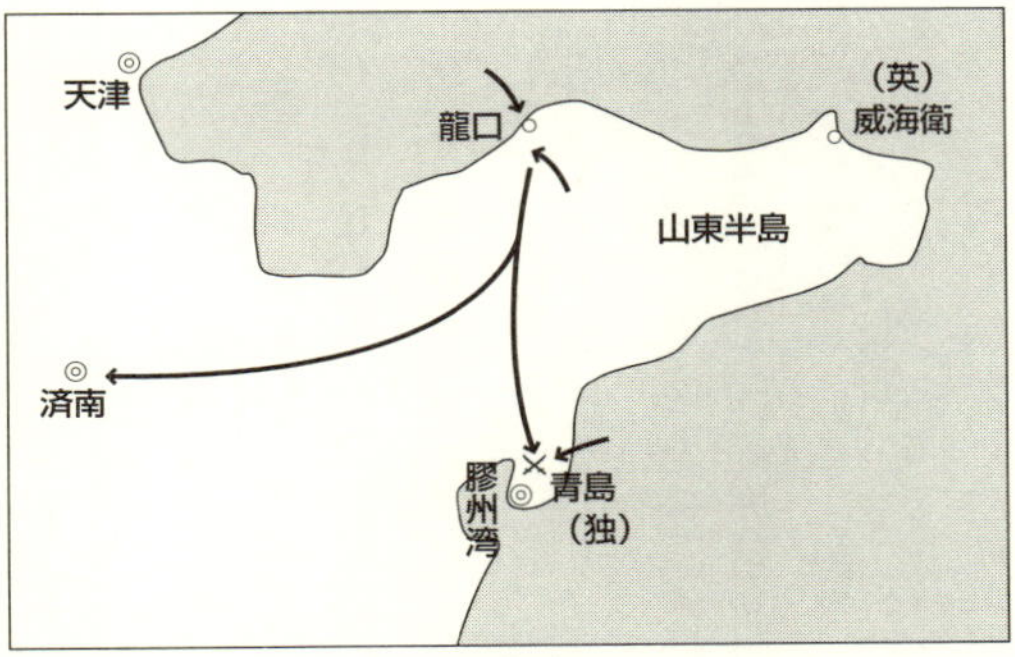

山東省地図

青島のドイツ軍の降伏を見て、中国政府は、日本軍の撤退を要求したが、日本軍はこれを拒否し、山東省の首都である済南まで占領するに至った。さらに、時の大隈重信首相、加藤高明外相は、欧米の目が欧州に集中している間に、軍部や財界の要求を受けて、一九一五年(大正四年)五月九日に、悪名高い「対華二十一か条の要求」を袁世凱総統に出し強引にこれを受諾させた。

〈対華二十一か条の要求〉
第一号、山東問題
第一条、ドイツの山東省の権益を引き継ぐこと。

第二号、南満州・東部内蒙古における地位
第一条、旅順・大連の租借期間と満鉄および安奉線の経営を九十九年間に延長すること。
第二条、南満州における、農業経営および商工業建設物のために、土地を商租（賃借）する権利を取得すること。
第四条、南満州における諸鉱山の採掘権を取得すること。
第三号、漢冶萍公司《かんやひょうこんす》
第一条、漢冶萍公司を日中合弁とし、鉄鋼の供給を確保すること。
第四号　中国の領土保全
第一条、中国の港湾、島嶼《とうしょ》を、他国に対して譲渡・貸与しないこと。
第五号、日本人顧問、武器購入（秘密協定）
第一条、政治、財政、軍事に関する日本人顧問を招聘すること。
第四条、日本から兵器供給を受けるか、合弁による兵器廠を設立すること。
第五条、新たな鉄道の敷設を認めること。

なお、第四号、第五号は、中国大衆や外国の反発を受け、取り下げた。特に第五号は、中国に権益を持つアメリカ、イギリス、フランスの印象を悪くしたのみならず、これまで反欧米であった中国民衆を、反日に追いやる決定打となり、以後中国では、五月九日を「国恥記念日」として長く記憶されることになった。

政友会を率いる原は、大隈内閣の対中国政策を非難し、第三十六回帝国議会における演説（一九一五年＝大正四年六月）で、「最も親密なるべき支那の同情を失い、列国の猜疑を深からしむれば、とりもなおさず日本は、将来孤立の地位に立つのである」と攻撃した。（『原敬と山県有朋』川田稔、中公新書）

つまり、中国は第一号にこだわったがこれはドイツの権益の引き継ぎであるし、第二号は列国も日本の権益を認めており、第三、第四号も中国と友好関係を結んでおればなんとかなるので、問題は第五号や強引なやり方にあるというのである。

さすがに山県も、第五号は、子分である田中義一、宇垣一成、上原勇作《うえはらゆうさく》らの軍中堅の思惑であることは承知のうえで、「親善を以て為すなら良いが、武力を以て為すならば、正義を以て世界に立っている日本の面目を汚すものである」として反対している。（前掲『原敬と山県有朋』）

この時点から、日本はあからさまな帝国主義路線を歩み始めることとなった。

大隈重信（国H）

③軍閥割拠

大隈内閣は、袁世凱の帝政復活に反対して一九一六年（大正五年）三月に排袁政策を決議し、陸軍の田中義一参謀本部次長や秋山真之軍令部軍務局長らは、南部の革命派、清王朝の復活を求める宗社党、蒙古軍、満州の張作霖らへの援助・工作を行い、加藤高明外相や尾崎行雄《おざきゆきお》法相もこれを積極的に支援した。

袁世凱は、一九一五年（大正四年）に帝制復活を宣言したが、内外からの反発を受け、やむなくこれを取り下げ、失意のうちに一九一六年（大正五年）六月に病死した。後任は、黎元洪《れいげんこう》が就任したが、その後、中国は求心力を失い軍閥が割拠し、四分五裂していった。

④ロシア革命

その間、日露は親密になり、アメリカを仮想敵国として、満蒙はおろか中国全体を加えた極東の領土権、特殊権益の擁護と防衛のために、第四次日露協約の中で相互に武力援助を行う秘密協定を締結していた（前述）。

ところが、ロシアでは、インフレと食糧難にあえいでいた女子労働者が、「パン寄こせ、戦争反対」のデモ、ストライキを行い（一九一七年＝大正六年三月）、これに呼応した労働者、兵士が、三月十五日に、ソビエト（評議会）を結成し、ロマノフ王朝を倒し、臨時政府を樹立した（二月革命）。当初は、漸進的な路線のメンシェビキ（少数派）が主導権を握っていたが、間もなくレーニン率いる過激なボルシェビキ（多数派）が権力を奪取した（十月革命）。ソビエト政府は、「無併合、無賠償の講和、民族自決」を宣言して、ドイツと単独講和した（一九一八年＝大正七年三月）。また、帝政ロシアが結んだ秘密協定を破棄したので、日露の四度にわたる協約はすべて無効となってしまった。

⑤シベリア出兵

社会主義ソビエトの出現に危機感を持ったイギリス、フランスは東部戦線の立て直しを含めて、反ソビエト政権を樹立しようとして、日・米に対ソ干渉戦争（シベリア出兵）を呼びかけた。ちょうどそのとき、枢軸国側だったチェコ兵が、オーストリアからの独立を目論んで寝返り、ロシア軍に合流していたが、ソビエト軍とのいざこざからコサック騎兵（白軍）とともに、西シベリアに反ソビエト政権を樹立した。このチェコ軍の救出を名目に、イギリス、フランス、日本、アメリカは「シベリア出兵」した（一九一八年＝大正七年八月）。

シベリア出兵（防衛）

日本は、これを好機に、北満と東支鉄道の経営権を得るとともに、できれば東シベリアにも権益を確立しようとした。日本軍は、順次兵力を増強し最大七万三千人（アメリカは八千人、英仏連合は五千八百人等）の兵力で、沿海州のみならずバイカル湖一帯にまで進出した。大戦後もシベリア出兵は続いていたが、イギリス、フランス、アメリカは一九二〇年（大正九年）に撤兵した。しかし、日本はさらに二年半も居座り、パルチザンと戦っていたが、列国から不信感を持たれる一方、戦争目的が不明なため士気も低下し、態勢を整えたソビエト軍に押され、一九二二年（大正十一年）八月になってついに撤退した。その間の一九二〇年（大正九年）三～五月に、ニコライエフスク港で、ロシア、中国、韓国人による共産パルチザンが、日本人軍民七百人と非共産主義の市民六千人を虐殺する事件が起こった（尼港《にこう》事件）。

⑥休戦

ドイツは、連合国軍を国内に一歩も踏み入れさせることはなかったが、窮乏生活に耐えかねて革命が勃発した。ヴィルヘルムⅡ世はオランダに亡命し、共和政府が樹立され、連合国との休戦が成立した（一九一八年＝大正七年十一月）。

第一次世界大戦の戦後

①ヴェルサイユ条約

戦後、連合国と枢軸国の間で、ヴェルサイユ講和条約が締結された（一九一九年＝大正八年六月）。ヴェルサイユ条約は、敗戦国ドイツにとって、莫大な賠償金の支払いと海外植民地の放棄、軍備縮小を伴う過酷なものであった。

〈ヴェルサイユ条約〉

一、海外領土・植民地を放棄すること（日本は、山東省の権益、南洋諸島の委任統治権を確保）。

二、アルザス・ロレーヌをフランスに、ポーゼン・西プロシア州をポーランドに割譲すること。ザール地方を十五年間、国連管理すること。シレジア地方の帰属を国民投票で決定すること。オーストリアの併合を禁止すること等。

三、賠償金として千三百二十億マルクを支払うこと（この結果、インフレは一兆倍になった）。
四、ラインラントの非武装化、徴兵制の禁止、兵員・軍艦の縮小、航空機・戦車・潜水艦・航空母艦・毒ガスの保有を禁止すること等。

戦後、ドイツは、再起を期して、秘かにソ連領の中で新兵器（航空機、戦車、毒ガス等）の研究や将校の訓練を行っていた。軍縮も一般兵に限り、将校を温存したので、ヒトラーが政権を取ると、瞬く間に欧州一の軍事力を持つことができた。

②国際連盟

アメリカのウィルソン大統領は、「ウィルソンの十四カ条」の平和原則を発表し、秘密外交の廃止、軍縮、植民地問題の公正な解決、国際連盟の設立を提唱した。その結果、国際紛争解決のために国際連盟（総会、理事会、国際司法裁判所）が発足したが、大国はイギリス、フランスのみであったこと（アメリカは議会の反対で不参加、ソ連はフィンランド侵入により除名、日本、ドイツ、イタリアは脱退）と、強制力（平和維持軍）を保持していなかったのが致命的弱点であった。ユネスコ等の、学術、文芸、労働問題では一定の成果があった。

③中国

中国は、「対華二十一か条の要求」を承認するヴェルサイユ条約に反対したが、列強からはとりあってもらえず、以後、「反帝国主義、反封建主義」を唱え、一九一九年（大正八年）五月四日に日貨排斥を伴う全国運動（五四運動）を展開していった。

④韓国

韓国では、日本の圧政に反対し、李光洙《りこうしゅ》ら留学生が東京で独立宣言書を採択し、それを受けて一九一九年三月一日に、高宗の国葬を機に、孫秉熙《そんへいき》（天道教）、李昇薫《りしょうとう》（キリスト教）、韓龍雲《かんりゅううん》（仏教）等の宗教指導者が中心になって、「人類平等の大義」、「民族自存」とともに、「日本との真の友好関係」を掲げて、独立宣言（崔南善《さいなんぜん》が起草）を行った。初めは、学生、教師を中心に「大衆化、一元化、非暴力」を基本方針とした穏健な運動であったが、やがて、農民、労働者、官僚を巻き込み全国に広がり、次第に警察署、村役場、小学校を襲い、暴徒化していった（三・一独立運動＝万歳《まんせい》事件）。

朝鮮総督府は、これを武力で鎮圧し、この事件の死亡者は七千五百人（朝鮮総督府発表は三百五十七人）とも言われる。その首謀者は、宣言とともに自首したこともあり、刑罰は極めて軽く、最高刑は懲役三年のみであり、この人たちは後に、日本と朝鮮の一体化の方向で活躍した。

寺内内閣の後を継いだ原敬首相は、従来の総督府の強圧的な政策を改め、朝鮮人の待遇改善、自由化、同化政策を進めたために、その後、一九四五年の終戦まで大きな暴動は起こらなかった。日本による支配あしかけ三十六年間を三分すると、前期は、抗日義兵活動の活発な時代、中期は平穏な時代、後期は、日本の国策に協力的な時代であった。一九三八年からの志願兵（応募倍率は五十倍）、及び、一九四四年からの徴兵に応じた軍人・軍属は二十四万人に上り、神風特攻隊への志願者も十四人出ている。その内、二万千人の戦死者が靖国神社に祀《まつ》られている。

船旅に同乗していた韓国在住のK氏は、日本政府が、韓国在住の原爆被爆者を認定しないことに憤慨していたが、「自分は、軍隊時代にかわいがられて日本人よりも昇進が早かった」と語っていた。

一方、独立派の一部は海外に亡命し、上海では李承晩《りしょうばん》、金九《キムグ》らが、一九一九年四月に、「大韓民国臨時政府」を設立して独立運動を続け、その光復軍は太平洋戦争勃発とともに対日宣戦布告をし、連合国軍側への参加を求めたが受け入れられなかった。満州に逃亡した一派は抗日戦線に参加し、武力闘争を続けた。

⑤英・米の圧力

大戦中に、日本が大陸でとった抜け駆けの行動に対し、イギリス・アメリカは警戒感を強め、様々の掣肘《せいちゅう》を加えてきた。

・「石井・ランシング協定」（一九一七年＝大正六年十一月）：日本は、中国（特に満州）における特殊権益をアメリカに認めさせる代わりに、中国の独立、領土保全、門戸《もんこ》開放、機会均等を約束した。

・「ワシントン会議」（一九二一年＝大正十年十一月）：世界的な軍縮の気運の中で、軍備を縮小し、主力艦（戦艦、空母）を日本は英米の六割とした（「ワシントン条約」一九二二年）。これはアメリカの陰謀との見方もあるが、日本は軍事費の負担が国民を圧迫しており、軍縮の意義はあった。

なお、補助艦（巡洋艦、駆逐艦、潜水艦等）の軍縮は、一九三〇年（昭和五年）四月の「ロンドン条約」で、対英・米比率は七割弱となった。

・「九カ国条約」（一九二二年＝大正十一年）：中国の領土保全、門戸開放、機会均等を再宣言し、太平洋の現状維持を約束した（その結果、石井・ランシング協定は破棄された）。

・「四カ国条約」（一九二三年＝大正十二年）：太平洋の安全保障と「日英同盟」の破棄が行われた。これも、日本を仮想敵国とするオレンジ・プランの遂行上、障害になる日英同盟を解消し、イギリスを自陣営に取り込むアメリカの策略であった。

・「パリ不戦条約」（一九二八年＝昭和三年）：ケロッグ・ブリアン条約とも言い、アメリカ、イギリス、ドイツ、フランス、イタリア、日本で侵略戦争を行わないことを取り決めた。但し、侵略戦争の定義はなく、自衛戦争は容認された。

・「移民制限法」（一九二四年）：日清戦争後、北・南米、ハワイ、カナダへの日本移民が増加していたが、一九〇五年以来、カリフォルニア州で、日本人移民排斥運動が起こり、移民制限法ができて、国別の移民割当が行われた（廃止は一九六八年）。

第一次世界大戦を経験し、露骨な帝国主義戦争は勝敗にかかわらずあまりにも被害が甚大であるとの反省から、「国際連盟」や「九カ国条約」、「四カ国条約」および「パリ不戦条約」等により、国際紛争の事前防止策が打ち出され、世の中の潮目が変わっていった。これらの条約は、確かに欧米列強の既得権を守る側面があったが、日本はそれを軽視し（特に軍部は全く認識がなかった）、遅れてきた帝国主義政策を進めたために、国際世論から次第に浮き上がっていった。

⑥日本

日本は、戦勝国として五大国（イギリス、アメリカ、フランス、イタリア、日本）の一員となり、山東半島の利権（後の「ワシントン条約」で放棄）と、南洋諸島の委任統治権を獲得した。日本は、「パリ講和会議」で、「人種差別禁止案」を提出したが、イギリス、アメリカの反対で可決せず、人種差別の壁は依然として厚かった。

一九一八年（大正七年）七月に、富山で米の買い占めによる米騒動が起こり、全国で百万人規模の大騒動になった。また、戦争景気が終わり、軍需品が生産過剰となって戦後恐慌（一九二〇年＝大正九年）が始まるなど、社会不安が増大していった。

欧州大戦の実態をつぶさに見てきた陸士十六期の逸材であるスイス公使館付武官永田鉄山《ながたてつざん》少佐（後に「統制派」の中心人物）、ロシア大使館付武官小畑敏四郎《おばたとしろう》少佐（後に「皇道派」の中心人物）、出張中の岡村寧次《おかむらやすじ》少佐（後に支那派遣軍総司令官）、（翌日、十七期の東条英機《とうじょうひでき》少佐も合流）の間で、「バーデンバーデンの密約（一九二一年＝大正十年十月）」が行われ、田中義一を中心とする陸軍の長州閥の解消・人事の刷新、統帥の国務からの分離、国家総動員体制の確立等が話し合われ、昭和になって、彼らが軍の中心を占めるに至り、それが国策の基本方針になっていった。

一九二三年（大正十二年）に、関東大震災が起こり、死者十万人、行方不明四万三千人という大惨事となった。そのとき、朝鮮人暴動の噂が流れ、自警団等により朝鮮人の虐殺が行われた（二百～三千人の諸説あり）。この事件は、集団ヒステリーによる所産ではあるが、朝鮮併合から十年余り経っていても、日本人には朝鮮人への疑心暗鬼と、差別意識が根底にあったためであろう。こんなところにも日本人の狭量な性格が出ている。またそのとき、甘粕正彦《あまかすまさひこ》大尉によるアナーキスト大杉栄《おおすぎさかえ》殺害事件も起こった。

大正デモクラシー

政治情勢

①第一次護憲運動

尾崎行雄と犬養毅《いぬかいつよし》が中心となり、藩閥政治を排し政党政治を進める第一次護憲運動が行われた（一九一二年＝大正元年）。

②本格的な政党政治

ロシア革命と袁世凱の死で、山県の外交方針は根底から破綻してしまった。行き詰まった彼は、やむを得ず自分の考えとは対極にある対英米協調派の原敬に組閣を頼み、ここに日本最初の本格的な政党内閣が誕生することになった（一九一八年＝大正七年）。原は、盛岡藩の家老の家系で、養子に行き平民となった。新聞記者から外務次官を務め、陸奥宗光や伊藤博文に引き立てられ、西園寺の後を次いで第三代政友会総裁となった。原は、これまでの大隈政権の強圧的な中国政策を改め、内政不干渉・融和政策を取り、英米に対しても、彼我の潜在能力の違いを考慮し協調主義を取っていた。

内政面では、高等教育の充実、交通機関の整備、産業・通商、貿易の振興、国防の強化等に取り組む

原敬（国H）

とともに、選挙権の拡大（原は、選挙権者を、納税十五円から三円に引き下げたが、普通選挙には時期尚早として反対だった）により、政党政治の強化に努めていた。しかし残念ながら、原は、一九二一年（大正十年）十一月に、政商や財閥寄りで、普通選挙法に反対であることと、尼港《にこう》事件の責任を理由に、東京駅で右翼の中岡良一によって暗殺されてしまった。原が存命ならば、政党政治の基盤はもっと強固になって、軍人の跋扈《ばっこ》も押さえられたかもしれない。

③第二次護憲運動

その後、一九二四年（大正十三年）六月に、第二次護憲運動として憲政会総裁の加藤高明が、護憲三派内閣（憲政会、政友会、革新倶楽部《くらぶ》）を組閣し、高橋是清、若槻礼次郎《わかつきれいじろう》、浜口雄幸《はまぐちおさち》、幣原喜重郎《しではらきじゅうろう》、犬養毅等の実力者を入閣させ、衆議院の多数党が組閣するという「憲政《けんせい》の常道《じょうどう》」を確立した。この内閣で、「普通選挙法」の成立（一九二五年＝大正十四年二月）、「日ソ基本条約」の調印、軍縮が進められると共に、一方で、共産党対策として「治安維持法」が制定された。この路線は、一九二九年（昭和四年）七月に、加藤の腹心であった民政党の浜口雄幸内閣に引き継がれ、外交方針は対英米協調の「幣原外交」と呼ばれるようになった。

以後、太平洋戦争への道を振り返れば、結局、原の考えが正しかったことになるが、日米が太平洋の覇権と中国の市場を巡り、両雄並び立つことができたかというと、いずれ日米の衝突は避けられなかったのではないかと思う。日本が、アメリカと互角に張り合うか、それとも妥協に甘んじるか、その選択を迫られたのがちょうどこの時期からである。

④天皇機関説
美濃部達吉《みのべたつきち》東大教授が、一九二四年（大正十三年）に、『天皇機関説』（ドイツのイエリネックの国家法人説に則って、国家は法人で統治権は法人たる国家に属し、その最高機関が天皇であるという考え）を発表し、同じく憲法学者の上杉慎吉《うえすぎしんきち》の、従来からの『天皇主権説』（天皇は神聖にして侵すべからざる存在で、すべての主権を持っており、何ら輔弼《ほひつ》を受けることなく独自に統治ができるという考え）と大論争となり、その結果、『天皇機関説』が通説となった。しかし、後の一九三五年（昭和十年）に、政争がらみで「天皇機関説事件」が起こり、右翼・軍部に攻撃され、美濃部は貴族院議員を辞任することになった。

社会・文化

明治末期から、次第に自由主義思想が広がり、大正時代にはそれが大正デモクラシーとして一世を風《ふう》靡《び》し、自由な空気の中で文化・芸術が一斉に花開いた。

①社会主義運動

河上肇《かわかみはじめ》の『貧乏物語』の発刊（一九一六年＝大正五年）等で、マルクス主義が紹介され、学生や知識人の間に広まっていった。近衛文麿は河上肇の薫陶を受けるために、東大から京大に転入したといわれる。また、吉野作造《よしのさくぞう》は民本主義を唱え、天皇主権のもとで国民が良き執政者を選び、それを監督する形での民主主義を唱えたが、やがて社会民主主義に変わっていった。次いで、様々な社会主義団体が結成されていった。

・日本社会主義同盟会結成（一九二〇年＝大正九年）
・第一回メーデー（一九二〇年）
・日本労働総同盟結成（一九二一年）
・日本共産党結成（一九二二年）
・日本農民組合結成（一九二二年）
・女性解放運動　平塚雷鳥《ひらつからいちょう》らによる「青踏社《せいとうしゃ》」発足（一九二〇年）。
・部落解放同盟結成（一九二二年）

②文学・哲学
・白樺派（一九一〇年＝明治四十三年）：武者小路実篤、志賀直哉、有島武郎。
・新思潮（一九一六年＝大正五年）：芥川龍之介、菊池寛、久米正雄、山本有三。
・プロレタリア文学　：宮本百合子、徳永直、葉山嘉樹。
・哲学　：西田幾多郎、安倍能成、阿部次郎。

③演劇

・文芸協会：坪内逍遥、島村抱月。
・自由劇場：小山内薫、市川左団次。
・芸術座：島村抱月、松井須磨子。
・築地小劇場：小山内薫、土方与志。

④芸術

絵画・彫刻も近代を代表する作家が輩出した。

・文部省展覧会（文展、一九〇七年＝明治四十年）
・美術院派（院展、一九一四年＝大正三年）：横山大観、下村観山、川合玉堂、安田靫彦、小林古径、前田青邨。
・京都画壇：竹内栖鳳、上村松園、山本春挙、橋本関雪。
・二科会（一九一四年、大正三年）：黒田清輝、藤島武二、岸田劉生、安井曾太郎、梅原龍三郎、藤田嗣治。
・彫刻：高村光雲、石川光明、竹内久一。

〈まとめ〉

一、この大戦の前後に、洋の東西を問わず旧体制の矛盾が噴き出し、韓国の李王朝（一九一〇年）、中国の清王朝（一九一二年）、ロシアのロマノフ王朝（一九一七年）、ドイツのホーエンツオレルン王朝（一九一八年）、オーストリアのハプスブルク王朝（一九一八年）、オスマン帝国（一九二三年）等、歴史ある王朝が次々と消えていった。

二、「対華二十一か条の要求」は、中国に拭い難い恨みを植え付け、それまでの西欧の帝国主義反対の矛先がすべて日本に集中することになり、欧米からも不信感を持たれる転機となった。

三、世界初の共産国ソ連が出現し、イデオロギー闘争が始まった。

四、帝国主義の行き過ぎの反省から「国際連盟」、「九カ国条約」、「四カ国条約」、「パリ不戦条約」等により、戦争の未然防止の気運が出てきた。日本はその潮目が変わったことを軽視し、半周遅れの帝国主義を突き進んでいき、国際社会から次第に浮き上がっていった。そうした状況に危機感を持つ人もいたが（原敬、浜口雄幸ら）、非命に倒れ、以後、その遺志を継ぐ者が主流になることはなかった。

五、ヴェルサイユ体制は、諸国に不満を残し最終的な解決にはならなかった。特にドイツへの過酷な仕打ちが新たな火種になった。同時に、諸国で民族主義と国民の権利意識が高揚し、国際社会と国民生活が安定するには、なお、幾多の苦難を乗り越えなければならなかった。

六、政党政治が花開き、大正デモクラシーを謳歌して、様々な文化、芸術、社会科学が発展した。

七、大戦後の不況の中で、困窮した農民、労働者に対し政党が政争に明け暮れ有効な手を打たなかったために、知識・無産者階級には社会主義思想が、右翼・青年将校の間には国家改造論が浸透し始め、一方、軍のエリートたち（永田鉄山他）は、第一次世界大戦をつぶさに観察し、来るべき総力戦に備えて、軍部主導の国家総動員体制の構築を企てていった。

これに対し、政治が本来の役割を果さず、無為無策を続ける内に、国民に政治不信がつのり、昭和の動乱の芽が育まれていった。平成の今日と、どこか似通ったところの多い時代であった。

第五章　満州帝国・五族協和は夢幻か

北伐と張作霖爆殺

北　伐

①軍閥割拠

袁世凱の死後（一九一六年＝大正五年六月）、国民党の副大総統であった黎元洪《れいげんこう》が後を継いだ。間もなく、国務総理（首相）の段祺瑞《だんきずい》が北京政府を受け継いだが、軍閥割拠の中で、実質的な支配圏は揚子江から北部一帯に限られていた。寺内正毅内閣は、段祺瑞の全国統一を支援していたが、時の政友会総裁の原敬は、混沌《こんとん》とした中国政局の定まらないうちは干渉すべきでないと主張していた。

〈軍閥割拠〉

北洋軍閥（袁世凱系）

　安徽《あんき》派：段祺瑞《だんきずい》等

　直隷《ちょくれい》派：呉佩孚《ごはいふ》、馮玉祥《ひょうぎょくしょう》等

奉天《ほうてん》派：張作霖《ちょうさくりん》、張景恵《ちょうけいけい》等

山西派　：閻錫山《えんしゃくさん》
国民党（孫文系）
広東派：陳炯明《ちんけいめい》
広西派：陸栄廷、李宗仁
雲南派：唐継堯《とうけいぎょう》

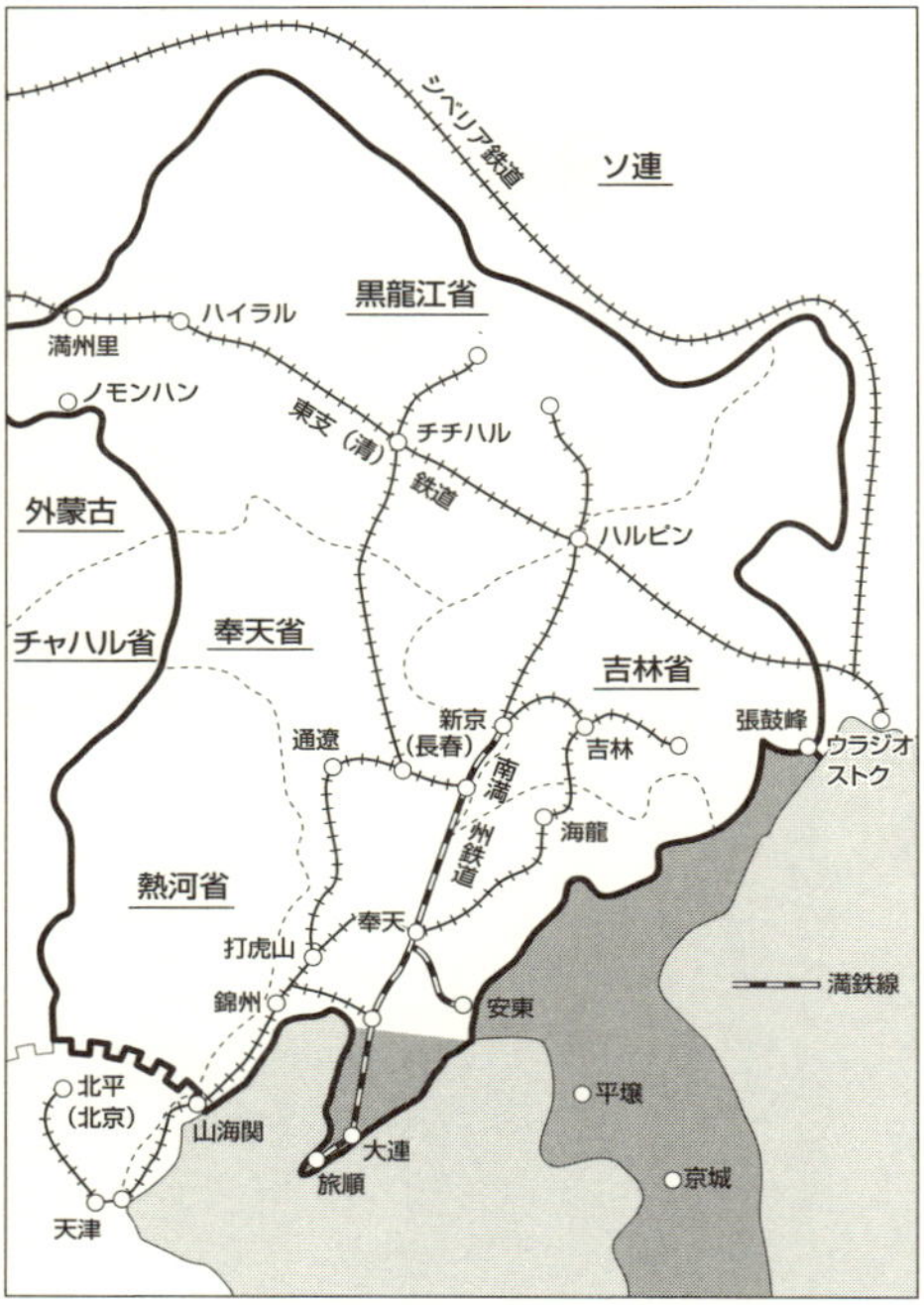

満州地図

（『図説　満州帝国』太平洋戦争研究会著　河出書房新社）

まず、南方の陸栄廷、唐継堯が、親日的な段祺瑞に反発して孫文とともに広東政府を立ち上げた。また、北洋軍閥内（北京政府系）でも内紛があり、英米の支援を受けた直隷派（中央政府系）の呉佩孚が、関東軍の支援を受けた奉天派（満州系）の張作霖を味方につけて、安徽派（安徽省系）の段祺瑞を打ち破った（安直戦争一九二〇年＝大正九年七月）。

段祺瑞が失脚すると、日本は満州の権益確保のために、張作霖を積極

張作霖（近現）

的に支援するようになった。日本の支援を受けた張作霖は、北京に進出し親日派の政権を作ったが、直隷派の呉佩孚との間で衝突し、張作霖は敗れ満州に撤退した（第一次奉直《ほうちょく》戦争一九二二年＝大正十一年四月）。しかし、張作霖は直隷派の馮玉祥を味方につけ、再度、直隷派の呉佩孚と戦い、今度は勝利を収めて北京に返り咲いた（第二次奉直戦争一九二四年＝大正十三年九月）。中国では、このように軍閥が私兵を養って抗争を続け、勝手に税金も徴収し、国家の体をなしていなかった。

一方、中国共産党は、一九二一年七月に結成され、反帝国主義、反軍閥闘争を独自に展開していた。

②孫文の死

孫文は一九二四年（大正十三年）一月に、ソ連共産党の斡旋《あっせん》で、共産党と「第一次国共合作」を行ったが、軍閥同士が抗争に明け暮れる中で、「革命未だならず」と言い残して五十九歳の生涯を閉じた（一九二五年三月）。

死の前年、神戸女学院で、『大アジア主義』と題する講演を行い、その中で、日本の取るべき立場について以下のように、含蓄のある言葉を残している。

「我々が大アジア主義を唱える時、王道を基礎とするのは不平等を打破するためだ。日本は同文同種であり、中国を援助する能力が大きい。中日両国が調和を維持してこそ、双方の安泰が保証される。中国と日本が、アジア主義の連帯と協調によって太平洋以西の富を開発し、米国が、モンロー主義を守って太平洋以東で勢力を保ち、それぞれの発展を遂げれば、百年は衝突の恐れがない。……（最後に）日本民族は、欧米の覇道の文化を取り入れていると同時に、アジアの王道文化の本質も持っている。日本が西洋の覇道の番犬となるか、東洋の王道の干城《かんじょう》（楯と城）となるか、日本国民がよく考え慎重に選ぶべきである」（『孫文』田所竹彦著、築地書館）と問いかけている。

また、一九二三年七月に、鶴見祐輔《つるみゆうすけ》と広東で会見したとき「日本さえ邪魔しなければ、中国の革命はとっくに完成していた。……日本の過去二十年間の対中外交はすべて失敗だ。日本は、中国と東洋の発展を妨げる政策を取ってきた。……私は二十年来、日本の失敗外交のため辛酸をなめたが、一度も日本を見捨てたことはない。日本を愛するからだ。亡命中の私をかばってくれた日本人に感謝する。東洋の擁護者として日本を必要とする。米国を引き込んで日本を倒すのは可能だが、そうしないのは日本を愛するからであり、東洋諸民族の盟主になってもらいたいからだ」（前掲『孫文』）。日本がこうした人たちの期待に背いたことは、返す返すも大変残念なことである。

③北伐

国民党の広東政府は、一九二五年（大正十四年）七月に、汪精衛（兆銘）を主席に据え、全国統一に乗り出した。黄浦《こうほ》軍官学校を設立し、士官を育て、一九二六年七月に、蔣介石が、約十万の国民党軍を率いて北方の軍閥打倒の戦いを開始した（北伐）。民衆の支援を受けた国民党軍は、各地で北洋軍閥を撃破し、一九二七年（昭和二年）三月には南京を攻略し、軍勢も瞬く間に二十万に膨らんだ。

蔣介石（近現）

ところが、北伐軍は次第に過激となり、長江流域のイギリス、アメリカ、フランス、日本の権益と軋轢《あつれき》を生じ、南京で英米仏人を殺害するに及んだ（南京事件）。英米は権益保護のために、反撃しようとして日本にも同調を求めたが、日本は幣原外交の対支融和政策によりこれに応じなかった。その結果、中国は日本を見くびり、一方、イギリスは、日本と中国が結託しているのではないかとの疑念を持ち、それまでの対中国強硬姿勢を融和策に切り替え、中国の矛先を日本に振り向けるように方向転換をしてきた。このことは、その後の日中紛争に大きな影響を与えることになった。

次いで、北上した北伐軍は、山東省で、日本人居留民保護のために出兵（第一次山東出兵）した日本軍とにらみ合うことになったが、張作霖に敗北し撤退した（第一次北伐）。そのために一時失脚した蔣介石は来日し、箱根や有馬で逗留したが、その時点ではまだ日中の連携を訴えていた。なお、蔣介石は、一九〇九年（明治四十二年）に日本の士官学校を卒業した後、新潟高田の第十三師団に二年間勤務した経験があり、その間、後の松井石根大将（南京事件によりA級戦犯で死刑）には、公私にわたって大変世話になっている。日本軍人から「知行合一」の陽明学を学び、内務班の厳しい訓練を受け、それこそが中国に必要なこととし、終生日本に対する個人的な好感と思慕の念を忘れることはなかった。

以前、私の知り合いに永住権を取った若い中国人がいて、日本に来た理由を聞いたことがある。彼は、上海出身であったが、「子供の頃、父から、〝日本軍は強くて、いつも十倍の中国軍に勝っていた〟と聞かされており、その理由を知りたくて日本に来た」と言っていた。そして新陰流の道場に通い、宮本武蔵の「五輪書《ごりんのしょ》」を愛読していた。また、私は中国のある大会社と厳しいビジネス交渉をしたことがある。相手は大変タフな男であったが、私の担当が変わるときに送別会を開いてくれ、そのスピーチで、「あなたは高倉健みたいだ」と言われたことがある。そのときは、顔が似ているわけでもなし意味がわからなかったが、後で、多くの中国人は俳優高倉健のイメージを日本人に重ね合わせて見ていることがわかった。また、中国人は、泉を掘った人を忘れないと云われるが、一旦、信頼関係を築けば、それを大切にするということもよくわかった。

コミンテルン（国際共産党：後出）の影響で過激になった北伐軍をめぐり、国民政府内で左右の対立が起こり、蔣介石は労働者に大弾圧を加え、共産党を排除し独自に南京に国民政府を作った（一九二七年＝昭和二年四月の清党）。国民党左派の汪精衛も、武漢に根拠を置いていたが、反共政策を打ち出し南京と合体して再び統一国民政府を作り、北伐を再開した（第二次北伐）。このとき、山東省の権益と居留民保護のために、田中義一内閣は、第二次・三次山東出兵（一九二八年四月）を行い、五月に済南で「北伐軍」と衝突した（済南事件：日本人居留民十二人殺害、日本軍の死者二十六人、負傷者百五十七人、中国側の死者は約三千人、負傷者約千五百人）。蔣介石は、これを北伐に対する妨害と見て、以後、日本軍に対する見方を硬化させることになった。「北伐軍」は、日本軍とそれ以上の衝突を避け、済南を迂回して北上し、張作霖は北京を脱出したため、一九二八年六月に北伐は完成した。その後も一九二九年、一九三〇年には、蔣介石と西北方の反蔣集団（馮玉祥、閻錫山、李宗仁等）による「中原大戦」等があり、国民政府軍同士で離合集散を繰り返し内戦は続いた。この他に「共産党軍」がおり、さながら『三国志』の時代のようであった。疲弊した農村の子弟はこれらの軍閥の兵士の供給源となったが、徴用といってもひどいケースでは首に縄をつけて数珠《じゅず》繋ぎにして護送されるほどで、兵士には給与もまともに支給されず、匪賊《ひぞく》とさして違いはなく軍紀は乱れていたという。

張作霖爆殺

①満州某重大事件

北京政府では、張作霖が一九二七年（昭和二年）六月大元帥を名乗り、呉佩孚等と組んで「安国軍」を編成し、「北伐軍」に対抗していた。その一方で、従来の対日依存から独自路線に転換しようとして英米に接近し、自軍の軍費を賄うために満鉄の東西に満鉄並行線（打通線：打虎山〜通遼、海吉線：海龍〜吉林）を開設しようとして関東軍の逆鱗《げきりん》に触れた。張作霖に対する日本側の考えは、

日本政府案　：張作霖を無事奉天に帰らせ、満州を中国から切り離し、親日政権を樹立。
関東軍首脳案：張作霖軍の武装解除と張作霖の下野を行い、一挙に満蒙を支配。
関東軍過激案：張作霖を殺害し、中国人の犯行に見せかけ、それを口実に満州を一気に占領。

であったが、関東軍高級参謀の河本大作《こうもとだいさく》大佐以下は、過激案を取り、一九二八年六月四日に、京奉線と満鉄線の交わる皇姑屯《こうことん》で、奉天に帰還中の張作霖を爆殺した（満州某重大事件）。この事件を上奏した田中義一首相は、天皇から犯人を捜し厳罰に処するように指示されながら、軍部の抵抗を受け、うやむやにしようとした。そのことで、田中首相は、天皇の怒りを買い、「辞職してはどうか」と言われ、総辞職し、そのことを深く恥入り苦にして、二カ月後に亡くなった。立憲君主制を採る明治憲法の下では、天皇は、政府や統帥部の輔弼・輔翼に対して、基本的にはそのまま裁可されるのが常であり、自分から行われることはせいぜい『質問、注意、示唆』程度のことであったが、このときは、はっきりとご自身の意思を伝えられた。昭和天皇が、明治憲法の趣旨を逸脱したのは、このときと、二・二六事件の討伐命令と、終戦の御聖断の三回のみである。

張学良（国蔵）

最近、この事件には異説があり、ロシアの作家ドミトリー・ポロホロフの『GRU帝国』よると、スターリンの命令でナウム・エイチンゴンが計画し、日本軍の仕業に見せかけたとか。コミンテルンの仕業となっているが、これらの確証はまだない。河本大佐は、裁判になったらすべてをぶちまけると恫喝《どうかつ》し、真相がうやむやのままに終わった。その後、河本は、戦後の国共内戦で、山西省の国民政府の閻錫山軍を支援し共産軍の捕虜となり、大原の戦犯管理所（約三百人が収容された）で、真相を語ることなく病死した。

この事件を日本軍の仕業と見てとった奉天省長の臧式毅《ぞうしきき》は、張作霖の死亡を隠し中国軍の軽挙妄動を押さえ、日本軍に出兵の口実を与えなかったので河本大佐の企ては空振りに終わった。息子の張学良は、国民政府軍が満州に入らないことを条件に、易幟《えきし》（満州の五色旗を国民党の青天白日旗に切り替え）と、三民主義に従うことを誓い、国民政府の傘下に入った（一九二八年十二月）。以後、東北辺防総司令官に任命された張学良は、反日政策をとり、日本系の工場閉鎖、大連港に対抗する貿易港の開設、満鉄線を包囲する鉄道網の敷設等あからさまな嫌がらせを行った。

満州国の建国

満州事変

①満州問題解決方策

石原莞爾（国蔵）

満州では、ますます排日・抗日運動が激化していた。こうした動きに陸軍、関東軍は危機感を抱き、「満州問題解決方策の大綱」を作成する一方、一九二八年（昭和三年）に、高級参謀の板垣征四郎大佐と作戦参謀の石原莞爾《いしはらかんじ》中佐を関東軍に送り込んだ。石原は、当時髄一の戦略家で、彼の考えは以下の通りであった。

〈石原莞爾の戦略〉

一、五族協和（日、満、漢、朝、蒙）をベースに満州を独立国化し、ソ連との緩衝地帯とする（当時満州は軍閥の支配下にあり、中国政府の主権が及んでいない。また、満州は、漢民族に支配されたことはないし、清王朝は一八八〇年頃まで「封禁政策」で漢民族の満州への移住を禁じていた）。
二、中国本土への侵入には反対（大東亜戦争にも反対で東条英機と対立）。
三、「世界最終戦争論」を説き、三十年以内に東亜の王道と、米州の覇道との最終戦争になり、日本が勝利して世界の平和が来る。そのために、東亜連盟を結成し、米州並みの生産能力を確保しておく必要がある（それには満州が不可欠）。

当時、世界大恐慌を受け世界がブロック経済化する中で、新興資本主義国の日本にとって、満州の資源と市場の確保は至上命令であった。満鉄職員を中心とする「満州青年連盟」も、張学良に対抗し、満蒙の自治あるいは独立を強く訴えていた。

浜口雄幸（国H）

②国内情勢

当時、民政党の浜口内閣（一九二九～三一年）、および第二次若《わか》槻《つき》内閣は、対英米協調路線（幣原外交）に立ってこれらの問題に対処しようとしたが、軟弱外交の誹りを受けていた。一九二七年（昭和二年）の金融恐慌や一九二九年の世界恐慌の中で、軍縮、緊縮財政、金本位制の復活を進め、デフレ不況を招き国民生活は困窮していた。こうした中で、一九三〇年十一月に、浜口首相は東京駅で、社会不安（経済不況）と統帥権への容喙《ようかい》（ロンドン軍縮条約の締結）の責任を追及する右翼に狙撃され、それが原因で翌年死亡した。浜口首相は正義感に溢れ、謹厳実直、信念の人で、〝ライオン首相〟の異名をとって国民に親しまれており、狙撃されたとき、「男子の本懐である」と有名なセリフを残している。

経済政策は、時宜を得ず失敗だったとの誹《そし》りはあるが、このような信念の政治家を失ったことは、国家にとって大変な損失であった。顧みれば、テロにより非業の最期を遂げた人物は、シーザー、リンカーン、ケネディ、大久保利通、伊藤博文、原敬、浜口雄幸等、古今東西を問わず逸材ばかりで、思慮浅薄なテロリストの軽挙妄動は国益を害すること甚だしい。

高橋是清（国H）

なお、一九三二年（昭和七年）、政友会の犬養内閣のとき、ダルマと異名を取る高橋是清蔵相の積極的な経済政策により、日本は世界で最初に大恐慌から脱出することができた。今、高橋是清が望まれる所以である。

③ロンドン軍縮会議

ワシントン会議に続き世界的な軍縮ムードの中で、一九三〇年（昭和五年）にロンドンで、補助艦（巡洋艦、駆逐艦、潜水艦等）の軍縮会議が開かれた。若槻礼次郎を代表に、財部《たから べ》彪《たけし》海軍大臣が出席し、補助艦の保有比率を、対英米七割の要求に対しほぼ満額の六九・七五パーセント（重巡洋艦は六〇・二パーセント）で決めた。ところが、海軍軍令部長加藤寛治《かとうひろはる》は一旦同意したにもかかわらず、艦隊派の意見に押されて不満を述べ、条約派（軍縮賛成派）と艦隊派（七割にこだわる反対派）が対立することになった。艦隊派の中心は東郷元帥で、日本海海戦の成功体験のとりこになり、世の中の変化に乗り遅れ、いたずらに大艦巨砲主義に凝り固まっていた。トラファルガーの海戦のネルソン提督のように、名誉の戦死をしておれば真の軍神となったであろうが、なまじ長生きしたために晩節を汚すことになった。

この争いを奇貨として、政友会の犬養毅、鳩山一郎は、軍令部（統帥部）の承認なく政府が勝手に軍縮を決めたのは統帥権の干犯であると、これを政争の具にし政府を攻撃した。これ以後、軍部は「統帥権の独立」が政治的に有効に使えることを知り、これを武器に政治・経済に深く容喙《ようかい》していくことになった。五・一五事件で、当の犬養首相が、過激派将校によって暗殺されることになったのは皮肉というしかない。

④柳条湖事件

張学良はその後も、一九二九年（昭和四年）二月に、日本人に土地の売却を禁止する条例を出し、一九三〇年五月には「鉱業法」により日本人の鉱山経営を禁止し、一九三一年には満鉄並行線の建設をはじめ、反日政策を進めていった。また、民間でも在満朝鮮人（当時、朝鮮人は日本人だった）の排斥や日本人への襲撃など様々な嫌がらせが行われていた。こうした揉め事を、張学良の地方政府に訴えても埒《らち》が明かず、懸案事項は増える一方であった。業を煮やした「全満日本人連合会」や「満州青年連盟」は、問題解決のために関東軍を突き上げていた。

一九三五年に、北京駐在の米公使ジョン・マクマリーは、国務省への「日中分析報告」で、当時の状況を以下のように報告している。

「満州事変は、中国人が自らまいた種を刈り取るようなもので、日本側がいかに忍耐強く対応してきたか、北京在住の外国大使は皆知っている」

一方、朝鮮で土地を失った農民が（一九三〇年時点で六十万〜八十万人といわれる）、朝鮮国境近くの間島《かんとう》地区に侵入し、中国人と軋轢を生じていた。中国共産党の指導を受けた間島の朝鮮独立派は、貧農を糾合し武装蜂起（間島暴動）をしたが、日中官憲から鎮圧された。その一部が、長春郊外の万宝山《まんぽうざん》地区に移り開墾を始めたため、中国人がこれを襲撃した（万宝山事件、一九三一年七月）。これに怒った朝鮮人が、朝鮮各地で中国人を襲撃し、平壌では二百人近くの中国人が殺害された。

また、将来の対ソ戦を予想して、興安嶺方面の地形調査をしていた中村大尉が、中国軍に殺害される事件が起こった（中村大尉事件、一九三一年九月）。この二つの事件で、日中の国民感情が極度に険悪になった。

こうしたことを背景に、板垣大佐、石原中佐に指導されて、奉天北方の柳条湖付近の満鉄が爆破され、これを中国軍の仕業として「満州事変」が勃発した（一九三一年＝昭和六年九月十八日）。石原は、本《ほん》庄繁《じょうしげる》関東軍司令官を強引に説得し、天皇の命令を待たずに朝鮮軍の支援を受け、戦線を拡大していった。国際連盟は、中国からの提訴を受けたが、この時点ではまだ日本の誠意に期待し、一九三一年九月に、「速やかな撤収勧告」を行うにとどまった。

関東軍は、口実を見つけては戦線を拡大し、張学良の拠点である長城北の錦州まで進出し、結局全満州を占領してしまった（一九三二年一月）。以来、現地軍が独走し、中央はそれを事後承認するという下剋上の風潮が蔓延していった。その間、日本に協力を約した満州軍閥の張景恵はハルビンを占領していた。

この時点での蔣介石は、「安内攘外」（国内を平定した後、外敵を排除）の方針で、主敵は中国共産党とし、日本との本格的な武力衝突は避けたい考えだったので、張学良は戦わずに撤退した。

この状況を見て、満州進出を企てていたアメリカは、日本の満州侵略と市場の独占を、「パリ不戦条約」、「九カ国条約」違反として強く非難した。

満州国の成立

①親日政権の樹立
関東軍は、全満州を占領して軍政を敷くつもりであったが、参謀本部の主張する溥儀を首長とする親日政権の樹立に同意した。「満蒙問題解決方策の大綱」によれば、第一段階は親日政権の樹立、第二段階は独立国家の樹立、第三段階で日本に併合となっていた。

天津にいる溥儀《ふぎ》の連れ出しは、奉天特務機関長（スパイ、謀略を担当）の土肥原賢二《どいはらけんじ》大佐が行うことになったが、その前にも、熙洽《きごう》など清朝の遺臣たちが溥儀に満州での復辟《ふくへき》（皇帝復位）を進言しており、溥儀もこれに心動かされていた。土肥原大佐の工作で、溥儀と家族は十一月に天津を脱出し、満州に入った。その間に満州の各地で、有力者が国民政府から独立した地方政権を次々と樹立していった。奉天の実力者于冲漢《うちゅうかん》もその一人で、蔣介石や張学良の覇道主義に対し王道主義を唱え、満州国の軍事は日本に任せればよいとした。石原は、于冲漢を「満州帝国成立の最大の功労者」としている。

第一次上海事変（防衛）

②第一次上海事変

関東軍板垣大佐は、満州国の建国について列強の目をそらせる陽動作戦のために、一九三二年（昭和七年）一月に、腹心である上海公使館付武官の田中隆吉少佐に、上海で騒ぎを起こすように指示した。田中は、憲兵大尉重藤憲史と川島芳子を使い、中国人に日本人僧侶を襲撃させ、それが日中の衝突のきっかけとなった。

なお川島芳子は、男装の麗人・東洋のマタハリとも呼ばれていたが、姓は愛新覚羅《あいしんかくら》で清の王族の粛親王の第十四子である。溥儀の天津脱出にも一役買っている。李香蘭《りこうらん》（山口淑子《やまぐちよしこ》）とも親交があった。漢奸《かんかん》（中国の裏切り者）として、一九四八年（昭和二十三年）三月に北京で銃殺刑になったが、処刑の状況には不自然な点が多く、秘かに逃がされ、ある寺で名前を変えて生涯を終えたという説がある。満州王朝の再興を夢見、運命に翻弄された薄幸の王女に対する憐憫《れんびん》の情の故か。孤独で悲しみに満ちた辞世の句は、「家あれども帰り

川島芳子（松本市歴史の里所蔵）

得ず　涙あれども語り得ず　法あれども正しきを得ず　冤《えん》あれども誰にか訴えん」であった。その墓は、養父の川島浪速《かわしまなにわ》とともに松本市にある。

当時、上海郊外には、国民政府軍というよりは私軍的な蔡廷《さいてい》鍇《かい》（後に共産党）率いる第十九路軍三万人が進出しており、緊張感が高まっていた。蔡は、私軍を養うために、租界地に税金をかけ陣地も構築しようとしていたので、各国の駐留軍とも衝突することになった。その中心は、日本軍であったが、元々、上海には海軍陸戦隊が千人しかおらず、数万人の中国軍の攻勢を防ぎきれなかった。海軍は次々と陸戦隊を増援したが中国側も正規軍を投入してきたために手に負えず、応援を要請された陸軍は、二月に第九師団（金沢）、混成第二十四旅団（久留米）を、さらに、白川義則大将を上海派遣軍総司令官とし、第十一師団（善通寺）、第十四師団（宇都宮）計七万人を投入し、本格的な軍事衝突に発展した（第一次上海事変）。日本軍が増強されると、長江流域に権益を持つ列強からの反発が起こり、国際連盟の勧告を受け三月三日に停戦命令を出したが、すでにその時には、三月一日に満州国の建国宣言がなされていた。白川大将の出陣に際し、天皇は不拡大方針を命じるとともに、「条約尊重、列国協定を旨とせよ。上海から第十九路軍を撃退したら決して長追いしてはならない」と指示しており、白川大将は陸軍中央の意向を無視し、忠実にこの指示を守った。天皇は、このことを大変喜ばれ、白川大将の死後遺族に「をとめらの　ひなまつる日に　いくさをば　とどめしいさを　おもいてにけり」の御製を、特別に贈られている。なお、蔡は後に、国民政府の統制にも従わず、蒋介石に討伐され、共産軍に走っている。

この戦闘での犠牲者は、日本軍の死者八百人、負傷者二千三百人、中国軍の死傷者一万四千三百人、民間人の死者六千百人、負傷者二千人、行方不明者一万四百人という事変というには大きなものだった。

③満州国建国

満州の建国宣言は、一九三二年（昭和七年）三月一日に、東北行政委員会（張景恵委員長、臧式毅《ぞうしきき》、熙洽《きごう》、馬占山《ばせんざん》の四巨頭が中心）の名で行われ、溥儀《ふぎ》が執政となった。国旗は、新五色旗、元号は大同、「王道楽土、五族協和」を標榜して、「満州国」がここに成立した。立法院、国務院、法院が作られ、国務院（行政府）の下に民政、外交、軍政、財政、実業、交通、司法、文教の八部が作られた。初代国務総理（首相）には、溥儀の側近の鄭孝胥《ていこうしょ》が就任した。

溥儀執政（国蔵）

そして、一九三四年三月に溥儀は、満州国皇帝に就任した。翌年四月に日本を訪問し、天皇から歓待を受け得意絶頂となった。

④リットン調査団報告

中国側の提訴を受け、国際連盟から派遣されたリットン調査団一行は、一九三二年十一月の最終報告

リットン調査団（近現）

で、日本の軍事行動を侵略と見なし、以下の通り報告した。

〈リットン調査団報告〉

「日本軍の武力行使は、自衛ではなく侵略行為であり、パリ不戦条約に違反し中国の主権を侵している。……（一方で）単なる原状回復ではなく、日中間に新しい条約を締結させ、満州における日本の本来の権益を確保させる。……満州には中国の主権の範囲内で広範な自治を認める自治政府を作り、その政府に、日本人を含む外国人顧問を任命する方向で解決すべき」（『図説　満州帝国』太平洋戦争研究会著、河出書房新社）。

　これは、ある程度日本の権益に配慮しながらも、欧米の権益も盛り込んだ都合のよいものになっている。

⑤国際連盟の脱退

　一九三二年十二月に、国際連盟で、松岡全権大使はリットン調査団報告に対して「十字架上の日本」と言われた大演説で満州国の正当性を主張した。

「欧米諸国は二十世紀の日本を十字架上に磔刑《たっけい》に処しようとしているが、イエスが後世においてようやく理解された如く、日本の正当性は必ず明らかになるだろう」

この演説には英仏の代表も賛辞を述べたと言われる。日本の満州に対する投資・殖産興業、インフラ整備等の努力も一部には理解されていた。ところが、一九三三年一月に入って、国際連盟で満州問題の解決策を討議中に、関東軍は熱河省《ねっかしょう》で軍事行動を起こし（熱河作戦）、国際連盟を硬化させてしまった。元々、長城の北側に隣接する熱河省は、満州国に対する反満・抗日運動の拠点になっていた所である。一九三三年二月二十四日に、国際連盟は専門委員会の報告書（満州国を不承認とし、米ソも入った和協委員会を設置し解決を図る案）を総会に諮り、賛成四十一、棄権一（シャム）、反対一（日本）、欠席十二で可決した。

これを不満とした日本は、一九三三年（昭和八年）三月に国際連盟を脱退し、国際的に孤立してドイツに接近していくことになった。松岡自身は、国際連盟の脱退には反対であったが、内田康哉《うちだやすや》外相の訓令に基づくものであった。その後、満州国の承認国は増え、エルサルバドル、ローマ教皇庁、イタリア、ドイツ、スペイン、ハンガリー、スロバキア、ルーマニア、汪兆銘政府をはじめ、一九四二年までには、ドミニカ、ポーランド、モンゴル、ブルガリア、フィンランド、タイ、デンマーク、ソ連等の十七カ国に及び、アメリカ、イギリス、フランス、ベルギーさえも領事館を置いており、一時の感情で国際連盟を脱退すべきではなかった。

特に、ローマ法王ピオ十一世は、一九三七年十月の談話で、次のように語っているのは注目に値する。

「日本は侵略戦争を戦っているのではない。日本と支那の戦いは、防共のための聖戦である。我々は、外蒙古からアジアを襲おうとする共産主義と闘わなければならない。日本は、それを戦っているのだから、全世界のカトリック教徒は日本の戦いに協力せよ」

なお、蔣介石は、この時点でも、主敵が中国共産党であったことは、一九三三年二月の南昌での演説を見ればわかる。

「共産主義が一度、民族の心の中に浸透すると、回復不可能になる。……日本の満州侵略は、中国の国力が充実すれば、何時でも撃攘し得る。まず内を安んじてのち外に当るのが（安内攘外）、物事の順序である」と。併せて「なお、日本人の生活は、有形無形ともに、すべて礼、義、廉、恥に適《かな》っている。このような生活態度が今日の富強な日本を作りあげた原動力である。……われわれ中国人は砲煙弾雨の間に、日本人と勝負を争うまでもなく、日常の生活で既に負けている。新国家を建設するには、強大な武力は必要でなく、日常生活を日本人のようにやり得るかどうかに係っている」（『検証　大東亜戦争史』狩野信行著、芙蓉書房出版）と語っているのは興味を引く。

王道楽土の実態

①日満議定書

溥儀は、執政就任直後の一九三二年九月に、関東軍司令官に以下のことを日本に要望することを強いられ、それに基づいて、「日満議定書」が締結された。

〈日満議定書〉
一、国防、治安は日本に委託。その経費は満州国が支払うこと。
二、鉄道、港湾、水路、航空路等の管理や敷設はすべて日本に委託すること。
三、満州国は、日本軍が必要とする施設に関し極力援助すること。
四、日本軍司令官の推薦により、日本人を参議府（執政の諮問機関）のメンバーに任命し、その解職は司令官の同意を必要とすること。
五、日本軍司令官の推薦により、日本人を中央官庁や地方官庁の職員に任命し、その解職は司令官の同意を必要とすること。（前掲『図説　満州帝国』）

満州国の大臣には、満州の実力者が就任したが、総務長官（初代：駒井《こまい》徳三《とくぞう》）と各部の次長（日本人）が内面指導といって実権を掌握し、関東軍司令官の命に服していた。

建国直後の一九三三年の「満州国指導方針要綱」でも、「満州国政府への指導は、関東軍司令官兼在満帝国大使の内面指導の下に、日系官吏を通じて実質的にこれを行わしむる」とある。

当時の満州国の、政府官僚の八割は日本人だったといわれ、満州国が傀儡《かいらい》国家であったということは紛れもない事実であった。

②反満抗日運動

「日満議定書」の調印と同時に、反満抗日運動に容赦のない弾圧が加えられた。その例が、一九三二年九月の「平頂山《へいちょうざん》事件」で、事の起こりは、約千人のゲリラ部隊が撫順《ぶじゅん》炭鉱を襲撃し、日本人数人を殺害する事件が起こったことである。それは地域の住民の支援があってのことだとして、報復のために半径十キロ内にある村落を殲滅《せんめつ》し、平頂山では約三千人（数百人という説もある）の住民が虐殺されたというものである。正規軍同士の戦闘ならこのようなことは起こらないが、ゲリラ、パルチザンとの戦いでは、軍事勢力と一般人民（積極的に協力した者、強制されて協力した者、全く関係ない者）の区別がつかないために、報復あるいは見せしめのための大量殺戮が行われるケースが多々ある。後の「三光《さんこう》」はその典型であるが、他にもポーランドのワルシャワ蜂起、ベトナム戦争のソンミ村事件、パレスチナのガザ攻撃、もっと言えば東京をはじめ主要都市への無差別爆撃もその延長線上と言えよう。ゲリラ活動は、人民の海に紛れ込まないと成り立たないので、いきおい住民を巻き込んだ戦闘になってしまう。

ゲリラやスパイの侵入を防止するために、都市部では隣組を保甲《ほこう》制に再編成し、農村では「集団部落」を作り、住民を相互監視するとともに住民の出入りを監視するようにした。やり方はベトナム戦争とよく似ている。

当時の満州における反満抗日組織は、敗残兵匪《ひ》（張学良、馬占山軍の残党）、紅槍会匪（土着の馬賊）、共産党匪、不逞鮮匪《ふていせんぴ》（抗日朝鮮人）など約三十万人もいたと言われる。

東京裁判で、内部告発証言をして有名な田中隆吉（元少将、兵務局長）は、民衆の反感を買った理由を次のように書いている。

「日露戦争までは皇軍の軍紀は誠に厳粛そのもの。明治の軍隊がいかに正義と人道を守るに忠実であったか」とする一方、「それ以後の軍隊は、滔々として腐敗と堕落の一途をたどった。その理由は、数の増加による質の低下と利己主義的環境、軍部が政治経済に関与し、教育は等閑視され指揮は紊乱した結果である」とし、また「自ら浪人と称する大陸に進出せる右翼が、政治軍人と結託して民衆を搾取し、その私腹を肥やしたことが中国・朝鮮の住民の強い反感を買った」（『敗因を衝く』田中隆吉著、中公文庫）

また、久米本三大尉（久留米歩兵第四十八連隊）は、以下の様に報告している。

「戦勝者たり大和民族なるが為の優越感のみを以って、鮮人、満人、漢人、蒙古人に接し、彼等の民族性に対する理解並びに同情心なく、圧迫を事とするに於ては……彼等の人心離間し、将来、事ある場合に、非常に不利なる事故発生するに至るべし……実に肌に粟を生ずるの感を深くす……」

（『昭和の歴史④十五年戦争の開幕』江口圭一著、小学館ライブラリ）

台湾の統治とは何かが違っていたのであろう。そうでなければあれほどの抵抗運動や仕返しを受けるはずがない。

③満州国の実情

一八八〇年以前、清朝は「封禁政策」により父祖の地に漢民族を入れず、満州の満州族は七百万人程度であったが、その後華北の漢民族の移入を進め、一九三二年の建国時には三千万人（うち日本人は二十四万人）に膨張していた。それがさらに、一九四〇年には四千三百万人（うち、日本人の都市在住者と開拓民は約百万人、関東軍は三十万人）と急成長していた。この人口増加の大半は、山東省、河北省等、華北からの漢民族の流入であった。それだけ、中国大陸より、満州の方が引きつけるものがあったのだろうか。今、チベットやウイグル自治区で起こっているような原住民と漢民族との摩擦はなかったのだろうか。

「対満蒙方策」には「満州国は永遠に我が国策に順応させる」としており、学校の校長は日本人で、日本語教育、君が代斉唱、宮城遥拝、教育勅語の朗読、神社の礼拝等の皇民化政策を進めていった。日本人を一等国民、朝鮮人を二等国民、中国人を三等国民とする風潮もあった。鉱物資源、銀行、鉄道、通信、航空等の重要産業は関東軍のもとで国有化された。（前掲『図説　満州帝国』）

また、満州国ではアヘンが栽培されており、その収入は満州国予算の四～五パーセントを占め、それは関東軍の機密費等に使われていた。それに関わった、里見（甫）機関のことは（『其の逝く処を知らず』西木正明著、集英社文庫）に書かれている。

日本にとって、「満州は、日本人が血と引き換えにロシア人から奪い返したもの」との意識が強く、「王道楽土」は結局日本のためのものであった。

インフラの整備

①新首都（新京）の建設

「首都は長春と決まり、新京と改名された。……当時十万人の町であった長春を、二十年後には五十万人、将来は三百万人都市にするべく、第一期事業とする五カ年計画がスタートし、総予算約三千万円が計上された。満州国の初年度予算が約一億一千三百万円だから、その規模が想像できる。……街は、住居、商業、工業地区などに画然と分けられ、建物の高さ制限、道路の舗装、水洗トイレ、電線の地中化、公園緑化等を進めていった」（前掲『図説　満州帝国』）

駅前には「やまとホテル」があり、市の中心部には六十メートルの幹線道路が延び、その両サイドには国務院、各行政機関、裁判所等の官庁が並び、今でも公共機関に転用されている。名古屋市役所に似た国務院は、今では長春大学の医学部となっていたが、その塔の屋上は博物館になっており、終戦時に十七歳であったというお爺さんが、完璧な日本語で案内してくれた。当時の日本人について感想を聞いたところ、悪い人もいたが良い人もたくさんいたとのことであった。お城をモチーフにした愛知県庁によく似た関東軍司令部は、今では吉林省の人民政府として使われている。そこに立てば、本国で為し得ない理想の国家建設を満州で夢見た新進気鋭のテクノクラートたちの情熱を感じる。

戦後、この地に進駐してきた蔣介石の顧問のウェデマイヤー中将は、これを見て、「後世に残る、なんと素晴らしい町作りを日本はしていたことか」と述べたという。

大連市の中央部にも、「やまとホテル」や「横浜正金銀行」、「満鉄本社」等の建物が、由来を説明する真鍮《しんちゅう》の銘板付きで、当時のままの姿で保存されている。「やまとホテル」は今も、高級ホテルとして使われており、一階はアンティークな喫茶・レストランになって賑わっていた。「満鉄本社」も外壁にやつれは見えるが、威風堂々と当時のままで鉄道関係の庁舎として使われている。有名な「満鉄調査部」は、一ブロック離れたところの建物に銘板のみが残っている。今、大連は近代都市に変身しており、大工業団地にはエレクトニクスを中心に日系企業が多く進出している。街の韓国焼肉店に入ると、朝鮮系ウエーターが、我々が日本人と知ると片言の日本語で親しく話しかけてきて、テーブルにつきっきりで大サービスをしてくれた。隣の若い韓国人カップルも参加して大いに盛り上がった。近くに中国のペブル・ビーチと言われる素晴らしい「金石C・C」ゴルフコースがあり、渤海湾の鮮魚も日本に相当輸出されているとかで、大連は今でも日本になじみの深い土地である。

②殖産興業

日本は、満州を日本の生命線と位置づけ、防共の砦とするとともに資源の供給地と生産基地に育成しようとした。

「一九三二年〜三六年までの総投資は約十二億円（日本の海外投資の八〇パーセント）に上った。……

一九三四年半ばまでに特殊会社百十七社が設立されたが、そのうち二十四社が重化学工業の会社だった。……一九三七年には、『満州開発五カ年計画』により、さらに資金二十五億円を投じ、鉄鋼、石炭、電力、車両、兵器、自動車、飛行機等の重工業を育成した。……日産の鮎川義介《あいかわよしすけ》は、満州重工業開発（いわゆる満業）を起こし、満鉄が経営していたほとんどの企業を引き継ぎ（満鉄は鉄道と撫順炭鉱と調査部のみに縮小）、重工業のほとんどが集中した。その結果、満州の生産力は日本に比べて、銑鉄：五〇パーセント、石炭：四四パーセント、電力：一〇パーセントに上った」（前掲『図説　満州帝国』）

その飛躍的な増産の陰で、多くの中国人労働者の犠牲があった。五味川純平《ごみかわじゅんぺい》氏の『人間の条件』には、いかに中国人を理不尽に取り扱っていたかが描かれている。

満州移民

①開拓団

国内の貧農を対象に、新天地での開拓移民が積極的に推進されたが、強引な土地取得を巡って現地人との軋轢が高まっていった。

「一九三二年十月に、在郷軍人五百人による第一陣の武装移民が吉林省に入植し、農民から一戸当たり五円の安さで土地を買収した。……さらに、一九三四年から関東軍の出先機関が、ただ同然で土地を買収し、『東亜勧業』という土地会社の所有とした。……土地を奪われた農民は、一九三四年三月に蜂起したが、関東軍に討伐された（土龍山事件）」

「一九三六年に、広田内閣で『七大国策』が作られ、満州の日本人移民は二十年間で百万戸、五百万人とされた。……満蒙開拓団は県・郡・村ぐるみで編成され、一九三七年七月から、長野県大日向村が吉林省舒蘭県に入植したのを皮切りに、一九四五年までに三百団を数え、総人数は一九四五年の統計では、満蒙開拓団二十二万人（ただし壮年男子の根こそぎ動員者を含まず）と、義勇軍開拓団（十四～十九歳の男子）が十万人となっている」

「土地の取得は、満州国の建国前にすでに二十五万町歩（東京都に横浜市を足した広さ）が取得されていたが、一九三六年一月に土地確保のために『満州拓殖株式会社（満拓）』が設立された後は、日本人の所有地（農地、牧場、山林）は、一九三六年には三百六十五万町歩（関東の一都六県と山梨県を加えたほど）、一九三八年末には五百万町歩（九州全県と沖縄県・愛媛県を合わせたほど）、一九四一年には実に二千万町歩（日本全土の五割以上で、満州の既耕地の四分の一）に達したという」（いずれも前掲『図説　満州帝国』）

こうした暴挙に、中国人は軍官民一体となって数々の抵抗運動を起こした。

②労働力の確保

関東軍は、労働力を朝鮮人移民で賄おうとしたが足りず、満州国成立の初期から、華北地方の中国人も活用するようになった。当初は、生活に困窮して流入する人々が大半で、年四十万～五十万人であったが、一九三八年以後は、「満州労工協会」や中国人手配師（把頭）の募集に応じ、年百万人前後の人が流入している。それでも足らず、一九四〇年以後は、華北地方の「労工狩り」で捕まえた中国人を強制連行している。一九四〇年の満州入植者百三十一万人のうち、四十二万人がこの強制連行という。なおそのとき、四万人は日本にも連行されて炭鉱、鉱山、港湾等で働かされ、未だに訴訟問題が起こっている。「労工狩り」は、それこそ兎を狩るように包囲網を縮めていき、一網打尽にしていった様子が「三光」関係の本に書かれている。日本の主権のない中国での「労工狩り」は、まさに「強制連行」であり、当時、日本人であった朝鮮人が、「国家総動員法」や「国民徴用令」、「志願兵制・徴兵制」等の法令に基づいて動員されたのは、日本国民の義務であり、中国人の場合とは異なる。むしろ、連行の在り方よりも、劣悪な作業環境や処遇、差別意識に問題があったのではなかろうか。

ちなみに、朝鮮人の連行と言われるのは、第一期（一九三九年＝昭和十四年九月以降）の募集方式の時期、第二期（一九四二年＝昭和十七年六月以降）の「朝鮮労務協会」が設立された後の官斡旋の時期、第三期（一九四四年＝昭和十九年九月以降）の「徴用令」、「徴兵制」が朝鮮にまで適用された後の、名実共に強制の時期に分けられる。なお、戦後は、自由意思で韓国、北朝鮮へ帰国することができた。

国境紛争

①ソ満国境

一九三八年（昭和十三年）七月に、日本が朝鮮側と定める所で、ソ連軍が陣地の構築を始めたために、朝鮮軍がこれを撃退しようとして軍事衝突が起こった（張鼓峰《ちょうこほう》事件）。このときは、積極策を取らず防

辻正信（近現）

ノモンハン事件（防衛）

戦に回ったために二個連隊が全滅の危機に瀕しており、関東軍は、次の機会には積極攻勢に出ようと復讐の念に燃えていた。

一九三九年五月に、満州西北部のハルハ河で、蒙古軍が越境したのを満州軍が撃退したのをきっかけに、全面的な国境紛争が発生した（ノモンハン事件）。参謀本部の不拡大方針にもかかわらず、辻参謀等の献策で関東軍は独走し、現地の第二十三師団を中心に最大五万六千人を投入し、ソ連も日本の北方への野望をくじくために、本格的に三個師団五万七千人、近代兵器の戦車・装甲車三百五十両、航空機二百五十機等を投入し全力を挙げて進撃してきた。日本軍は、装備に劣り、火炎瓶や爆弾を抱えて戦車に向かう等、肉弾攻撃で対抗し苦戦した。新疆《しんきょう》の玉門関に行ったとき、見渡す限りの荒涼とした草原を見て、ノモンハンもこのようであろうと想像できた。身を隠すところのないモンゴル高原の一角で、悲壮な戦いが繰り返されたことは想像に難くない。ソ・蒙軍は、自ら国境と思う線で停止したことと、参謀本部の強硬な停戦命令により、関東軍は九月に渋々停戦に応じた。この間の八月に、ドイツはまたしても「日独防共協定」に反し、日本に相談もなく、「独ソ不可侵条約」を締結し世界を驚かせた。このために、時の平沼騏一郎内閣は、「欧州情勢複雑怪奇」の言葉を残し、責任を取って総辞職した。

この戦争は、日本軍の惨敗とされているが、実際は日本軍の損害一万七千三百人（うち戦死八千四百人）に対し、ソ連軍は二万三千二百人（うち戦死八千人）で、現地指揮官であった第二次世界大戦の英雄ジューコフ（後に元帥）は、これを辛勝としており、「生涯で一番苦しかったのはノモンハンだ」と語っている。極東部部長のコワレンコも、「戦車は全滅、飛行機は半滅、戦死者は日本軍の二倍出て、捕虜は同数だ。ウラル越えの鉄道は、負傷者の阿鼻叫喚《あびきょうかん》の呻き声で埋まった。本当にいい時期に、日本は停戦の申し込みをしてくれた」と語っている。この後、ジューコフは大将に昇進したものの、ウクライナへ左遷され、空軍の関係者は軒並み処刑されている。最近のロシアの高校の教育では、これをソ連の負け戦《いくさ》と教えているとか。このノモンハンと言い、後のガダルカナルと言い、戦略拠点を奪われたという意味では負け戦であるが、不利な条件下でよく戦った日本軍を、一方的にけなすのは公平に失する。

なお、ジューコフはスターリンの問いに対して、「日本軍の下士官・兵は頑強で勇敢、青年将校も狂信的な頑強さで戦うが、高級将校は無能である」と答えており、これは、太平洋戦線の米軍の見方も同じで、当時の士官学校、陸軍大学校の教育に問題があったと思われる（教育が教条主義的だったのか、作戦で同じ失敗を繰り返したといわれている）。しかしながら、各連隊長は前線で戦死し、後日、責任を取って自決をしており、武人としての出処進退は明らかにしている。

この事件は、日本軍の欠点を晒した典型的な失敗例として、当時も今日も、何かと研究の材料にされている。当時の大本営稲田正純作戦課長は、「満州事変以来、関東軍は中央の指示に従わず、統帥上の問題があり、人事を刷新すべき」と報告している。また、小畑敏四郎中将は、「日本軍が、（装備と訓練に劣る）中国軍とばかり戦っていると、戦術が粗雑になり下手になるのは囲碁と同じ」と警告している。このとき、無謀な作戦を強行し被害を増大させたといわれている辻参謀も、「ウスノロと侮ったソ連軍は、驚くほど急速に兵器と戦法を改良し、量、質、運用において日本軍を凌駕した」と報告している。

戸部《とべ》良一《りょういち》教授など六名の共同研究の中でも、以下のように述べている。

「関東軍が、内面指導の名目で満州国の政治・経済・治安の細かいことにまで関与し、本来の対ソ連戦の訓練が、ないがしろになっていた。近代戦における大兵力、大火力、大物量主義をとる敵に対し、敵情不明のまま用兵規模の測定を誤り、徒に後手に回って兵力逐次投入の誤りを繰り返した。情報機関の欠陥と、過度の精神主義により、敵を知らず、己を知らず、大敵を侮っていた」（『失敗の本質』戸部良一他著、ダイヤモンド社）

事件後、植田謙吉《うえだけんきち》関東軍司令官は更迭され、後任の梅津美治郎《うめづよしじろう》司令官は、軍紀を引き締め、幹部も堅実な者が選ばれるようになったので、以後、関東軍の独走はなくなった。なお、辻参謀は、その後も、シンガポールの華僑《かきょう》虐殺命令や、バターン半島での捕虜射殺命令、無謀なガダルカナル、ポートモレスビー作戦等、多くの問題作戦を起こすことになるが、中央はこれを放置し使い続けた。陸軍には、思いつきによる「着眼戦術」、長期的展望の裏付けのない「決心」、独善的な詭弁に貫かれた「意志強固」がまかり通る風潮があったという。陸軍は人材の教育・起用において問題があった。ただし辻は、陸士を首席、陸大を三番という優秀な成績で卒業し、人物としては正義感が強く平等主義、現場主義で、金と女にも潔癖で後輩の面倒見もよく、軍人としてあるべき矜持《きょうじ》は保持していたようであるが、何せ独善と名誉欲のために多くの人が犠牲になった。

ゾルゲ（Wikipedia より）

尾崎秀実（Wikipedia より）

②北進・南進論

一九四一年（昭和十六年）四月に、日本も「日ソ中立条約」を締結し、日独伊にソ連を加えて米英に対抗しようと考えていた矢先に、ドイツは、またしても、一九四一年六月に、急にソ連に侵攻を開始した（バルバロッサ作戦）。日本はこれに戸惑うとともに、ソ連の極東軍が手薄になるなら、北進論もあり得ると、満州に四十五万人もの大軍を増員（計七十四万人）し、「関東軍特種演習」を行いソ連の様子をうかがった（一九四一年七月）。しかし、極東のソ連軍は動かず、これを諦め南方の資源を求める「南進政策」に切り替えた。以後、北方はそっとしておく「静謐《せいひつ》確保」に終始した。

なお、「北進論」から「南進論」への切り替えの状況は、コミンテルンのスパイであるゾルゲによってソ連に通報された。ゾルゲはナチスの党員でもあり、その情報源は、ドイツ大使館と近衛首相のブレーンであった尾崎秀実《おざきほつみ》に依っていた。

〈まとめ〉

一、大正末から昭和初めの不況の中で、政治不信が募り、国民の期待を背景に軍部が政治・経済に介入するようになった。

二、世界恐慌の下でブロック経済化が進み、日本の国益（国防、資源・市場の確保）を守るうえで、満州は生命線と考えられた。特に、石原莞爾にとっては、ソ連の共産主義を防ぎ、対米最終戦争を行ううえで、満州は不可欠であった。

三、溥儀をはじめ、満州族の有力者も、清朝の再興を願っていた。

四、石原の「五族協和」、「王道楽土」建設の理想に反し、満州統治は強圧的・独善的にすぎたために、「反満抗日運動」を掻き立ててしまった。せめて石原が関東軍司令官に就任しておれば、台湾のような親日国家に育っていたのではなかろうか。

五、日本は、第一次世界大戦を身をもって体験しなかったために、その反省から生まれてきた「国際連盟」、「九カ国条約」、「四カ国条約」、「パリ不戦条約」等による「民族自決、領土保全、門戸開放、機会均等」という世界の新しい潮流を見誤り（軍部にはその認識すらなかった）、国際的に孤立してしまい、結局ドイツに接近するしかなく、自ら墓穴を掘った。

六、日本は、西欧流の収奪型の植民地経営と違い、現地の殖産興業、インフラ整備、教育普及に力を注いでいたので満州の近代化には大いに貢献した。満州国の歴史は十三年であり、台湾のように五十年の日本統治があれば様子は随分変わったと思われる。

第六章　日中戦争・どこまで続く泥濘《ぬかるみ》ぞ

軍部・ファシズムの台頭

社会情勢

①昭和不況とテロ事件

第一次世界大戦後の不況や関東大震災のために、不良債権が増大し、一九二七年（昭和二年）に、東京渡辺銀行や台湾銀行で取り付け騒ぎが起こり、金融恐慌に発展した。さらに、一九二九年十月に、ニューヨークのウォール街の株式の暴落（暗黒の木曜日）に端を発した世界恐慌は世界に波及し、各国は、その防衛のために経済のブロック化を進め、新興資本主義国である日本は苦境に陥っていった。

一九二九年七月に浜口首相が組閣し、幣原外交（英米協調、日中親善）、井上財政（緊縮財政、金解禁）、ロンドン海軍軍縮、産業合理化等を進める一方、セーフティーネットとしての労働組合法、小作法の制定、失業対策等の社会政策を実施したがタイミングが悪く、一九三〇年の昭和恐慌が始まった。

一九三〇年十一月、社会不安と統帥権干犯問題を背景に、浜口首相は、右翼団体「愛国社」の佐郷屋《さごや》留雄《とめお》に東京駅で襲撃され、それがもとで、一九三一年四月に死亡した。その内閣で蔵相を務めた井上準之助は、農村の窮状と、既成政党・議会・財閥の腐敗に不満を持つ血盟団員によって、一九三二年二月に暗殺された。同じく三月には、三井財閥総帥の団琢磨《だんたくま》もドル買いで暴利を上げたとして暗殺された（血盟団事件）。血盟団とは、日蓮宗の僧侶井上日召《いのうえにっしょう》の率いる、私利私欲、国防軽視、国利民福を思わない極悪人を、一人一殺するとの考えを持った右翼団体の一つで、国家改造論と繋がっており同様の団体は他にも幾つかあった。

②軍部の政治介入

一九三〇年（昭和五年）のロンドン軍縮会議では、補助艦（巡洋艦、駆逐艦、潜水艦等）について対英・米七に対し、ほぼ満額で妥結したが、海軍軍令部がこれに異議を唱え、時の政友会総裁の犬養毅、鳩山一郎がこのことを統帥権の干犯であるとして、政争の具として民政党浜口政府を攻撃した（統帥権干犯問題・前述）。軍部は、統帥権の政治的利用価値を知り、以後それが乱用されるようになったことを見ると、この二人の責任は重い。

一九三五年貴族院で、菊池武夫《きくちたけお》（陸軍中将、男爵）、井上清純《いのうえきよずみ》（海軍大佐、男爵）等が、天皇機関説について「憲法統治上の主体が天皇でなく国家であると公言することは、緩慢なる謀反（反逆）である」と非難した。これに頭山満《とうやまみつる》等の右翼が同調し、二月末、江藤源九郎代議士が美濃部達吉貴族院議員（元東大法学教授）を不敬罪で告発した（天皇機関説事件）。さらに、政友会もこれを政争に利用して岡田啓介《おかだけいすけ》内閣を攻撃し、岡田首相はやむなく、「政府は、崇高無比な国体と相容れざる言説に対し、直ちに断固たる措置を取るべし」との国体明徴《めいちょう》（国家体制を明らかにすること）決議を可決した。その結果、美濃部は貴族院を辞任せざるを得なかった。なおこの時天皇は、本庄侍従長に、「自分は天皇機関説でよいと思う。美濃部ほどの人物が現在何人いるか。抹殺するには惜しい人物である」との言葉を残している。政党は愚かにも禁じ手を使うことによって、自ら議会制民主主義の墓穴を掘った。政党は、政策論争をすべきであって、党利党略のために「角《つの》を矯《た》めて牛を殺す」が如き本末転倒の議論をすべきでない。

今日においても、政党、メディアは相も変わらず、政策論なき足の引っ張り合いを続けており、政党政治の行く末に強い危惧を感じる。

軍国主義への道

①軍によるクーデター

大正末期から昭和初期にかけて、不況による農村の荒廃と失業者の増大で、国民は、無策な政府に見切りをつけ軍に期待を寄せるようになった。そのことは、反ファシズム・プロレタリア文学の小林多喜二《こばやしたきじ》の『蟹工船』（一九二九年）の中でさえ、以下の様に描写されている。

「駆逐艦が南下していった。後尾に日本の旗がはためくのが見えた。漁夫等は、興奮から目に涙を一杯ためて帽子をつかんで振った。あれだけだ、おれたちの味方は。畜生、あいつを見ると涙が出やがる。……だんだん小さくなって、煙にまつわって見えなくなるまで見送った。……兵隊のことになると訳が分からず夢中になった。兵隊に行って来たものが多かった。彼らは、今では、その当時の残虐に充ちた兵隊の生活をかえって懐かしいものに、いろいろ想い出していた」（『蟹工船・党生活者』小林多喜二著、

新潮文庫）

こうした閉塞感を打破するために、昭和維新を掲げた軍部・右翼によるクーデター未遂事件が、毎年のように頻発した。右翼も左翼も同じ問題意識を持っていた。

一九三一年（昭和六年）三月に、桜会の橋本欣五郎《はしもときんごろう》中佐、長勇《ちょういさむ》少佐が、小磯国昭軍務局長、二宮治重参謀次長、右翼の大川周明《おおかわしゅうめい》らを巻き込んで、政友会、民政党、首相官邸を襲い、浜口内閣を倒し、宇垣一成（陸軍大将）を首班とする軍事政権を樹立しようと計画したが、宇垣本人が応じず未遂事件となった（三月事件）。

一九三一年十月に、満州事変の不拡大方針を不服として、再び桜会の橋本中佐が中心となり、大川周明、北一輝《きたいっき》らとともに若槻首相を暗殺し、荒木中将を首班とする軍事政権の樹立を図るが、これも未遂に終わった（十月事件）。政府は軍を恐れ、これらの事件をうやむやにしたために、国を揺るがすような大事件が続発していった。

犬養毅（国H）

一九三二年（昭和七年）五月十五日に、国際世論を慮《おもんぱか》り満州国承認に消極的であった犬養首相を、海軍の青年将校団が暗殺した（五・一五事件）。その裁判では、国を思う純真な青年将校たちの陳述に対し、裁判官も、検事も、傍聴者も皆もらい泣きし、全国から助命嘆願書が数十万通も届いたといわれている。満州は、日本の生命線（国防、資源・市場、フロンティア）であり、軍こそが貧しい一般国民の味方であると思われていた当時の世相を理解しておく必要がある。こうして、政党政治は事実上終焉《しゅうえん》を迎え、以後、挙国一致内閣ということで、軍人が政治を取り仕切るようになり、五・一五事件の社会的インパクトは二・二六事件よりも遥かに深刻であった。

一九三三年七月に、右翼の愛国勤労党の天野辰夫らが、政府要人を襲撃し、皇族内閣による国家改造を企てたが、未遂に終わった（神兵隊《しんぺいたい》事件）。

一九三四年十一月に、陸軍大学の村中孝次《むらなかたかじ》大尉、磯部浅一《いそべあさいち》大尉と「皇道派」将校、士官学校生徒によるクーデター計画が、未遂となった（士官学校事件）。

片や、大正から昭和にかけて陸軍内で派閥争いが生じていた。寺内正毅、田中義一等の「長州閥」の専横に対し、上原勇作（宮崎）が「薩摩閥」を糾合して対抗し、そのいずれにも属さない陸大出の少壮エリートの永田鉄山、小畑敏四郎、岡村寧次等の「一夕会《いっせきかい》」と鼎立する形となった。寺内、田中の死後、「長州閥」は消滅したが、その流れをくむ宇垣一成が陸軍大臣となり、「宇垣派」を形成し陸軍内を、一時牛耳った。これに対し、上原の後を継ぐ真崎甚三郎《まさきじんざぶろう》（佐賀）が永田、小畑の不仲に乗じて、小畑等の土佐派と結託し、宇垣軍縮に反発する青年将校を煽動して、宇垣派を追い落とし、「皇道派」を興した。

永田鉄山（国H）

一方、永田は、小畑と袂を分かち、中堅エリート幕僚を中心に「統制派」を作り対立していった。やがて、「皇道派」の中心であった真崎甚三郎教育総監と荒木貞夫《あらきさだお》大将が、林銑十郎《はやしせんじゅうろう》陸軍大臣と対立し更迭されることになったが、それは、「統制派」の永田鉄山軍務局長の差し金であると思った相沢中佐により、永田は執務室で斬殺された（相沢事件・一九三五年八月）。永田は、「国の至宝」とまで謳われた逸材で、豪胆かつ冷静、人の意見に耳を傾ける大学教授のような人物であったという。初対面の相沢中佐の話を二時間も聞き、二回目の訪問時にいきなり受難したものである。永田が存命ならば、後の日中戦争、太平洋戦争も違ったものになったであろうといわれている（元企画院総裁鈴《すず》木《き》貞一《ていいち》談）。

真崎甚三郎（防衛）

一九三六年（昭和十一年）二月二十六日未明に、農村の疲弊と財閥の横暴、政党の腐敗を糾弾し、真崎甚三郎大将、荒木貞夫大将の擁立を図る「皇道派」の青年将校ら兵千四百九十三名が、岡田啓介首相（義弟の松尾大佐が身代わり・死亡）、斎藤実《さいとうまこと》内大臣（死亡）、渡辺錠太郎《わたなべじょうたろう》教育総監（死亡）、高橋是清蔵相（死亡）、鈴木貫太郎《すずきかんたろう》侍従長（重傷）、後藤文夫《ごとうふみお》内相（不在）、牧野伸顕《まきののぶあき》元内大臣（脱出）を襲撃した（二・二六事件）。その趣意書には、「国体破壊の不義不臣を誅戮《ちゅうりく》（罪を糾して殺す）し、稜威《みいつ》（天皇の威光）を遮り、御維新を阻止し来れる奸賊《かんぞく》を剪除《せんじょ》（除く）する」としているが、観念論が先行してその具体的な主義主張はなかった。石原莞爾第一作戦部長は、直ちに天皇に討伐を意見具申していたが、陸軍中央はその対処を決めかね、軍事参議官会議の下で、「陸軍大臣告示」を偽装工作し、山下奉文《やましたともゆき》少将がこれを伝達したために、青年将校は事なれりと思った。この手回しの良さから、山下将軍は事件の

二・二六事件（近現）

黒幕と思われ天皇の不興を買い、後にシンガポール攻略の功績をあげながら、天皇への上奏の栄誉を与えられなかった。

〈陸軍大臣告示〉

一、決起の趣旨は、天聴《てんちょう》に達した。

二、諸士の行動は、国体顕現の至情に基づくものと認む。

三、国体の真姿顕現（弊風を含む）は、恐懼《きょうく》に堪えず。

四、各軍事参事官も、一致して右の趣旨により邁進す。

五、それ以外は、一に大御心《おおみこころ》に待つ。

ところが、天皇は、これを直ちに反乱軍と規定し、「朕《ちん》が股肱《ここう》の老臣を殺戮す。此の如き凶暴の将校等、其の精神に於いても何の恕《ゆる》すべきものあらんや。朕《ちん》自ら近衛師団を率いて、此れが鎮定に当たらん」とのたまわれ、断固鎮圧を指示された。当時の町田忠治《まちだちゅうじ》蔵相から、金融方面への悪影響（海外為替の停止等）を防ぐために、断固たる処置を進言されてはいたものの、社会とは絶縁された深窓で成育された若き天皇が（御年三十四歳）、しかも天皇を心から慕い天皇親政を訴える純粋な青年将校に対して、このような冷静かつ的確なご判断ができたというのは一体どういうことだろうか。当時の情勢を鑑みると驚くべきことである。天皇ですら、軍の方針に反対すれば命の危険があったと、後に述懐されている時代であった。

なお、海軍は、「五・一五事件」の後に粛軍を終えており、また、この「二・二六事件」の被害者には海軍の大先輩が多かったこともあり、このクーデターには直ちに反対の立場を取り、東京湾に戦艦「長門」以下の第一艦隊を派遣し、砲口を向けると共に、陸戦隊を芝浦に上陸させ、内戦も辞さぬ構えを見せた。

この事件をもって、陸軍から「皇道派」は一掃され、軍の実権は「統制派」に移った。軍部は、こうした一連のクーデターを悪用し、政治家に無言の圧力を加え、一九三八年四月に国家総動員体制を敷いて、軍部ファシズムの時代に突入していった。同時に、広田内閣のときに軍部大臣現役制が復活し、陸軍は、意向に沿わない内閣には陸軍大臣を出さないか、辞職させることによって内閣の組閣を妨害し、事実上、政府の生殺与奪権を握るに至った。その例として、広田の後一九三七年一月に、宇垣一成（大将）に大命降下（組閣の命令）があったとき、護憲内閣の陸相時代に四個師団を縮小し軍部に評判の悪い宇垣の内閣には、陸相を送らず組閣を断念させたことや、米内内閣のとき、畑陸相を辞任させて内閣を崩壊させたことが挙げられる。このとき、宇垣内閣が成立しておれば、その年の七月の盧溝橋事件以後の軍の暴走を抑えられただろうと言われている。

宇垣派：宇垣大将を中心として、白川義則《しらかわよしのり》、金谷範三《かなやはんぞう》、松井石根《まついいわね》、小磯国昭《こいそくにあき》、畑俊六《はたしゅんろく》らで構成。政府と共同し対外協調を行う一方、四個師団を縮小し、軍の近代化を図る一派。
皇道派：小畑敏四郎を中心として、真崎甚三郎、荒木貞夫、山下奉文、牟田口廉也《むたぐちれんや》らで構成。君側の奸・財閥を倒し、天皇親政を目指し、対外的には、対中融和、直ちに反共、反ソ戦に向かおうとする一派。農村の窮状に悲憤慷慨《ひふんこうがい》する青年将校グループ（国家改造派）を抱き込んでいた。

　青年将校グループは、北一輝の『日本改造法案大綱』を精神的支柱としており、北はその中で、「国内の権力者・富豪を倒し、貧しきものが平等を求める革命と、後進国が先進資本主義国と戦争を冒してまでも、領土と資源の再分配を求める権利がある」と主張しており、純正社会主義者と帝国主義者の両面を持っていた。そのためには、下剋上も厭わず、青年将校や下士官・兵が革命の主体となることを期待しており、それが「二・二六事件」につながった。

統制派：永田鉄山を中心とし、国家総力戦体制の確立を提唱し、軍備や産業の近代化のためには、統制ある秩序が必要とする全体主義を唱える一派。対外的には、対ソ戦は長期化するので、まずは中国を一撃し、後顧の憂いを絶ち、資源を確保し総力戦態勢を整えた後、ソ連を撃ち、次いで英米戦を行おうとする一派。後の東条英機、影佐《かげさ》禎昭《さだあき》、武藤章《むとうあきら》、佐藤賢了《さとうけんりょう》、服部卓四郎《はっとりたくしろう》、辻《つじ》正信《まさのぶ》らがその後継者となり、日中戦争、太平洋戦争を指導していった。

　これに同調する親軍政治家は「改革派」、官僚は「新官僚」と呼ばれた。

日中戦争

中国の情勢

①華北の平定

一九三三年二月、国際連盟で満州国が議論されていたときに、関東軍は政府の意向を無視して長城北

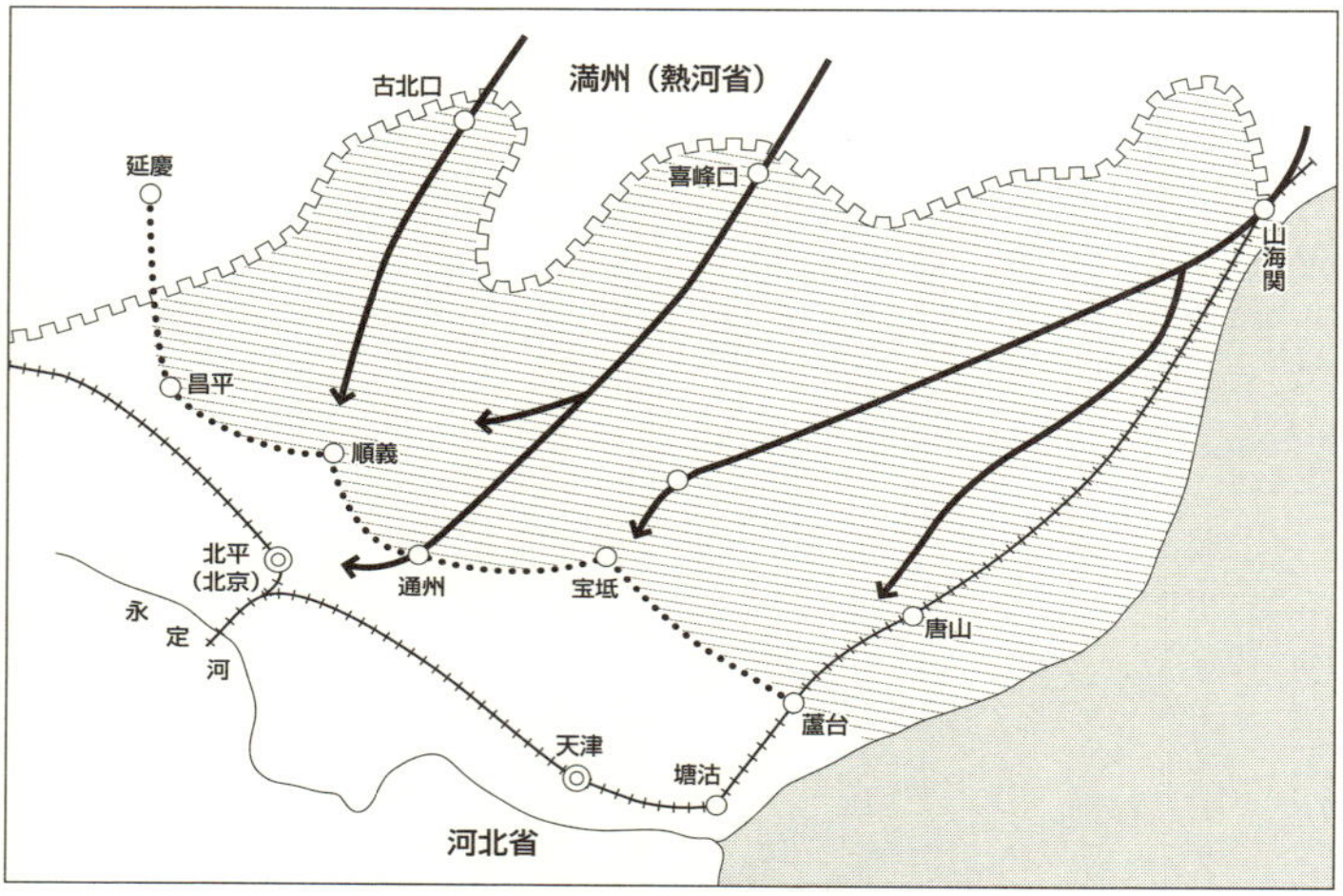

塘沽条約による非武装地帯

方の熱河省を占領し満州国に併合した。熱河省は、地政学的には満州に属しているが、満州事変後も張学良の支配下にあり、反満抗日活動の策源地となっていた。天皇は、国際的にも関心の高い熱河省に許しもなく兵を動かしたことに大変お怒りになり、「今後、朕の許可なく、一兵も動かすことはまかりならん」と厳命されたが、現地軍の動きはそれで収まらなかった。

次いで、華北分離工作に着手し、満州へのゲリラの侵入を阻止する名目で、長城の南の河北省に侵入し、北京と天津を結ぶ線の北を非武装化した（一九三三年五月「塘沽《たんく》条約」）。

その後、天津の親日系の新聞社の社長が暗殺されたのを機に、その地域に、親日家の殷汝耕《いんじょこう》による傀儡《かいらい》冀東《きとう》政権（冀は華北をさす）を樹立し、支那駐屯軍の下に置き、河北省からの中国軍の撤退、国民党機関の閉鎖、一切の排日行為の禁止を約束させた。（一九三五年六月「梅津・何応欽協定」）。この支那駐屯軍は、義和団事件の結果、「北京条約」により各国が北京、天津、上海等に置いた駐留軍（関東軍とは別物）で、日本はこの時点で、北京、天津に千八百人を置いていた（盧溝橋事件のときは五千六百人）。

また、その直後、関東軍の特務機関員がチャハル省（内蒙古）を通過中に、宋哲元《そうてつげん》の第二十九軍に勾留されたことを理由に、チャハル省を非武装地帯化し、関東軍の支援する現地勢力の進出を容易にした（一九三五年六月「土肥原・秦徳純協定」）。

これらの状況を見て、蔣介石は、宋哲元を委員長とする冀察《きさつ》政務委員会を作らせた（一九三五年十二月）。宋哲元は、十数万の軍隊を擁して西北部一帯を支配しており、元々は北洋軍閥（馮玉祥《ひょうぎょくしょう》）に属し反蔣介石の立場にあったが、日本の傀儡政権よりはましとの判断で、蔣介石は河北省（冀）、チャハル省（察）の統治を任せたものである。宋哲元は、日本にとっても話の通じやすい相手であり、微妙なバランスの上に立った政権であった。

関東軍は、田中隆吉を使いチャハル省にいた徳王の蒙古軍を支援して、綏遠《すいえん》省（内蒙古）にも攻め込ませたが、これは中国軍に撃退され企ては失敗に終わった（綏遠事件）。

②西安事件

その頃、蔣介石の方針はまだ「安内攘外」で、まず国内を平定しその後外敵を排除するもので、当面の主たる敵は中国共産党であった。ところが、延安など、陝西省《せんせいしょう》内の共産軍の討伐状況の督戦に行った蔣介石は、西安で張学良に監禁され国共合作を強要された。スターリンの意を受けた周恩来も蔣介石を説得し、ここに第二次国共合作が成立した（一九三六年十二月「西安事件」）。中国共産党は、当時、

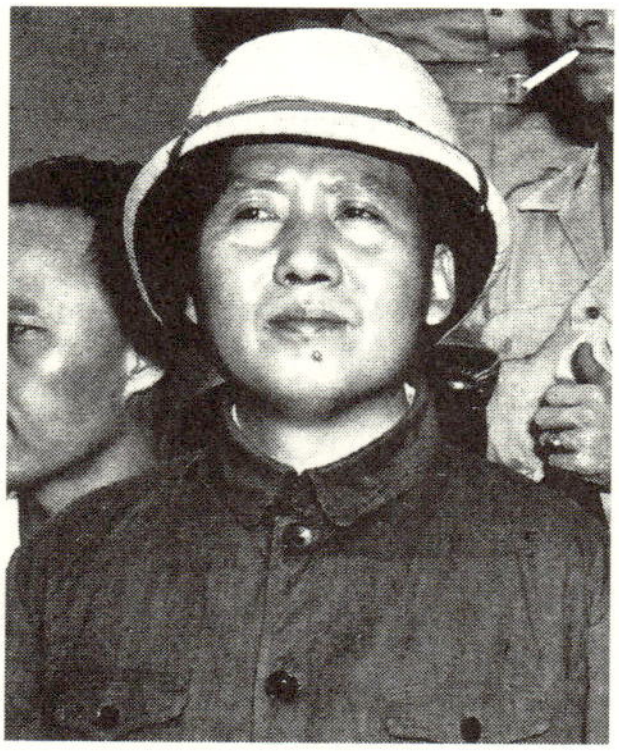
毛沢東（近現）

広東省の瑞金から国民政府軍に追われ、延安までの長い逃避行（長征）を行い、十万の兵力が一万弱にまで激減していたので、この合作は生き残りのために渡りに船であった。なお、その長征の途中、革命路線の違いで失脚していた毛沢東《もうたくとう》は、遵義《じゅんぎ》会議で農村を中心とした「持久戦論」を掲げ、指導権を確立することになった。南京に帰った蒋介石は体制の立て直しを図り、実際の合作は、「第二次上海事変」の直後に行われた（一九三七年八月二十二日「第二次国共合作」）。なお張学良は、以後、台湾に渡った後も、蒋介石により、長く軟禁状態に置かれ、一九九一年（平成三年）にハワイで天寿を全うした。

この西安事件の衝撃は大きく、危機感を持った参謀本部第一作戦部長である石原莞爾少将の音頭で、佐藤外相、結城蔵相、杉山陸相、米内海相の四大臣は、中国への深入りを避けるために、華北の分離工作等、中国の内政に干渉する政策は今後行わないとの申し合わせを行った（一九三七年四月）。しかしこの重大な申し合わせは、当時、連戦連勝に浮かれたムードの中で埋没し、二カ月後に成立した第一次近衛内閣に引き継がれることはなかった。ここから日中戦争、太平洋戦争の悲劇が始まった。

③コミンテルン

唯一の社会主義国であるソ連は、生き残りをかけ世界革命を起こすためにモスクワにコミンテルン

〈国際共産党〉を結成した。スターリンが実権を握ると、一国社会主義政策に軌道修正されたが、それでもソ連の共産政権を守るために、第六回大会（一九二八年＝昭和三年八月）、第七回大会（一九三五年七月）では敗戦革命論に基づく以下のテーゼが採択され、各国の共産党支部に指令されていた。

〈第六回大会決議〉
（イ）帝国主義間の戦争において、自国政府の打倒、敗北をめざすこと。
（ロ）戦争を内乱へ転化すること。
（ハ）現存する社会的諸条件の強制的転覆を行うこと（プロレタリア革命）。

〈第七回大会決議〉
（イ）帝国主義戦争を内乱に転換し、自国ブルジョアジーの敗北を惹起すること。
（ロ）反ファシスト戦線を拡大するために、「ブルジョア政府」、「ファシストの大衆組織」に参加し、「統一戦線」を組むこと。
（ハ）戦争の主な煽動者（ドイツ、日本、ポーランド）に反対すること。
（ニ）中国共産党を中心に、日本帝国主義を打倒すること。
（『コミンテルン・ドキュメントⅡ・Ⅲ』ジェーン・デグラム著、荒畑寒村、対馬忠行他訳、現代思潮社）

当時の知識階級（特に学生・インテリ）には、自由、平等、貧困の撲滅など、人類の幸せを求める共産主義の理想に、純粋に共感する者が多かった。このことは、左翼に限らず右翼の国家改造論者にも共通するもので、日中戦争から太平洋戦争まで三度の組閣をした近衛文麿元首相も、一九四五年（昭和二十年）二月の「近衛上奏文」の中で、「過去十年を振り返ってみると、右翼も左翼も同じ共産主義者で、自分は見えない手に操られていたような気がする」と述懐している。こうした思想は、政府、軍部、民間にも深く静かに浸透しており、参謀本部の中堅幹部にも戦後、左翼政党に入党した者が数多くいる。

その最たるものが一九四一年（昭和十六年）九月の「ゾルゲ事件」で連座した元朝日新聞記者尾崎秀実で、近衛内閣の有力なブレーンでありながらコミンテルンの一員であった。彼は、私利私欲のない人格・識見とも優れた人物ではあったが、自ら信じる理想のために、コミンテルンの方針通りに行動し、結果として国を売ることになった。尾崎は、中国との和平論が持ち上がるたびに、日本を敗北に導くために、常に軍部の積極派とともに対支強硬論を主張し、日中戦争を泥沼に導いていった。彼は、コミンテルン（国際共産党）が超国家的組織で、ソ連という個別の国家とは別物であると理解し、そのスパイ行為は、ソ連に加担するものではないと信じていた。しかしながら、スターリンが己の意に反する組織を足元に置くはずがなく、また数百万人にも及ぶ同胞の粛清、シベリア送りという恐怖政治が行われていたのを知らなかったが故に、結局コミンテルン（つまりスターリンの意図）にいいように利用されただけであった。

ゾルゲと尾崎は、国防保安法違反等で起訴され、一九四四年十一月七日のロシア革命記念日に処刑された。裁判官、検事、看守とも、二人の人となりには敬意を表しており、立場は違うがお互いに認め合うところがあったようである。尾崎には妻子との交換書簡集『愛情は降る星のごとく』があり、家庭的にも良き夫、父であったことがわかる。彼らは、朝鮮の金玉均や中国の孫文が、日本の力を借りて祖国の近代化を図ろうとしたのと類似しており、憂国の士に外国の力を頼らせた政治の貧困こそ反省しなければならないことである。

近衛内閣の中枢には、尾崎に限らず、戦後、左翼陣営に身を投じた者が何人もいる。この勢力は日本に限らず、国民党の政府、軍部にも浸透しており、陰になり日向になり蔣介石の意図に反して日中の衝突を煽り、両政府が望まなかった全面戦争に引き込んでいった。毛沢東は、一九七二年の日中国交正常化の折、中国での加害を詫びる日本代表に対し、「詫びる必要はない。日本の侵略行為は、まさに中国の改造と解放を促進した」と述べている。つまり、日中戦争の結果として、群雄割拠の中国が統一され、中国共産党による共産革命が成就できたということである。

コミンテルンの触手は、アメリカにも伸びており、開戦前夜にハル・ノートの原案（日本提案の乙案に近かった）を、より強硬案に変更し、日米関係を抜き差しならないように持っていったハリー・ホワイト財務次官補や、原爆情報をソ連に流したとされるローゼンバーグ博士等もコミンテルンの協力者であったといわれている。戦後に明らかになった、「ＶＥＮＯＮＡ文書」といわれるソ連と米国内のスパイとの暗号電報の解読書（この暗号コードは毎回更新されたために、さすがの米軍暗号解読班も戦前・戦中には解読できず、戦後一九八〇年までかけて米英共同で解読を続けた結果、だんだんとその全容が解明されてきたもの）によると、当時米国政府機関には、約三百人のコミンテルンのスパイ・シンパが潜入していたという。特にＯＳＳ（ＣＩＡの前身）は、その巣窟であったとさえ言われている。ルーズベルト大統領が、ソ連に寛容であったのも影響しているのだろう。

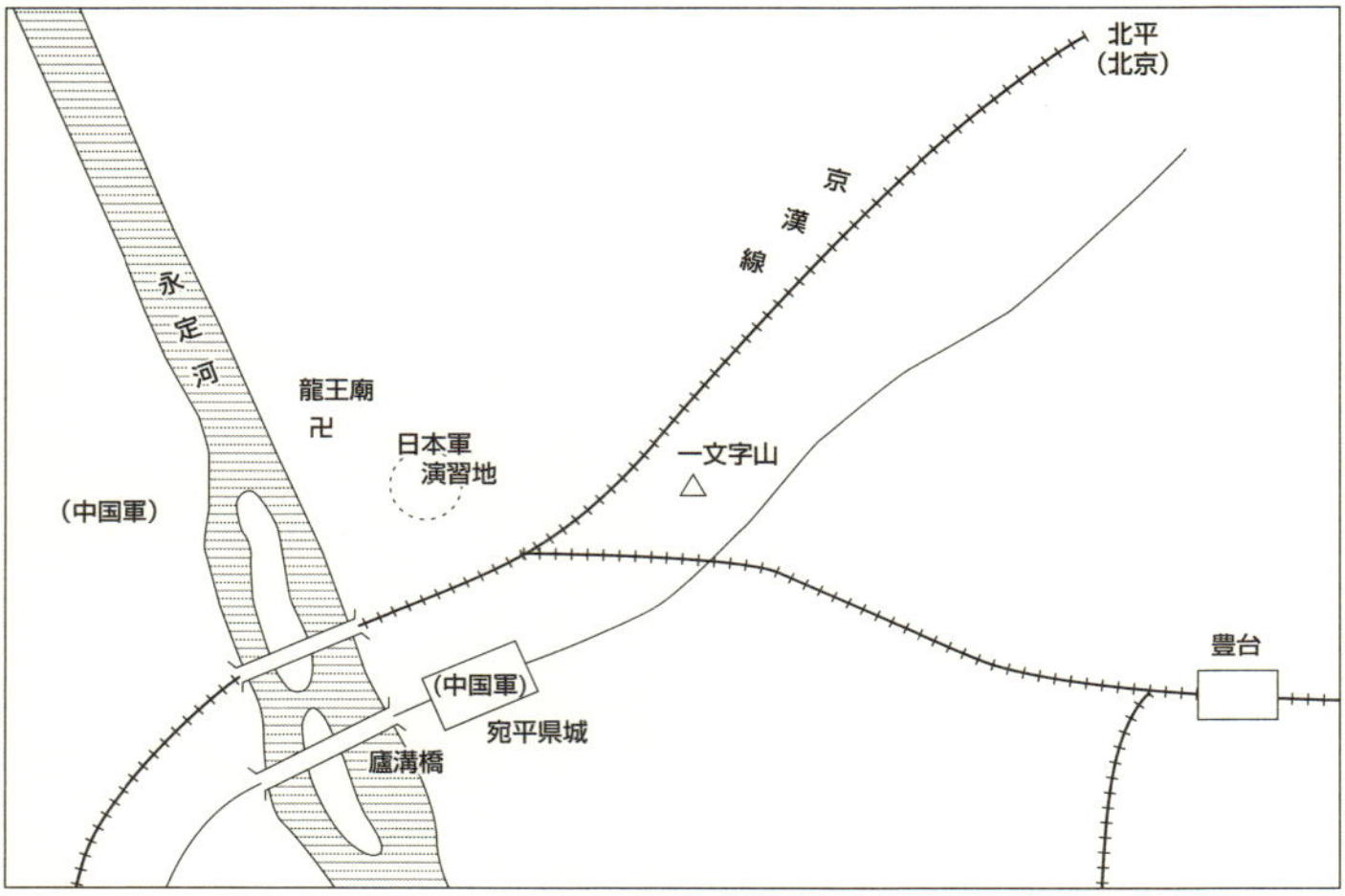

盧溝橋地図

国際政治とは、かくも非情・冷厳なものであり、国益のためには個人の良心は埋没するものであることを知っておく必要がある。軍国主義の反省という意味で、戦後民主主義教育の意義はあったにしろ、その見方は一面的かつ単純にすぎている。戦後六十年が経ち、あの戦争が〝現代から歴史へ〟移行しようとしつつある今日、国益のぶつかりあう国際政治の裏も表も理解したうえで、あの戦争を振り返り、これからの日本の進むべき道を考えなければならない。

日中戦争の勃発

①盧溝橋事件

盧溝橋《ろこうきょう》は元の時代に、マルコポーロが『東方見聞録』の中で、「世界で最も見事な橋」と紹介した南北に流れる永定河《えいていが》に架かる橋である。ここから西域への道が始まり、今も、数百年来の車や歩行者によってすり減った石畳が往時の賑わいを物語っている。両側の欄干にはそれぞれ表情の違う獅子像が、愛嬌よく並んでいる。東岸には城郭都市の宛平県城があり、今は、街並みを清朝時代に復元して観光都市化している。中に「中国人民抗日戦争記念館」があるが、あいにく大改装中で見学はできなかった。橋の西側には、観光客目当ての土産物屋のテントが並び、日本の戦前のコイン等種々雑多な雑貨、骨董品が売られていた。橋の東の袂《たもと》には、乾隆《けんりゅう》帝揮毫《きごう》の「盧溝暁月《ろこうぎょうげつ》」の大きな石碑があり、仲秋の名月には観月の名所となっている。この近くに日本軍の駐屯地があった。宛平県城と永定河の西側には中国軍がいた。

一九三七年（昭和十二年）七月七日の夜半、宛平県城北側、龍王廟東側の地域で夜間演習をしていた日本の支那駐屯軍に、十数発の銃撃があり日中軍が交戦状態に入った。この最初の銃撃が、日本側からか中国側からかは双方の主張が異なり、未だに不明であるが、一説には中国共産党の謀略で、その配下の者が双方に発砲したとの説もある。当初は日本も蒋介石も全面戦争を望んでいなかったことを考えるとあり得る説でもある。コミンテルンのシンパは国民政府軍の中にも多くいたし、日本の侵略への反発が渦巻いていた当時にあっては、蒋介石自身も国民政府軍を完全にコントロールすることができないような状態であった。

近衛文麿（国H）

日本軍部は、このときから日中戦争に突き進んだかのように言われているが、それは事実と異なる。この事件は偶発的なもので、五日後には牟田口連隊長の下で現地軍同士が停戦協定に同意し、宋哲元軍は排日運動の取り締まりと第二十九軍の北京城からの撤退を約束している。日本も、参謀本部の多田駿《ただはやお》参謀次長、石原莞爾第一作戦部長、河辺虎四郎《かわべとらしろう》戦争指導課長、陸軍省の柴山兼四郎《しばやまけんしろう》軍務課長といった軍の中心的なメンバーが「不拡大論者」であり、杉山陸相もこれが上海に飛び火するや否や広田外相に「第三者調停（トラウトマン工作）」を依頼し、近衛首相も石原莞爾の勧めで、蔣介石と交渉する気になっていた。しかし一方で、第一次近衛内閣は、華北での抗日活動に一撃を加えるいい機会とし、とりあえず関東軍一万、朝鮮軍一万、内地から三個師団を派遣することにした。これは、弱い中国軍相手なら一撃を加えれば一～三カ月で紛争は解決するだろうし、また日本だけの都合でいつでも戦争は止めることができると甘く見ていたためで、杉山陸相も天皇にそのように奏上していた。

ところが、この事件を日本側による挑発と考えた蔣介石は、度重なる日本軍の華北での行動に我慢の限度を超え、宋哲元の停戦協定を承認せず、七月十八日に「最後の関頭（瀬戸際）」の告示を行い、対日全面戦争に踏み切った。

蔣介石は、すでに一九三五年（昭和十一年）八月の時点で、日本を以下のように見ていた。

一、中国は戦わずして（日本に）屈服すると思っている。
二、（日本は）中国に脅威を与えて分化し、土匪《どひ》と漢奸を作りだして混乱を生じさせ、武力を用いずに中国を征服する。
三、最後に（日本が）兵を侵攻させる。
四、中国が抵抗する。
五、国際的干渉を受けて（日本は）世界大戦を引き起こす。
六、倭（日本）の国内で内乱、革命が起こる。

七、倭寇《わこう》（日本による侵略）は十年以内に失敗する。

（『蔣介石』黄仁宇著、北村稔他訳、東方書店）

六、以外はその通りとなり、GHQが天皇制を否定しておれば、六、も実現したかもしれない。ただ、蔣介石は、対日全面戦争に踏み切るのを四年後（一九四一年頃）と想定していたので、戦備が整わないままそれが若干早まることとなった。

〈蔣介石の最後の関頭〉

われわれは弱国であるが、最後の関頭に臨んだならば全民族の生命をかけて国家の生存を救うべきである。最後の関頭に至れば、あらゆる犠牲を払っても徹底抗戦すべきである。迷ったり安堵の夢にふけっていては、民族は将来にわたって立ち上がれないだろう。……ひとたび戦事が起これば東西南北の別なく国家のために奮闘する決心を抱き、敵と決死の戦いを行わなければならない。もし途中で妥協したり、いささかでも土地を喪失する者があれば、中華民族の歴史における罪人である。軍人には国土を守る義務がある。最後の一兵となっても戦わなければならない。

（前掲『蔣介石』）

一方、第二十九軍の宋哲元は、事件を穏便に済ませていくつもりでいたが、蔣介石の「最後の関頭」に奮い立った配下の一部には、統制に従わず積極的に日本軍を挑発しようとする者がいた。第二十九軍の幹部の中には、副参謀長の張克侠など共産党員が多数入っていたし、兵の質も良くなかった。日本側も、中国側が挑発してくれれば、それを機に乱暴な中国を一気に懲らしめようと構えていた（暴支膺懲《ぼうしようちょう》）。

こうした状況の中で、宋哲元軍が二つの挑発事件を起こした。

一つは七月二十五日の「廊坊《ろうぼう》事件」で、北京・天津間の鉄道沿線上の軍事電線が何者かによって切断され、中国側に了解を取って修理部隊を派遣し、修理していたときに中国軍の攻撃を受けた。もう一つは七月二十六日の「広安門事件」で、北京城の南西の広安門に入ろうとした日本軍の一個大隊が、途中で城門を閉められ城壁から銃撃を受けた。そのために、日本軍は、七月二十八～三十日にかけて北京～天津間の第二十九軍（宋哲元軍）に総攻撃をかけこれを一掃した。

また、北京東方の通州で、日本の傀儡政権である冀東《きとう》政権配下の中国人保安隊が、日本軍による保安隊への誤爆と盧溝橋で中国軍が勝ったとの誤報を受けて、日本軍留守部隊と居留民を襲い、二百二十三人（半数は朝鮮人）を見るも無残に殺害した（通州事件）。日本の世論はこれに激高した。これを鎮圧したのが、第十六師団（京都）で、後に、上海・南京方面に転属となり、このときのことが南京の大虐殺に影響したと言われる。

②和平工作

天皇は、陸海軍首脳に和平を勧告しており、日本政府も軍部も、ちょっと脅せば中国側はすぐ折れるとの見込みで、あらかじめいくつかの和平案を持っていた。その手始めに近衛首相は、七月二十四日、宮崎龍介《みやざきりゅうすけ》（滔天の子）を密使として蒋介石と交渉させようとしたが、憲兵隊にスパイ容疑で捕まって失敗した。次いで、南京の日高信六郎《ひだかしんろくろう》参事官と蒋介石に近い四川省の首席張群《ちょうぐん》との交渉で、現地停戦協定が合意されたが、これも北支那駐屯軍の七月二十八日の総攻撃でご破算になった。さらにその後も、首相、外相、陸相、海相で和平案（舟津工作）を作成したが、八月九日の第二次上海事変の勃発で、これも頓挫してしまった。

こうしたことからも、日本の上層部が中国との全面戦争を望んでいなかったことがわかる。

当時、参謀本部第一作戦部長の石原莞爾も戦争不拡大論者であったが、対支一撃論者である部下の作戦課長武藤章大佐から「あなたが、満州事変でやったのと同じこと」と言われ、二の句が継げなかったという。その後、石原は、将来に自信が持てないとして作戦部長を辞任した。

なお、「戦争」と呼ばずに「事変」としたのは、日本側に全面戦争をする意思がなかったことと、「戦争」となると、アメリカの中立法の関係から、鉄、油などの輸入が止まる恐れがあったためである。「派兵」と言わず、「派遣」としたのも同じ意図である。

十月一日になって、四相会議は「支那事変対処要綱」で和平の基本条件を決めた。

〈日本の和平条件〉

一、華北と上海に非武装地帯を作ること。

二、満州国を承認すること。

三、日中間に防共協定を結ぶこと。

四、華北は中国の行政権下に置くことを認めるが、海運、航空、鉄道、鉱業その他に日中合弁の事業を行うこと等。

なお、事態を憂慮した伏見宮《ふしみのみや》海軍軍令部長は、十月に天皇に「日清・日露の戦役には日本に正しき大義名分ありたり。是れ大捷《たいしょう》を獲たる一因なり。然るに満州事変以来の日本には正しからざる事多し。満州事変の起こり然り、熱河に作戦し絶対に越ゆ可からずと陛下より厳命ありしに拘わらず長城を越えて遂に北京に迫るに至り、（殿下より奏上し）参謀総長にご下命の上北京に入らざる事を得たるが、大義名分立たず、今回の事にて兵を用いるにしても此の点にて自信これなし」と上奏している。（『嶋田繁太郎《しまだしげたろう》大将備忘録』）

③第二次上海事変

八月九日に上海で、大山大尉他一名が虹橋《ホンチャオ》空港付近を巡回中に、中国兵に射殺される事件が起こった（第二次上海事変）。当時、上海には日本人居留民三万人と、海軍陸戦隊二千五百人がいた（義和団事件後の北京条約に基づき、英米仏等各国とも二千～三千人が駐留）。海軍は、直ちに陸戦隊を増派するとともに、陸軍にも派兵を求めた。陸軍は、北支の戦闘が一段落したのでこれから停戦交渉に入ろうとしていた矢先なので、最初は躊躇していたが、結局、上海派遣軍・松井石根大将（第三〈名古屋〉、第十一〈善通寺〉師団）を出すことに決めた。

それに対し、蔣介石は直ちに国防最高会議（日本の大本営）を設立し、蔣介石自身が主席となって共産党軍（第八路軍）も指揮下に入れ、八月十三日から五万人の大軍で海軍陸戦隊五千人に本格的な攻撃を仕掛けてきた。

第二次上海事変（防衛）

蔣介石はこのときすでに、華北は退却戦、華中への誘因作戦、奥地への引き込み戦の三段階作戦を立てており、この時点から、局部的な衝突が、全面戦争へ様相を変えることになった。蔣介石が上海地区に力を入れたのは、この揚子江流域には欧米の権益が多く、そこで事件を起こせば世界の注目を浴び、米英の支援が期待できるとの読みであった。日本軍が、上海でも不拡大方針であったことは、以下のニューヨーク・タイムズの八月三十一日掲載記事（上海特派員 Hallett Abend）を見てもわかる。

「外国人は日本を支持

上海における軍事衝突を回避する試みにより、ここで開催された様々な会議に参加した多くの外国政府の代表や外国のオブザーバーたちは皆、以下の点に同意するだろう。

日本は敵の挑発の下で最大限の忍耐を示した。日本軍は居留民の生命財産を多少危険にさらしても、増援部隊を上陸後数日の間、兵営の中から一歩も外に出さなかったのである。

八月十三日以前に上海で開催された会議に参加したある外国使節はこう見ている。『七月初めに北京近郊で始まった紛争の責任が誰にあるのか、ということに関しては意見が分かれるかもしれない。しかし、上海の戦闘状態に関する限り、証拠が示している事実は一つしかない。日本軍は上海では戦闘の繰り返しを望んでおらず、我慢と忍耐力を示し、事態の悪化を防ぐためにできる限りのことをした。だが、日本軍は中国軍によって文字通り衝突へと無理やり追い込まれてしまったのである。中国軍は外国人の居住している地域と外国の権益を、この衝突の中に巻き込もうとする意図があるかのように思えた」（『太平洋戦争は無謀な戦争だったのか』ジェームズ・B・ウッド著、茂木弘道訳、WAC）

陸軍の援軍の到着前は、苦戦する海軍陸戦隊を陸・海軍機が爆撃で支援し、崩壊を食い止めていた。このとき、長崎からの二千キロの渡洋爆撃や、南京などの後方への戦略爆撃を行っており、こうした航空機の使用方法は日本が世界で最初であった。

八月二十三日に、松井石根大将を総司令官とする上海派遣軍が上陸してきた。ところが、戦う相手はドイツ式の訓練を受けた精鋭で、従来の中国軍とは全く様子が違っており、第三師団（名古屋）、第十一師団第十二連隊（善通寺）とも、たちまち大苦戦となった。慌てた日本政府は、新たに台湾軍、第九（金沢）、第百一（東京）、第十三（会津若松）師団を派遣するとともに、十一月には第十六師団（京都）を北支から上海に転進させ、北支と中支で事実上の戦争状態になったために、「北支事変」から「支那事変」に名称を変更した。

九月末～十月に、増援師団が到着後も、日本軍の苦戦は続いていた。中国軍は、消耗しても毎日一万～二万の兵員を補充してきた。特に蔣介石直轄の精鋭部隊は、上海市街戦で決死隊まで繰り出し頑強に戦った（四行倉庫での激戦）。彼らの所持したチェコ銃（軽機関銃）は、大いに日本軍を苦しめ、一躍有名になった。蔣介石は、満州事変以後数年の間に軍備の増強に努め、特に、ドイツから参謀総長を務めたこともあるゼークト大将（一九三三～三六年中国の顧問）、ファルケンハウゼン将軍以下の軍事顧問団を招聘し、ナチス式の装備・訓練を施していたためである。当時のドイツ国防軍は、伝統的に親中国で、中国を最大の武器輸出国としていた。ゼークトの作った上海から南京に至る防御戦は「ゼークト・ライン」と呼ばれ、近代的なトーチカと機銃で武装され、多くの湿地・クリークとともに日本軍の進撃を阻んだ。こうした支援は、一九三六年十一月の「日独防共協定」の後も、ヒトラーの承認の下に秘かに続けられていた。ドイツは、日本に対して、このときの蔣介石支援活動と、ノモンハン事件最中の一九四〇年九月の「独ソ不可侵条約」の締結、「日ソ中立条約」締結直後の一九四一年六月のソ連侵攻の三回にわたって友邦日本を裏切る行為をしており、日本を真の同盟国と見ていたか疑わしい。天皇も、独白録で同盟国との連携を欠いたと述べられている。

そこで、戦局を一気に打開するために第十軍・柳川平助中将（第六〈熊本〉、第十八〈久留米〉、第百十四〈宇都宮〉師団）を十一月五日に杭州湾に上陸させ、中国軍を背後から突く作戦に出た。この時点から、上海派遣軍と第十軍をまとめて「中支那方面軍（松井大将）」とし、目的も当初の『居留民保護』から『上海付近の中国軍の掃滅』に変更した。ただし、第十軍が戦線に到着したときには上海戦は一段落しており、中国軍は清野作戦（日本軍に住居、食料を残さないように人家を焼き払いながら撤退する作戦）を取りながら南京方面に撤退し、第十軍は空振りの形となった。

上海戦は、戦意旺盛な中国軍とトーチカ、クリークに苦しめられ、十一月八日までの約三カ月の激戦で、防衛省の戦史によると、日本軍の損害は戦死九千百十五人、負傷者三万一千二百五十七人という膨大なもので（中国軍の死傷者三十三万五千五百人）、上海派遣軍の復讐心は募っていた。参謀本部は、不拡大方針で蘇州～嘉興《かこう》を結ぶ線を制令線とし、それ以上の進軍を禁止した。

〈陸・海軍組織図（昭和十六年時点）〉

陸軍省、海軍省　：人事、予算等の軍政
参謀本部、軍令部：作戦

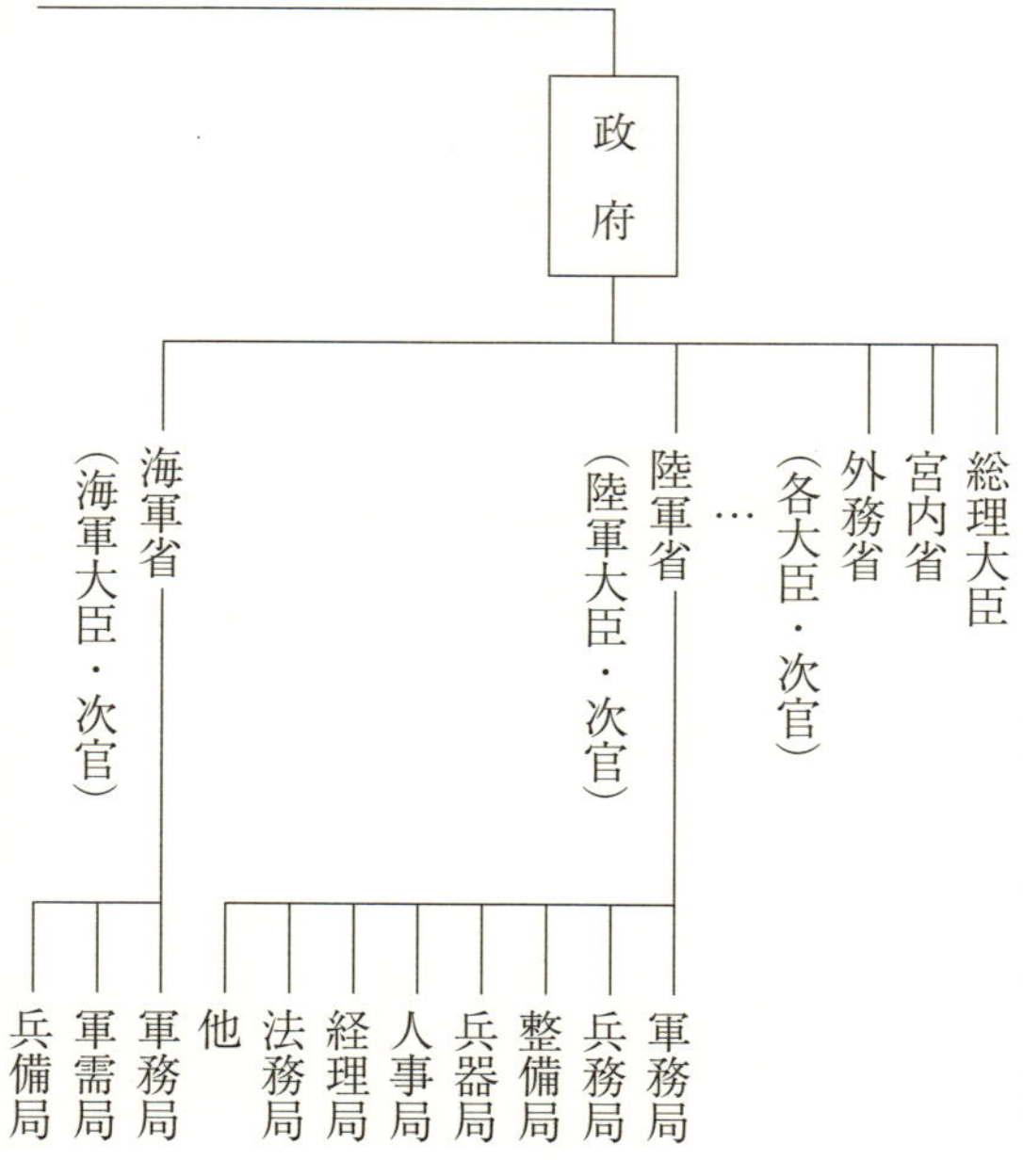

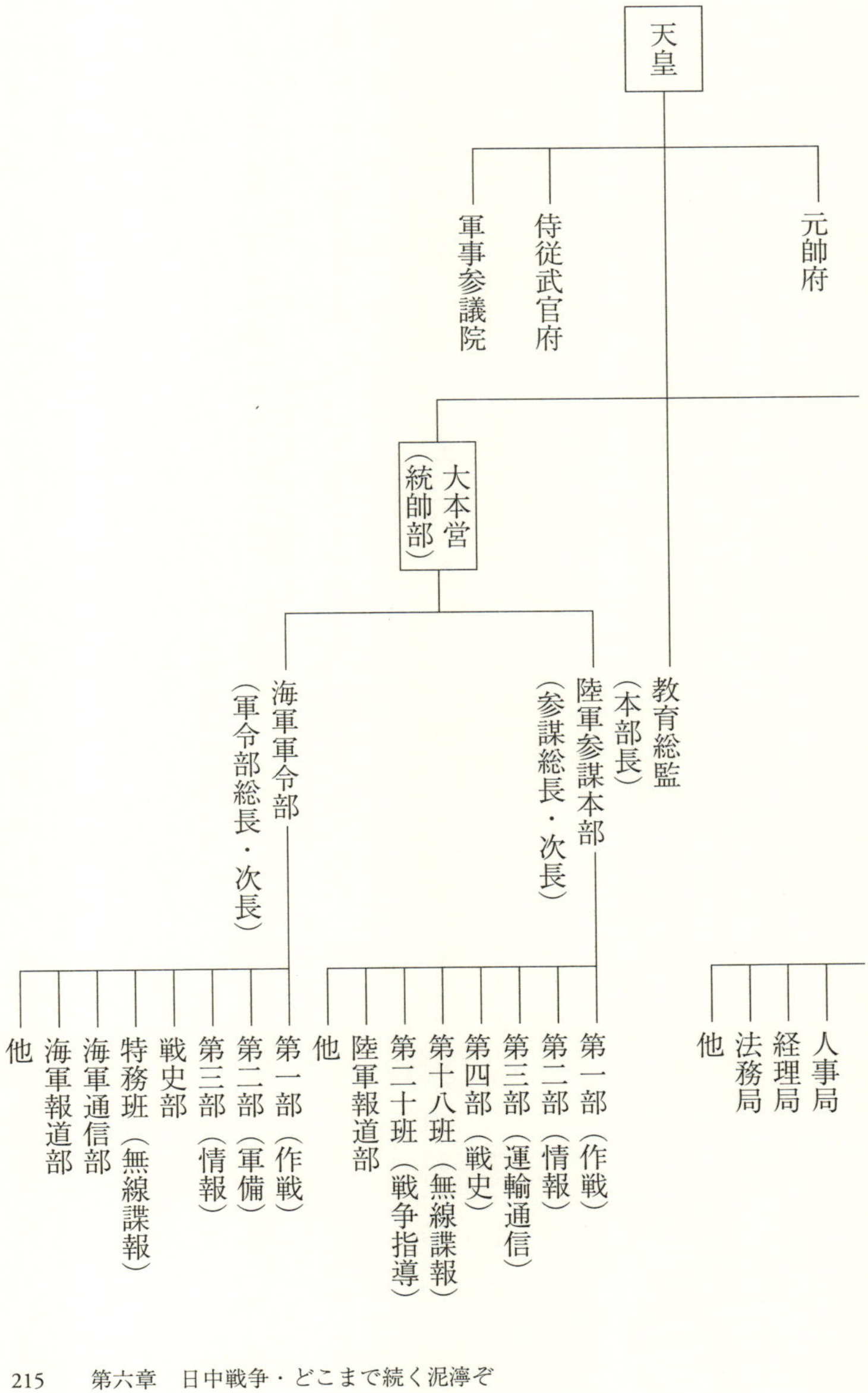
天皇
元帥府
侍従武官府
軍事参議院
大本営（統帥部）
教育総監（本部長）
陸軍参謀本部（参謀総長・次長）
海軍軍令部（軍令部総長・次長）
人事局
経理局
法務局
他
第一部（作戦）
第二部（情報）
第三部（運輸通信）
第四部（戦史）
第十八班（無線諜報）
第二十班（戦争指導）
陸軍報道部
他
第一部（作戦）
第二部（軍備）
第三部（情報）
戦史部
特務班（無線諜報）
海軍通信部
海軍報道部
他

ところが、松井司令官は首都南京を落とさないと国民政府は屈服しないと具申し、日本側の参謀本部トップは慎重論であったが、下村作戦部長以下は強硬論で、十一月二十日には大本営も開設しており、日本側の考えも一枚岩ではなかった。日本には独裁者はいなかった。

④南京事件

特に、第十軍はまだ戦闘を経験しておらず、戦意横溢しており、その柳川司令官は、参謀本部と松井中支那方面軍司令官の制止を振り切り、十一月十八日に独断で南京に進撃を開始した。それに合わせて、復讐心に燃える上海派遣軍も雪崩《なだれ》を打って、第十軍と南京を目指し競争となった。結局現地軍に引きずられる形で、十二月一日に「敵国首都南京を攻略すべし」という「大陸命」が出され、満州事変以来の現地独走・本国追認という悪しき慣行が繰り返された。南京戦には、中支那方面軍三十万人のうち、約二十万人が参加し、直接南京を攻略したのは、東から攻めた上海派遣軍の第九師団（金沢）、第十六師団（京都）、第十三師団（会津若松）の山田支隊と、南から攻めた第十軍の第六師団（熊本）、第百十四師団（宇都宮）の約十万人であった。

当時の南京の中国軍は、十万～十五万人、住民は二十万人程度と見積もられている。

松井司令官は、十二月十日期限で降伏を勧告したが、守将唐生智は南京の死守（臨陣退却者斬首を布告）を命じ、逃亡兵を射殺する督戦部隊も配置した。十二月十日に、日本軍が総攻撃を開始すると、蔣介石は十二月十一日に退却命令を出し、十二月十二日には、唐生智も退却命令を出して自らも南京を脱出した。残された中国兵は、命令系統が混乱する中で算を乱して敗走し、唯一の脱出口である揚子江岸

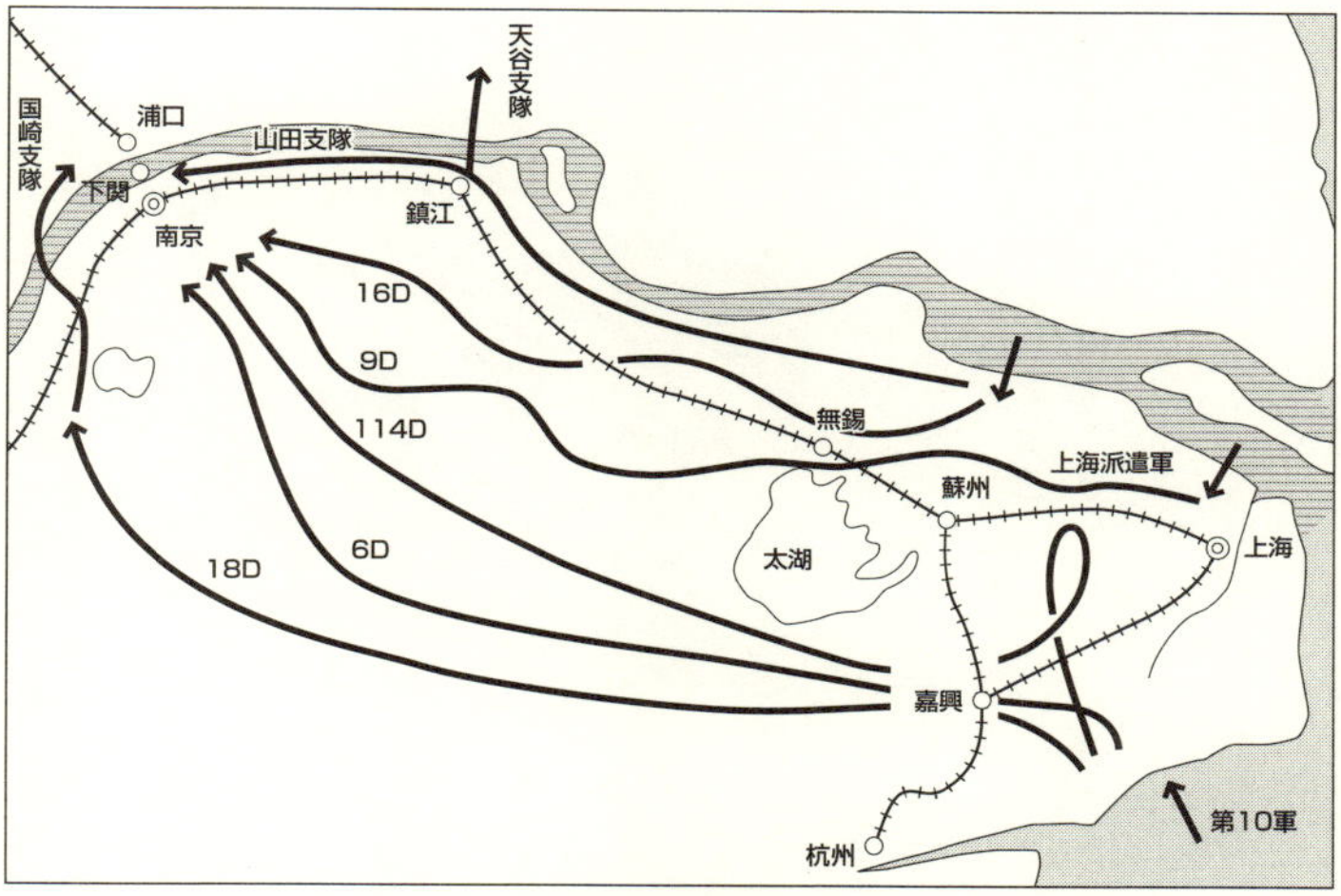

上海から南京へ

の下関《シャーカン》あたりに殺到した。そこには、脱走を防止するための中国軍機関銃隊がいて、味方を銃撃している。十二月十三日に、日本軍が場内に進入し南京は陥落した。そのとき、街路上におびただしい中国軍の軍服が脱ぎ捨てられていたという。

急遽十二月十七日に、入城式が行われることになり、それまでに、城内の残敵掃討が行われた（主に第十六師団が担当）。そのとき、便衣兵《べんいへい》（私服を着た兵士）と疑わしい男を連行して処刑し、同時に市民にも危害を加えたというのが「南京事件」である。南京攻略の前に、松井大将は、軍紀を守るように訓示をしていたがそうはならなかった。特に、上海戦で多くの戦友を失い苦戦した上海派遣軍配下の第九師団（金沢）、第十六師団（京都）、第十三師団山田支隊は復讐心に燃えていた。その部隊兵士の当時の記録や証言ビデオを見ても虐殺はあったとみるべきである。第十三師団山田支隊の兵士たちの日記によると、同隊は南京の北部の下関から中国敗残兵が逃亡するのを阻止する目的で揚子江沿いに西進し、一万五千人の捕虜を得、「捕虜は取るな」との命令を受け、それを揚子江岸で処分したと記している。また、第九師団（金沢）、第十六師団（京都）は南京の東から侵攻し、特に第十六師団は市内の残敵掃討を担当したために、便衣兵狩りに伴う虐殺を記す第三十三連隊（久居《ひさい》）の多くの兵士の日記が残っている。便衣兵とは、民間服を着用した兵士のことで、ゲリラと見なされ、国際法上も保護の対象とはならないが、疑わしい者も問答無用で連行し処分しており、少なからず一般市民も巻き添えになったと思われる。このとき、老人、婦女子への暴行・狼藉《ろうぜき》も発生している。

南京攻略（防衛）

　なお、南から攻めた第十軍配下の第六師団（熊本）、第百十四師団（宇都宮）では、そのようなことはなかったとの証言が多く、比較的軍紀は守られていたようで、要は指揮官次第である。ただし、南京の戦犯裁判では、激戦の末に南京一番乗りをした第六師団（熊本）の谷寿夫《たにひさお》中将（本人は、虐殺の主体は第十六師団と抗弁したが認められず）が死刑となっている。当時、責任者であった第十六師団長中島中将は終戦直後に病死、その支隊長の佐々木少将はソ連抑留中、第十軍司令官柳川中将も病死、上海派遣軍司令官朝香宮《あさかのみや》中将は皇族のために除外となる等、主要な人が抜けたので貧乏くじを引いたとも言われる。後に松井大将は、戦後巣鴨の刑務所で花山教誨師《きょうかいし》に、以下の通り述懐している。

「南京事件ではお恥ずかしい限りです。……私は日露戦争の時、大尉として従軍したが、その当時の師団長と今度の師団長などと比べてみると、問題にならんほど悪いですね。日露戦争の時は、シナ人に対しては勿論だが、ロシア人に対しても俘虜の扱いその他良くいっていた。今度はそうはいかなかった。……武士道とか人道とかいう点では、当時とは全く変わっておった。（南京での）慰霊祭の直後、私は皆を集めて、軍司令官として泣いて怒った。……せっかく皇威を輝かしたのに、あの兵の暴行によって一挙にしてそれを落としてしまったと。……ところが、その後で皆が笑った。甚だしいのは、ある師団長の如きは、『当り前ですよ』とさえ言った。従って、私だけでもこういう結果（死刑）になるということは、当時の軍人達に一人でも多く、深い反省を与えるという意味で大変に嬉しい」（『平和の発見』花山信勝《はなやましんしょう》著、朝日新聞社）

当時の陸軍省人事局長阿南惟幾《あなみこれちか》少将も、「軍紀風紀の現状は、皇軍の一大汚点なり。強姦、略奪絶えず、現に厳重に取り締まりに努力しあるも、部下の掌握不十分。未教育補充兵（二十八～三十五歳の除隊後再召集の兵）等に問題なお絶えず」と報告している。（『南京事件論争史』笠原十九司著、平凡社新書）

この虐殺数については、諸説あり未だに確定していない。

（イ）三十万人説　　中国側の主張

（ロ）二十万人以上説　　本田勝一、笠原十九司、東京裁判（非戦闘員一万二千、便衣隊二万、捕

虜三万等二十万以上としている）
（ハ）約四万人説　　秦郁彦
（ニ）一～二万人説　　板倉由明、偕行社『南京戦史』
（ホ）虐殺否定説　　鈴木明、田中正明、阿羅健一、東中野修道等
（『昭和史二十の争点　日本人の常識』秦郁彦著、文藝春秋）

上海戦から南京戦のどの時点から数えるか、あるいはどの地域を含めるか、戦闘での死者を入れるか等によって大きく異なる。中国側の三十万人という数字は、聞き取り調査を単純集計し、重複カウントされているのではないかとの疑問がある。この事件は、南京にいたマギー神父らによって世界に報告され、とりわけアメリカの同情を誘っているが、マギーの情報はほとんどが伝聞情報であるとともに、彼は国民政府のプロパガンダ役を担っており、その信ぴょう性には疑問が残る。

上海派遣軍の飯沼参謀長の日記では、「南京付近にいた敵は十万で、撃滅した敵兵は上海派遣軍で五万、海軍及び第十軍で約三万の計八万（掃討で殺されたものを含む）。約二万は散乱」といった内容が書かれている。

陸軍ＯＢによる偕行社の『南京戦史』には、中国軍戦死者三万人、捕虜と便衣兵の処断一万六千人、一般市民は「スマイス調査の一万五千七百六十人よりさらに少ないものと考える」と記されている。

なおナチス党員でシーメンス南京支配人のラーベ（難民区の委員長）の日記によると、民間人の犠牲者は五万～六万人とヒトラーに報告されている。

諸説あるが、不当な殺害は、秦郁彦説と偕行社『南京戦史』説の間くらいではなかろうか。いずれにしても、万という無抵抗の捕虜・市民が殺されたとすれば、大虐殺というほかない。

このような事態が起こったのは、中国軍が後退しながら清野作戦（その際の狼藉もあったと伝えられる）をとり、日本軍が補給のないまま急進撃したために過酷な徴発行為（食料の強奪）を行ったこと、大量の捕虜を収容する準備（施設、食料、医薬品）がなかったこと、捕虜の取り扱いに関する教育をしていなかったこと（日本は捕虜の取り扱いに関する「ジュネーブ条約」に加入しておらず、捕虜は自他ともに保護に値しない恥ずべきものとの意識があった）、上海戦の復讐に燃えていたこと等による。松井大将は、軍紀を厳守させる立場にいながら統制を怠ったという不作為の責任を取らされ、東京裁判で死刑となった。

現在、日中、日韓の学者の間で「歴史の共同研究」が行われているが、認識に相当の隔たりがあるようである。それでも当事者が存命中に、学識者による「共同研究会」を組織し、客観的な調査に基づき、「合意できる事、合意できない事、不明な事」に仕分けて記録を残しておくべきである。南京は、今でも城壁が一部に残る古都である。下町に「南京大虐殺記念館」があり、入り口に、犠牲者三十万人を記した大きな石碑が目に入る。館内には、「万人抗」と呼ぶ折りなす人骨の塊や、日本軍の暴虐を説明する展示が続く。南京の街の飲み屋に行ったとき、法外な請求をされ、同行した中国人と店のマネージャーが大喧嘩を始めた。後で聞くと、店側は、「日本人に請求を吹っかけてなぜ悪い。おまえは中国人だろう」と言っていたそうである。その人は、「日本人も中国人も、昔のことは水に流して未来志向でいかなければならない。ただし、日本人が自分たちのやったことを正当化するならば、それでは、もう一度戦争しますかという気になる」と言っていた。これが良識的な中国人の平均像であろう。

⑤和平最後通告

日本が中国との戦争で疲弊することを望まないドイツは、上海戦が一段落した頃、駐中国大使のトラウトマンを通じて日中の和平工作をしていた。このときが和平の最大の山場であった。蔣介石もこれに応じる気配を示したが、もたもたして一カ月も過ぎるうちに状況が変化し、日本軍が南京を包囲するまでになった。日本政府は強気になって、十二月二十一日に、翌年の一月十五日の期限を切って、当初の十月一日の和平案よりさらに厳しい条件を追加した最後通告を行った。

〈和平条件の追加〉
一、華北と内蒙古に自治政権を作ること。
二、日本軍が現に占領している華中地域を、非武装化すること。
三、事変の賠償をすること等。

この新条件を見て、蔣介石は主権国家として容認し難いとして交渉を諦め、日記に以下のように記している。

「日本側の提出した条件は、我が国を征服し滅亡させるに等しい。屈服して滅ぶよりも、戦って滅ぶ方がましである」

さらに、一九三八年一月十二日に「我が方が徹底的に抗戦することができさえすれば、国際情勢が最終的に変化して、日本は敗北するだろう」とも書いている。（『蔣介石』黄仁宇著、北村稔他訳、東方書店）

トラウトマンもここで匙を投げた。

蔣介石は、「外からの侮りを防ぎ、民族を復興する」との強い決意の下に、外敵（日本）と戦うことと中国を統一することは同義と考えていた。日本は、中国に一撃を加えれば簡単に和を請うてくると思っていたが、蔣介石はすでに、長期持久戦を覚悟していた。したがって、日本が早々に手を引くことは望むところではなく、政府を重慶に移し、日本軍を奥地へ奥地へと引きずり込んでいった。

元々、軍の首脳はこの戦争には不拡大方針であった。ところが、参謀本部の武藤章《むとうあきら》作戦課長、陸軍省の田中新一《たなかしんいち》軍事課長等の中堅大佐クラスの「拡大論者」と、若手将校に突き上げられ、十二月十五日の「政府大本営連絡会議」で、蔣介石との交渉を継続すべきか打ち切るべきかの大論争になった。参謀次長の多田駿《ただはやお》中将は、蔣介石との交渉継続を主張したが、政府（近衛首相、広田外相、杉山陸相、米内海相）は、広田、杉山の強硬論に基づき交渉を打ち切り、一九三八年一月十六日に「帝国政府は国民政府を対手《あいて》とせず」の声明を発表し、以後有力な交渉相手を失うこととなった。対ソ戦準備を優先と考える多田参謀次長は、あくまで蔣介石との和平交渉を続けるべきだと主張したが、米内海相から「政府を信任しないなら、総辞職するしかない」と脅されやむなく引き下がった。終戦の八月十五日に自決した阿南陸相が、「米内を斬れ」と言い残したのはこれが原因かもしれない。戦後、近衛は、これを失敗であったと語っている。なお、「相手」と書かずに「対手」としたのは、まだ交渉の余地があるとのニュアンスを込めたという。このとき、若手軍人だけでなく、尾崎秀実らのコミンテルンの息のかかった者たちも、対支強硬論を煽ったのは前述のとおりである。

北支五省地図

⑥北支戦線

同じ頃北支でも、北支五省（チャハル、綏遠《すいえん》、山西、河北、山東）の制覇に向かっていた。

北支那方面軍は、寺内寿一《てらうちひさいち》大将を総司令官として、直轄軍（第五〈広島〉、第百九〈富山〉師団）、第一軍・香月中将（第六〈熊本〉、第十四〈水戸〉、第二十〈朝鮮〉師団）、第二軍・西尾中将（第十〈姫路〉、第十六〈京都〉、第百八〈弘前〉師団）の四十万の大軍であった。

一九三七年八月七日に、一部は前年の綏遠事件の失地回復と北方を固めるべく、内蒙古のチャハル省に侵攻していった。次いで第一軍は、京漢線（北京～漢口）沿いに、第二軍は津浦線（天津～浦口）沿いに南下していった。蔣介石の戦略で、中国軍は北支では決戦を避け、戦っては退避を繰り返す持久戦法を採ったので、戦線は山西（大原）、河北（石家荘）、山東（済南、青島）までどんどん南に拡大していった（一九三七年十一月）。

戦線の拡大（一九三八年＝昭和十三年）

①中原作戦

一九三八年（昭和十三年）になると、北支那方面軍と中支那方面軍は、北と南から中原《ちゅうげん》の地（黄河と揚子江の間）の攻略にかかった。古来、「中原に鹿を逐《お》う」という言葉があり、ここを押さえることは天下を取ることを意味していた。

さらに、四月七日～六月中旬にかけて「徐州作戦」を発動し、中国軍四十万～六十万人の包囲殲滅を図った。その間、徐州の北東の台児荘《たいじそう》で五千人の板垣兵団が十万人の中国軍に包囲され、初めて敗退することもあった。

日本軍は、余勢をかって揚子江北岸の漢口に向かったが、中国軍は鄭州《ていしゅう》近くの黄河を決壊させ、これを阻止した。この水害で、中国人は二百万人が被災し、日本軍の漢口侵攻は中断されることになった。

②武漢三鎮作戦

一九三八年八月、重慶を扼する「武漢三鎮作戦（武昌、漢口、漢陽）」を発動し、新たに北支那方面軍に二個師団（第二十一〈金沢〉、第百十〈岡山〉師団）、中支那方面軍に六個師団（第十五〈敦賀〉、第十七〈姫路〉、第二十二〈仙台〉、第二十七〈千葉〉、第百六〈熊本〉、第百十六〈京都〉師団）が追加され、大がかりな作戦が行われた。漢口は十月に陥落、十一月の岳州占領をもって武漢作戦は終了した。

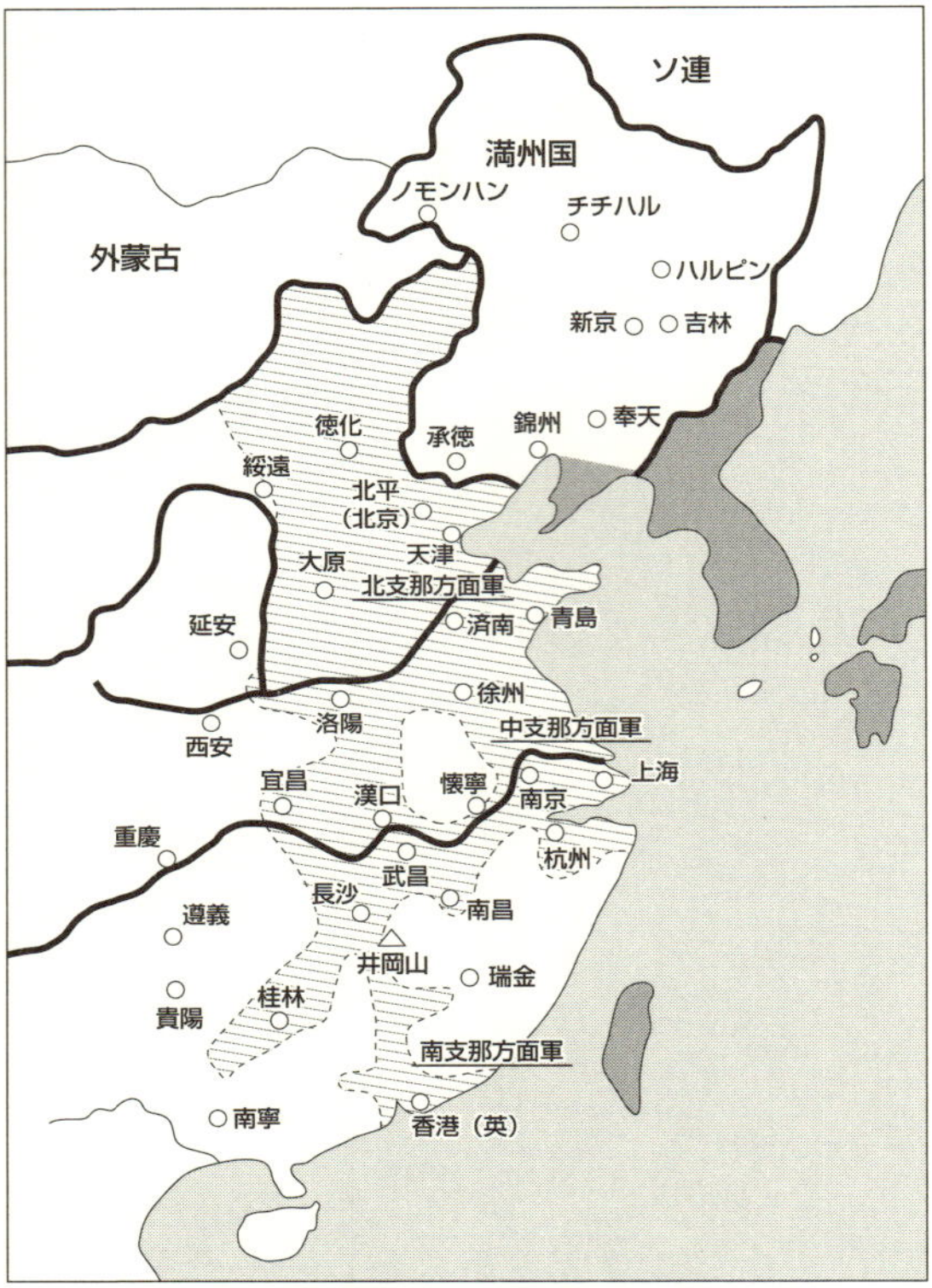

中国占領地域（昭和 20 年）

この作戦により、日本は徐州、開封、鄭州、武漢三鎮に至る、黄河から揚子江に至る中国の心臓部（中原）を制圧し、豊かな穀倉地帯と鉱物資源、工業地帯を支配下に置いた。なおこの作戦では、中支那方面軍は、武漢占領に際し軍紀引き締めのために「武漢侵入に際し軍参謀長の注意事項」を下達・徹底しており、南京事件のようなことは起こらなかった。

この作戦の日本軍戦死者

は七千百人、負傷者は二万五千人。中国軍の遺棄死体は十九万五千人、捕虜三万二千人であった。

③広東作戦

一九三八年十月には、広東作戦が開始された。当時香港から援蔣物資が流入していたので（なんとその六〇パーセントはドイツから）それを遮断するのが目的だった。

④東亜新秩序

近衛内閣は、盧溝橋事件から一年半後の一九三八年十一月に、遅ればせながら大義名分を明らかにするために、日本の戦争目的は東亜永遠の平和であるとする「東亜新秩序の建設」を声明し、十二月には「近衛三原則（善隣友好、共同防共、経済提携）」を発表した。しかし、蔣介石はこれを、日本がアジア・太平洋を支配するための方便であるとして取り合わなかった。

⑤戦果

盧溝橋事件以来この一年半の戦果は、「大本営陸軍部発表によると、領土の占領は日本全土の二・二四倍。これは中国全土の四七パーセントに当たるとした。占領地内の人口は一億六千九百万と見積もられ、全人口の約四割と概算された。……中国兵の遺棄死体は八十一万三千名で、内訳は上海戦八万一千名、南京戦八万三千名、徐州戦十二万三千名、北支掃討戦九万九千名、武漢戦十九万五千名、その他の戦死者、負傷者を含めると二百万名は下らない。……一方、日本軍の戦死者は四万七千百三十二名という。……中国は武漢を日本に奪われたことにより、抗日戦に不可欠な重工業の基盤を失った。非占領地域の中国内陸部は工場数からみても、全国のわずか六パーセントにすぎなかった」(『図説　日中戦争』太平洋戦争研究会編、森山康平著、河出書房新社)

通常なら、これで日中戦争は終わりということになるのだが、抗日戦争は中国を統一するための方便と思っている蔣介石にその気はなかった。勝てなくても持久戦を続けておれば、国際情勢が変化し、必ず日本は敗れると踏んでいた。しかも奥地は広かった。十二月末に、日本との協調を探る汪兆銘が重慶を脱出してきたのを幸いに、日本側も長期持久戦に方針転換していった。

世界情勢の変化(一九三九年=昭和十四年)

①英米との緊張

中国連合準備銀行(日本の占領地で流通する連銀券を発行)の天津支店長の程錫庚《ていしゃくこう》を暗殺した犯人がイギリス租界に逃げ込んだ。イギリスがその引き渡しを拒否したために日本軍がそこを封鎖し、日英の関係が悪化していった。アメリカは、上海や南京の戦場報告を受けて中国へ同情し、五月の重慶空爆(百号作戦)で多数の死傷者が出たこともあって、対日批判を高めていた。そうした中で七月、アメリカは一方的に、「日米航海通商条約」を破棄してきた。慌てた日本政府は、条約継続の交渉を行ったが、アメリカは、中国での経済活動が不当に制限される恐れがある限り新しい条約は結ばないと拒否し、同条約は翌一九四〇年一月に失効した。これで、いつ経済制裁が発動されるかわからない状況となり、日米は緊迫した状態になった。

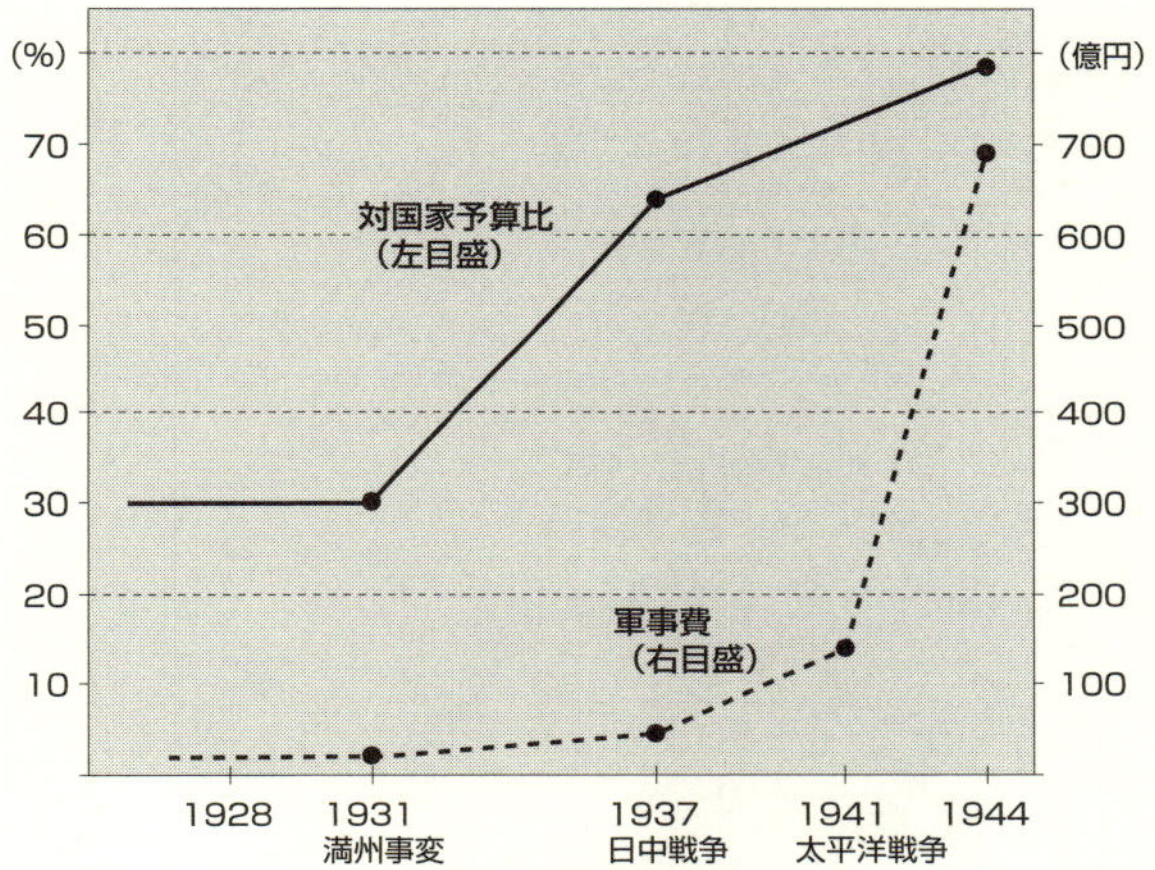

軍事費予算推移

②ノモンハン事件

五月十一日～九月十五日に、ノモンハン事件が勃発し参謀本部の不拡大方針にもかかわらず関東軍は二個師団を投入したが、航空機、戦車、大砲などの近代装備に勝るソ連軍の前に、第二十三師団（鹿児島）は壊滅的な打撃を被り敗退した（前述）。

③第二次世界大戦の勃発

ノモンハン事件を尻目に、ドイツは突然、八月二十三日に独ソ不可侵条約を結び、九月一日にポーランドに侵攻していった。これに英仏が宣戦布告をし、第二次世界大戦が始まった。

④日本の内情

日本は、中国本土だけで八十五万人（除く満州）の兵力を投入し、軍事費は国家予算の六割以上に膨れ上がり、米や電力の不足、インフレが高進し経済は逼迫していった。参謀本部の樋口情報部長は中・南支を放棄し、黄河以北の統治を汪兆銘に託す案を出したが、英霊に申し訳が立たないとして陸軍省に反対されて日の目を見なかった。その頃、中国側は日本の窮状を正確に掌握しており、情勢は蔣介石、毛沢東の思惑通り進んでいった。

ドロ沼の戦線（一九四〇年＝昭和十五年）

①果てしない戦線拡大

前年末から年初にかけて、広西、山西、武漢で中国軍の大がかりな「冬季攻勢」があり、その報復作戦が行われた。一月には、ハノイからの援蔣ルート（蔣介石への支援物資の輸送ルート）の要衝である広西省の南寧を占領していた第五師団（広島）は、中国の大軍に襲撃され危機に瀕した。直ちに第十八師団（久留米）、近衛混成旅団を増援し、これを撃退した。

また、蒙疆《もうきょう》地区（チャハル、綏遠省）でも、日本の蒙疆軍と中国軍の攻防が繰り返されていた。武漢地区でも大規模な攻勢があり（中国軍六十五師団、五十万人）、数え切れないほどの戦闘が繰り返されたという。その代表的な作戦が「宜昌作戦（中国軍の補給基地殲滅作戦）」で、五月一日～六月二十四日に同地域の中国軍を一掃した。併せて、武漢地区の揚子江の南北でも激しい掃討戦が行われた。

八月には、山西省で共産軍の大攻勢「百団作戦（団は連隊に相当）」があった。共産軍はいつの間にか一大作戦を行う力を持つに至り、これから本格的な剿共《そうきょう》作戦（共産軍を徹底的に絶滅）が展開されることになった。これはゲリラの潜伏（あるいは協力）している村を攻撃し、容赦なく村を殲滅・破壊するもので、当然村人も巻き込まれ、中国側はこれを中国古来の言葉で「三光（殺し、焼き、奪い尽くす）」と呼び日本を非難した。

主に山東省を管轄した第五十九師団（東京）に従軍していた元兵士の講演を聞く機会があり、その話によると、初めは躊躇するが、やっているうちに何とも思わなくなるという。本人は篤実そうな紳士であるが、戦争が人をそのように変えてしまうのだという。終戦時に、満州や北朝鮮でソ連の捕虜になり、戦犯となったこの人たち約千人は、ソ連に抑留された後、共産革命のなった中国に移管され、撫順戦犯管理所に収容された。そこでの食事・待遇は大変良く、特に糾弾されることもなく自由の身であったが、自然と自分たちのしたことに罪の意識を感じ、涙ながらに自己批判していったそうである。その極まった頃に裁判があり、当初は幾人かの死刑者がリストアップされたが、周恩来の指示で一人の死刑も出さず、全員帰国することができた。共産主義に洗脳された者もそうでない者もいただろうが、帰国後、第五十九師団長・藤田茂中将を中心に「中国帰還者連盟」を結成し、その一員として、進んで「三光」の実態を明るみに出し、二度とあのような戦争を起こさないように訴えるとともに、日中友好の懸け橋になるべく活動をしている。ちなみに、「三光」という言葉はあるが、「三光作戦（三光を目的とした作戦）」という言葉はないと言っていた。北支那方面軍司令官の岡村大将は、「滅共愛民策」を掲げ、十一月に「三戒標語（焼くな、殺すな、犯すな）」を公布していたが、この人の話では、「そのこ

岡村寧次（近現）

とは知ってはいたが、末端の兵隊には〝やるなということは、やれということだ〟とくらいにしか理解されていなかった」とのことであった。この三戒は、清が中国に侵攻したときの禁令「不焚、不殺」に倣《なら》ったという。

上海博物館で、紀元前の国宝級の遺物が無造作に幾つも並んでいるのを見たとき、中国の歴史と奥の深さに圧倒される思いがした。当時の日本軍も、あまりに大きな中国にある種の恐れを感じ、それを無理やり押さえつけようとして、このようなヒステリックな行動に出たのではなかろうかと、ふと思った。

ところで、こうした人たちを担いで平和活動を売り物にしている進歩的ジャーナリストと言われる人達がいるが、「三光作戦」とか「従軍慰安婦」という言葉を捏造し、疑わしい「百人斬り事件」を事実のように伝え、数いる軍医があたかも日常的に「人体実験」をしていたかのようにプロパガンダして一般大衆を惑わすのはよくないことである。

日本軍は、ゲリラと農民の接触を絶つために、北支で一万に及ぶ「集団部落（戦略村）」を作ったがさしたる効果はなく、ゲリラと、協力者、無関係な住民の区別がつかないまま包囲・殲滅を繰り返していった。長引く戦争で兵士のモラルも低下し、やったりやられたりしているうちに残虐行為への感覚も麻痺し、数々の不都合な行為に及んだと言われている。

五月十八日〜九月四日には、奥地の拠点に対し大規模な無差別爆撃（一〇一号作戦）を行い、特に重慶には陸・海軍機が三十七回出撃し一万発の爆弾を投下し、多くの犠牲者を出した。このときから、戦闘機「ゼロ戦」が実戦に配備され、中国空軍に壊滅的な打撃を与えた。

②アメリカの日中戦争関与

アメリカは、シェーンノート少将の発案で、形式上退役した軍人による義勇兵で構成する「フライング・タイガーズ」という戦闘機部隊を編成し、一九四〇年（昭和十五年）八月から中国戦線に配備し、蔣介石軍の支援を始めていた。これは、ルーズベルトの承認も受けており、アメリカは、非公式ではあるが、すでにこの頃から対日戦線に実質的に参加していたことになる。現にこの部隊は、日米戦争が始まるとともに、現役の米第十四航空軍に復帰している。

このとき、シェーンノート少将は、恐るべき戦闘機（零戦）の出現をアメリカ本国に報告したが、日本にそのような飛行機が作れるはずがないとして無視された。

③戦線縮小の建議

一九四〇年二月の第七十五通常国会で斎藤隆夫《さいとうたかお》議員は、名目のない日中戦争を批判して、「唯、徒に聖戦の美名に隠れて国民的犠牲を閑却し、曰く国際主義、曰く共存共栄、曰く世界の平和、斯くの如き雲を掴むような文字を並べ立てて、そうして千載一遇の機会を逸し、国家百年の大計を誤るようなことがありますならば、現在の政治家は死してもその罪を滅すことはできない」と演説し、多くの喝采を浴びたが、懲罰委員会にかけられ議員を除名された。

その後、参謀本部作戦課からも再び、「日本の戦争目的が不明である。一方、重慶政府の態度と英米ソの支援がある限り、中国側からの停戦・和平申し入れはあり得ない。国家の財政経済を度外視した統帥は存在しない。五年以内に中国本土の兵力を三十万程度に縮小すべき（当時の陸軍の総兵力は百三十五万、内中国本土に八十五万、関東軍に四十万)」との作戦縮小の建議書(戦史叢書『支那事変　陸軍作戦三』朝雲新聞社)が出されたが、それも陸軍省の課長クラス(大佐)に簡単に一蹴された。

盧溝橋のときから、実際に作戦を担当する参謀本部が先の見えないドロ沼の戦争をやめようと言っているのに、後方の政府の一省庁である陸軍省が、これまで戦死した英霊に申し訳がたたないということでこれを拒否し、さらに十倍の英霊をつくることになった。戦争を続けるかどうかの判断は、当事者の軍人ではなく政治家の仕事であるにも拘わらず無策、無気力な政治家にはそれができなかった。

石原莞爾が、後に、GHQの尋問に対し、「自分にはいささかなりとも戦略とか思想というものがあったが、東条にはそれがない。自分と東条を一緒にしてもらっては困る」と言ったとおり、軍部の中枢に戦略眼のある者が居なかったことが日本の不幸であった。

④第二次近衛内閣

陸軍は、一九四〇年一月に成立したばかりの三国同盟に反対していた米内内閣を倒し(畑俊六陸相を辞任させ後任を送らなかった)、第二次近衛内閣が七月に発足し、軍部寄りの次のような強硬政策を打ち出していった。

(イ)八月二十三日に、北部仏印への進駐(これは仏のヴィシー政権の了解を取ってハノイルートの援蔣ルートの遮断を目的とするもの)。

(ロ)九月二十七日に、日独伊三国同盟の締結(これは対米戦争を避ける牽制のつもりであったが反対にアメリカをはっきりと敵側に追いやることになった）。
（八）蘭印と、石油、ゴム、アルミ等の対日輸出増額交渉の開始（アメリカからの禁輸の対抗策）。
（二）十月に、挙国一致のために「大政翼賛会《たいせいよくさんかい》」を設立。

この年の四月までは、英米仏も日中の和平を勧告していたが、蔣介石は応じず、日本側も「桐《きり》工作」という水面下の和平工作があったため、これに応じることはなかった。桐工作とは蔣介石夫人の宋美齢の兄の宋子文《そうしぶん》（行政院長）の、弟と名乗る宋子良を窓口とする和平工作であったが、結果的に、彼は偽物あるいは重慶政府の謀略でこの工作は消滅した。その結果、仕方なく汪兆銘政権と、十一月に、「日華基本条約」を結んだが、軍事力と国民的支持基盤を持たない汪政権は無力であった。その後、近衛内閣の強硬路線に、英米蘭は南方植民地に対する脅威を感じ、本格的に中国支援に乗り出していった。九月に、アメリカは日本へのクズ鉄を禁輸し、蔣介石に二千五百万ドルの借款を与え、反日の態度を鮮明にしてきた。これこそ蔣介石の望んだ「国際状況の変化」であり、周恩来の予言である「二大帝国主義間の戦争は拡大し、日米間の矛盾の先鋭化は間もなく大衝突を起こすだろう」のとおりに世の中は進んでいった。

汪兆銘（防衛）

中国戦線はいよいよドロ沼化し、この年の北支那方面軍の交戦回数は二万回に及び、日本軍の中国本土の兵員は九十五万人

（他に関東軍四十万人）に膨張し、際限のない消耗戦に陥ってしまった。

底なしの深みへ（一九四一年＝昭和十六年）

①戦陣訓

長引く戦争で、軍紀が乱れていたのを引き締め、また、明治十五年の軍人勅諭の具体的な行動基準として、一月に「戦陣訓」が交付された。これは畑俊六陸相が発案し、当時を代表する和辻哲郎、島崎藤村、土井晩翠等の協力を得て作られ、東条陸相のときに公布されたものである。内容は、本訓の其の一（皇国史観、団結・共同・攻撃・必勝精神）、其の二（敬神、孝道、敬礼、戦友道、率先躬行、責任、死生観、名を惜しむ、質実剛健、清廉潔白）、其の三（戦陣の戒め、戦陣の嗜《たしな》み）を謳っており、有名な「生きて虜囚の辱めを受けず、死して罪禍の汚名を残す勿れ」は、其の二の第八項「名を惜しむ」の中にある。戦陣訓といえば、このことばかりが取り上げられるが、そもそもの狙いは、軍紀の引き締めと士気の高揚にあった。

②大々的な剿共作戦

五～六月には、山東、山西省で大々的な剿共《そうきょう》作戦（徹底的に共産主義者を滅す作戦）を行い、中国共産軍二十六個師団十八万人に壊滅的な打撃を与えた。そのことは、必然的に開放地区の住民・集落そのものも巻き込んでいった。

③奥地作戦

五月から八月まで、重慶、成都の奥地に対して、再び陸・海軍機が空爆（一〇二号作戦）を行い、重慶では三万人が死んだといわれている。このとき、海軍は初めて爆撃機「一式陸攻」を投入した。

九月五日〜十一月六日には、二年前に途中で中止した長沙《ちょうさ》作戦を再開した。そこは、蔣介石軍三十万人余の根拠地であり、漢口の第十一軍が南下してこれを占領し、宜昌の奪還を目指す中国軍も撃退した。

太平洋戦争下の日中戦争（一九四一年＝昭和十六年十二月〜一九四五年＝昭和二十年八月）

①太平洋戦争の勃発

十二月八日に真珠湾攻撃が起こると、これまで四年間持久戦に耐えてきた蔣介石は喜んで日記に、以下の通り書いている

「交戦政策の成功はここに極まった。物事は極点に達すれば必ず逆の方向に転化する」（前掲『蔣介石』）

日本は、中国を見くびってきたが、さすがに中国五千年の歴史を受け継ぐ蔣介石の戦略眼は確かであった。

蔣介石が日本との戦争を継続できたのは、米英の援助があったためであり、これを遮断する狙いで、一九四一年十二月香港を攻略した。次いで、一九四二年二月マレー・シンガポール占領、同三月蘭印

（インドネシア）占領、同四月全フィリピン占領、同五月ビルマ占領と、破竹の勢いで東南アジアを席巻し、長期持久戦のための資源の確保に向かった。

②華北の剿共作戦

一九四三年（昭和十八年）に、揚子江の江北作戦で共産軍六個旅団殲滅、江南作戦で国民党軍第七十三軍を殲滅等、終わりのない作戦が続けられていった。また、共産党支配地区とそれ以外を峻別するために、延々と遮断壕、封鎖線等が造られていった。

「『遮断壕』は準治安地区と未治安地区をわけ、共産軍の浸透を阻止するもので、京漢線（北京〜漢口）沿いの各所に掘られ、一九四二年九月までに一万一千八百六十キロ、遮断壕に沿う「トーチカ陣地」は七千七百個に達した。……『小型万里の長城』は経済封鎖線で、高さ約二メートル・下幅約一メートルの石垣。京漢線西方山地の山麓に沿い数百キロ。……『無人区』が作られた範囲は五万平方キロメートル。『無住禁作地帯』が八千五百平方キロメートル。『集家された自然村』は一万七千余り、『人囲い』が全部で二千五百六カ所。集家併村された民衆は約百四十万人である」（「前掲『図説　日中戦争』

③大陸打通作戦

一九四四年三月から、連合国の攻撃にさらされた海上輸送路を補完するために、北京〜漢口〜広東〜南寧〜ハノイ〜マレー〜シンガポールの陸上輸送路を確保することと、米軍の航空基地建設（B29）を阻止するために「大陸打通作戦（一号作戦）」を行った。十二月十日に、南下軍（第二十二師団・仙台）と仏印からの北上軍（第二十一師団・金沢）とが綏禄で合流し、一九四五年一月に、広東から攻め上った第二十三軍も衡陽《しょうよう》に至り、ここに「大陸打通作戦」は完成した。しかし、その頃にはサイパンが陥落しており（一九四四年七月七日）、アメリカ軍はＢ29の基地を中国に造る必要がなくなっていた。せっかく打通したルートに、鉄道や道路を敷設・メンテナンスする力はもう日本には残っておらず、結局この作戦は徒労に終わった。

④ビルマ方面作戦

北ビルマ経由の援蔣ルートを遮断するために進駐していた拉孟《らもう》、騰越《とうえつ》の日本軍部隊は、無謀なインパール作戦が失敗（一九四四年七月）した後、補給の絶えたまま中国側国境に孤立し、九月に米軍に支援された近代装備の中国軍の大軍の攻撃を受け全滅した。これは、中国大陸で連隊規模の日本軍が全滅した唯一の例である。これで、インドから北ビルマを経由して昆明《こんめい》に至る新しい援蔣ルートが完成した。

⑤慰安婦問題

このとき、ビルマ側のミートキナにいた約二十名の朝鮮人慰安婦が米軍に救出され、その実態が「米軍戦争情報局の聞き取り調査」に記録されている。その聞き書きによると、恵まれたケースとは思うが、生活はかなり自由であり、日本兵からの求婚が多く、実際に結婚した例もあると伝えられている。彼女たちの一カ月の総収入は、三百～千五百円で、その半額を契約時の前借金の返済に充て、残りで、食費、物品購入費を賄っていたようである。昭和十八年の「大東亜戦争陸軍給与令」によると、二等兵の月給は七円五十銭、軍曹は二十三〜三十円で、戦地手当を入れてもその二倍弱の時代である（当時の葉書は二銭、巡査の月給が四十五円、国民学校の教諭が五十〜六十円、大学生の初任給が百円、中将の年俸が五千八百円で、現在の価値はその二千〜三千倍くらいか？）。

ちなみに、当時、「従軍看護婦、従軍記者」という言葉はあったが「従軍慰安婦」という言葉はない。一九三七年に、日中戦争が始まった頃から、一般婦女子に狼藉《ろうぜき》しないようにとの狙いで、兵士百〜百五十人に一人の割合で「慰安婦」を配置した。その結果、一般婦女子に対する犯罪は激減した。もちろん、公娼制度が合法の時代であり、現在の倫理観で当時を判断するわけにはいかない。生物は、極限状態に置かれると、種を残そうという本能が強く働く。これは動物も植物も同じである。当時の日本軍は、約二百五十万人であったので、常時二万〜二万五千人の慰安婦がいたことになる。その国別構成は、場所にもよるが日本人二〇〜三〇パーセント、朝鮮人二〇〜五〇パーセント、中国人一〇〜三〇パーセント、現地人その他一〇〜二〇パーセントであった。

募集は、軍から内務省や朝鮮総督府に人数の要請があり、それを末端の警察や役場に下ろし、そこから先は土地の業者に人集めを頼んだようである。日本人慰安婦の募集については、風俗関係の従事者のみに限定し、一般の婦女子は禁止していた。これを入れると、兵士が身の上話に同情し里心がついて士気が落ちるためであった。もちろん、騙し・誘拐は警察が厳重に取り締まっていた。朝鮮では、朝鮮人の業者が京城日報などの新聞広告で「軍慰安婦急募、勤務地、条件など」を提示して募集している。その募集広告の写真が残っている。二〇〇五年時点で慰安婦を名乗り出た人は約百三十人で、そのうち強制連行されたと主張する人は約五十人であるが、すべて本人の申し立てだけのようで、民族意識の強い朝鮮で、子女が強制連行されれば、その家族や地域の人が黙っているわけがないのに、それを裏付ける証拠や証人は見つかっていないという。

一九八三年（昭和五十八年）に、唯一の強制連行の証言者である元軍人の吉田清治《よしだせいじ》は「軍の命令により済州島で二〇五人を強制連行し慰安婦にした」と告白し有名になったが、一九八九年『済州新聞』の許栄善記者が裏付け調査をしたところ事実でないことが判明した。後日、本人は作り話であることを認め、以後日本とアメリカの公式文書からそのことは削除された。経営は民間人であったが、軍の要請で募集し軍が管理（規則、衛生、警護）していたので、軍が関与していたのは事実であるが、安倍首相が話したように、「旧日本軍の強制性を裏付ける証言は存在していない」というのが実情のようである。

また、「女子挺身隊《ていしんたい》」というのは、「国民徴用令」に基づき、十四～二十五歳の未婚女性を軍需工場、交通機関等で勤労奉仕させたもので、慰安婦とは全く別物である。例外的に騙しや拉致等のケースがあったとしても、それが一般的であったかのように言うのは適切ではない。

ちなみに、沖縄の渡嘉敷島《とかしき》へ行ったとき、偶然会ったお婆さんから当時の状況を聞く機会があった。この島にも七人の朝鮮人慰安婦がいたそうで、その人の母親は、彼女たちと仲が良かったそうである。ということはかなり自由だったのではないかと思われる。また、隣の座間味島《ざまみ》で聞いた人によると、慰安婦は看護婦代わりとしても献身的に働いていたようで、一度慰安婦のことをきちんと調べてみたいと言っていた。場所にもよるが、言われているような悲惨な状況ばかりではなかったようである。

⑥中国作戦の縮小

一九四四年十一月に、岡村寧次大将は支那派遣軍総司令官に就任し、張り切って重慶と成都の攻略計画に取りかかったが、参謀本部に止められ、米軍の上陸が予想される広東や上海、山東への移動とともに、蔣介石との和平工作を命じられた。

それでも、小規模の作戦は行っているが、米軍の航空攻撃と豊富な火砲を持った中国軍に苦戦をした。中国軍はアメリカから資金、軍需物資の支援を受け、軍事顧問団の訓練を受けていたが、蔣介石日記によると、蔣介石の参謀になったウェデマイヤー中将や空軍のシェーンノート准将との折り合いは悪かった。イギリスともビルマ戦線を巡って対立しており、連合軍側も一枚岩ではなかったようである。

最終局面（一九四五年＝昭和二十年）

①和平工作

二月二十四日に、袁良という者が、蔣介石の言付けを支那派遣軍総司令官の岡村大将に届けに来ている。その要旨は以下の通りであった。

一、中日両国の提携が大東亜のために緊要であること。

二、故に適時、日本のために（連合国内で）発言する用意がある。日本を救うのは余（蔣介石）あるのみ。

三、お互いに、行き過ぎないように心掛けたい。

とのことであったが、カイロ会談のことなど露知らず、生意気なことを言ってきたくらいに感じて返事を出さなかった由。(『岡村寧次大将』舩木繁著、河出書房新社)

次いで三月に、蔣介石の密命を受けたとする繆斌《みょうひん》から、かねて面識のあった小磯首相、緒方竹虎《おがたたけとら》に和平工作の接触があったが、外務省、陸軍省の反対と天皇も懐疑的であったために頓挫し、小磯内閣は責任を取って辞職した。繆斌は、日本に伊藤博文ほどの大政治家がいないことを残念がったという。戦後、彼は漢奸第一号として国民政府に処刑されたが、これは、連合軍に内緒で、日本と和平工作をしたことがばれるのを恐れた蔣介石の指示ともいわれるが、今となっては謎である。

小磯の後を継いだ鈴木貫太郎内閣は、六月二十三日、ソ連を通じて講和を模索したが、ソ連はこれを婉曲に断ってきた(すでに二月のヤルタ会議で対日開戦を約束)。

七月九日に、支那派遣軍総参謀副長の今井武夫《いまいたけお》少将は、蔣介石軍の何柱国上将に和平を申し入れたが、次の回答を受け絶句したという。

「日華単独和平は、カイロ宣言がある今日、実現の可能性はない。しかし、日本が敗戦の結果滅亡することは望むところではない。むしろ、戦後も東洋の一強国として、中国と連携し、東洋平和の維持に協力されるよう希望する。したがって、国力のあるうちに早く戦争を終結するよう、日本政府の賢明な善処を熱望している。このため、中国は日本の要請があれば、日本の和平提案を連合国に取りつぐことにやぶさかでない。特に、蔣介石総統は、日本の天皇制存続に好意的で、既に各国首脳にもそのことを表

明している」（「支那派遣軍の終焉」『丸』別冊　不敗の戦場、船木繁著）

その頃、中国共産党は日中戦争を通じて農村に着実に勢力を伸ばしており、延安（陝西省）の中国共産党根拠地で、十七年ぶりに開いた第七回全国代表者大会（四月～六月）で毛沢東は抗日戦勝利の獲得と戦後の情勢に対処する方策について次のように述べている。

「中国共産党は経験豊かな百二十万の党員を擁する強大な政党となった。中国全土には広大な解放区（中国共産党支配地区）があり、そこには九千五百万の人口と、九十一万の軍隊、二百二十一万の民兵がいる」（『大東亜戦争の本質』同台経済懇話会、紀伊國屋書店）

共産軍は、長征の後、延安に辿り着いたときは一万人にも満たなかったが、これは、日本と国民政府を戦わせ、国共合作の下に天下御免で勢力を扶植《ふしょく》した結果であり、中国共産党こそ戦略通り事を運んだ一番の勝利者であった。蔣介石はそのことを最も危惧し、日中戦争中も何度も共産軍を攻撃している。

②終戦

八月十五日の正午、玉音放送をもって日本の敗戦となった。支那派遣軍の岡村総司令官は八月九日から三度にわたって陸軍大臣、参謀総長、天皇に「降伏反対」の電報を打っている。岡村司令官としては、中国本土に士気旺盛な百五万の大軍を擁し、中国軍との戦争には勝っていたので敗戦の実感はなかった。

玉音放送の一時間前、日本の降伏を知った蔣介石は、全国民に「怨みに報いるに徳をもってせよ」という有名な放送を行い、日本人に深い感銘を与えた。戦後、保守政治家が、感謝の念をもって台湾政府を支持し続けたのはそういう事情がある。

〈蔣介石の演説〉

「私はキリストの教えに述べられている『自分に対するのと同じように人に接せよ』と『汝の敵を愛せよ』という二つの言葉を思い、無限の感慨を覚えるものであります。我が中国の同胞は『旧悪を念《おも》わず』と『人に善を為す』が我が民族の伝統的な気高く尊い特性であることを知らねばなりません。我々は一貫して、日本の好戦的な軍閥のみを敵と考え、日本人民は敵とみなさないと言明してきました。今日敵軍は我々連合軍が共同してうちたおしました。我々は無論日本が降伏の条件を全て忠実に実行するよう、厳しくもとめなければなりません。しかし我々は報復を考えてはならず、まして敵国の無辜《むこ》の人々に汚辱を加えてはなりません。彼らがそのナチス的軍閥によって愚弄され、駆りたてられたことに同情し、彼らが、自ら誤りと罪悪から脱出できるようにさせるのみであります。もし暴行を以て、かつて敵が行った暴行にむくい、奴隷的辱めを以ってこれまでの彼らの誤った優越感に報いるなら、報復は報復を呼び、永遠に終わることはありません。これは決して我々仁義の士の目的ではありません」(『蔣介石』黄仁宇著、北村稔他訳、東方書店)

このような考え方は、周恩来にもあり、後の撫順戦犯管理所での日本人戦犯の扱いを、中国人以上に優遇し、その判決においても「死刑判決」の上申を却下し、不満を述べる中国人に対し「悪いのは軍国主義であって人民はその被害者である」と説き、優遇する理由を、「後二十年たてば、そのことがわかる」と諭したという。

九月九日に、岡村支那派遣軍総司令官は、南京で何応欽一級上将に投降し、降伏文書に調印した。

終戦後、岡村大将には、中国本土で、百万の将兵と五十万の民間人を無事帰還させる大役があった。それは四、五年かかると思われたが、ほんの十カ月で終えることができた。その間、旧知の何応欽総司令から「日本もすでに武装がなくなったので、これからは本当に中日の和平提携ができる。お互いそう心掛けましょう」と声をかけられている。

また、蔣介石からも、「ご不便があれば、遠慮なく私か、何総司令に申し出られたい。接収（帰国手続）が順調に進捗していることは同慶にたえない。中日両国は、わが孫文先生のご遺志に基き、固く提携することが緊要と思う」と終始笑顔で労りの言葉をかけられたという（前掲『岡村寧次大将』）。

蔣介石をはじめ、何応欽総司令以下、軍の主だった人は、日本の士官学校卒で、旧知の者が多かった。中国共産党が、第一の戦犯として、岡村大将の引渡しを要求してきたが、国民政府は、早々に戦犯裁判で無罪を宣告し、岡村大将を帰国させている。

満州では、根こそぎ動員二十五万人を含め、関東軍七十八万人がいたが、六十万人がシベリアに抑留され、十一年間で六万人が異国の土となった。民間人約五十万の内、特に三十万の開拓民は、逃避行から引揚までの間に、塗炭の苦しみを味わった。

日本軍の、中国本土での戦死者は陸軍三十八万四千九百名、海軍七千六百名だったが、さまざまな事情で日本への帰還がかなわず終戦後に死亡した者が五万四千名に上った。総計四十四万六千五百名である。

中国では、日中戦争の犠牲者は二千万人とも三千万人とも言われるが、あまりに多くて確かめようがない。ただただ、大変多くと言うしかない。

〈まとめ〉

一、日本は、アジアの盟主と期待されていたにもかかわらず、一九一五年（大正四年）の「対華二十一か条の要求」で、中国人に拭い難い屈辱感と恨みを植え付けた。

二、日本も蔣介石も盧溝橋事件以前は日中の全面戦争を望んではいなかった。日本の仮想敵国は、陸軍はソ連（防共）、海軍はアメリカ（覇権争い）であり、日本にとっては、満州国が事実上承認され、反満・抗日活動が収まることと、上海、天津、北京等の大陸の権益（英、米、仏等も同じ）が守られさえすればそれでよかった。

蔣介石は、「安内攘外」方針により、まず中国共産党を一掃し全国統一することが先決で、外国勢力（特に日本）の排除はドイツ式の軍備・訓練を整えた後の四年後（一九四一年頃）を想定していた。

三、蔣介石にとっても、毛沢東にとっても、日本（外敵）と戦うことは、アヘン戦争以来混乱した中国で、多民族、軍閥、共産党（あるいは国民政府）を束ねて国を統一することと同義であった。日本はそのために国共共通の敵として利用された。

三、蔣介石は、自力では勝てなくても持久戦を続ければ国際環境が味方し、日本は自滅すると見て、いくら負けても降伏する気はなく、日本軍をどんどん奥地に引きずり込んでいった。

四、中国共産党は、日中を戦わせて国民政府の勢力を消耗させ、社会の混乱に乗じて、農村中心に勢力を扶植し、共産革命の条件を整えていった。

五、米英は、日本が中国に排他的権益を築くことを嫌い、ソ連は、日本軍の勢力をソ満国境から遠ざけるために、蔣介石を（中国共産党以上に）支援した。

六、蔣介石は、アメリカには親近感を持っていたが、傲慢なイギリスは帝国主義の権化として嫌い、ソ連は貪欲《どんよく》で信用のおけない国と見ていた。日本の侵略政策には反発したが、固有の文化、倫理観には個人的に好感を持っていた。

七、日本では、功名心にはやる好戦的軍人、コミンテルンの息のかかった社会主義者、混乱を起こして国家社会主義を目指す国家改造派の軍人、親軍政治家、新官僚、右翼等が三つ巴になって、戦線拡大を煽った。マスコミ・国民もそれに同調していた。

八、日本は、戦略目標、最終終着点が曖昧なまま、ズルズルと深みにはまっていった。博打《ばくち》の損切りができずに賭け続け、破産したようなものである。クラウゼビッツが言うように、「戦争とは、政治を行う上での一手段」であるにもかかわらず、戦闘に勝つことが目的にすり替わってしまった。

日本は、引きずり込まれた戦争、あるいは東亜解放のための戦争と言いながらも、その実態においては第一次近衛内閣の一九三七年十二月の和平提案内容を見ても明らかなように、侵略戦争であったと言わざるを得ない（侵略の定義は、国際連合の指針による）。
九、この戦争で、日本も、蔣介石も何ら得るものはなかった。アメリカにとっても、マッカーサーが一九五一年五月の米上院軍事・外交合同委員会で証言したように、「過去百年間に太平洋地域で我々が犯した最大の政治的過ちとは、共産勢力を中国で増大させたことである」（『正論』二〇〇三年十二月号）という結果になった。アメリカは、このトラウマに囚われ、日本と同じようにベトナム戦争のドロ沼にのめり込んでいった。結局得をしたのは中国共産党とソ連だけであった。
十、ドロ沼の日中戦争を打開するために、援蔣ルートの遮断、持久戦のための南方資源の確保に向けて、さらに太平洋戦争の深みにはまっていった。日中戦争と太平洋戦争を含めて、日本では西欧からのアジアの解放と捉えて「大東亜戦争」と言う。
十一、反省すべき点は、
①大正時代に暴力装置（軍）を制御する権限（統制）と使用する権限（統帥）を分離し、政府の下に意思決定の一元化をしておくべきだった。
②戦争目的、最終終着点を明確にしておくべきだった。そして、戦略的には、満州国の建国でとどまるべきで、たとえ中国一撃論に従ったとしても、上海事変後の、トラウトマン工作に乗るべきであった。
③日露戦争までの日本軍の軍紀は、世界の称賛の的であったが、軍隊の肥大化で質が低下したことと、名分なき先の見えない戦争で次第にモラルが低下し、数々の汚点を残してしまった。これは軍が政治・経済にのめり込み過ぎ軍紀の引き締めと教育を怠ったことに原因がある。

④マスコミも国民も踊り踊らされ、自ら判断し自分の意見を主張する勇気と能力に欠けていた。政治家も無気力で、一九三七年一月、第七十帝国議会での浜田国松議員の「軍部の政治関与批判」、一九四〇年二月、第七十五帝国議会での斎藤隆夫議員の「日中戦争批判」演説に続く者はいなかった。

民度の低さを反省しなければいけない。

第七章　太平洋戦争・ニイタカヤマノボレ一二〇八から玉音放送まで

太平洋戦争前夜

世界情勢

①第二次世界大戦の勃発

一九二九年（昭和四年）の世界大恐慌を受けて、各国は自国の経済を守るために、高関税で守られたブロック経済化を推し進めていった。植民地や資源を持たざる国である日本、ドイツ、イタリアは、ますます苦しくなり、国家統制を強めたファシズム（国家社会主義）が勢力を伸ばしてきた。ドイツでは、ヒトラーが、ヴェルサイユ体制の打破、植民地の再配分、ゲルマン民族至上主義、ユダヤ人の排斥を掲げ、軍部や中産階級の支持を取り付け、一九三二年の総選挙で合法的に第一党になった。第一次世界大戦後作られたワイマール憲法は、当時最も民主的な憲法と言われたが、国民を食わせるという意味では無力であった。ヒトラーは、政権を取ると、アウトバーンの建設や国民車をはじめ重化

ヒトラー総統（近現）

学工業の育成、再軍備など積極的な政策で数百万人の失業者にパンを与え、国民の熱烈な支持を受けた。当時の映像を見ると、ヒトラーに対する国民の熱狂ぶりは、とてもやらせや強制によるものとは思えず、「食の確保」と「名誉の回復」に対する歓喜の表情に満ち溢れている。ただし、純粋にゲルマン民族の純血を守ろうとしたのか、国民を団結させるために共通の敵をつくる必要があったのか、ユダヤ人への迫害はやらずもがなのことであった。ただし、周辺国もこれに協力しており、『ヴェニスの商人』を持ち出すまでもなく、欧州におけるユダヤ人問題は、歴史的なもので、ヒトラーだけを悪者にして頬かむりできるものではない。そして、急速に拡充した軍事力を背景に、一九三五年にザール地方を併合、一九三六年にラインラント非武装地帯へ進駐、スペイン内乱に介入し右翼のフランコ政権を支援、一九三八年にオーストリアを併合した。同年、チェコのドイツ人の多く住むズデーテン地方の割譲を要求するヒトラーに、戦争を回避したいイギリス、フランスはミュンヘン会議で苦渋の妥協をしこれを承認した。

スターリン議長（近現）

これに気を良くしたヒトラーは、さらに、かねてからの密約に基づき、一九三九年九月に、ソ連とともにポーランドに侵入し、瞬く間にこれを占領し領土を分割した。ソ連は、革命時には、民族自決・平等主義を標榜し、帝政ロシアの行ってきた周辺国に対する支配・圧迫を放棄してきたが、この時点では、スターリンの専制政治の下でツァー時代以上に領土拡大に執着していた。このとき、ソ連軍によるポーランド軍将校一万人以上の虐殺（カチンの森事件）が発生している。祖国防衛戦争にはスターリンの鉄の意志が必要であったが、レーニンが彼を危険視していた通り、共産主義を邪悪に貶《おとし》めた罪は重い。

ヒトラーの失地回復政策に妥協を重ねてきたイギリスも、事ここに至ってはついに戦争を決意し、フランスとともにドイツに宣戦布告し、第二次世界大戦が勃発した。その後チャーチルが戦時内閣を率い、不屈の闘志で国民を鼓舞しながら第二次世界大戦を戦い抜くことになる。イギリスは同じゲルマン民族であるうえに、英独の王室は親戚関係にあったので、イギリスとの戦争にはならないだろうと高をくくっていたヒトラーにとって、これは大きな誤算であった。

欧州戦線では、英仏がドイツの矛先をソ連に向かわせようとした為に、約半年間の空白の時期（奇妙な戦争といわれた）があったが、一九四〇年五月に、ドイツが空軍力と機械化部隊による電撃作戦で西部マジノ線を突破し、イギリス軍はダンケルクからドーバー海峡に追い落とされ、フランスは六月二十二日に降伏した。その際、ヒトラーは、第一次世界大戦の降伏調印式を行った列車をコンビエーニュの森から引っ張り出し、その中でフランスに降伏調印をさせ、「ヴェルサイユ条約」の屈辱を晴らしたのは有名な話である。続いて、ヒトラーは英本土上陸を目指し、七月から十月にかけて、ドイツ空軍によるロンドン大空襲を行ったが、チャーチルの粘りとレーダーの活用、戦闘機スピットファイアの活躍で、目論見は失敗した（バトル・オブ・ブリテン）。

チャーチル首相（近現）

イギリスへの上陸を諦めたヒトラーは、一九四一年六月に、いきなり「独ソ不可侵条約」を破りソ連に侵入した（バルバロッサ作戦）。初め、ドイツ軍は破竹の勢いでモスクワに迫ったが、十一月から冬将軍とソ連の頑強な抵抗に遭い、十二月初めには、雪と泥濘《ぬかるみ》の中で進撃が止まった。

②日本の状況

当時の日本は、一九三七年（昭和十二年）七月から日中戦争に入り、出口の見えない戦いを続けていた。第一次近衛内閣（一九三七年六月〜）は、交渉の俎上《そじょう》に上らない国民政府に業を煮やし、参謀本部の反対にもかかわらず、一九三八年一月に「国民政府を対手とせず」を声明し、中国側の交渉相手を失うことになる。一九三八年四月に、「国家総動員法」を公布し、政府は国会の承認なしで人、物、言論を統制できる体制を確立した。十一月には、「東亜新秩序」を声明し、近衛三原則「善隣友好、共同防共、経済提携」を国策の大義名分としたが、その理想とは裏腹に、中国の政府、人民の共感を得るには至らなかった。一九三九年五月に、満州西部の外蒙古と接する付近で、蒙古軍を支援するソ連との間で大がかりな国境紛争が発生した（ノモンハン事件・前述）。

一九三九年七月には、「国民徴用令」が発布され、必要な専門職種について徴用が始まった。これはやがて、労働力不足を補うために、一般工場労働者の徴用にまで広がり、朝鮮人、中国人までその対象となっていった。

また、海軍の首脳である米内海相、山本五十六海軍次官、井上成美《いのうえしげよし》海軍軍務局長は、日独伊三国同盟に反対するとともに、日米開戦の愚を唱えていたが、ドイツの勢いに乗った陸軍の主張に押されて海軍

米内光政（国H）

の中枢から外されていった。一説によると、山本を右翼の暗殺から守るために海上勤務の連合艦隊司令長官に持っていったともいわれている。

米英によるハノイ経由の援蔣ルートを遮断するために、一九四〇年九月に、日本政府はフランスのヴィシー政権との協定に基づき、北部仏印（ハノイ方面）に進駐した。

ちなみに、ベトナムは安土桃山時代から、日本と交流があり、ダナン近くのホイアンという観光都市には、昔、日本人町があった。そこには当時の名残をとどめる『来遠橋《らいおんばし》』や日本人の住居が残っており、今でもベトナムは親日的な国である。タイ（昔のシャム国）でも、アユタヤに日本人町と山田長政《やまだながまさ》の遺構が残っており、昔の日本人のバイタリティーは相当のものであった。ダナンからフエに行く途中に風光明媚な峠があり、そこには、ベトナム戦争時代に、北の侵攻を阻止する監視塔やトーチカの残骸が幾つも残っている。フエは昔の都で、壮麗な王宮があったが、ベトコンが立て籠ったために多くが破壊され、今では、その一部が再現されて往時の栄華を伝えている。人間はいつまで経っても同じことを繰り返すものである。

同じ一九四〇年九月に、かねてより陸軍が主張していた「日独伊三国同盟」を締結した。これは、一九三九年八月の「独ソ不可侵条約」により一時下火になっていたが、ドイツの快進撃を見て復活したもので、ソ連を含めて四国が同盟関係を結べば米英に対抗できると考えた。松岡洋右は、この同盟を結んでもアメリカにはドイツ系移民が多いのでアメリカは参戦してこないと考えていたが、天皇は、この同盟には一貫して反対の立場であり、そのことはグルー駐日大使の日記にもはっきり書かれている。天皇は重要な局面で随所に的確な情勢判断をされており、このようなことなら、天皇親政の方が昭和の難局をうまく乗り切ることができたのではないかとさえ思われる。この条約は、ドイツと組むことにより、アメリカの参戦を牽制する狙いがあったが、結果としては反対に、アメリカを決定的に敵側に追いやることとなった。

一方、一九四〇年三〜九月に、蔣介石の義理の弟と名乗る宋子良を介した対中和平工作（桐工作）を進めていたが、これも失敗に終わった。

アメリカの輸出制限に対抗し、日本はオランダと蘭印（インドネシア）との資源輸入交渉を進めたが、アメリカの裏からの圧力で埒が明かなかった。このときの日本の自給率は、原油一〇パーセント、鉄鉱四〇パーセント、錫《すず》二〇パーセント、ゴムとボーキサイト（アルミ）はゼロパーセントで、石油の備蓄は一年半分でしかなく、死活問題に直面していた。

一九四一年四月になると、日本もドイツに倣って「日ソ中立条約」を締結したが、またしてもドイツは日本に断りもなく、突然六月にソ連に侵攻を開始した。その破竹の進撃を見た日本は、「バスに乗り遅れるな」を合言葉に、七月に満州に四十五万の大軍を増派し（計七十五万人）「関東軍特種演習」を行い、ソ連の出方を見たが極東軍に変化はなかったので、北進論を諦め九月に南進論に転換した。ゾルゲからその情報を得たスターリンは、急遽極東軍を割いてモスクワ、レニングラード防衛戦に投入し、戦線の崩壊をぎりぎりで食い止め、冬将軍の到来を得て、十二月初旬から戦況を逆転することに成功した。それは、日本が真珠湾攻撃を行うちょうど一週間ほど前のことで、モスクワ戦線で重大な戦局転換が起こっていたことを日本は知らなかった。このことを知っていれば、十二月八日の真珠湾攻撃は見送られ、その後の展開は変わったかもしれない。

③アメリカの状況

フランクリン・ルーズベルト大統領は、危機に瀕したイギリスを救援するために、欧州への参戦を企図していたが、世論の八〇パーセントは参戦に反対で、自らも「アメリカの若者を外国の戦線には送らないこと」を公約に三選を果たしていたために、参戦に踏みきることができなかった。そこで考えたのが、日本による先制攻撃を誘発し、それをきっかけに裏口から参戦するという戦略であった。そのことを傍証する当時の米政府高官の発言・日記等が多数発見されている。ただし、米軍部から戦備を整えるためには二年の準備期間が必要との報告を受け、そのタイムスケジュールに沿って戦術を小出しにしながら進めてきたのが、対日政策並びに日米交渉の内幕であった。

F・ルーズベルト大統領（近現）

天津《てんしん》で、親日家銀行員を殺害した犯人が英租界地に逃げ込み、それを日本軍が封鎖したことに対し、アメリカはイギリスを支援する形で、一九三九年（昭和十四年）七月に、一方的に「日米修好通商条約」を破棄してきた（失効は翌年四月）。これは、鉄、石油、機械等主要な物資をアメリカに依存していた日本にとっては、大変なプレッシャーになり、にわかに緊張感が高まった。次いで、米政府は、一九四〇年九月の日本の北部仏印進駐を受けて、九月にクズ鉄の禁輸を開始した。

さらに、アメリカは、すでに対日戦を想定し、一九四〇年十月から、マッカラムの「戦争挑発行動八項目覚書」に基づきその準備にかかっていた。

「ワシントンの海軍情報部で作成され、ルーズベルトの最も信頼する二人の顧問宛に作成された一通の覚書には、米国の衝撃的な新しい外交政策が提案されていた。それは日本を挑発して米国に対し、明らかな戦争行為をとるよう企図したものであり、海軍情報部(ONI)極東課長アーサー・H・マッカラム海軍少佐が作成した覚書である。

〈マッカラム少佐の戦争挑発行動八項目の覚書〉

A　太平洋、シンガポールの、英軍基地の使用協定。
B　蘭印の基地の使用と、補給物資の取得協定。
C　蔣介石政権への、あらゆる援助の提供。
D　重巡洋艦一個戦隊を、東洋、フィリピン、シンガポールへ派遣。
E　潜水艦二個戦隊を、東洋へ派遣。
F　米艦隊主力を、ハワイに常駐。
G　日本の蘭印への経済的要求(特に石油)を、拒否すること。

H　日本との、全面的な通商禁止」

（『真珠湾の真実』ロバート・スティネット著、妹尾作太男訳、文藝春秋）

この著者は、ブッシュ大統領（父）の下で太平洋戦争を戦った人物で、戦後新聞記者を経てジャーナリストになり、十七年の歳月をかけて千人以上の関係者にヒアリングを行い、資料と証言に基づいて開戦前夜の日米の交渉状況、日本の暗号電文の解読状況、米政府の対応状況等を事細かく調査している。これほど実証的に書かれた本を知らない。

なお、マッカラムは長崎で生まれ少年時代を日本で過ごした後、十八歳で海軍兵学校に入り二十二歳で海軍少尉に任官し、駐日アメリカ大使館付き武官で来日した経歴の持ち主である。

一九四一年一月に、アメリカは自由の砦として四つの自由「言論と表現の自由、信教の自由、欠乏からの自由、恐怖からの自由」を声明し、民主主義と全体主義との戦いを内外に宣言していた。

その一方で、アメリカ側は、ハワイの日本領事館の奥田副領事による米太平洋艦隊に関する諜報電報を、一九四一年一月から傍受しながらそれを放置しており、三月に赴任してきた森村書記官こと吉川猛《よしかわたけ》夫《お》海軍少尉のスパイ行動も、見て見ぬふりをして泳がせていた。（前掲『真珠湾の真実』）

④日米交渉

一九三九年から、親米派の野村吉三郎《のむらきちさぶろう》外相は対米関係改善を模索していた。一九四〇年六月、グルー駐日大使は有田外相との会談で、「アメリカは、日本が中国の長城以南の主権を回復することと、満州問題を解決することを望んでいる」との基本方針を伝達した。このことは、当時、アメリカは長城の北（満州）と南（中国本土）とでは、事情が違うことを認識していたことを示している。

野村大使とハル国務長官の間で、満州国の承認、アメリカによる日中戦争の調停等が織り込まれた『日米了解事項』が作られ、一九四一年（昭和十六年）四月から本格的な日米交渉が始まった。ところが、この話は、対米強硬論者の松岡外相の知らぬところで進んでいたために、松岡の反発を受け、頓挫《とんざ》した。近衛首相は、松岡外相を外すようにとのアメリカの要求を呑んで内閣を改組し、七月十八日に第三次近衛内閣で、英米派の豊田貞次郎を外相に据えたが、アメリカは急に態度を変え、「蔣介石政権の承認と中国からの撤退、領土保全、門戸開放、機会均等の原則」を強硬に主張し、「満州の独立承認と日中戦争による損害（死傷者、戦費）に見合う見返り」を要求する日本との間で、折り合いがつかないまま、ドイツのソ連侵入を受けて、関係は険悪化していった。

その進展がないまま、日本はさらなる援蔣ルートの遮断と長期持久戦のための資源確保を目指して、七月二十八日に南部仏印（サイゴン方面）へ進駐した。アメリカ、イギリス、オーストラリア、オランダは、これを彼らの植民地への直接の脅威と捉え、強烈に反発してきた。アメリカは早速、七月に対米資産の凍結を行い、日本の貿易決済ができないようにするとともに、八月には最後の切り札である石油の禁輸に踏み切った。イギリス、オランダもそれに同調した。いわゆる、ＡＢＣＤ（米、英、中、蘭）包囲網である。日本の石油の備蓄は一年半分しかないので、この結果、日本が戦争に踏み切るであろうことは当然予測できることであった。そしてこのことは、アメリカ側の戦争準備が終わり、いつでも開戦できることを意味していた。

日米関係は風雲急を告げていたが、日本の国論はまだ統一できていなかった。七月に、近衛首相は、「海軍は対米戦反対」を言ってくれることを期待したが、永野修身《ながのおさみ》軍令部総長から断られている。

永野は、七月三十日の天皇の御下問にも、「戦争は避けたいが三国同盟がある以上、日米交渉はまとまらない。……石油の貯蔵量が一年半分くらいはあるから、早いうちに開戦した方がいい。戦争には勝つとは思うが、日本海海戦のような大勝利はなく、本当のところ勝てるかどうかもわからない」ということだった。天皇があきれて「海軍は捨て鉢で戦争をするのか」と驚いたという記録が残っている。（『図説「秘話でよむ太平洋戦争」』太平洋戦争研究会編、森山康平著、河出書房新社）

日米交渉が進展しないので、九月六日の御前会議で、十月上旬までに交渉がまとまらなければ対米開戦を行うことを決議した。その前日には、天皇は両総長を呼ばれて、日米戦の見通しを聞かれた。そのとき、杉山参謀総長は、「南方方面だけは三カ月くらいで片付けるつもり」と答えたところ、「汝は支那事変勃発時には陸相であった。そのとき、三カ月で片がつくと言ったが、四年の長きになっても片がつかないではないか」と言われ、杉山が「何しろ中国は奥地が広くて」と弁解すると、「太平洋はもっと広いぞ。いかなる確信があって三カ月と申すか」と詰問されたというのは有名な話である。御前会議の当日も、明治天皇の御製である「四方の海　みなはらからと　思う世に　など波風の　立ちさわぐらむ」を歌われ、平和愛好の気持ちを伝えられている。この席で、近衛・ルーズベルトによるトップ会談が決まり、アメリカ側に打診したが先方から断られ実現しなかった。

十月になっていよいよ時期が詰まった頃、まだ日本は開戦で一本化されていたわけではない。永野軍令部総長は、「やるなら石油のあるうちに早い方がいい」と言っていたが、海軍大臣及川古志郎《おいかわこしろう》は「中国の撤兵問題でアメリカと戦争するのは愚の骨頂」と思っていた。陸軍省軍務局長の武藤章も内閣書記官長を通じて海軍省軍務局長の岡敬純《おかたかずみ》に「海軍が反対と言ってくれれば、陸軍内の主戦論を抑える」と伝えているがこれも断られている。これに対し、陸軍大臣東条英機は「撤兵問題は心臓である。アメリカの要求に屈服すれば満州や朝鮮も危うくなる。国策の大切なところは譲るべきでない」と強硬に主張し、対米戦も辞さぬ構えであった。

太平洋戦争は海の戦いであるにもかかわらず、意思決定の重要な局面で、海軍の首脳は責任を回避しており、一般に言われる「海軍善玉説」は当を得ていない。海軍は、自分から戦争反対と言えば、海軍の予算や資源配分が減らされ、海軍の存在意義が問われかねないとの危惧から、正式の場では「反対」と言わなかった。しかも、軍令部の中堅エリートで構成された第一委員会（第一部から改組、戦争指導担当）は、主戦論者で占められていた。

中国からの撤兵に頑として応じない東条陸相に、匙を投げた形で近衛内閣は十月十六日に総辞職し、それを受けて、東条英機が組閣の大命を受けた。木戸内大臣は、陸軍を統制できる者は他にいないとの考えで、主戦派の東条を推薦し、天皇は、「虎穴に入らずんば虎児を得ずだね」と了承されたという。日米開戦を望まれない天皇は、東条に、「九月の御前会議の決定を白紙に戻し、もう一度日米交渉をやり直すよう」指示した。また、「憲法を順守すべきこと、陸・海軍は協力すること」を指示している。天皇第一の東条は、国家の最高責任者になったこともあり、陸相時代とは打って変わって慎重になり、甲案、乙案を作り、日米の再交渉に熱心に取り組んだ。そのために、陸軍から命を狙われ、憲兵が特別に警護したほどである。

甲案：蔣介石政権が事実上降伏することを前提にして、北支・蒙彊《もうきょう》（内モンゴルの一部）と海南島から、二十五年後に撤兵（満州は除く）する。それ以外の地域（仏印など）からは、二年以内に撤兵する。三国同盟の自衛権は、解釈をみだりに拡大しない。

乙案：（中国からの撤兵には触れず、）仏印以外の南東アジアおよび南太平洋に武力進出をしない。その代わり、蘭印（インドネシア）からの必要物資の獲得、資産凍結の解除、アメリカからの石油の輸入を約束してもらう。

ハル国務長官（近現）

十一月に、アメリカは乙案を拒否、十一月二十六日に最終的なハル・ノートを提示してきたが、これは日本としてはとても受け入れられるものではなかった。当初のハル案は、乙案に近いものであったが、イギリス、オーストラリア、オランダ、中国と事前調整した際、オランダは同意したが、イギリス、中国から反対され、肝心のルーズベルト大統領が強硬派であったために、最終的に厳しい内容に書き改められたという。そのとき、後にコミンテルンのスパイと疑われたハリー・ホワイト財務次官補が関与したといわれる。彼は、戦後のレッド・パージの中で追及されて謎の死を遂げている。

中国・満州では、連戦連勝の強力な陸軍百二十万人と、今日あるを予想して「月月火水木金金」、鍛えに鍛えた無傷の連合艦隊を擁しながら、戦わずしてアメリカに屈服するということは、そのときの責任者であったならばとても決断できるものではない。せめて、一矢報いてどこかで講和を図ろうと考えるのは妥当な発想ではなかろうか。万事極まった東条首相は、天皇の意に沿えなかったことを涙ながらにお詫びし、そのこともあって、昭和天皇は東条に対し悪い印象を持っていなかったという。

〈ハル・ノートの要点〉

第二項、合衆国政府および日本国政府の採るべき措置

一、アメリカ・日本は、英中蘭蘇泰と包括的な不可侵条約を締結すること。
三、日本は、支那および印度支那（仏印）から軍隊、警察を撤収すること。
四、両国は、国民政府（蔣介石政権）以外のいかなる政府・政権も認めないこと。
五、両国は、中国の外国租界、居留地の諸権益、一切の治外法権を放棄すること。
九、両国は、その一方が第三国と締結している協定は、太平洋地域における平和確立および保持に矛盾すると解釈することに同意すること（つまり、三国同盟は破棄せよということ）。

日本は三の「支那」には満州も含むと解釈し、特に、三、四、九、に強く反発した。
スチムソン陸軍長官は、十一月二十六日の日記に、「ハル国務長官から、私の役目は終わった。後は君とノックス海軍長官の役目だと言われた」と記している。さらに、日本を開戦に誘導する考えとして

以下の記述があり、アメリカはこの時点で、間近に戦争が起こることを認識していたことになる。

「一つの問題がわれわれを悩ませていた。もし敵が攻撃してくるのがわかっている場合、敵が機先を制して飛びかかってくるまで待っているのは、通常、賢明ではない。問題はどのように彼らを操って、われわれはあまり危険を被ることなく、彼らに最初の一発を発射させるような立場に追い込むべきか、ということであり、それは難しい提案であった」と。

そして、「十一月二十七日の午後、米国の政策を実施する軍命令がアメリカの海軍大将と陸軍大将とに打電されていた。攻撃と見なされる軍事行動は慎み、最初は日本に武力行使をさせろ、との命令が出されていた」（前掲『真珠湾の真実』）

昭和天皇（防衛）

ハル・ノートを受け、十二月一日の御前会議で、八日をもって対米開戦が決定された。この期に及んで反対する者は一人もいなかった。

ただし、陸・海軍トップが、対米戦に踏み切った理由は、このままでは日本はじり貧になる。ドイツがヨーロッパ戦線で勝ってくれるだろう。援蔣ルートを遮断すれば蔣介石もいずれ降参するだろう。その結果、アメリカは戦意を喪失するだろうといった相手頼みのことだった。

ちなみに、昭和の御前会議は八回しかなく、第一回は一九三八年一月十一日、南京攻略後、第二回は一九三八年十一月三十日、漢口攻略後、第三回は一九四〇年九月十九日、日独伊三国同盟の決定時、第四回は一九四〇年十一月十三日、日中戦争の持久戦化を決めたとき、あとの四回は一九四一年（昭和十六年）の開戦の年で、七月二日の「独ソ戦争後の国策、南部仏印への進駐を決定」、九月六日の「十月上旬までに対米交渉がまとまらなければ開戦を決定」、十一月五日の「開戦の決意を固めた会議」、十二月一日の「開戦の決定」と集中しており、太平洋戦争が日本にとっていかに大変な決断であったかがわかる。

十二月八日午前三時（ハワイ空襲の三十分前）に、ルーズベルトから天皇宛の親電が届き、天皇はこれに応えようとしたが、東郷外相から、すでに手遅れとの具申を受け黙殺した。これは、アメリカが交渉続行を望んでいたとの後々のアリバイ作りのためで内容はごく事務的なものであった。

日米の大きな争点は、「中国からの撤兵、蔣介石政権の承認、三国同盟の解消、仏印からの撤兵問題」であったが、本を正せば、日露戦争以来顕著になった「太平洋の覇権と中国の市場の争奪」にあり、日本が米に屈服しない限りいずれ避けて通ることのできなかった戦争と思われる。このことは、日露戦争後に、日米双方で「日米相戦わば」といった類《たぐい》の本がベストセラーになったことや、石原莞爾の「最終戦争論」（王道に立つ東亜連盟と、覇道に立つアメリカとが三十年以内に戦い、日本が勝利し、永久の平和が訪れるとの説）を見ても必然の流れといえる。そのことは、第三者であるポルトガルの駐日外交官のヴェンセスラウ・モラエスが、日露戦争後に、本国に以下の通り伝えていることからも、想像がつく。

「日米両国は、近い将来、恐るべき競争相手となり、対決するはずだ。広大な中国大陸は、貿易拡大を狙うアメリカが切実に欲しがる地域であり、同様に、日本にとっても、この地域は国の発展になくてはならないものになっている。この地域で、日米が並び立つことはできず、一方が、他方から暴力的手段によって、殲滅させられるかもしれない」

その後の推移は、絵に描いたようにアメリカのオレンジ・プラン（特に、日露戦争以後、練られた対日戦プラン）の通りに展開していった。

〈オレンジ・プランの概要〉

米国と日本は歴史的に友好関係を保っているが、いつの日か二国間戦争が勃発する。日本は、国益を賭した戦争のために国力を総動員する。そして、準備が整った時点で突如攻撃を開始する。

第一段階：日本は、守りの手薄な米国の前哨基地を攻略し、アジア南部と西部の石油・重工業原料を確保する。

第二段階：米軍は、優秀な海上・航空戦力を先頭に立て、全力で西進する。激しい局地戦を経て、日本支配下の中部太平洋の島々を攻略し、海・空の前進基地を建設し、補給路を確保する。そして、二～三年後、米国は、フィリピンの基地を日本から奪回し、海上封鎖を強めて日本の補給路を遮断する。

第三段階：米軍は、アジア大陸の海岸線と並行して走る島々を攻略しながら北進し、新基地を建設し、空爆によって日本本土の生産施設と都市を破壊し、沖縄を占領し、日本を完全に孤立させ、日本が講和を求めるまでそれを継続する。(『海軍および海軍兵学校の歩み』記念誌編集委員会)

米国民は明るく親切でフェアな国民であるが、反面、何事も一番でないと気が済まないところがあり、特に、政府となると国益のためには何でもする国である。国益を追求する以上、それはお互い様であり、どちらが悪いというものではない。ただ、国際政治とは、そういった現実の中で行われるということを、肝に銘じておかなければならないということである。

⑤開戦

軍部は、これが自衛の戦争であるので宣戦布告は不要としたが、外務省の強い要求で、真珠湾攻撃の三十分前に、宣戦布告の最後通牒を米国務省に手交することになった。そのことは、山本連合艦隊司令長官も強く念を押していたことであるが、日本大使館の信じ難い怠慢によって、手交は攻撃五十分後となった。日米交渉に力を尽くしてきた野村大使は、ハル国務長官から、「このような恥知らずの外交文書を受け取ったのは初めてである」との侮蔑の言葉とともに、部屋から追い出された。このような不祥事が起こったのは、大使館員の一人が南米に転勤することになり、前夜にその送迎会を行っていたためである。外務省からは、「ワシントン時間の六日（土）の十五時までに打電した十三通に及ぶ長文の電報の手交準備をあらかじめしておくように」との指示を受けていた。しかも、日米交渉はすでに最終局面に入っており、現地人タイピストは解雇されていたのを承知していながら大使館は事前準備を怠り、翌七日（日本時間の八日）の日曜日に出勤して対応しようとしたためである。第十四電の「最後通牒」は、七日の零時五分に入電し、また「それをワシントン時間の十三時に国務省に手交すべし」との指示電報も同一時四十七分に入電しており、十分に対応できたのに、朝出勤して驚き、日本人係官が慣れないタイプを打っている間に時間切れになったという誠にお粗末なものである。当時の大使館員は、取り返しのつかない重大ミスを起こしたにもかかわらず、誰も処分されることはなかった。

なお、前掲『真珠湾の真実』によると、ＳＡＩＬ（米海軍通信諜報ネットワークの管制センター）は、すべての日本の暗号電報を解読しており、十三電までは六日の夕刻に、第十四電の「最後通牒」と「手交時間指示」の電報は、七日の十時にホワイトハウスに届けている。前日までに、第十三電を見たルーズベルトは、側近に「これは戦争だね」と漏らしたそうである。

このことは、『蔣介石日記』の以下の記述とも符合する。

「一九四一年（昭和十六年）十二月七日当日、ワシントン時間の十二時三十分（真珠湾攻撃の一時間前）、ルーズベルト大統領は駐米大使の胡適《こてき》を接見した。蔣介石の記録には、ルーズベルトが胡適に次のように述べたと記されている。〝昨日、日本の天皇に対し電報を打った。和平の最後の努力である。楽観は許されず、恐らく四十八時間以内に日本の陸海軍は戦端を開くであろう。これは人類の一大悲劇であるが、中国のためには一大転機であると言える〟」（前掲『蔣介石』）

真珠湾については、当時から、「米政府は、日本の暗号を解読しており、真珠湾攻撃を事前に知っていたのではないか」という疑惑があり、二度にわたって、専門委員会が調査をしているが、結果はうやむやになっている。また、更迭されたハワイの太平洋艦隊司令長官キンメル大将の遺族たちが、政府は知りながら現地司令官に知らせなかったのは不当として名誉回復の訴訟を起こしたりもしている（戦後名誉回復された）。

ロシュフォート中佐（近現）

前掲『真珠湾の真実』によると、ハワイにいた情報主任参謀レイトン中佐、無線通信傍受班ハワイ支局（ＨＩＰＯ）長ロシュフォート中佐も、機動部隊の行動を刻々とキャッチしながら、ワシントンからの指示により、上司であるキンメル大将にすべてを報告していない。しかも、キンメル大将が独自にハワイ北方を哨戒しようとしていたのに、「必要なし」とのワシントンからの指示を受けて取りやめていた。哀れなハワイの陸海軍のトップ（海軍のキンメル大将と陸軍のショート中将）は、味方から切迫した状況を知らされることなく、一緒にゴルフに行こうとしていた朝に奇襲を受け、甚大な損害を受けた責任を追及され降格されて首になった。この本を読むと、米の諜報機関のすごさと、国益のためには味方の犠牲をも厭わないという米政府の非情さを思い知らされる。ドイツの暗号解読によりコベントリー空襲を事前に知りながら、暗号解読の事実を隠すために市民に警報を出さなかったといわれるチャーチルと同じであり、有史以来、異民族との戦いに明け暮れた西欧人の行動様式はこのようである。島国の村社会で育った日本人には理解し難いことであるが、グローバル競争をやるということは、こういう人たちと付き合うことであると知る必要がある。

なお、パープル暗号（アメリカがこの関係の書類を紫色のファイルに綴じていたのでこの言葉がある）は、日本の最高機密の暗号で、ドイツ大使館から度重なる漏洩《ろうえい》の警告があったにもかかわらず、外務省は自信を持っていたのでそれを使用し続けていた。なお、日本側は情報戦に完敗したといわれているが、戦後米側が押収した陸軍の資料によると、日本陸軍情報部も、中国はおろかアメリカの暗号も相当のレベルまで解読していたとのことである。

ニミッツ提督（近現）

キンメルの後には、ニミッツ少将がいきなり大将へ抜擢され就任した。年功とハンモック・ナンバー（海軍大学の成績順）で人事が決まる日本海軍では到底考えられないことであった。

ルーズベルトは、真珠湾奇襲を奇貨として、「日本のだまし討ち」を大々的に宣伝し、一挙に米国の世論を参戦に導いていった。

ステイネットは、『真珠湾の真実』を明らかにするのが目的であり、ルーズベルトの行ったことはそれで正しかったと述べている。

「真珠湾攻撃はあくまでクライマックスであって、それまで長い時間をかけて、ある組織的な計画が実行されていたということである。……真珠湾攻撃は、より大規模な悪を阻止するために耐えしのばなければならない出来事であった。その悪とはヨーロッパでホロコースト（ユダヤ人大虐殺）を開始し、イギリス侵略を狙っていたナチスのことである。……本書で語られる事実により……ルーズベルトの素晴らしい貢献が矮小化されることはないし、また彼の功績がこの真実により汚されるべきでない。……半世紀以上もそうした状態（真珠湾に関する真実を秘匿すること）を続けた結果、アメリカの歴史を見る世界の目を大きく歪めてしまった」（前掲『真珠湾の真実』）

⑥戦力比較

総力戦を行うにあたって、日米の国力を比較すると、一九四一年の開戦時では、アメリカのＧＮＰは十三倍（終戦時では十八倍）、鉄鋼生産二十倍、石油六百三十倍、石炭十倍、電力六倍であった。戦争中の四年間の兵器生産量は、主力艦船七倍、航空機四倍、戦車六倍、自動車四百五十倍、火砲十倍、砲弾五百二十倍で、アメリカが欧州と太平洋の二面作戦を採っていたとしても国力差は圧倒的だった。しかも、日本の軍事費は国家予算の六〇パーセントを超えており、すでに限界に達していた。

ただし、開戦時の太平洋における日米の戦力はほぼ同等であった。山本元帥が、初めの半年か一年は随分と暴れてみせると言ったのは根拠があってのことであった。

緒戦の勝利（一九四一年十二月八日〜一九四二年六月）

①真珠湾攻撃

日本の機動部隊・南雲中将（空母六、戦艦二、重巡二）は、十一月二十五日に、択捉島《えとろふ》の単冠湾《ひとかっぷわん》を出航した。ただし、山本連合艦隊司令長官は、南雲中将に、「日米交渉がまとまれば、直ちに引き返すように」と厳命していた。これに対し、南雲中将が、「一旦出撃して引き返すなどということはできない」と反論したところ、山本長官は、「百年兵を養うは何のためか。国家の平和を守らんがためである。もしこの命令を受けても引き返せないという指揮官は出動を禁じるから、即刻辞表を出せ」と叱りつけたという。残念ながら、日米交渉は合意を見ることなく、十二月一日の御前会議の決定を受けて、予定通り攻撃せよとの「ニイタカヤマノボレ一二〇八」の電文が送られた。「新高山」は台湾の最高峰で一二〇八は十二月八日決行を意味した。

山本五十六（国H）

当初海軍軍令部は、この作戦が六千キロもの長距離を気づかれず航海することを前提にし、虎の子の機動部隊を危険にさらすことになるので大反対したが、山本長官の強い意志に根負けして承認した。これは、世界初の本格的な空母群（六隻）による航空攻撃で、大艦巨砲主義の終焉《しゅうえん》を意味した。しかし、スチムソン陸軍長官によれば、米国民を一致団結して参戦に向かわせたことで、「真珠湾攻撃は戦術的には成功だが、戦略的には失敗」であったと述べている。それ

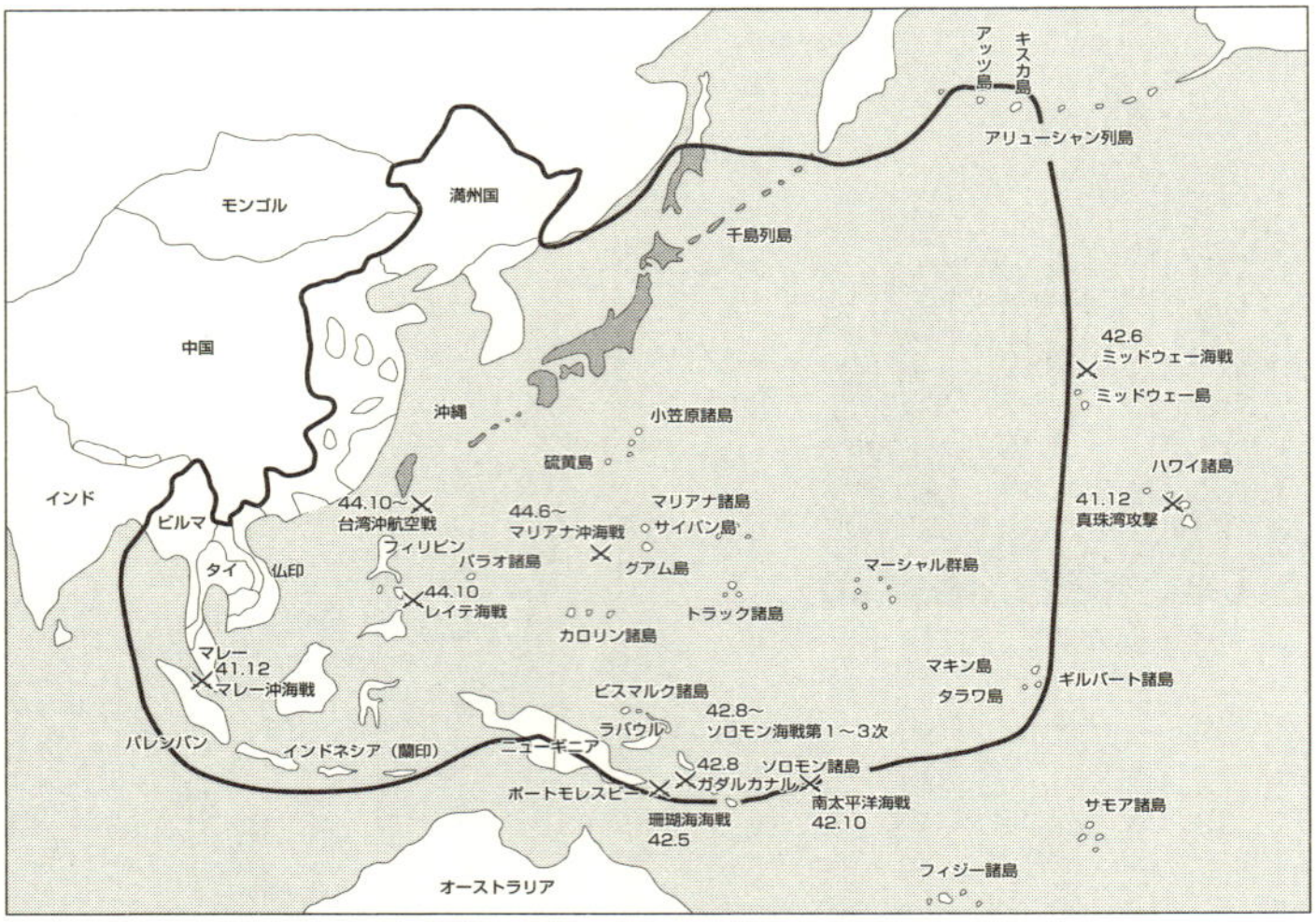

太平洋戦争地図（太線は日本の最大版図）

は、真珠湾が誘い水であったならばなおさらのことである。

気づかれずに六千キロを遠征できたというのは奇跡的であるが、実はこれにも裏があった。アメリカは、すべての日本の軍艦の識別コードおよび発信者コードを知っており、機動部隊が無線封止の命令を破って、頻繁に交信を行ったために、フィリピン、グアム、ハワイ等各地の通信傍受局は、電波の発信方向から常時、南雲機動部隊の所在を正確に掌握していた。しかも、米海軍は機動部隊が単冠湾を出撃した一時間後に、以下のように北太平洋に「真空海域宣言」を出し、連合国側の船舶が南雲機動部隊と接触しないようにするほどの念の入れようだった。

「日本機動部隊が真珠湾への出撃を開始した十一月二十五日（ワシントン時間）、米海軍作戦本部は次の電報をキンメルとサンフランシスコの第十二海軍区に送った。〝太平洋を横断する船舶の航路はすべてトレス海峡（オーストラリアとニューギニアの間の海峡）とする。太平洋艦隊およびアジア艦隊の司令長官は必要に応じ護衛せよ。貴第二三〇二五八番電参照〟この命令は南雲中将の機動部隊が単冠湾を出港し北太平洋に出た約一時間後に出されたものである」（前掲『真珠湾の真実』）

このように、アメリカ政府は日本の機動部隊の動きを察知しながら、ハワイ奇襲が成功するようにお膳立てをしていた。つまり、ルーズベルトは、参戦に反対する国民・議会を戦争に巻き込むために、まさに「われわれはあまり危険を被ることなく、彼らに最初の一発を発射させるように操った」のである。

真珠湾攻撃（防衛）

ただし、被害は予想外のものであった。

十二月七日（現地時間の日曜日）に、第一次攻撃隊（淵田美津雄《ふちだみつお》中佐以下百八十三機）、第二次攻撃隊（嶋崎少佐以下百六十七機）が発進し、「ワレ奇襲ニ成功セリの〝トラ・トラ・トラ〟」の打電とともに、七時五十五分に、真珠湾の太平洋艦隊と航空基地に一斉に攻撃を開始した。その戦果は、

撃沈：戦艦四、他五隻
大破：戦艦一、他七隻
中破：戦艦三、他二隻
航空機破壊・撃墜：四百七十五機（八三パーセント）
戦死：二千四百三十人

という甚大なものであった。

これは、真珠湾に似た鹿児島の錦江湾で猛訓練をした成果と、浅海魚雷（通常魚雷を投下すると五十メートル沈下するのを、真珠湾の水深の十二メートル以下に改良した）の開発によるものである。ただし、空母は不在で、ドックや石油タンク等も無傷であったため、米軍の復旧を容易にしてしまった。なお、真珠湾にいた戦艦は、いずれも艦歴二十七年前後の第一次世界大戦時代の老朽艦ばかりであった。新鋭艦や空母がいなかったのは、アメリカが日本の攻撃を予測してあらかじめ退避させていたのではないかとの憶測を呼んでいる。

真珠湾攻撃の第一報を受けたワシントンは、どうせ日本軍は、今頃米軍の反撃を受けて惨敗しているであろうと思っていたが、予想に反してその被害の大きさに驚愕《きょうがく》した。九・一一事件で、ＣＩＡやモサドから何度も警告を受けていたにもかかわらず、アルカイダのメンバーを泳がせた結果、ワールド・トレード・センター二棟を同時に喪失するという前代未聞の大惨事を招き、ブッシュ大統領が思わず「第二の真珠湾」と口走ったと言われるが、状況はよく似ている。

その日、蔣介石は日記に、日米開戦を喜ぶとともに、そのいきさつについては以下の通り冷めた目で見ている。

「抗戦の政策の成功はここに極まった。物事は極点に達すれば必ず逆の方向に転化する。恐れ警戒しないでいられようか」と記している。また、十二月十一日の日記には、「アメリカ、イギリス、オランダは、太平洋上で、早くから共同戦線の戦略を立てていたのに、飽くまで中国には知らせず、ただ余を利用して、日本の力を消耗させたのだ。今回、英米が攻撃されたことについて、我が国がそれを遺憾に思う必要はないのである」（前掲『蔣介石』）

②フィリピン作戦

一九四一年十二月八日に、台湾の日本航空部隊が機先を制し、フィリピンのクラークとイバ空軍基地を空襲し、十三日までに、米の全空軍（重爆撃機Ｂ17の三十五機を含む二百六十五機）を地上で撃破した。マッカーサー司令部の幕僚が、台湾の日本軍基地を先制攻撃すべきと具申したが、マッカーサーは、「日本に、先制攻撃をやらせる」との指示に従ってそれに許可を与えないうちに、日本軍の攻撃を受けることになった。十二月二十二日に、第十四軍・本間《ほんま》雅晴《まさはる》中将（第十六〈京都〉、第四十八〈台湾〉師団、第六十五旅団〈松山〉）がリンガエン湾に上陸した。米比軍は、ルソン島に八万人、中・南フィリピンに二万五千人（米軍は三万人）いたが、早々とマニラを非武装宣言し、バターン半島に籠城したので、マニラは翌年一月二日に無血占領された。

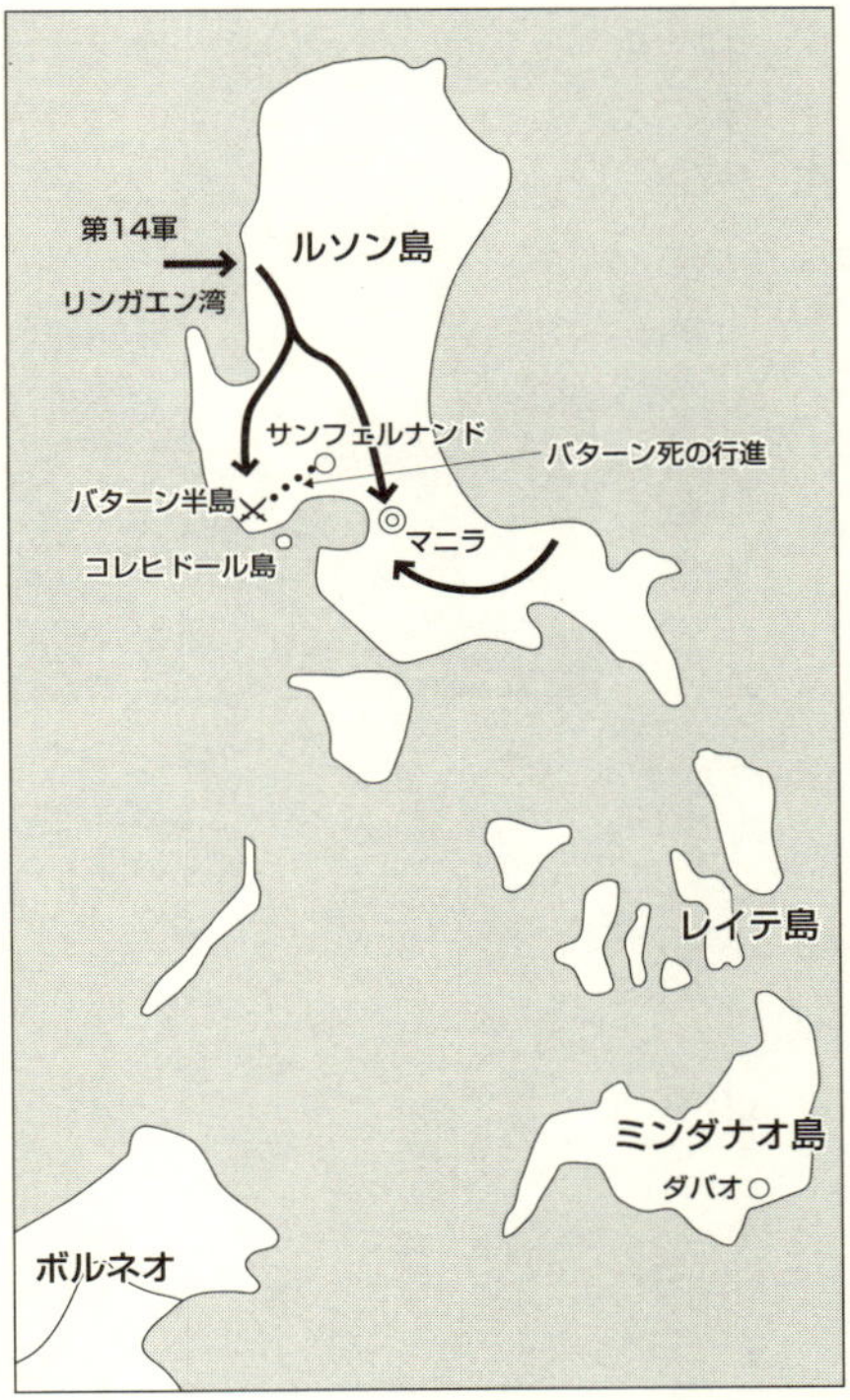

ルソン島地図

本間雅晴（防衛）

バターン半島には、大砲百九十門と爆撃による大々的な攻撃を行い、四月九日に占領した。この頃は日本軍も威勢が良かった。そのとき、米比の将兵六万〜七万人、一般人二万人という思いもかけない人数の捕虜があり、日本軍側にはその食料、医療、宿舎の準備がなく、収容所に送るために最寄りのサンフェルナンド駅までの六十〜百キロメートルを炎天下で行進させた。日本軍は完全武装で歩いたが、捕虜は手ぶらだったにもかかわらず、米人千二百人、比人一万六千人が死亡したというのが「バターン死の行進」である。そのとき、しなびた野菜や木の根っこ、腐った魚しか与えられず、虐待されたといわれているが、それは、タクアンと牛蒡《ごぼう》、目刺しのことで、日本兵にしては当たり前のものであった。BC級戦犯で死刑となった本間中将は訴えられた理由がわからなかったという。なお、この時も、辻参謀は独断で捕虜の射殺命令を出しているが、各司令官はそれを無視した。

マッカーサーは、すでに三月十二日に、「アイ・シャル・リターン」の言葉を残してオーストラリアに脱出していた。日本軍はマニラ湾の入り口を扼するコレヒドール島を五月六日に占領し、ウエーンライト中将は全フィリピンの降伏をしたが、一部米兵と共産系ゲリラはジャングルに潜り抗日戦を継続した。その討伐を通じて一般人民にも相当の被害が出た。

フィリピンでの日本軍の死傷者は一万一千人（うち戦死四千人）と、他地域に比べて多かった。

③マレー作戦

チャンドラ・ボース（近現）

山下奉文（防衛）

当時のマレーは、人口五百万人（マレー人二百万人、中国人二百万人、インド人百万人、欧米人二万人）で、イギリスは日本の攻撃に備えてシンガポールを要塞化し、新鋭の戦艦プリンス・オブ・ウェールズと巡洋戦艦レパルスを派遣し、防備を固めていた。

十二月八日、真珠湾より一時間早く、マレー攻略部隊の一部（侘美《たくみ》支隊）がマレー半島中部の東岸のコタバルに上陸し、イギリスの飛行場を占領した。次いで、第二十五軍・山下奉文《やましたともゆき》中将（近衛、第五〈広島〉、第十八〈久留米〉師団）がタイ側に上陸し、交戦を続けながら五十五日間で千百キロメートルという驚異的な進撃スピードで南下し、マレー半島の先のジョホールバルにまで達した。

イギリス軍の下士官以下は、ほとんどがインド兵で、藤原岩《ふじわらいわ》市《いち》少佐（F機関）によるインド軍の寝返り工作の成果で、一九四二年（昭和十七年）一月十一日に、クアラルンプールが陥落したときに、インド国民軍四千人の結成式があり、モハン・シーン大尉が司令官に就任した。この軍は、シンガポール陥落時

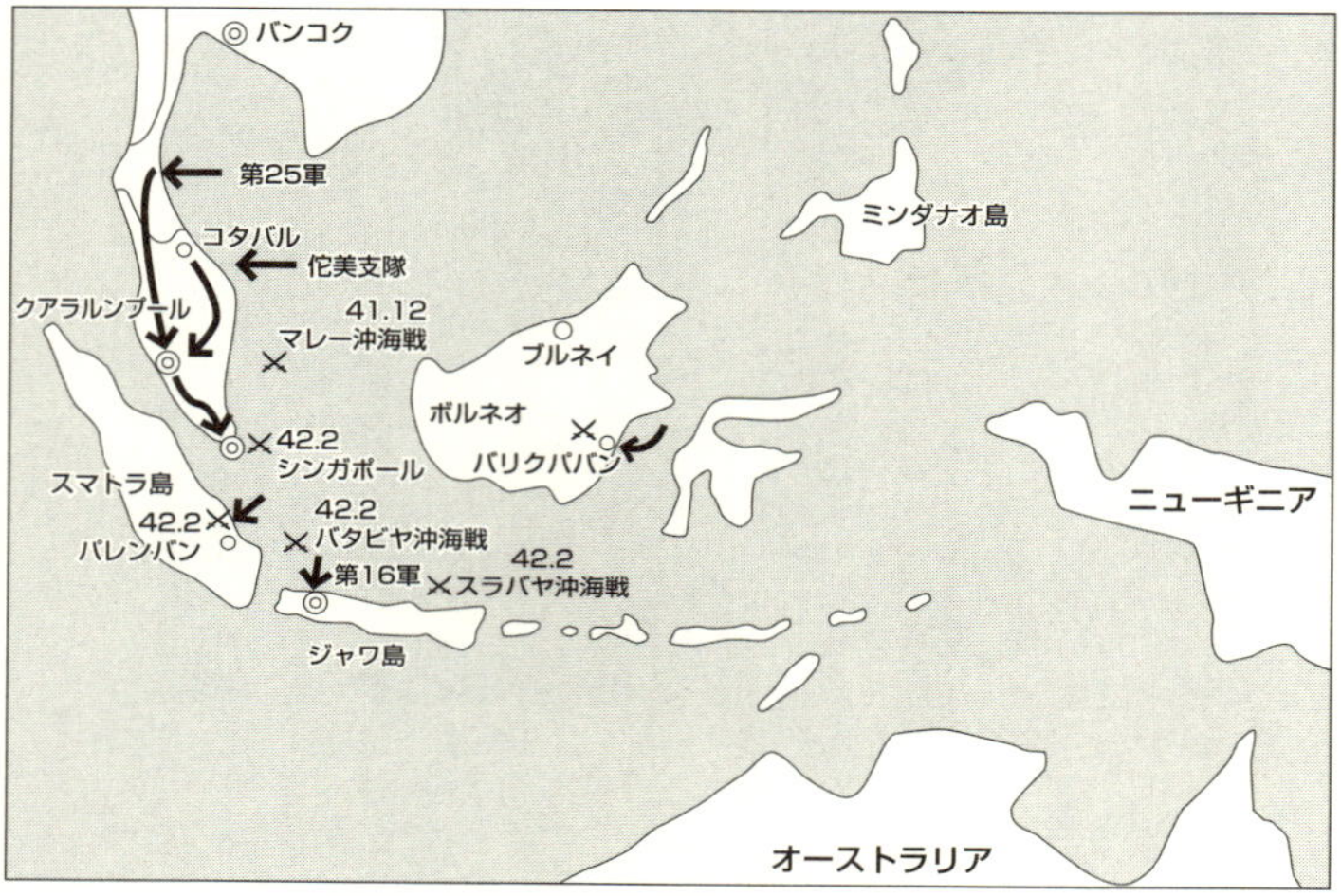

マレー・インドネシア地図

には五万人になり、一部は、後のインパール作戦にも参加することになる。F機関は、これを革命軍に育てようとしたが、日本中央はこれを捕虜くらいにしか認識していなかった。この存在意義を認めたのは、一九四三年五月に、ドイツで反英活動をしていたチャンドラ・ボースを東方会議に招き、東条首相が彼を認めた後のことであった。ボースは、東条に厚く信頼され、インド国民会議議長、自由インド仮政府国家主席、インド国民軍最高司令官を歴任したが、終戦直後の一九四五年八月十八日に、台湾からソ連へ亡命しようとして、航空機事故で亡くなった。初期の段階で、チャンドラ・ボース率いるインド国民軍を押し立てて、直接インドに侵攻しておれば、インドを日本側に引き入れられたのではなかろうか。チャンドラ・ボースのインドでの人気は今でも高い。

二月八日、シンガポール島の海側のチャンギ要塞は堅固なため、反対の陸側のジョホール水道から上陸し、ブキテマ高地での激しい砲撃戦の後、英軍パーシバル中将は水と弾薬不足に陥り、二月十五日に降伏した。ここに、百二十年続いた東洋におけるイギリスの最大の拠点が陥落した。チャーチル首相は、「シンガポールを失ったことは、英国史上最悪の災害と降伏である」と嘆いたという。

今でも、シンガポール入り口のセントーサ島には要塞の跡と戦史博物館があり、山下・パーシバル将軍の交渉場面の蝋人形が展示されている。

この占領時に、華僑を騙して海岸に連れ出し虐殺したことが、戦史博物館に記録されているが、これも山下将軍の同意を得たとはいえ、辻参謀の暴走で日本軍の拭い難い汚点になった。

ジョホール水道は、幅二～三キロの狭い海峡で、第二十五軍の上陸地点はヘドロの浅瀬で、今ではマレー半島からの密航者を阻止するコースト・ガードの基地になっている。このあたりは、近代的な市街地と違い、熱帯樹林と畜産や養魚場等が散在する一般の東南アジアの風景と変わらない。また、シンガポールには、高級住宅の一角に海外最大の日本人墓地があり、安土桃山時代からの唐行《からゆき》さんの墓がたくさん並んでいる。その片隅に南方戦線の戦没者の集合墓と、南方軍総司令官寺内寿一元帥の墓がある。寺内元帥は終戦時に病気であったために、降伏調印式にも出られない状態で、英軍司令官は彼を自宅で療養させ、没後は特別機で日本の遺族に亡骸を送り届けている。その身の回りの遺品を埋葬してこの墓を造ったと説明文にあった。英軍には、未だ騎士道が残っていたらしい。墓地には、小振りなお堂があり、記帳を見ると日本人もしばしば訪れているようである。ここには現地人の墓守《はかもり》がいて、よく整備されている。なお、ここには江戸末期の山本音吉《やまもとおときち》の墓もある。音吉は、愛知県知多郡生まれで、鳥羽から江戸への航海中に遠州沖で遭難しアメリカに漂着、イギリス、マカオ、沖縄に渡った後、モリソン号で日本に向かったが、三浦半島で砲撃を受け追い返された（モリソン号事件）。その後、マレー人と結婚し、シンガポールに定住し一八六七年ここで没した。享年四十九歳だった。熱帯の抜けるような青空と輝く光の下で、望郷の想いを募らせたであろう幾代もの人々の墓石が粛然と並んでいる。

たまたま拾った、ガイド代わりの人の良いタクシー運転手から、「三十五年前のシンガポールは、汚く治安の悪い国であったが、リ・クアンユーが首相になってから、寝食を忘れて国造りをしてくれたおかげで今日の繁栄がある。今、リ・クアンユーは暇だから日本が雇ったらどうか」とからかわれた。この国は、政治がいかに大切であるかを示す典型的な国である。マレーシア側に入ったとき、日本人に対する感情を聞いてみると、おおむね、マレー人は好意的で、華僑系は嫌っているとのことであった。マレーシアの王様は日本びいきで、王宮の青い屋根瓦はわざわざ三州瓦《さんしゅうがわら》（愛知県）を取り寄せたそうである。

スカルノ（近現）

④インドネシア作戦

十七世紀にオランダが植民地化し、一八二四年からはイギリスとオランダが、ボルネオを含めて分割統治していた。一九二八年に、スカルノは、「インドネシア国民党」を結成し、独立運動を始めていた。一九四二年二月十四日に、日本軍の降下部隊が、スマトラ島の油田地帯パレンバンを急襲した。

インドネシアには、次のような伝説があり、日本軍は解放軍として各地で歓迎された。
「インドネシアでは、『天から白い衣をまとった神が舞い降り、自分たちを白人の圧政から解放してくれる』とか、『北方から黄色い人がやってきて、自分たちを解放してくれる』という伝説が、かなり広い範囲広まっていたそうだ。落下傘は白かったし、日本人は黄色の肌をしていた」（前掲『図説　秘話で読む太平洋戦争』）

今村均（近現）

次いで、一九四二年三月一日に、第十六軍本隊・今村均《いまむらひとし》中将（第二〈仙台〉、第三十八〈名古屋〉、第四十八〈台湾〉師団）は、ジャワ島に上陸したが、その前からインドネシア人は、「独立インドネシア委員会」を作って日本軍を待ち受けていたので、オランダ軍へのサボタージュと日本軍への様々の協力があった。ジャワ島の守備隊は総勢八万人強（インドネシア軍四万人、オランダ軍二万五千人、イギリス軍一万人、その他オーストラリア軍、アメリカ軍等）いたにもかかわらず、三月九日までに、容易に全土を占領することができた。

今村司令官は、スカルノの独立運動を支援し、占領政策も「温情を基調とする開放的軍政」で臨んだので、地域住民との関係は良好であった。しかし、半年後にラバウルに転出した後は、強権的な軍政が敷かれ、労務者狩りが頻繁になり（ジャワ島だけでも二十〜三十万人といわれる）、補助兵（輜重輸卒《しちょうゆそつ》）

の徴用も四万八千人（うち二万一千人が生死不明）に上り、住民の支持を失っていった。日本政府は、一九四三年五月三十一日に、形だけの独立を約束していたが、内々にはインドネシア、シンガポール、マレーシアは日本に併合するつもりでいた。強圧的な軍政、急速な日本化政策、青年層の駆り出しに反発し、戦争末期にはあちこちで抗日運動が頻発するようになるが、スカルノは最後まで日本軍への協力姿勢を崩さなかった。なお、今村は、戦後オーストラリアの裁判では禁固十年となったが、インドネシアでの裁判では、現地人の訴えにより無罪となっており、その人となりが窺われる。

⑤ビルマ作戦

ビルマは、三度にわたる激しい抵抗の末、一八八六年にイギリスの植民地になった。鈴木敬司《すずきけいじ》大佐（南機関）は、あらかじめビルマ侵攻の前に、アウンサン（アウン・サン・スー・チーの父）の「ビルマ義勇軍」の設立を支援しており、その勢力は一万二千人に増大していた。戦後、長年にわたり独裁をしていたネ・ウインもそのメンバーの一員であった。一九四二年二月に、第十五軍・飯田中将（第三十三〈宇都宮〉、第五十五〈善通寺〉、第五十六〈久留米〉、第十八〈久留米〉師団）が、ビルマに進駐したときは大歓迎された。三月にラングーンを落とし、五月十八日に全ビルマを攻略（英印軍四万五千人、米中軍十万人）し、ビルマの援蔣ルートを遮断した。中国軍十万人を指揮していたスティ

アウンサン（近現）

ルウェル中将（蔣介石の顧問）は、中国に引き揚げ、日本軍は国境のサルイン川を渡り、雲南省の拉孟《らもう》と騰越《とうえつ》に前進基地を築いた。

また、泰緬鉄道が、タイ側のカンチャナブリからビルマのタンビザヤまで敷設され、それに従事した連合軍の捕虜五万五千人のうちの一万三千人と、東南アジアからの労務者七万人のうちの三万三千人が死亡している。

映画『戦場にかける橋』で有名になった所は、実際は渓谷ではなく水量豊富な大きな流れで、橋も鉄橋で、今は観光地になってアンティークな列車が走っている。カンチャナブリには、竹垣に囲われた粗末なミュージアムがあり、展示物として、当時の新聞や写真と若干の遺品が展示されている。連合軍の墓地は、シンガポール、マニラと同様に、立派な白いゲートをくぐると、よく手入れされた芝生とバラの緑地が広がり、兵士の所属、階級、氏名が刻まれた銘板が整然と並んでおり、さながら公園のようである。一方、近くにある日本人墓地は、雑草に埋もれて荒れ果てており、これではお国のために死のうという気にはなれない。なぜ、このような違いが出てくるのだろうか。

昭和四十五年頃の『文藝春秋』に、ビルマを訪問した人の紀行文があり、「何と建国記念日の軍隊の行進曲に、『軍艦マーチ』が使われていて驚いた」との記述があったのを、覚えている。今はどうなっているかはわからないが、今でも親日的な国と聞いている。

⑥南海の海戦

一九四二年（昭和十七年）五月に、東部ニューギニア南岸のポートモレスビーへの上陸を目論む日本と、それを阻止しようとするアメリカ軍との間で、珊瑚《さんご》海で世界初の空母同士の海戦があった（珊瑚海海戦）。日本側は、新参の「翔鶴」、「瑞鶴」の二隻で、アメリカ側も「レキシントン」、「ヨークタウン」の二隻という互角の戦いであったが、レキシントンは沈没、ヨークタウンは大破（日本側は撃沈したと思っていた）したので、先輩空母の乗員からは、「妾の子でも勝てた」と冷やかされたという。この戦闘で、日本側も二艦は大破し、百機以上とベテラン搭乗員の三分の一が失われたために、ポートモレスビー上陸作戦は中止となり、戦術的には日本の勝利であったが、戦略的には米の勝利となった。なお、「ヨークタウン」は自力でハワイに航行し、三日で応急処置を受けてミッドウェー海戦に参戦しているが、日本の二艦は修理のために日本に帰投したために、これには間に合わなかった。

「地球一周の船旅」には多彩な人が乗っており、I氏は、その叔父さんが「翔鶴」の機関将校で、真珠湾から珊瑚海、ソロモン海の一連の海戦の実体験を綴った日記を、本にし持ち込まれていたので読ませてもらった。臨場感のある描写と、二十八、九歳の若い大尉ながら、当時の若者の意識の高さ、教養の深さに感心した。

海・陸の死闘

戦局の転換（一九四二年＝昭和十七年）

①ドウリットルの空襲

開戦以来、一方的な敗北に意気消沈していたアメリカは、ドウリットル中佐の建言で、一矢《いっし》報いて国民の士気高揚を図るべく、空母から日本本土を空襲することになった。使用機は、陸軍の爆撃機B25で、当初は空母から飛び立つことは到底不可能との見方であったが、猛訓練でこれを克服し、空母ホーネットに搭載して日本近海に侵入して行った。一九四二年四月に、本土の約千キロ手前から発進したB25の十六機は、東京、川崎、横須賀、名古屋、四日市、神戸を低空で空爆し、中国の浙江省麗水《れいすい》飛行場に飛び去っていった。一機は、ウラジオストックに到達したが、他は、不時着したところを日本軍に逮捕されて処刑された。敗戦が続くアメリカでは、この壮挙に大いに沸いた。日本にとっては、国防圏が簡単に破られたという衝撃は大きく、このことが、山本長官の説く「ミッドウェー作戦」に正当性を与えることとなった。

②ミッドウェー海戦

軍令部は、いずれアメリカはオーストラリアに一大反攻拠点を作ることを想定し、長期不敗態勢の確立のために、フィジー諸島、サモア諸島、ニューカレドニア諸島を占領し、その輸送路を遮断することを考えていた（FS作戦）。一方、山本司令長官は、長期戦では日本に不利なので、短期積極攻勢でアメリカの戦意を喪失させ、早期講和を結ぶべきと考えていた。そのためには、アメリカの機動部隊と早く決戦を行い、空母を一隻でも減らしておくべきと考えて、ミッドウェー島を占領し、出てきた米空母部隊を叩こうとした。さらに、アリューシャン列島のアッツ島、キスカ島も攻略し、両者を結んだ線上に新国防圏を構築しようと考えた。そして、行く行くはハワイの占領まで視野に入れていた。

開戦後の連勝で、脇が甘くなっていた日本は、ミッドウェー作戦の機密保持については随分ルーズになっていたという。他方、アメリカは、一九四〇年の春から、日本の暗号解読に成功しており、事前にこの作戦をキャッチしていた。それでも、目的地がミッドウェーであることを確認するために、平文で、同島の飲料水が欠乏しているとの謀略電報を打ち、それに引っかかった日本の暗号電報で、それを確認することまでしている。さらにアメリカ側は、日本の機動部隊が、いつどの方向から侵入してくるかまで正確に読んでいた。

一九四二年六月四日に、日本海軍は、「加賀、赤城、蒼龍、飛龍」の主力空母四隻を出撃させた。アメリカもなけなしの、「エンタープライズ、ホーネット、ヨークタウン」三隻を出し、日本機動部隊をミッドウェーの北方で待ち受けていた。日本の重巡「利根」からの偵察機の発進が遅れ、また雲の上を飛んだために眼下の米機動部隊を見逃した等の不手際が重なって発見が遅れたのと、ミッドウェー島への第一次陸上攻撃隊の帰投後、第二次攻撃隊の兵装を陸上用爆弾にすべきか、空母用魚雷にすべきかで混乱し幾つものミスが重なった結果、最後の一瞬で主力空母四隻と搭載機三百二十機を失い、戦死者二千三百人を出すという大敗北を喫することになった。

この戦いでは、第二次攻撃隊が海上攻撃用の兵装転換を終え、まさに一番機が飛び立とうとしていた一番悪いタイミングを奇襲され、よく「魔の五分間」と言われるが、アメリカ側にすれば、事前の諜報活動、人材の適材適所の配置、彼らの勇気ある行動等の所産であり、勝つべくして勝った戦いであったという。状況を素直に比較すれば、ミッドウェー海戦は日本が勝って当たり前の状況であった。戦力では、日本の主力空母四隻に対し米空母三隻（うちヨークタウンは応急処置）で、航空機数もその性能も搭乗員の技量も日本側が上回っていた。しかし、日本海軍は以下のような致命的な過失を重ねていた。

（イ）米空母の「レキシントン、ヨークタウン、サラトガ」は撃沈済み、「エンタープライズ、ホーネット」は、遠くサモア諸島にあるとの情報を信じ、近くに米空母はいないと思い込んでいたこと（ところが、この作戦を知ったニミッツ提督は急遽、空母群をハワイに呼び返していた）。
（ロ）ハワイ近辺を哨戒するための日本潜水艦十一隻の配備が遅れ、米空母がその海域を通過するのを見逃したこと。
（ハ）六月三日に、後方の旗艦「大和」が、米空母らしい呼び出し符号を傍受したにも拘わらず、それを機動部隊の空母「赤城」に通報しなかったこと（赤城も当然傍受していると思ったが、マストの低い「赤城」は傍受できなかった）。
（ニ）「利根」から発進した偵察機の目的地到着が遅れ、また、雲の上を飛んだために下にいた米空母を見逃したこと。

南雲忠一（防衛）

（ホ）「兵装の転換」というハプニングがあったにせよ、七時二十分に偵察機の第一報「敵艦隊見ゆ」、八時二十分に第二報「空母発見」が入っており、この時点で兵装転換を待たずに飛び立つべきとの具申を受けながら、南雲司令官はこれを許可しなかったこと。
九時十八分に、米空母から雷撃機の第一波来襲（敵は、ミッドウェー島への第一次攻撃隊の帰投時間に合わせて攻撃してきた）があったが、これは護衛の零戦にほとんど撃墜され、被害はなかったが、十時二十四分に、いきなり雲間からドーントレス急降下爆撃機が来襲し、「赤城」、「加賀」、「蒼龍」は二〜四発の致命弾を受け、待機中の航空機が誘爆し被害を増大させた。そのとき、護衛の零戦は、雷撃機への対応のために低空域におり、空母の上空がガラ空きになっていたこと。

たまたま「飛龍」は、十キロほど離れていたためにこの攻撃は免れ、直ちに二十四機を発進させて帰投する米軍機に追随し、ヨークタウンに四発の命中弾を与え、さらに、第二次攻撃で再度ダメージを与えた。ヨークタウンは、航行不能となったところを日本の潜水艦に魚雷で沈められた。その後、「飛龍」も第三次攻撃の準備中に攻撃を受けて炎上し、日本の駆逐艦によって魚雷で沈められた。

山本長官の主力部隊の戦艦「大和、長門、陸奥」他四隻、小型空母二隻は、南雲機動部隊の西方六百キロの地点で、航空戦の後、傷ついた敵空母を攻撃するつもりで待機していたが出番はなかった。

というのが実情である。戦闘前の不手際と、第二報の「空母発見」から被弾まで二時間もあったのに適切な防御態勢が取れなかったのは、南雲機動部隊には周到さと危機管理能力が欠けていたと言わざるを得ない。

元々、日本海軍の人事は、年功序列とハンモック・ナンバー（海軍大学の卒業成績順）で縛られており、適材適所の配置とは言えず、信賞必罰の厳しさにも欠けていた。アメリカは、戦時には戦時の柔軟さを持っていた。まして、最も重要な機動部隊の司令長官に、航空戦に疎い水雷屋の南雲中将をつけたのも問題であった（しかも、山本は南雲の能力に疑問を持っていた）。彼は、真珠湾でもドックや石油貯蔵タンクを攻撃すべきとの具申を受けながら臨機応変の対応ができず、ミッドウェーでの失敗後もおとがめなしで責任問題はうやむやになっている。山本長官が陣頭指揮するなり、「飛龍」の山口多聞少将が指揮していたならば、こうはならなかっただろうと言われているが後の祭りである。なお、南雲中将は、一九四四年六月に、サイパン島守備隊の司令官として奮闘はしたがあっけなく玉砕している。

こうしたことにより、ミッドウェー海戦は失敗の典型的な事例としてよく取り上げられている。日本がアメリカに負けたのは、単に物量だけの問題ではない。

(イ)出撃前から、慢心して情報管理が緩んでいたし、現場の情報戦でもすでに負けていた。

ハワイのＨＩＰＯ局(戦闘情報班)のロシュフォート中佐や、情報参謀のレイトン中佐は、事前に日本機動部隊がミッドウェーに来襲することをキャッチしており、攻撃機が発進する六月四日(現地時間)午前六時の日本機動部隊の位置を、五マイルの誤差で正確に把握していたという。したがって、ミッドウェー島への第一次陸上攻撃隊の帰還する時間に合わせて攻撃を仕掛けることができた。

(ロ)作戦の目的が不明確。

ミッドウェー作戦の主目的は、米空母をおびき出し撃滅することにあったにも拘わらず、ミッドウェー島への攻撃に夢中になり、空母に対する警戒が杜撰《ずさん》になっていた。

(ハ)危険予知やコンティンジェンシー・プラン(見込み外れのときの代替策)が欠如していた。米第一波来襲の帰りの飛行機を偵察機に追尾させるべきであったし、戦闘状態の中で爆装した飛行機を長時間空母上に置いておく危険は避けるべきであったし、空母の上空には警戒網を張っておくべきであった。「空母発見」の第二報から二時間、米第一波来襲から一時間もあり、この時間を無駄にしてこれを奇襲とは言えない。

（二）適材適所に欠けていた。

緊急事態における指揮官の能力（状況判断力、決断力、構想力）に差があった。スプルーアンス少将は、劣勢でも機を見て果敢に攻撃を仕掛けている。

等、失敗の教訓は多かったが、海軍内でその反省、研究が真剣に行われた形跡はない。

ノモンハンでのジューコフ元帥や、太平洋戦域での米軍による日本軍評は、「下士官・兵は精強で優秀だが、将校は上に行くほど愚鈍である。失敗しても、何度でも同じ戦法を繰り返してくる」と、共通の見方をしている。

初めてアメリカに駐在したとき、周りのアメリカ人を見て、なぜ日本が戦争に負けたのか不思議でならなかった。やがてわかったことは、一般の人の平均値では、日本人は負けてはいないが、残りの数パーセントは向こうの方がはるかに優秀だということであった。このことを最初に感じたのは、サンフランシスコ郊外の海洋生物の保護・研究施設を訪れたときで、金にもならない地道な研究をどうしてそんなに一生懸命やるのだろうと大変不思議に思った。しかし、気をつけて見ているとこのような人は、社会のいろいろな分野にいることがわかった。このような人たちが基礎研究を支え、独創的な科学技術やシステムを作り出しているのだろう。また、アメリカの子供たちは、幼稚園のときから毎日「自分が他人とはどう違うか、自慢したいことは何か」をショート・スピーチするように教育されている。この「独創性と競争」並びに、それを「やり抜こうとする執念」は日本人の及ばぬところであり、このような人たちに率いられたアメリカに負けたのだということがわかった。高校までの学力は日本の方が上だが、大学になるとアメリカに遥かに逆転されるのを見てもわかる。

リーダーの理想型を、日本は大山巌元帥や東郷平八郎元帥のような、「泰然《たいぜん》自若《じじゃく》で、部下に任せきる型」を理想と考え、アメリカはアレキサンダーやシーザー、ナポレオンのような、「寝る間もなく独創的な作戦を練り、陣頭に立つ型」を理想とする違いがある。特に、昭和の軍人は、日露戦争での成功体験にとらわれ、違う環境・違う相手との戦いに柔軟に対応できなかった。満州軍の総参謀長児玉源太郎やロシアの後方撹乱を行った明石元二郎（ともに、後に台湾総督）のような者こそ師と仰ぐべきだった。後には、硫黄島の栗林中将やペリリュー島の中川大佐のような人もいるにはいたが少数で、軍の中枢からは遠ざけられていた。今は第二の敗戦とか、失われた十年（もうすぐ二十年になる）と言われるが、この体質的なものは今日の日本においても大して変わりはない。

この海戦を境に、太平洋における戦局は逆転し、以後日本軍は坂道を転がり落ちるように凋落《ちょうらく》し、巻き返すことはできなかった。日本海軍は、この大敗北を国民はおろか陸軍にもひた隠しに隠し、陸軍の状況判断をも狂わせることとなった。

③ガダルカナルの攻防戦

その頃、海軍は、ソロモン諸島の無名の島「ガダルカナル」で飛行場を建設していた。アメリカの反

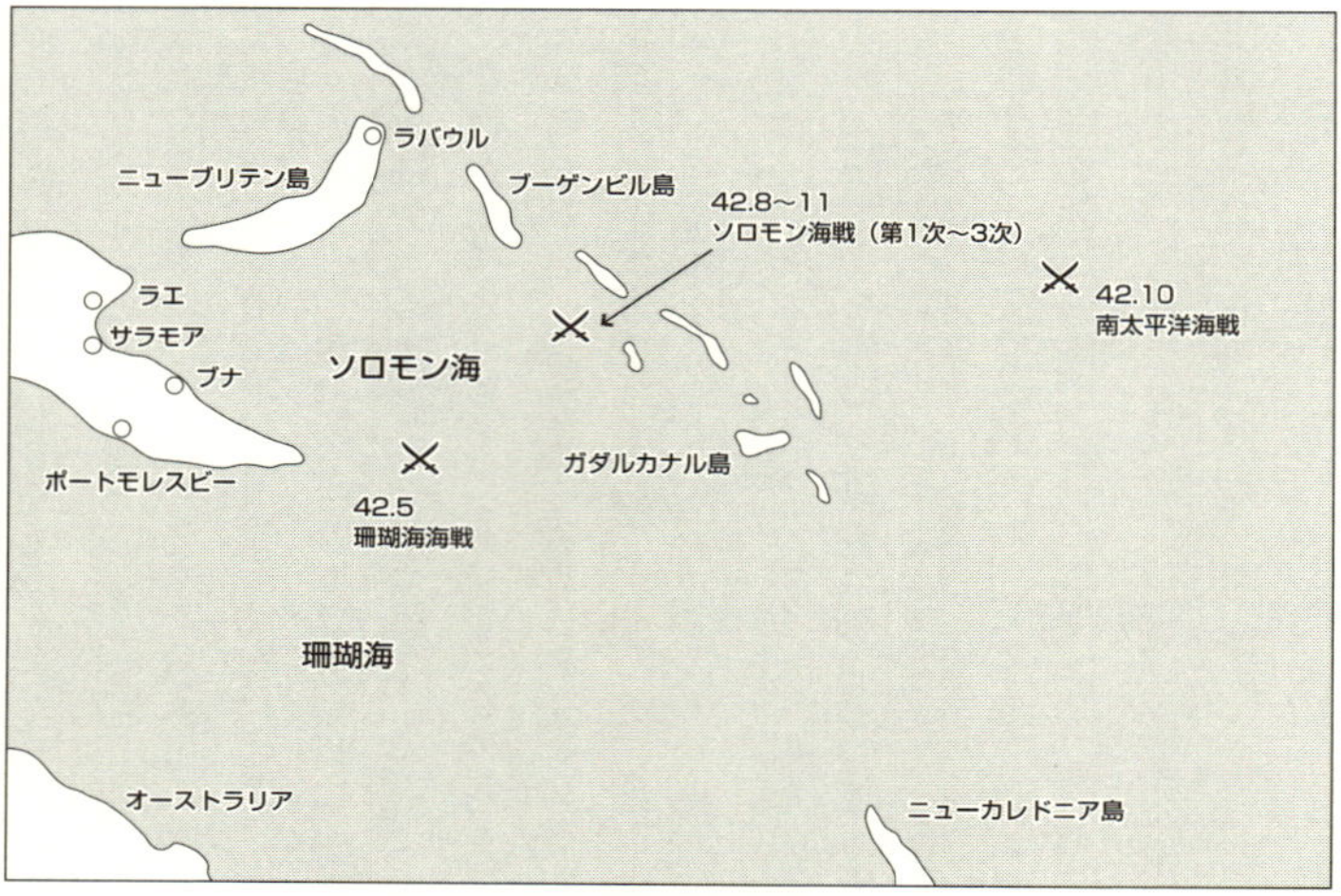

ソロモン海域地図

攻はオーストラリアからと想定され、アメリカからオーストラリアへの輸送経路であるサモア島、フィジー島海域を封鎖する作戦（FS作戦）を構想しており、その前進基地としてこの飛行場が必要であった。ところが、八月初めの完成を待っていたかのように、八月七日に米軍は空母三隻、戦艦・巡洋艦十二隻他を伴う大艦隊で、海兵隊一個師団二万人が上陸してきた。そこには日本の海軍陸戦隊三百人と朝鮮人設営隊二千五百人がいただけで、抵抗する間もなく占領されてしまった。米軍は、この基地をブルドーザーで補強し、ヘンダーソン基地と命名した。急ぎラバウルから、零戦、一式陸攻を出撃させたが、千キロの彼方であるためにガダルカナル上空に滞留できる時間は十五分ほどであり、有効な戦果は得られなかった。その状況は、その後のガダルカナル島をめぐる攻防戦の間中続き、制空権を失った戦場では海戦も陸戦も勝てないということの証明になった。

海軍から奪回の要請を受けた陸軍は、島の所在も戦略的な意味も米軍の規模もわからなかった。海軍陸戦隊がいたにもかかわらず、米軍の規模がわからないというのはどういうことか。こんなところにも、日本軍の情報軽視と敵を侮る欠陥がうかがわれる。結局、ミッドウェー作戦の失敗で浮いていた第七師団(旭川)の一部の一木支隊(一木大佐は盧溝橋事件のときの大隊長)二千二百人を振り向けることになった。八月十八日に、ガダルカナルの東部タイボ岬に上陸した先遣隊九百名は、後続部隊の到着を待たずに攻撃したが、兵力・装備に勝る米軍に手前のイル河畔で待ち伏せを受け全滅した。

驚いた陸軍は、八月二十九日に、第十八師団(久留米)の一部の川口支隊(川口清健《かわぐちきよたけ》少将)五千四百人を再びタイボ岬に送り込み、一木支隊の残存部隊千三百人とともに、今度はジャングルに入り、島の南部高地から攻撃したが、すでに高地の稜線に堅牢な陣地を造り待ち受けていた米軍にまたしても撃退された。この激戦地のムカデ高地は「血染めの丘」と呼ばれた。

いよいよ本気になった陸軍は、今度は十月九日に、第十七軍司令官百武《ひゃくたけ》中将と軍司令部および丸山《まるやま》政男《まさお》中将の第二師団(仙台)を島の西部タサファロングに上陸させた。ところが、武器・弾薬、食料を乗せた輸送船は、米空軍の必死の攻撃を受け、物資は大半消滅してしまった。大本営から派遣された辻参謀は、ここでも強引に、困難な西部山岳地帯からの攻撃作戦を主張し、第二師団は道なきジャングルに丸山道を切り開きながら進んでいったが、険しい山岳地帯に阻まれ、なけなしの戦車、重火器が運べず、結局、従来と同じ白兵突撃を繰り返すしかなかった。十月二十四日に、なんとか南部の高地から総攻撃をかけたが惨憺《さんたん》たる結果に終わり、飢えに苦しみながら丸山道を敗走していった。

大本営は意地になって、今度は、第三十八師団(名古屋)を十一月十三日に派遣したが、輸送船十一隻は多くが撃沈され、島に乗り上げることができたのは四隻のみという有様であった。第三十八師団で上陸できたのは五千人にすぎず、武器・弾薬・食料・医薬品なども米軍の砲・爆撃で飛散し、兵士は栄養失調かマラリア、赤痢にかかり、十一月末に、総数約二万人中、まともに戦える者は千人足らずという有様であった。

輸送船による補給はことごとく沈められ、ネズミ輸送（米軍は東京エクスプレスと呼んだ）と言われた駆逐艦や潜水艦によるピストン輸送もままならず、この頃から日本軍は飢えに苦しみ始め、翌年二月の撤退まで、それこそ生き地獄の餓島《がとう》と化してしまった。結局三万五千人強投入し、生還できた者は約一万二千人で、二万三千人の戦没者の六割以上が餓死者であった。大本営では、この生き残りを見殺しにするか救出するか、さらに増援するかで大議論になった。現地の百武司令官以下幕僚は玉砕を望んだが、ラバウルの軍司令官今村均中将の決断で撤退することにし、夜陰に紛れての救助作戦は奇跡的に成功した。しかし、ブーゲンビル島に撤退できたその将兵たちも、結局、他の太平洋の島々でほとんどが帰らぬ人となった。

ガダルカナル作戦は、陸軍の最初の敗北であったが、情報の軽視、補給の軽視、精神主義に頼った無謀な作戦、戦力の小出し等、これから繰り返される失敗のおよそ見本市のようなものであった。ただ日本軍も、重火器が不足していたうえに無勢にもかかわらずよく健闘し、米側の指揮官ゴムレー中将は、これ以上支えられないと弱音を吐いたために、十月十九日に更迭《こうてつ》されている。そういう意味では、ガダルカナル戦もノモンハン戦に似て、相手にとっては辛勝であった。勝敗というのは、兵力・装備・物量にかかっているが、粘り通したものが勝ちという側面もあり、日本軍の欠陥とされた精神主義もあながち的外れとは言えない。
ソロモン諸島で、最大の犠牲者を出したのはラバウルとガダルカナルの中間にあるブーゲンビル島であった。この島には六万~八万人の兵力が投入されたが、三万~五万人が戦没し、そのうちの戦闘死は一万人程度で、他は餓死や栄養失調、病死で、「人肉事件」や「抗命事件(上官に反抗)」も頻発し、墓島と呼ばれるようになった。

④南海の死闘

珊瑚海海戦の後、ガダルカナル島の攻防を海上から支援する海の死闘が続いた。責任を感じた海軍は、米軍上陸の翌日早くも八月八日に、第八艦隊の重巡五隻を夜陰に紛れてガダルカナル島に送り、在泊中の米重巡六隻を奇襲し、四隻を撃沈し大戦果をあげた。ただし、輸送船には手をつけず引き揚げた(第一次ソロモン海戦)。こんなところにも、日本軍の補給軽視の考え方がうかがわれる。

日本人なら誰でも司馬遷《しばせん》の『史記』くらいは読んでいるはずだが、漢帝国が成ってその祝宴の席で、劉邦《りゅうほう》が、「このたびの戦の最大の功労者は誰か」と尋ねたとき、多くの人は、「百万の兵を自由に操って敵を破った将軍の韓信」、あるいは「帷幕《いばく》にあって謀を巡らした参謀の張良」を挙げたが、劉邦は、「そうではない。負けても負けても兵員、武器・食料を送り続けてくれた兵站の蕭何が勲功の第一である」と言った。兵站を重視した米軍と、軽視した日本軍の作戦上の違いは、以後もあらゆる戦場で見られる。昭和の軍隊は、なぜか歴史から学ぶことの少ない軍隊であった。

次いで、八月二十三〜二十五日の川口支隊の上陸に先立って、日本空母三隻（「翔鶴」、「瑞鶴」、小型「龍驤」）と米空母三隻（「サラトガ」、「エンタープライズ」、「ワスプ」）の一騎打ちがあり、日本側は「龍驤」を失ったが互角の戦いであった（第二次ソロモン海戦）。

九月十五日には、「伊一九号潜水艦」が、空母「ワスプ」を撃沈するという快挙をなしたが、日本潜水艦が、空母を撃沈したのはこれが最初で最後であった。

十月十一日夜、第二師団の輸送船到着を援護して出撃した第六戦隊（巡洋艦三隻、駆逐艦一隻）は、米軍の巡洋艦部隊（重巡二隻、軽巡二隻、駆逐艦四隻）とサボ島沖で遭遇した。暗闇のために、日本軍は味方と誤認しているうちに、米艦からレーダー照準で砲撃を受け、日本海軍は得意の夜戦で大敗北しショックを受けた（サボ島沖海戦）。当時日本軍にも、曲がりなりにレーダーがあったが、科学技術に頼るやり方を邪道と決め込み、熟練による職人技を尊ぶ癖から抜けきれなかった。シンガポールを攻略したとき、英軍基地に妙な構造物があるので、これは何かと聞くと、「なんだ、こんなものも知らないのか。これはあなたの国の八木博士が発明した（レーダーに使う）八木アンテナだ」と言われて恥をかいたという話が残っている。

十月二十六日の第二師団の総攻撃に合わせて、ソロモン諸島の北方で、日本側の空母四隻（「翔鶴」、「瑞鶴」、小型空母「瑞鳳」、「隼鷹」、航空機二百十六機）、戦艦四隻、重巡八隻と、米側空母二隻（「エンタープライズ」、「ホーネット」、航空機百六十九機）、戦艦一隻、重巡二隻が激突し、米側の「ホーネット」を撃沈、「エンタープライズ」を中破、七十四機を撃破し、日本側は、「翔鶴」、重巡一隻が大破、「瑞鳳」が中破、九十二機損失となり、形の上では日本勝利となったが、ガダルカナル島の地上戦には影響なく、また、その後のパイロット養成と飛行機の補充能力（一九四二年の飛行機生産実績は、日本八千九百機、米は三万四千八百機）から見て、米側は戦略的には自分たちの勝利と見ていた（南太平洋海戦）。ただこの結果、一時的ではあるが、米側は太平洋で運用できる空母がゼロという事態になった。

十一月十三日の第三十八師団の上陸に合わせ、日本側小型空母「隼鷹」、戦艦二隻、駆逐艦三隻、輸送船十一隻等三十一隻と、米側空母「エンタープライズ」、戦艦二隻、巡洋艦二隻、駆逐艦七隻等三十隻が交戦し、相互に被害を出して引き分けとなった（第三次ソロモン海戦）。

南方方面戦没者慰霊祭（自）

こうした、ガダルカナル島をめぐる海の死闘で、夥《おびただ》しい日米の艦船が海底を埋め、このあたりの海は「鉄底海峡（IRON BOTTOM SOUND）」と呼ばれ、今でも航行する船のコンパスが狂うと言われている。

我々の乗った船が、西のニューギニア、東のガダルカナルの中間にあたる珊瑚海からソロモン海に入る海域で、「南方方面戦没者慰霊祭」を催したところ多数の人が参列してくれた。僧籍を持つH氏にお経をあげていただき、皆でお焼香をした。元高校の音楽教師に『海ゆかば』の譜面を作っていただき、それを女子大生にトランペットで吹奏してもらい一同斉唱したが、荘重な調べと哀調を帯びたラッパの音色がエメラルド色の海に浸み入るように響き渡った。親類縁者に、このあたりで戦没した人もかなりいたようで、船尾から涙ながらに献花する姿が多数あった。この地域の海や島では、約三十万人の将兵が戦没しており、ほとんどの遺骨は未だに、「水漬《みづ》く屍《かばね》　草むす屍」のままである。途中で日和雨が通り過ぎたが、思いが天に通じたか英霊の涙か。ある老婦人が、自分の叔父さんは海軍将校で、真っ白の軍装姿が本当にカッコ良かったと懐かしんでいた。

シドニーから乗船してきたオーストラリア人の講演者が、慰霊祭を見ていたらしく、「日本人だけの慰霊祭はけしからん」とのことで、主催者にインタビューしたいと申し込んできた。この人は、平和主義のジャーナリスト兼歴史学者で、現在本を執筆中で、日本人のメンタリティーに興味を持ったようであった。彼のキャビンで、一時間余り録画付きインタビューに応じることにした。連合軍の捕虜に対する扱いには率直に詫び（連合軍捕虜の死亡率は、日本軍捕虜の十倍以上）、シドニー湾に出撃した特殊潜航艇の戦死者をオーストラリアが海軍葬で手厚く弔い、亡骸《なきがら》を特別機で日本の遺族に送ってくれたこと、オーストラリアのカウラ収容所（枢軸国の捕虜のうち、日本人捕虜だけ約千人が暴動を起こし、二百三十一人が射殺された事件。ただし、逃亡中の日本兵をかくまってくれた農家もある）の日本人捕虜を人道的に扱ってくれたこと等に礼を言うと、自分もトヨタ車に乗っていると、ひどく打ち解けて意気投合した。もし、ポツダム宣言に「国体の護持」が入っていたら、七月中に終戦となり、原爆もソ連の参戦もな

カウラ日本庭園（自）

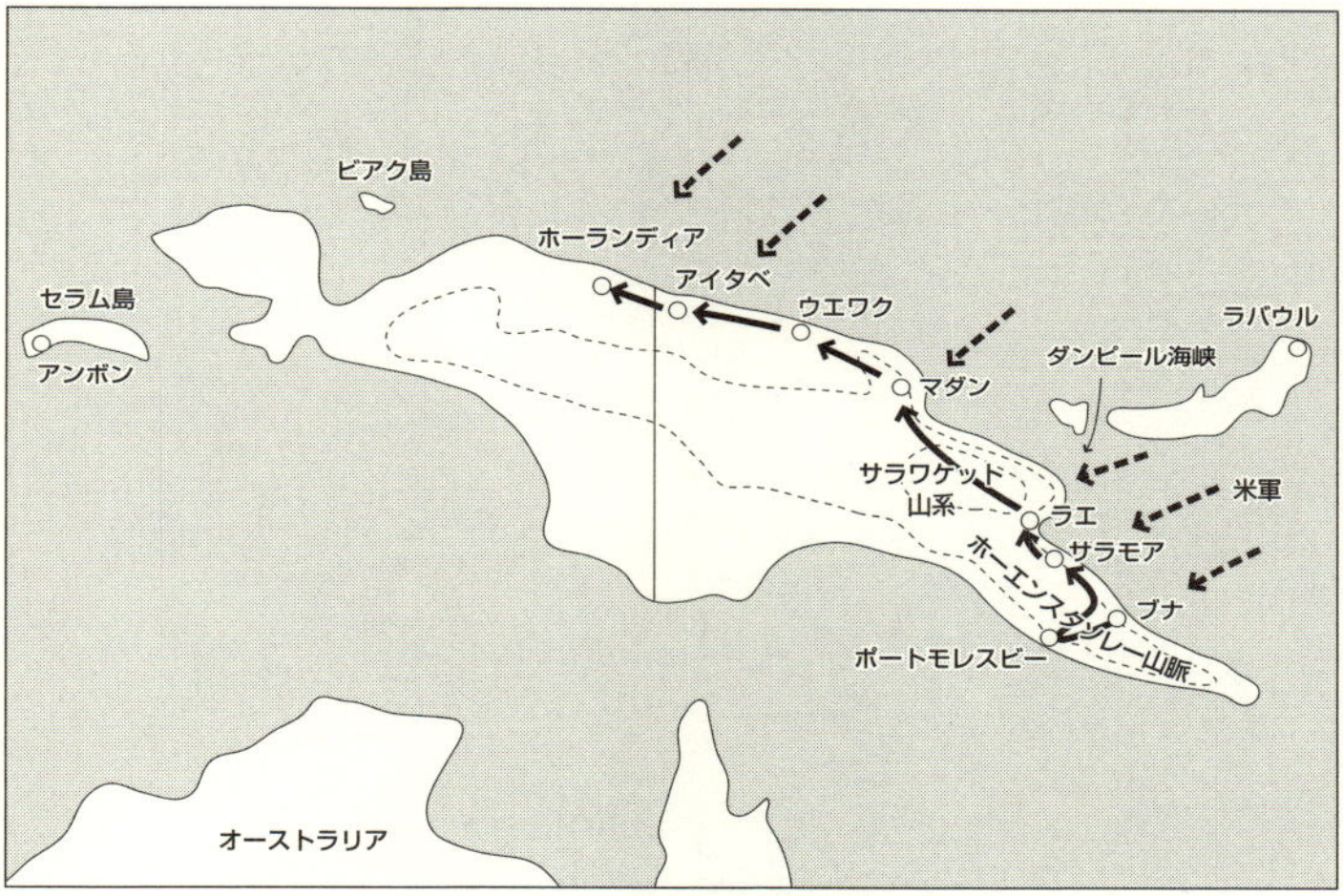

ニューギニア地図

かっただろうということで意見が一致した。

ちなみに、カウラはシドニーから三百キロ内陸の小さな町で、日、独、伊の捕虜収容所があった。今そこには、豪州政府から日本政府に寄贈された約一万坪(三万三千平方キロメートル)の日本唯一の海外領土があり、素晴らしい日本庭園がある。その隣によく手入れされた日本人墓地があり、二百三十一名の兵士が眠っている。

⑤ニューギニア戦線

同じ頃、ニューギニアでも、悲惨な戦いが進行していた。ラバウル防衛のためにニューギニアの南岸のポートモレスビーを攻略しようとして、海路空母を仕立てて侵攻したのは、一九四二年五月の珊瑚海海戦で阻止された。そこで、今度は北岸のブナからホーエンスタンレー山脈を横断して、南岸のポートモレスビーを攻略する作戦が立てられた。これには峻嶮《しゅんけん》な山脈を踏破しなければならず、一人の兵士のために三人の輜《し》重《ちょう》（物資運搬）が必要との試算となり、到底無理との意見が強かったが、ここでも大本営派遣参謀の辻中佐の「私的命令」で強行することとなった。八月二十日に、ブナに上陸した南海支隊・堀井少将の第百四十四連隊（高知）、第四十一連隊（広島）一万人は、わずかの糧食を携行して進撃したが、案の定、九月十六日に、ポートモレスビーを指呼の間に望む地点に到達したところで補給が尽き、撤退のやむなきに至った。重火器を捨てて、飢えと疲労で撤退する日本兵を、オーストラリア軍は容赦なく追撃した。やっと北岸に辿り着いた部隊は増援部隊と合わせても七千五百人に過ぎず、ブナ地区で、米豪軍の猛攻を受け壊滅状態となり、西北のサラモア、ラエの第五十一師団（宇都宮）の先遣隊を頼って敗走していった。オーストラリアから、ニューギニア、フィリピンに至る反攻ルートは陸軍のマッカーサー元帥の担当であった。

第五十一師団も、その輸送船ともどもニューギニア北方のダンピール海峡で、米豪空軍の攻撃を受け、輸送船四隻とともに将兵三千名が海の藻屑《もくず》となった（ダンピール海峡の悲劇）。サラモア、ラエでも三倍の米軍に蹂躙《じゅうりん》され、生き残った第五十一師団を中心とした陸・海の敗残兵八千五百人はさらに西に向かって敗走し、標高四千二百メートルのサラワケット山を越えようとしたが、飢え、寒さ、疲労で四〇パーセントの将兵がむなしく命を落とした。それでも、遥か西方百二十キロの第二十師団（朝鮮）、第四十一師団（仙台）に合流すべく転進を続けたが、すでに至る所に飛び石作戦をとる米軍が待ち受けており、圧倒的な火力の前に犠牲を重ね、地獄の行軍となった。米の配給はわずか日に七勺《しゃく》で、食べられるものはすべて食べ尽くし、およそ戦場におけるあらゆる苦渋と悲惨さを嘗めたのが東部ニューギニア戦線であった。一九四三年四月までの第十八軍の総投入兵力は二十万人で、そのうち十八万人が戦没し、その悲惨さはガダルカナル島、サイパン島の比ではないがその割にはあまり知られていない。第十八軍司令官安達《あだち》二十三《はたぞう》中将は、その責任を取り、「将兵に対し、人として堪えうる限度を遥かに超越せる克難敢闘を要求致候」の遺書を残して戦犯収容所で自決した。

敗戦への道

①山本元帥の戦死

ラバウルの山本長官（防衛）

「ダンピール海峡の悲劇」に報復するために、連合艦隊は大規模な「い号作戦」を発動し、一九四三年（昭和十八年）四月七日〜十四日に、空母四隻と零戦百機、爆撃機八十機、基地航空隊の零戦百機、爆撃機九十機で、米軍のガダルカナルの停泊地、ニューギニアのブナ地区、ポートモレスビー、ミルン湾等を攻撃し大戦果を上げた（ただし、米側資料では被害は軽微）。この戦果に満足した山本五十六連合艦隊司令長官は、前線基地視察のためにラバウルを訪れ激励した後、一式陸攻二機と護衛の零戦六機で、さらに前線のブーゲンビル島に向かった（一九四三年四月八日）。これを無線傍受したハワイの米軍は、これを襲撃すべきか否かを、太平洋艦隊司令長官ニミッツ提督、ルーズベルト大統領にまで上申し、山本亡き後、より優れた後継者がいるかどうかを検討した結果、彼に勝る者はいないとの結論に至り、決行することになった。ロッキード・P38ライトニング十七機がブーゲンビル島上空で待ち伏せし、山本機と宇垣纏《うがきまとめ》参謀長機を撃墜した（海軍甲事件）。一番機はジャングルに、二番機は海中に落ち、宇垣参謀長は重傷であったが運よく救助された。山本長官は、ミッドウェーの敗戦と、自分の短期決戦構想の破綻により、死に場所を求めていたのではないかとも言われている。

一九四二年は、負け戦があったにしろ日本も戦力では互角の戦いをしていたが、一九四三年からは米軍の一方的な戦いとなっていった。一九四三年六月には、勤労学徒動員令が出され、中学以上の男女は軍需工場や開墾《かいこん》、松根掘り（松の根から航空機用燃料を採った）等に駆り出され、十月には大学生も繰り上げ卒業で出陣していった。これらの人は、多くが南海の孤島で餓死、疫病、特攻等で戦没していった。その様子は戦没学徒の日記『きけ　わだつみの声』に収録されており、是非読んでおきたい本である。ただし、この本は、戦争の悲惨な面のみに焦点を合わせて編集されており、編集に偏りがあるとも言われている。

②アッツ島の玉砕

北太平洋では、日本軍はミッドウェー作戦に合わせ、一九四二年六月六日に、アリューシャン列島のアッツ島、キスカ島を無血占領していた。米軍の反攻は、ここにも及び、一九四三年五月十二日に、空母の援護の下に一万一千人がアッツ島に上陸し、北海守備隊の山崎保代《やまざきやすよ》大佐以下守備隊二千五百人は全滅し、ここから「玉砕」という言葉が使用されるようになった。〝降伏せよ〟との呼びかけにもかかわらず、満身創痍の敗残兵三百五十人は、最後の銃剣突撃を敢行し、生存者は二十九名のみであった。島には日本軍の敢闘を称えた、米軍による慰霊碑が建立されている。キスカ島の五千人は、奇跡的に、七月二十九日に濃霧の中を無事撤退することができた。

③中部太平洋の戦い

中部太平洋のマーシャル群島から、マリアナ諸島、パラオ諸島、フィリピンに至る米軍のもう一つの反攻ルートは、海軍のニミッツ提督の担当であった。一九四三年十一月二十一日に、空母四隻と二百隻に及ぶ大艦隊が、ギルバート諸島に押し寄せ、タラワ島（柴崎恵次《しばざきけいじ》海軍少将以下守備隊四千六百人）に一万八千人、マキン島（守備隊七百人）に六千五百人が上陸してきた。日本軍は激しく抵抗したが、二十四日にはこれらの島は制圧された。日本軍の捕虜は、それぞれ百人余りで、文字通り玉砕であった。米軍は、マキン島に飛行場を造り、日本軍攻撃の前進基地とした。

次いで、米軍は一九四四年一月三十日に、マーシャル群島のクエゼリン環礁に侵攻してきた。クエゼリン主島に秋山門造《あきやまもんぞう》海軍少将以下五千人、他の島に山田道行海軍少将以下三千人が駐屯していた。二月一日に、事前の激しい爆撃と艦砲射撃の後、クエゼリンに二万一千人が上陸し、圧倒的火力の前で日本軍は四日に全滅した。米軍の戦死者は百十七人にすぎなかった。他の島も同様で、日本軍の戦死者は八～九割に上り玉砕が続いていった。あちこちの島に小部隊を配置しても、各個撃破されるだけなのになぜそうしたのだろうか。

クエゼリンの泊地と航空基地を手に入れた米軍の次の目標は、マリアナ諸島であったが、その前に、途中にある日本海軍の最大根拠地であるカロリン諸島のトラック島に、一九四四年二月十七日に、空母九隻、延べ千二百五十機で大空襲をかけてきた。連合艦隊は、四万三千人の守備隊を残し、南洋庁のあるパラオ諸島に避難した。トラック島は空襲を受けたが、米軍の上陸はなかったので、三万七千人が生還することができた。パラオ諸島も、三月三十日に空襲されたので、連合艦隊司令長官古賀《こが》峯一《みねいち》大将と参謀長福留《ふくとめ》繁《しげる》中将は悪天候の中、飛行艇二機でフィリピンのミンダナオ島に脱出したが、セブ島沖に墜落し、古賀長官は行方不明、福留参謀長は原住民に捕まりゲリラ部隊に引き渡された（海軍乙事件）。そのとき、作戦計画書がゲリラを通じてマッカーサー司令部に渡り、連合艦隊の戦力、作戦計画が米軍に筒抜けとなってしまった。海軍は、そのことも不問とした。

④ビルマ戦線

ビルマでは、第十五軍・牟田口《むたぐち》廉也《れんや》中将が、インパール作戦を主張していた。ビルマ・ルートの援蔣ルートを遮断することと、インドへの侵攻の糸口をつくり、戦局の転換を狙ったが、行く手にはチンドウイン川、峻嶮なアラカン山脈が遮り、補給面で問題ありということで大本営、配下の参謀長、師団長たちは反対であった。しかし、牟田口軍司令官の熱意に、杉山《すぎやま》元《はじめ》参謀総長が折れて実施することになった。牟田口は、盧溝橋事件の時の連隊長で、事実上彼の攻撃命令で日中戦争が起こったとの負い目があり、ここで戦果を上げて局面打開に貢献したいとの思いがあった。一九四四年（昭和十九年）三月八日に、インパール作戦が開始され、これにはチャンドラ・ボースのインド国民軍千人も従軍していた。英印軍は、戦いながら戦略的撤退を繰り返し、それを追っているうちに二週間もすると早くも食料に窮し始めた。それでも四月初めにはインパール北方のコヒマを占領し、四月中旬にはインパール盆地を望

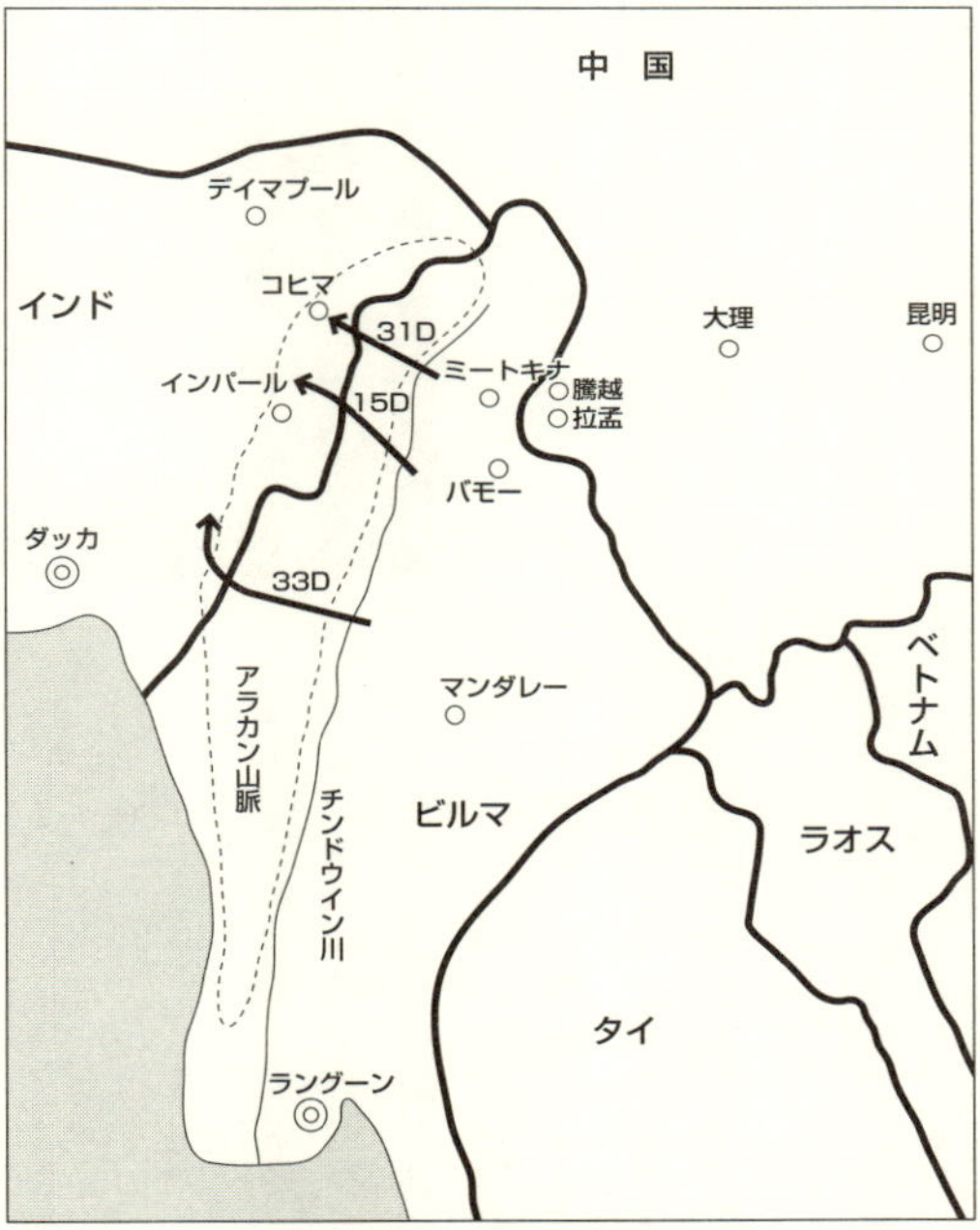

インパール地図

見できるところまで進出したが、結局は弾薬不足で総攻撃することはできなかった。五月になると雨期に入り、弾薬、食料不足で進撃の止まった山内第十五師団長（京都）、柳田第三十三師団長（宇都宮）と、補給がないためにコヒマから勝手に撤退した佐藤第三十一師団長（甲府）の三人全員を首にするという前代未聞の事態になった。六月になると、英印軍は、日本軍の補給戦が伸びきったところで、圧倒的な航空機の援護の下で、優勢な戦車、火砲を用いて反攻に転じた。七月八日になって、やっと撤退命令が出たが、事態はすでに深刻になっており、遅きに失した。日本軍は雨の中、英印軍の追撃を受け、飢えと疲労とマラリア・アメーバ赤痢などに苛《さいな》まれながら、山中足を引きずり帰路についたが、参加兵力八万八千人中、五万～六万人が力尽きて倒れていった。その道は「白骨街道」と言われ、『ビルマの竪琴』の舞台になっている。この作戦も、愚かな作戦の代表例として語り継がれている。さすがに牟田口司令官は、責任を問われ更迭されたが、東条と昵懇《じっこん》だったこともあり参謀本部付きの東京勤務となり、塗炭の苦しみに喘ぐ部下を打ち捨てて逃げ帰ったに等しかった。彼はとかく評判の良くない軍人であった。シンガポールの日本人墓地に、なぜか牟田口中将の揮毫《きごう》した慰霊碑が立っており、唐突な感じがする。

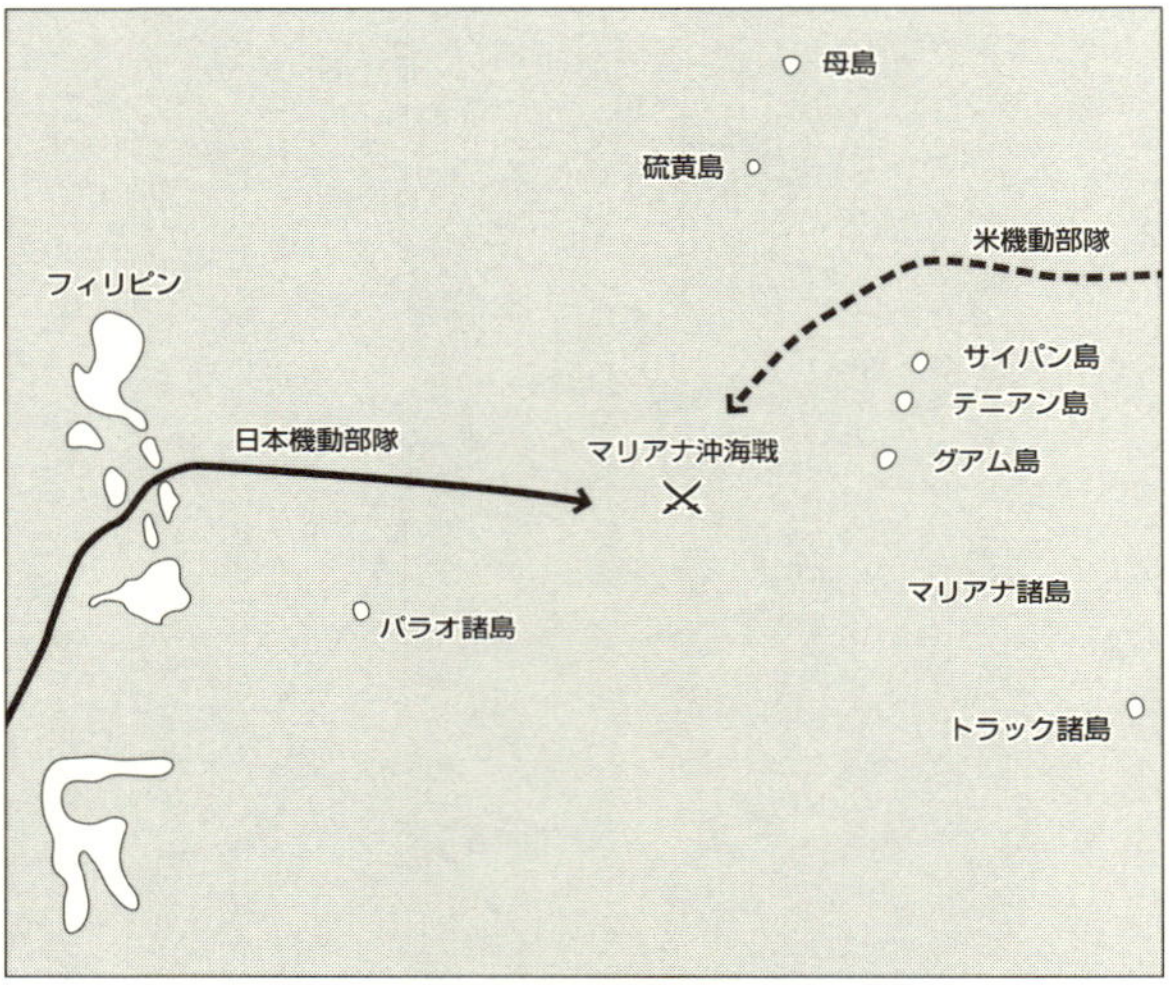

マリアナ沖海戦地図

⑤マリアナ沖海戦

一九四四年になると、六月十一日に、絶対的国防圏内にあるマリアナ諸島に、スプルーアンス大将率いる空母十五隻、搭載機九百五十機と多数の艦船が押し寄せてきた。六月十九日に、小沢治三郎《おざわじさぶろう》中将率いる第一機動艦隊の空母九隻（「大鳳」、「翔鶴」、「瑞鶴」、小型の「隼鷹」、「飛鷹」、「龍鳳」、「千歳」、「千代田」、「瑞鳳」）、搭載機四百四十機と各島の基地航空隊の六百五十機が、アウトレンジ戦法（日本機は航続距離が七百四十キロメートルと長いので、米機の航続距離四百六十キロメートルの外から攻撃）で攻撃したが、福留参謀長の失態から作戦情報を入手していた米軍は、日本軍の作戦、配置、戦力を熟知しており、米軍の主導権の下に戦闘が行われた。基地航空隊は、上陸前の激しい空襲で壊滅状態になり、日本の空母三隻（「大鳳」、「翔鶴」、「飛鷹」）は米潜水艦に撃沈され、他の空母四隻も大きな損傷を受け、搭載機は百機を残すのみで、一方、米側はほとんど無傷という完敗であった。その理由は、米軍が精巧なレーダー、新式の小型レーダー内蔵のVT信管（あらかじめ、信管に炸裂《さくれつ》する距離をセットしなくても、飛行機との近接空域で感知して炸裂）を使用していたことと、未熟な日本人パイロットは、零戦より装甲、速度に勝る新式戦闘機のグラマンF六Fヘルキャットに、全く歯が立たなかったことによる（マリアナの七面鳥撃ちと言われた）。さらに、米機はアウトレンジ戦法に対抗して、航続距離外から攻撃し、帰途は海上に不時着して駆逐艦の救助を待つという、思い切った戦法も使ってきた。こうして、なけなしの日本機動部隊は、わずか二日で壊滅し、二度と再建することはできなかった（マリアナ沖海戦）。

⑥サイパン島陥落

サイパン島では、中部太平洋方面艦隊司令長官南雲中将が、海軍部隊一万五千人、第四十三師団（名古屋）二万八千人等を指揮して防御を固めていた。そこへ、激しい空襲と艦砲射撃を加え、一九四四年六月十五日に二万人が上陸してきた。日本軍は、水際作戦を取ったために、集中的な爆撃、艦砲射撃を受け、緒戦で半数を失うという大打撃を被った。本来は、敵を水際で阻止するのが上策とされるが、圧倒的に戦力差がある場合は、兵力を集中すればするほど、逆に効率よく叩かれることになる。その後はゲリラ戦に転じ、島中央のタッポーチョ山に籠り、その戦いでは米軍師団長を更迭させるほどの激しい

サイパンの日本軍陣地（自）

抵抗を示したが、次第に島の北方に追い詰められ、七月七日に、南雲中将と第四十三師団長・斎藤義次《さいとうよしつぐ》中将は、「サイパン島守備兵に与える訓示」を下達し、最後のバンザイ突撃を敢行して玉砕した。訓示の最後は「今や止まるも死、進むも死……米軍に一撃を加え、太平洋の防波堤としてサイパン島に骨を埋めんとす。戦陣訓に曰く『生きて虜囚の辱《はずかし》めを受けず』。勇躍全力を尽くして、従容《しょうよう》として悠久の大義に生きるを喜びとすべし。茲《ここ》に将兵とともに、聖寿《せいじゅ》の無窮《むきゅう》、皇国の弥栄《いやさか》を祈念すべく、敵を求めて発進す。続け」と締めくくられていた。南雲中将、斎藤師団長、第三十一軍参謀長井桁敬治《いげたけいじ》少将は割腹自殺した。第三十一軍司令官・小畑英良《おばたひでよし》中将は、パラオに出張中で、急ぎ取って返したが、すでに米軍の攻撃が始まっていたためにグアム島から先に帰れず、サイパンの玉砕とともに自決した。

住民二万人も軍と運命を共にし、北端のマッピ岬（バンザイ・クリフ）で、米兵の制止も聞かず多くの人が身を投げた。島民の自決者は、約一万人と伝えられる。

紺碧《こんぺき》の海と砕ける波しぶきが美しいこの島で、そのような悲劇があったとはとても想像することができない。島のあちこちに、旧軍陣地や火薬庫の廃墟があり、巨弾が貫通した指揮所や抉《えぐ》られた重砲の残骸に、激戦の様子がうかがわれる。島の農園主のお爺さんは、日本人と見ると、親しく当時のことを話してくれた。サイパンでは、良い統治が行われていたのだろう。

米軍は、七月二十二日にグアム島、七月二十四日にはテニアン島に上陸し、それぞれ八月二日、八月十一日に玉砕した。テニアン島は、原爆機「エノラ・ゲイ」が発進したところで、サイパン島の南端からはごく間近に見える。なお、広島の原爆を運んだ重巡「インディアナポリス」は、その後フィリピンへ向かう途上、伊五八号潜水艦に撃沈された。乗組員の多くは、サメの餌食になったという。何か因縁めいた話である。

絶対国防圏であり難攻不落と公言していたサイパン島が、一カ月足らずで陥落したことの責任を取り、東条内閣は総辞職し、小磯内閣が後を継いだ。サイパン島の陥落により、本土はB29の直接の爆撃圏に入り、翌年からは連日の空襲を受けることになった。高度一万メートルの成層圏を飛ぶB29に対しては、当時の日本の高射砲も迎撃戦闘機も歯が立たなかった。

⑦ラバウル航空隊

ニューブリテン島のラバウルには、天然の良港を備えた大航空基地があった。そこには海軍航空隊と、その守備隊として第八方面軍・今村均大将の陸軍の合計九万人が駐屯していた。往復二千キロのガダルカナル戦で、多くのベテラン搭乗員を失い戦力を消耗したうえに、一九四三年十一月から、連日の連合軍の大空襲を受け、一九四四年二月に、全機をトラック島に後退させて航空隊は事実上消滅した。今村大将は、持久戦を想定し、土地を開墾し自給自足体制を築いたため、多人数であった割には、終戦まで飢えることはなかった。インドネシアでの治世といい、類まれなる将軍であった。幸い、米軍がラバウル迂回作戦を取ったために、ほとんどの人が生還することができた。

ラバウル基地跡（自）

今は一九七五年（昭和五十年）に、オーストラリアから独立し、パプア・ニューギニアになっている。基地跡には、司令部壕や爆撃機、零戦の残骸が残っているが、一九九四年（平成六年）九月からの、タヴルヴル山など三火山の噴火で灰に埋もれつつある。少し離れた所には、大発（大型発動機艇）の収容洞窟や、「ココボ戦争博物館」があり、日本軍の高射砲、戦車、魚雷、戦闘機などの残骸が展示されている。ラバウルの住民は大変親日的である。

「船旅」に同乗していた若い女性は、無鉄砲にも町で知り合った住民に連れられ、夕方から沖合の小島に一人で渡り、島民に大歓迎を受けて夜遅く帰ってきた。およそ信じ難いことである。

われわれの船が、夕方岸壁を離れるとき、多くの島民が見送りに来てくれた。船のデッキからは、期せずして『ラバウル小唄』と『海ゆかば』が沸き起こり、島の灯が見えなくなるまで別れを惜しんだ。

⑧ペリリュー島の玉砕

一九四四年九月に、米軍は南洋庁のあるパラオ諸島に侵攻してきた。パラオ諸島は、中部太平洋からフィリピンへ向かう入り口に位置し、その中のペリリュー島は、南北九キロ、東西三キロの小さい島だが、比較的平坦な島なので、日本軍の航空基地があった。守備隊は関東軍最強と謳われた第十四師団の

中川州男（近現）

第二連隊（水戸）・中川州男《なかがわくにお》大佐以下六千人、海軍の三千六百人であった。中川大佐は、サイパン島があっけなく玉砕したのを見て、徹底した地下・ゲリラ戦法を取ることにした。九月十五日に、オレンジ・ビーチに上陸してきた第一次上陸部隊を、たった六百人で撃退し、その海岸を米軍の血で染めた。精鋭の米軍第一海兵師団二万八千人は、当初二、三日でこの島を占領する予定であったが、執拗な日本軍のゲリラ戦法により、六〇パーセント以上の死傷者を出し、十月三十日に、陸軍第八十一師団に交代せざるを得なかった。こんな小さな島を、制圧するのに二カ月半かかった。天皇は、毎日ペリリュー島の安否を尋ねられたという。補給もなく、食糧・弾薬が尽きた日本軍は、玉砕を伝える「サクラ　サクラ」の電報を発し、島中央の小高い丘の洞窟で、中川大佐、第十四師団参謀村井権治郎、飯田義栄大隊長は割腹自殺し、翌朝十一月二十七日に、生き残りの根本甲子郎大尉以下五十五名は、「万歳突撃」を敢行し玉砕した。この島での日・米軍の犠牲者は、ほぼ同数であり、日本軍がいかに健闘したかがわかる。この島では、戦闘終結後も、山口永《やまぐちはるか》少尉以下の陸・海軍三十四人の生き残りが投降を拒否し、一九四七年（昭和二十二年）までゲリラ戦を続けている。島のガイドの話では、彼らは米軍の食料を掠《かす》め取ったり、米軍の野外映画会にもこっそり見に行っていたとか。終戦から二年経って、さすがに様子が変なので、代表者を米軍陣地に行かせたところ終戦を告げられたが、まだ信用せず、全員の家族から手紙を取り寄せて初めて投降したという。そのとき、米軍から掠め取った食料備蓄は十分で、まだ二年は戦えると豪語していたそうである。なお、隣のアンガウル島も米軍の攻撃を受け、そこからペリリュー島まで九十キロを泳ぎ抜いて戦況報告に来た兵もいる。驚異的な精神力である。

また、ここにはペリリュー神社があり、その境内には、ニミッツ提督作の日本軍を称える碑文がある。その文面は、

「Tourists from every country who visit this island should be told how courageous and patriotic were the Japanese soldiers who all died defending this island.

Pacific Fleet Command Chief (USA) C. W. Nimitz

諸国からこの島を訪れる旅人たちよ、この島を守るために日本軍人がいかに勇敢な愛国心をもって戦い、そして玉砕したかを伝えられよ。米太平洋艦隊司令長官C・W・ニミッツ」

とあり、心を揺さぶられる。なお、この碑文には雛形があり、BC四八〇年に、ペルシャのクセルクセス大王に率いられた大軍を迎え撃ったスパルタのレオニダス王は、三百人のスパルタ兵とともに「テルモピュライの戦い」で全員壮烈な戦死をとげた。その功績を称えて、同地に、

「Go tell the Spartans, Thou that passest by, That here, Obedient to their laws, We lie.

ペリリュー神社（自）

旅人よ、行きて伝えよ、スパルタの人々に。我等かの言葉に従いてここに伏すと」の碑文がある。

当時スパルタでは、息子が戦死して帰還すると、母親は息子の体を裸にして傷跡を検分し、前面に向こう傷があれば一族の墓に弔い、背後に傷があると無縁墓に投げ捨てたと伝えられる。

パラオ諸島は、現在共和国になっており、極めて親日の国である。それは、米軍の上陸に先立って、島民千六十人全員を他の島に疎開させ、一人の犠牲者も出さなかったことと、統治の巧みさによる。国旗は日章旗を真似た青字に黄色の丸（月章旗）で、今でも、「センキョ（選挙）」など多くの日本語が現地語に取り入れられ生きている。現地人の沖山豊《おきやまとよ》美《み》女史他は『ペ島の桜を讃える歌』を作り、「日本という国は何千年来の伝統を持ち、独自の文化を作り上げてきた。その結晶が、天皇と教育勅語だ」と語っている。それほど日本文化に心酔した島が、未だに南洋にあるということを、日本人は誇りに思ってよい。海軍司令部は、砲弾痕も生々しく原形をとどめているが、熱帯の蔦《つた》・樹木に絡まれて、着実にジャングルに呑み込まれつつある。飛行場は、まだローカル線に使用されており、島の

日の丸とパラオ国旗（自）

日本軍戦車（自）

あちこちに洞窟や戦車・戦闘機の残骸が赤錆びて残っており、戦争が確かにあったことを物語っている。降り注ぐ太陽と透き通ったエメラルドグリーンの海に囲まれた、「天国に最も近い島」と言われる島のたたずまいと、補給も援軍も途絶えて絶望的な中で日夜奮闘した兵士たちの姿があまりにも不似合いで言葉がなかった。

⑨台湾沖航空戦

一九四四年十月十日に、米空母十七隻、延べ千三百機が、沖縄を大空襲した。これに対して、鹿児島、台湾、フィリピンの航空隊延べ八百機が報復攻撃し、大本営海軍部は、空母十一隻撃沈、八隻大破、戦艦の撃沈破十五隻という大戦果を発表し国民は大喝采をしたが、実際は米巡洋艦二隻を大破しただけで、日本軍は二百機を喪失するという大敗であった（台湾沖航空戦）。大本営発表があまりにもセンセーショナルだったために、ニューヨークの株価が暴落したという笑えない事態も起こっている。やがて、これは事実でないことがわかってきたが、海軍は訂正せず、陸軍にも教えることはなかった。ミッドウェー海戦結果の虚報にもまして、こういう報道を平気でやるように、もはや大本営の感覚はマヒしてしまっていた。

⑩フィリピン防衛戦

一九四四年十月に、米軍はフィリピンのレイテ島に二十万人の大軍で上陸してきた。マッカーサーの「アイ・シャル・リターン」がここに実現した。

フィリピン方面の防衛戦は「捷《しょう》一号作戦」と言った。以後「捷二号」が、九州南部、沖縄、台湾方面、「捷三号」が、本州、九州、四国、小笠原方面、「捷四号」が、北海道方面と作戦計画が立てられていた。

ところが、レイテを守備していた第十六師団（京都）は、瞬く間に一万人が戦死し、その救援にルソン島から、第三十（平壌）、第一（東京）、第百二（熊本）、第二十六（名古屋）師団計十万人を派遣したが、制空権のない輸送船団は惨めなもので辿り着けたのは七万人にすぎなかった。それも、武器・弾薬ともに満足に揚陸できず、その後の戦闘と餓え、疫病でほとんどが戦死し、第十六師団および輸送中の犠牲者を含めると合計九万人がレイテの土と化した。

海軍は、レイテを海上から支援するために、戦艦を主力とするなけなしの大艦隊をレイテ湾に送った。

・第一遊撃部隊（栗田健男中将指揮）
　栗田艦隊：第一群：戦艦「大和」、「武蔵」、「長門」、
　　　　　　　　　　重巡「愛宕」「高雄」、「摩耶」、「鳥海」、「妙高」、「羽黒」、軽巡「能代」。
　　　　　　第二群：戦艦「金剛」、「榛名」、
　　　　　　　　　　重巡「熊野」、「鈴谷」、「利根」、「筑摩」、軽巡「矢矧」。
　西村艦隊：第三群：戦艦「山城」、「扶桑」、
　　　　　　　　　　重巡「最上」。
・第二遊撃部隊（志摩清秀中将指揮）
　志摩艦隊：重巡「那智」、「足柄」他。

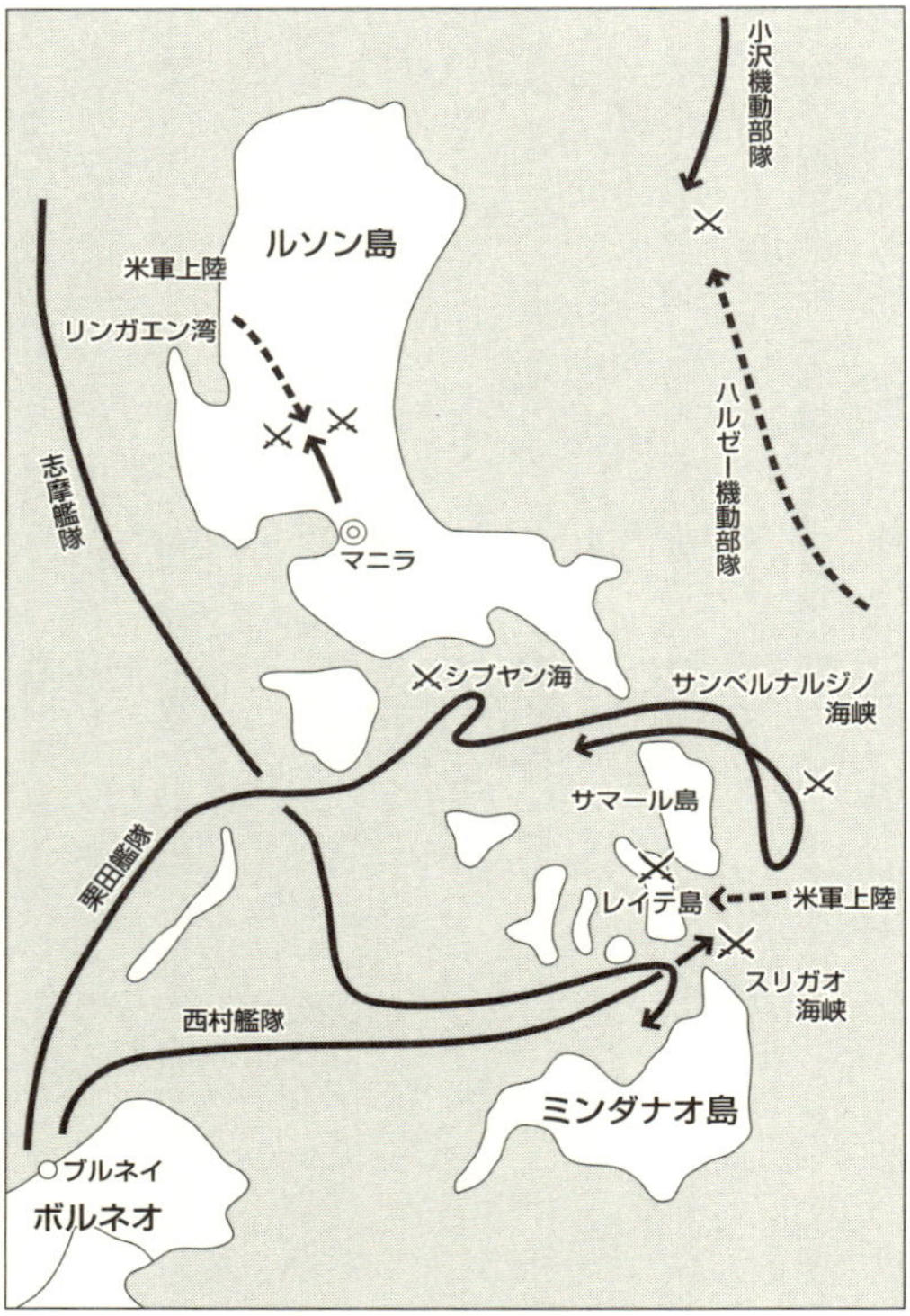

レイテ沖海戦地図

の堂々たる大艦隊である。

この時期にこれだけの大艦隊が組めたのは、それだけ大艦巨砲の戦艦・重巡は出番がない無用の長物だったということである。国力と技術の粋を集めて造られた戦艦「大和」に至っては、動けば油を食うのでほとんどトラック島に停泊し、冷暖房付きの「大和ホテル」と揶揄《やゆ》され、自慢の四十六サンチ砲もほとんど実戦で使われることはなかった。

まず、ハルゼー提督の米機動部隊をフィリピンの北方に引きつけるための囮部隊として、小沢治三郎中将の第一機動部隊（空母：「瑞鶴」、「千歳」、「千代田」、「瑞鳳」、戦艦：「伊勢」、「日向」）を内地から、出撃させた。

その隙に、戦艦群はレイテ島の米軍上陸部隊を襲う作戦であった。一九四四年十月二十二日に、栗田艦隊はブルネイを出撃したが、途中で米潜水艦に攻撃されて、重巡「愛宕」、「摩耶」を撃沈、「高雄」を大破されてしまった。残りの艦で、フィリピンのシブヤン海に入ったところで、ハルゼー提督麾下《きか》の機動部隊空母十一隻から空襲を受け、不沈戦艦と言われた「武蔵」が集中攻撃を受け、十九本の魚雷と十七発の爆弾を受けて沈没し、乗員二千三百人中千人を失った。栗田艦隊は、一旦引き返す素振りを見せ、米機動部隊の攻撃が収まったところで、再度反転し、サンベルナルジノ海峡を通過して太平洋に出ていった。西村艦隊は、レイテ南のスリガオ海峡で米戦艦・巡洋艦などの待ち伏せ攻撃を受け、戦艦「扶桑」、「山城」が沈没、重巡「最上」が大破して事実上壊滅してしまった。そこへ、遅れて志摩艦隊が到着したが、「那智」が、大破した「最上」と衝突し、それ以上の作戦を中止した（スリガオ海峡海戦）。その頃、太平洋に出た栗田艦隊は、そこで米護衛空母群と遭遇し、これを本物の機動部隊と誤認した栗田艦隊は、これと交戦し、重巡「鳥海」、「筑摩」、「鈴谷」が沈没し、米側の護衛空母一隻、駆逐艦三隻を撃沈した（サマール沖海戦）。その頃、小沢囮艦隊は、ハルゼー提督麾下の機動部隊主力を、首尾よくフィリピン北方に引きつけていた。

　栗田艦隊は南下を続け、十月二十五日にレイテ湾まであと八十キロというところで、突然、部下の反対を押し切って北へ反転した（栗田艦隊の謎の反転）。栗田長官は、北方近くに敵機動部隊がいるとの電報を受けたので、レイテ湾の輸送部隊よりも米機動部隊と刺し違えたいと思ったと言っているが、そのような電報も米機動部隊も確認されていない。せっかくのレイテ湾突入という大チャンスは、こうして幻となった。もし、栗田艦隊がレイテ湾に突入しておれば、米輸送船隊は壊滅的打撃を受けていただろうし、米上陸部隊も圧倒的な戦艦・重巡の艦砲射撃で大損害を受けていただろうというのが定説であるが、レイテ東方には、西村艦隊を撃破した米護衛空母群十隻が健在であり、制空権のない戦いをしても、結局栗田艦隊は撃破されたであろうとも言われている。

小沢艦隊は、身を挺して囮《おとり》の役を果たしたが、抵抗する術《すべ》もなく米機動部隊の攻撃を一身に受け壊滅した。こうして、起死回生の大作戦であったレイテ沖海戦は失敗に終わった。

このとき、初めて第一航空艦隊司令長官・大西瀧治郎《おおにしたきじろう》中将の発案とされる（実際は、それ以前に軍令部で決定）「神風特別攻撃隊」が編成された。その最初が、関行男《せきゆきお》大尉の「敷島隊」五機で、一九四四年十月二十五日に出撃し、護衛空母「セント・ロー」を撃沈するという大戦果を上げ、新聞に、「神鷲の忠烈万世に燦《さん》たり」と大きく報道された。関大尉は、新婚五カ月で、新妻を残しての特攻は心中察するに余りある。それに、陸海軍の「大和隊」、「朝日隊」、「山桜隊」、「菊水隊」、「若桜隊」、「彗星隊」等の特攻隊が続き、一九四五年一月までに、フィリピン戦線での特攻は約五百機、七百人に上り、前途有為の若者が数多く散華《さんげ》していった。隊名は、本居宣長《もとおりのりなが》の和歌、「敷島の大和心を人問わば　朝日に匂う山桜花」と、楠木正成《くすのきまさしげ》の「菊水」の旗印等から取られている。

次いで一九四五年（昭和二十年）一月九日に、米軍十九万人は、ルソン島中西部のリンガエン湾に上陸してきた。日本軍はマニラを放棄し、第十四方面軍・山下奉文大将麾下の尚武集団（十五万人）、振武集団（十万五千人）、健武集団（三万人）他は、マニラ北部の山岳地帯に布陣した。しかし、装甲の薄い戦車部隊は、米軍のM四戦車に全く歯が立たず、緒戦で簡単に破壊され、猛砲爆撃を受け、六月までに二十一万人が戦死し敗北した。マニラには、撤退を拒否した一部の海軍部隊他二万人が籠城し、市外戦で市民を巻き込み現地人十万人の犠牲を出した。フィリピンでの組織的な抵抗は、六月二十八日で終わり、陸・海軍の戦死者だけで約五十万人（うちルソン島で二十二万人、レイテ島で九万人他）という夥《おびただ》しい人数で、米軍の合計戦死者一万一千人、戦傷者四万五千人と比べると、日米の犠牲者の差は圧倒的である。生き残った者も、その後終戦までの二カ月間、他の太平洋の島々と同様に、飢餓とマラリア、赤痢等に苛まれながら次々と倒れていった。小野田少尉は、ルパング島の数少ない生き残りである。

⑪硫黄島の玉砕

硫黄島は、サイパン島から日本本土のちょうど中間にあり、B29の編隊を攻撃するにも本土空襲で被弾した米機が不時着するにも格好の位置にあり、日本軍航空基地と第百九師団（金沢・甲府）・栗林《くりばやし》忠道《ただみち》中将の二万人の守備部隊がいた。米軍は、硫黄島に、空母十一隻、軽空母五隻、戦艦八隻、巡洋艦十五隻、駆逐艦七十七隻等総数八百隻、兵員二十五万人の大軍で進攻してきた。島の形が変わるほどの爆撃・艦砲射撃を行った後、一九四五年二月十九日に、第四、第五海兵師団の三万人（後に第三海兵師団を増援し計五万人）が上陸してきた。栗林中将は、ペリリュー島方式を取り、水際作戦よりも上陸させた後の徹底した持久戦法を採った。そのために、硫黄の有毒ガスと熱気に苦しめられながら、総延長十八キロのトンネルを掘って待ち構えていた。擂鉢《すりばち》山は初日で陥落したが、主力はトンネ

栗林忠道（近現）

ルに潜み、夜になるとゲリラ活動して米軍を苦しめた。硫黄島を一日でも長く守ることが、国や家族を守ることだと固く信じ、困難な持久戦に徹した。このゲリラ戦法に手を焼き、米軍は、当初は一週間で占領する予定が、一カ月以上かかり、日本軍より米軍の犠牲者が多い唯一の戦場となった（米軍の戦死者六千八百人、戦傷者二万二千人）。米軍からの丁寧な降伏勧告状にも耳を貸さず、徹底抗戦を続けたが、「今や、弾丸尽き、水涸れ、全員反撃し最後の敢闘を行わんとす」との決別の電報を打ち、ついに三月二十七日に、栗林中将以下四百人は最後の突撃を敢行し玉砕した。栗林中将は、日米から名将と謳われている。

栗林中将は、米国に留学し、米国をよく知っており知己も多く、国力の違う米国との戦争には反対していた。留学中の米国や硫黄島から家族に宛てた手紙を見ると、家族思いで優しく細やかな神経の持ち主であることがわかる。「国のため　重きをつとめ果たし得で　矢弾尽き果て　散るぞ悲しき」が辞世の句であった。

組織的な抵抗は、この突撃で終わったが、洞窟内にはまだ相当数の日本軍が残っており、栗林中将の作成した「敢闘の精神五か条」に従い不屈のゲリラ戦を続けたが、終戦までにはほとんどが戦死していった。負傷して捕虜になった者等、生きて帰れた者は約千人にすぎなかった。

⑫沖縄戦

一九四四年十月十日の大空襲により、那覇は壊滅的打撃を被った。一九四五年四月一日に、米機動部隊の空母九隻、護衛空母十一隻等千三百隻、兵員四十五万人が押し寄せ、大小百七十七隻の軍艦が一斉に火を噴き、九万発の砲弾を撃ち込み、延べ三千機が反復攻撃で爆弾の雨を降らせた。さらに、上陸に先立って海岸線を念入りに艦砲射撃した後、ナパーム弾で隈なく焼き払った。それは、さながら「鉄の暴風」と呼ばれた。米軍の物量は圧倒的で、兵士の武器弾薬・食料・医薬品はおろか、さらに、占領後の沖縄住民の食料までも用意するほどの余裕であった。

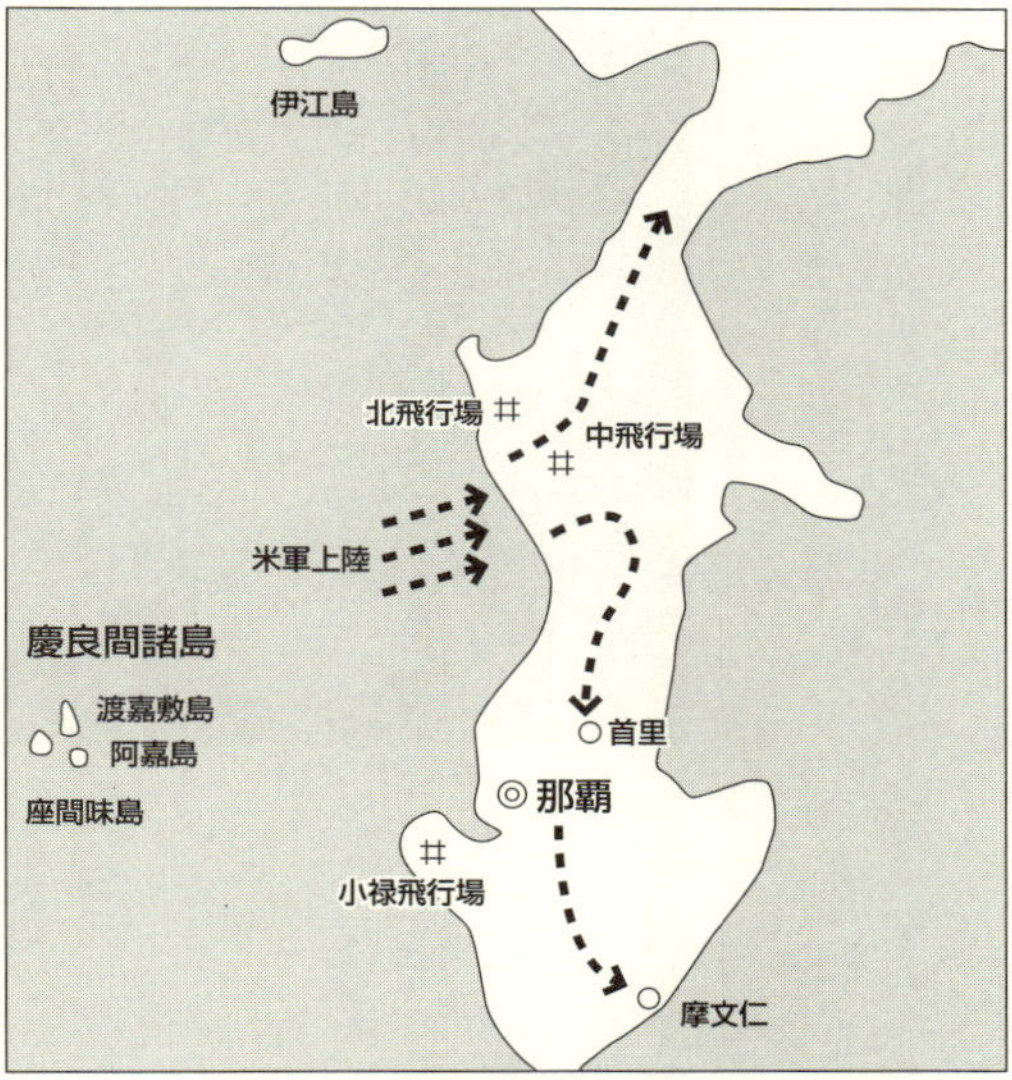

沖縄戦地図

沖縄の守備は、「捷二号作戦」と呼び、その主力は第三十二軍・牛島《うしじま》満《みつる》中将（第六十二〈京都〉、第二十四〈熊本〉師団、海軍部隊）九万六千人、現地召集部隊二万五千人で、本土決戦の時間稼ぎの任務を帯びて、持久戦法を採った。これに対し米軍は、四月十五日から猛砲爆撃の後、戦車を前面に立てて攻撃してきた。戦車に、肉弾攻撃で対抗しつつ白兵戦を繰り返し、瞬く間に残存兵力五万人となった。中学生も「勤皇鉄血隊」となって、爆弾を抱え米軍戦車に向かっていった。追撃する米軍と激戦を繰り返しながら南に後退し、摩文仁《まぶに》の丘に到達したときには三万人になっていた。沖縄県民も、軍と行動を共にしたが、米軍はこれにも容赦なく

牛島満（国蔵）

攻撃を加え、多数の県民が倒れた。県立第一高女、師範学校の女学生による「ひめゆり部隊」も看護婦としてよく軍に尽くしたが、次第に追い詰められて自決していった。海軍の指揮官大《おお》田実《たみのる》少将は、基地から撤退せず、小禄海岸に上陸した米軍を迎え撃ち、海軍次官多田武雄《ただたけお》中将宛に「沖縄県民かく戦えり。県民に対し後世特別の御高配を賜らんことを」の電報を打ち、六月十一日に自決した。摩文仁の丘で最後の抵抗をしたが、六月二十三日に、牛島軍司令官、参謀長長勇《ちょういさむ》中将は洞窟で割腹自殺して組織的な抵抗は終わった。この戦いで、沖縄県民は、約三割に当たる十二万二千人が戦没した。多くの犠牲者に対し、心から哀悼の意を表したい。

その間、四月六日に、戦艦「大和」はわずかの護衛艦とともに沖縄救援の水上特攻に出た。七日に薩摩半島先の坊《ぼう》の岬《みさき》沖で、米艦載機延べ三百四十五機の連続攻撃を受け、魚雷十本、爆弾四発を受け轟沈《ごうちん》した。護衛機のない無謀な特攻であったが、海軍は、帝国海軍の象徴である戦艦「大和」を、「生きて虜囚の辱め」を受けさせるわけにはいかなかったのだろう。伊藤整一《いとうせいいち》中将、艦長有賀幸作《あるがこうさく》大佐以下、軽巡「矢矧《やはぎ》」、駆逐艦四隻の沈没を含め三千七百人が戦没した。少尉で乗艦していた吉田満《よしだみつる》著の、『戦艦大和ノ最期』の中で、臼淵磐《うすぶちいわお》大尉の言葉として、

「進歩の無いものは決して勝たない。負けて目覚めることが最上の道だ。日本は進歩ということを軽ん

戦艦大和（国蔵）

じ過ぎた。私的な潔癖や徳義にこだわって真の進歩を忘れていた。敗れて目覚める。それ以外にどうして日本は救われるか。今目覚めずしていつ救われるか。俺たちはその先導になるのだ。日本の新生にさきがけて散る、まさに本望じゃないか」を残している。これはあまりにも出来過ぎているので、吉田満氏本人の思いではないかとも言われている。

　また、海軍の「菊水作戦」、陸軍の「天一号作戦」による神風特攻は、知覧《ちらん》、鹿屋《かのや》、台湾から出撃し、その数は、海軍九百四十機（戦死二千四十五人）、陸軍八百八十七機（戦死千二十二人）に上り、米艦三百四十六隻に体当たりし三十四隻を沈め、四十三隻に甚大な損害を与え、戦死四千九百人、負傷四千八百人を出している。知覧にある「知覧特攻平和会館」の若い特攻隊員の遺書を見ると、その達筆さと精神・教養の高さに驚くとともに、心の叫びに強く胸を打たれる。一番印象深いのは、慶応大学経済学部の学徒兵上原良司《うえはらりょうじ》の遺書で、ひときわ異彩を放っている。曰く、

「権力主義、全体主義の国家は一時的に隆盛であろうとも、必ずや最後に敗れることは明白な事実です。我々はその真理を、今次世界大戦の枢軸国において見ることが出来ると思います。ファシズムのイタリアは如何、ナチズムのドイツまた既に敗れ、今や権力主義国家は、土台石の壊れた建築物のごとく次か

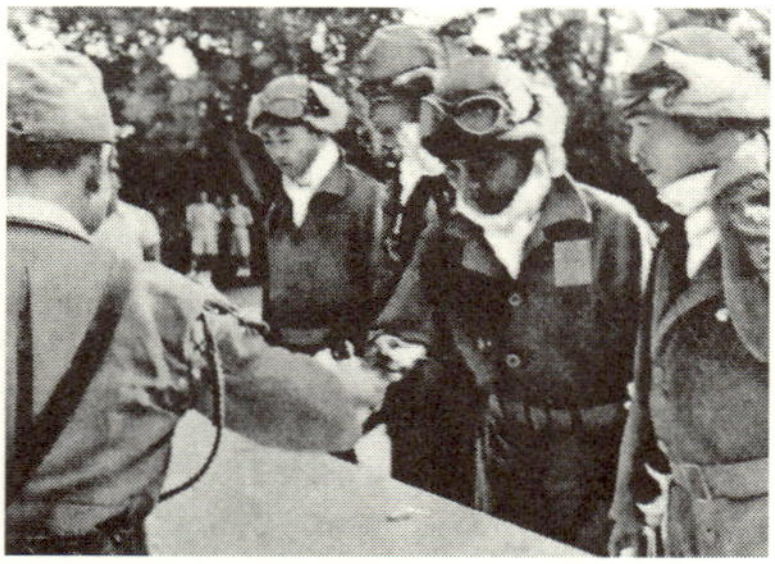
特別攻撃隊（防衛）

ら次へと滅亡しつつあります。真理の普遍さは今、現実によって証明されつつ、過去に於いて歴史が示したごとく、未来永久に自由の偉大さを証明していくと思われます。自己の信念の正しかった事、この事はあるいは祖国にとって恐るべき事であるかも知れませんが、吾人にとっては嬉しい限りです。現在のいかなる闘争も、その根底を為すものは必ず思想なりと思う次第です。既に思想によって、その闘争の結果を明白に見ることが出来ると信じます。……明日は、自由主義者が一人この世から去ってゆきます。彼の後ろ姿はさびしいですが、心中満足で一杯です」と。

当時、狂信的な軍国主義者や純粋な皇国史観の持ち主ばかりでなく、こうした自由主義者も国のために散っていったことは救いである。為政者は、こうした遺書を無駄にすることなく、政道を誤らないようにしなければならない。

沖縄戦では、約千人の痛ましい集団自決が起こっている。そのうち、那覇の沖合三十五キロにある慶《け》良《ら》間《ま》諸島で、六百十六人（渡《と》嘉《か》敷《しき》島三百二十九人、座《ざ》間《ま》味《み》島二百三十四人、阿《あ》嘉《か》島五十三人）、伊《い》江《え》島で百人を占め、ほとんどが離島で、本島は三百人弱である。戦後長らく、集団自決は軍（守備隊長）の「自決命令」があったためと信じられてきたが、最近では、軍国教育や軍の関与はあったが、「守備隊長からの自決命令はなかった」との説が有力になっている。

私も、住民に世話になっていた守備隊が、住民に自決を強要したというのがどうしても腑に落ちず、どちらが本当か、自分で確かめるために渡嘉敷島、座間味島に調査に行ってみた。幸い、九人から話が聞け、遺物や遺跡を見てきた結果、「阿嘉島以外は、守備隊長からの自決命令はなかった」との心証を得て帰ってきた。

これら三島には、本来の陸軍守備隊（渡嘉敷島では千人）がいたが、沖縄戦の直前に本島防衛のために移動しており、残った部隊は本来の守備隊ではなかった。彼らは、各島に約百人ずつ配置された水上特攻隊員であった。一番有名な渡嘉敷島の隊長赤松大尉は二十五歳、副官および三個中隊の少尉は二十歳、隊員は十七～二十歳で、神風特攻隊と同じ若者たちであった。しかも、彼らは島の住民の家に民宿しており、住民には世話になり親しい関係にあった。座間味島も、隊長梅沢少佐は二十八歳で、以下同様である。彼らは、陸軍では「マルレ」（海軍では「震洋」と言った）というベニヤ造りの二人乗りのモーターボートに爆弾を積んで、敵艦に体当たりすることになっており、まともな戦闘兵器を持たず、せいぜい機関銃二、三丁と手榴弾、三八銃（しかも全員に行き渡らなかった）しか持っていなかった。三月二十七日に米軍が上陸してくると、一日で敗走し、島の北部の北山の稜線に防衛線を敷いた。防衛線と言っても、二、三人が身を隠せる程度のタコ壺の集りで、道具がないので、鉄兜や銃剣で掘ったという。沖

集団自決の碑（自）

縄戦でよく出てくるガマと言われる大きな鍾乳洞ではない。軍の手榴弾が二十数名の現地召集の防衛隊員（島民）に、一個は米軍攻撃用に、一個は自決用にといって、一人二個渡されていた。その手榴弾の一部二十〜三十個が、防衛隊員から住民に渡されていた。自決現場は、軍から五百メートルほど後方の沢のような窪地で、住民約七百人が避難していた。二十八日に米軍の総攻撃があり、自分たちの周りにも迫撃砲弾が落ちるようになり、日本軍は全滅したと思い、パニックになって午後二時頃から自決が始まったようである。手榴弾は不発が多く（使い方がわからなかったようだ）、ほとんどが首を絞めたり、鎌や剃刀、石や棍棒が使われ、肉親によって愛する者から順に殺されていったという。手榴弾はむしろ楽に死ねるということで防衛隊員から家族に渡されたのではなかろうか。

現に、村長ら住民代表四人は、赤松隊長のところへ、自決用の武器や毒薬をもらいに行って、断られている。当時は一般に、「生きて虜囚の辱めを受けず。鬼畜米英」といった軍国教育が徹底されていたのと、軍の手榴弾が間接的にしろ住民に渡っているので、軍の関与があったというのは事実であるが、それと、「そこの部隊長が、住民に『自決命令』を出した」というのとは全く別の話である。

なお、渡嘉敷島で偶然会ったお婆さんによると、「赤松隊長の所へ物を届けたことがあったが、とても大きな人だった。自分は洋裁ができたので、軍のタオルで兵隊の日除帽《ひよけ》を縫ってあげた。軍から自決命令があったかどうかは知らない。自決の時は、その現場にいた。手榴弾が炸裂し、その破片が、母の足と、近くの幼い女の子の腕を貫通した。自分は無傷だったがそれはヒドイものだった。それから、倒れた人を踏みつけながら現場をのがれたが、まだ生きている人から踏むなと言われた。その夜、亀甲墓の前で寝ていると、白髪と白い髭《ひげ》を生やした袴姿の老人が杖をついて通るのを見て、大声で悲鳴を上げたが、他の人はそれを見ていない。たぶんそれは霊だったのだろう。兵隊は、住民にひどいことはしなかった。自分達は米があったので食べ物には不自由しなかったが、兵隊の方は大変だったようだ」と言っていた。沖縄では、軍のことを、距離を置いて「日本軍」という呼び方をするようだが、このお婆さんは、終始「友軍」という言葉を使っていた。

軍国主義や皇国史観に反対するのは自由であるが、体制を批判したいがためにこのような特攻隊の純粋な若者たちを、事実に基づかずに悪者に仕立て上げるのは良くないことである。沖縄本島でも、最大規模の八十三人の自決があった読谷村《よみたんそん》のチビリガマには軍人はいなかったし、米軍がすでに投降勧告のためにそのガマに何度か訪れている。終盤戦で、軍人が同じ壕にいた住民に、赤ん坊を殺せとか、自決せよとか、壕から出て行けとか理不尽な命令をしたケースもあるようだが、それはむしろ少数のケースであり、それを一般化して「集団自決」イコール「軍の命令があった」という言い方をするのはフェアではない。しかもこうした主張は、当事者ではなく部外者に多く、反軍思想に立った意図的なものと思われる。主権国家に軍隊は必要であり、羹《あつもの》に懲りて膾《なます》を吹くがごとき発想は、国家の主権が侵されたときどうするかの覚悟を持たない無責任な考え方である。

また、「沖縄は本土の捨て石になった」という言葉も聞くが、これにも違和感を覚える。沖縄戦は、本土決戦を前にした敵戦力の漸減、時間稼ぎ作戦の一つであり、その結果、地元に多大の犠牲者が出たのは事実であるが、それは、サイパン島も硫黄島も満州も同じで、原爆とソ連参戦がなければ、次は南九州であり、相模湾、九十九里浜であった。それを「捨て石」と言うのならば「天皇以外はすべて捨て石」ということになる。沖縄の守備に十万の正規軍を投入し、三千人の特攻隊員の尊い命と、「大和」

までも注ぎ込み、県民も必死に戦った沖縄を「捨て石」と言うのは、その人たちへの冒瀆ではなかろうか。戦後六十年も経ったので、そろそろ偏った思想で物事を見るのではなく、事実を事実として歴史に向き合うときが来たのではなかろうか。そうしないと、将来の日本にとって誤った判断をし、取り返しのつかない逆の不幸を招くような気がする。戦争を起こさない努力をしなければならないが、主権が侵され、戦争が起こったときの備えをしておくことも必要である。勿論、本土の楯となった沖縄に対し、大田海軍指揮官の電文にある様に、国として特別の配慮が必要なことは当然である。本土の人もそのことを忘れてはならない。

なお、沖縄戦の犠牲者は二十余万人、うち軍人・軍属九万四千人（含む、沖縄県人二万八千人）、一般人九万四千人、米国人約一万四千人、韓国人約七百人他であった。海軍壕、ひめゆりの塔、摩文仁の丘に立つと、万感胸に迫るものがある。日本人なら、一度は訪れたい所である。

⑬本土決戦

一九四五年三月十日の東京大空襲をはじめ、本土の主要都市はB29の絨毯《じゅうたん》爆撃を受け、すでに焼け野原になっていた。東京大空襲以後は、B29の大編隊が、まず街の外縁部を爆撃し退路を断った後、中心部を焼夷弾《しょういだん》爆撃して焼き殺す、まさに無差別爆撃であった。これは、明らかにB・C級戦犯に相当するが、この戦略爆撃を発案したルメイ将軍は、後に航空自衛隊創設の貢献により、日本から勲章を授けられている。軍部は、装備に問題はあったが、百五十万の兵員を配置し本気で本土決戦を目論んでいた。天皇以下大本営を疎開させるべく、長野県松代《まつしろ》に大きな洞窟を幾つも掘削しており、軍人も国民も、一

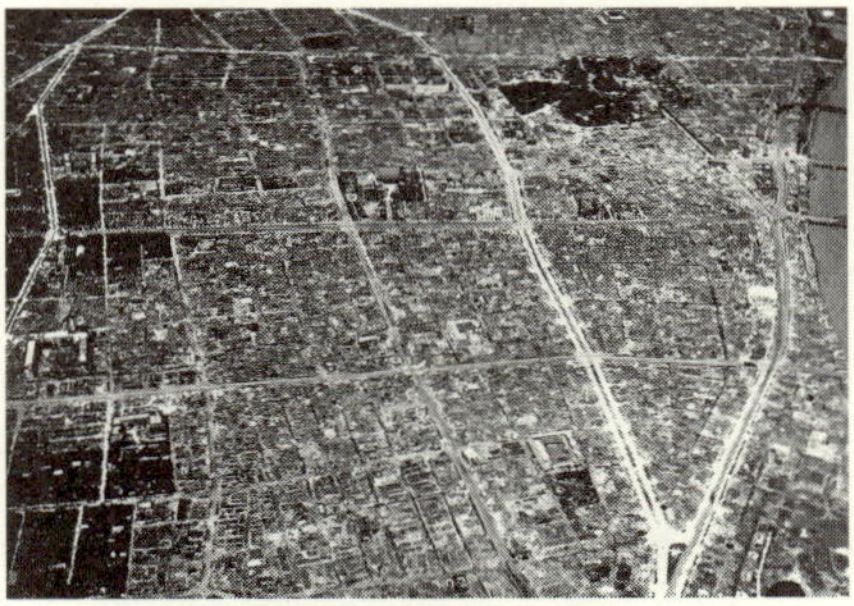

焼け野原の東京（近現）

億総玉砕を叫んで日夜訓練に励んでいた。アメリカは沖縄の次に本土作戦計画を立てていた。まず一九四五年十一月一日に、空母二十隻、兵力八十万人強（うち上陸部隊は三十万人強）で、南九州に上陸し（オリンピック作戦）、次いで一九四六年三月一日に、航空機六千機、兵員百七十万人強（うち上陸部隊三十五万人強）で、相模湾、九十九里浜への上陸を計画していた（コロネット作戦）。米軍は、上陸部隊の被害を抑えるために、サリンガスの使用まで検討していたといわれる。

原爆も、広島、長崎、小倉、新潟など二十カ所を候補地として選定しており、その投下訓練として、長崎型のファットマンと同じ形状の模擬爆弾（パンプキン）を主要四十数都市に投下していた。

これに対し、日本側は航空機を温存するとともに、新たな特攻兵器として、空では「桜花」八百五十機（一式陸攻に搭載し、敵前で切り離してロケット推進で体当たり）の他、「秋水」（ロケット推進により時速九百キロで上昇し、攻撃後は滑空して帰投）を開発中であった。これは伊二九号潜水艦がドイツから運んだメッサーシュミットＭｅ一六三Ｂの図面から作成したものであった。「ジェット機橘花」（メッサーシュミットＭｅ二六二を参考に試作・テスト中）の他、特攻用戦闘機「震電」「剣」の開発も進めていた。

海では「震洋」六千隻（爆弾を積んで体当たりする一人乗り用モーターボート、陸軍では「マルレ」

と言った）、「蛟龍」五百隻（五人乗りの特殊潜航艇）、「海龍」二百隻（二人乗りの特殊潜航艇）などを準備するとともに、海岸線には要塞を構築していた。女性も竹槍訓練をしており、現に沖縄の伊江島では、赤ん坊を背負った婦人が竹槍で米軍に突入して戦死している。

⑭カイロ宣言、ヤルタ会談、ポツダム宣言

一九四三年十一月二十二日にカイロで、ルーズベルト、チャーチル、蔣介石は、大戦後の日本の領土の方針を取り決めていた。

〈カイロ宣言〉

一、第一次世界大戦後の太平洋の一切の島嶼《とうしょ》の放棄。

二、満州、台湾、澎湖島の中国返還。

三、朝鮮の独立。

四、侵略により得たすべての地域からの駆逐。

このとき蔣介石はルーズベルトとの個別会談で、天皇制を否定するアメリカに反対し、「日本の国体は日本人に決めさせるべきである」と日本を擁護している。蔣介石は中国の指導者として日本の侵略から中国を守る立場にいたが、日本で受けた厳しい軍隊教育や日本人の倫理観、価値観には個人的に好意を持ち続けていた。『蔣介石日記』を読むと、そうした言葉が軍人を前にした訓示の中で随所に見られる。蒋介石はアメリカには親近感を持っていたが、ソ連は信用せず、イギリスは嫌っていた。香港は中国にとって、帝国主義の象徴としてノドに刺さったトゲであった。

次いで、一九四五年二月四日に、ルーズベルト、チャーチル、スターリンは、クリミヤ半島のヤルタで会談し、戦争の完遂と、ソ連の対日参戦を決めていた。ルーズベルトはその中で、日本固有の領土である全千島列島のソ連領有を簡単に承認していた。

トルーマン大統領（近現）

スチムソン陸軍長官（近現）

〈ヤルタ会談〉

一、戦争の完遂と対独戦後処理。

二、国連の創設。

三、ソ連の対日参戦（ドイツの降伏後三カ月以内）。

四、樺太のソ連返還、千島列島の引き渡し。

四月に、ルーズベルトは急死し、副大統領のトルーマンが大統領に就任した。日本の敗戦が決定的な一九四五年七月二日に、スチムソン陸軍長官は、トルーマン大統領へ覚書を提出し、無用の殺戮を避け日本が降伏しやすいように警告すること、天皇制を排除しないこと等の進言をしていた。彼は、対日強硬論者であったが、原爆投下の事前警告や京都、奈良への投下に反対するなど、バランス感覚の持ち主でもあった。七月二十六日に、スチムソンの覚書をベースに、「ポツダム宣言」が作成され発表されたが、そこからはなぜか、「国体の護持」の文言が削除されていた。国体とは、主権または統治権の所在に焦点を合わせた国家体制をいう。

〈ポツダム宣言〉

§1～5.　前文（受諾勧告）
§6.　軍国主義の排除
§7.　日本の占領
§8.　カイロ宣言（領土）の実行
§9.　軍隊の武装解除
§10.　戦犯の処罰と民主主義の復活強化
§11.　軍需産業の禁止と平和産業の維持
§12.　民主主義政府の樹立を機に占領軍の撤退
§13.　軍隊の無条件降伏

⑮原爆投下

鈴木内閣は、国体に触れていないポツダム宣言をそのまま受諾するわけにはいかず、「ignore、黙殺」

と発表したので、八月六日に広島、九日に長崎に人類初の原爆が投下された。日本でも、「理化学研究所」の仁科芳雄《にしなよしお》博士や京大の荒勝文策《あらかつぶんさく》博士に原爆の開発を依頼していたので、これが原爆であることはすぐにわかった。七月の時点で、日本の敗北は決定的であったにもかかわらず、なぜ原爆を落としたのかという疑問がある。これには以下の諸説がある。

〈原爆投下の理由〉

（イ）戦争を早期に終結させ、米兵の犠牲を避けるため（本土決戦すれば百万人の犠牲）。

（ロ）冷戦を見込んで、ソ連を牽制するため。

（ハ）莫大な費用を使ったので、成果をアピールするため。

（ニ）トルーマンが、強い大統領であることをアピールするため。

長崎原爆（近現）

なお、原爆を使用するために、日本が早く降伏しないようポツダム宣言に、あえて「国体の護持」を入れなかったという説もある。マンハッタン計画（原爆製造プロジェクト）に従事した百五十人の科学者に対する原爆使用に関するアンケート（七月十二日）では、積極的に投下を支持したのは一五パーセントにすぎなかった。他の意見は、警告してから投下、人のいないところで示威、投下反対であった。

確かに、七月二十日から八月十五日だけで六十万人が戦没しているので、本土決戦をしておれば、沖縄の十倍以上の犠牲者が出、ソ連が北海道を占領し、日本は分割統治されていただろう。しかしながら、投下するにしても、人のいない場所でデモンストレーションすべきだったのではなかろうか。

今回の船旅には、奇しくも百三人の広島・長崎の被爆者が乗船されており、折に触れ、当時の生々しい実体験を聞かせてもらった。

なお、オバマ大統領によって、「核のない世界」が提案されているが、大国が核を放棄すれば大国でなくなるので、そう簡単になくなるとは思えない。核軍縮、核不拡散の努力は評価するが、一万発持つのも千発持つのも同じで、むしろ「核兵器使用禁止条約」を結ぶ方が現実的のように思う。第一次世界大戦の反省から、一九二五年六月の「ジュネーブ議定書」で、毒ガス、細菌兵器の使用を禁止したために、ヒトラーやスターリンでさえも、持ってはいたが本格的な使用を控えた事実がある。

⑯ソ連の参戦
ソ連は、ヤルタ会談での約束に基づき、八月八日に日本に宣戦布告し、九日の午前零時をもって、満州の三方から戦車五千両、大砲三万門、航空機五千機、兵員百七十五万人という大軍で、一斉に侵攻してきた。こんなところに、一縷《いちる》の望みを託し和平交渉の仲介を頼んでいた日本政府は、お粗末というか哀れというしかない。

東部国境方面からは、第一極東方面軍三十一個師団が虎頭《ことう》、松花江《しょうかこう》、牡丹江《ぼたんこう》へ侵入してきた。この地域には、多くの開拓団が入植しており、都市部の人は避難できたが農村部の人は取り残され、多くの開

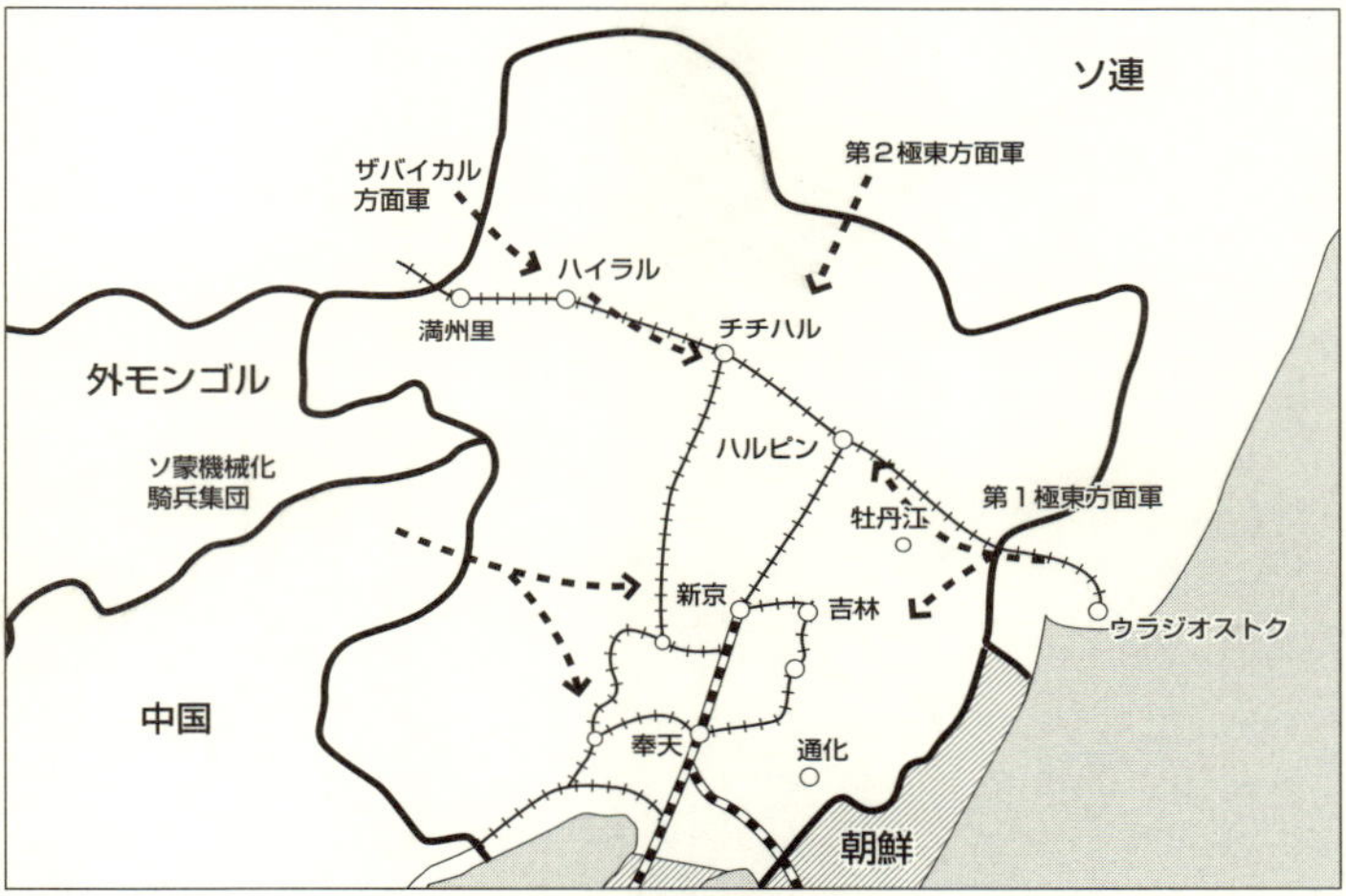

ソ連の満州侵攻

拓民がソ連軍や中国農民の襲撃を受けて自決した。北の黒龍江方面からは、第二極東方面軍が侵入してきた。この地域は、比較的早期に住民を避難させることができたが、奥地の住民は捨て置かれ、中国人の襲撃を受けた瑞穂村の人たち四百九十五人は集団自決をした。西の満州里からは、ザバイカル方面軍二十八個師団が侵入し、一部では毒ガスまで使用したという。第百七師団は、八月二十六日まで戦った。

関東軍の精鋭部隊は、すでに南方戦線に送られて、残った者は兵員数は多いが、にわか仕立ての補充兵ばかりで、銃も満足に行き渡らず、かつて最精鋭と謳われた面影はなかった。圧倒的なソ連軍を前に、かねてからの作戦通り、満州は放棄し朝鮮のみを防衛するために、朝鮮国境近くの通化に後退し陣を構えた。関東軍は、ソ連に動きを察知されるのを恐れ、事前に、避難勧告を出さなかったために、民間人に多大の犠牲者が出た。特に奥地の開拓民は逃げ遅れ、ソ連兵、中国人、朝鮮人による襲撃、暴行、略奪を受け、多くの残留孤児、残留女性を生み、筆舌に尽し難い辛酸をなめた。

ソ連との戦闘での死者は六万で、停戦後の犠牲者は十八万五千人と圧倒的に多い。これは、ソ連軍の治安の悪さと飢えと寒さによるものであった。

また、ソ連によるシベリア抑留者は六十万人に上り、過酷な環境と重労働により、帰国までの十一年間で六万人が異国の土となった。ソ連が、そのことを謝罪したのは、ずっと後の、一九九三年（平成五年）十月にエリツィン大統領が日本を訪問したときのことである。

終戦

降伏

一九四五年（昭和二十年）四月七日に、小磯内閣の総辞職後は、鈴木貫太郎の「戦争終結内閣」が後を継いだ。本人は高齢のために辞退したが、二・二六事件以来、厚い信任を寄せていた天皇からの、たっての願いにより受けたものである。東郷外相は、終戦工作をすることを条件に就任し、米内海相、井上成美次官も、陸軍に対し終戦工作を開始した。一方、六月七日の御前会議では、本土決戦の方法が決定されていた。

八月九日の大本営と政府首脳との「最高戦争指導会議」で、鈴木首相はポツダム宣言の受諾を提案したが、賛成したのは東郷外相、米内海相のみで、会議中に長崎の原爆、ソ連の参戦の報告が入った。その日の夜半、鈴木首相は御前会議に持ち込み、東郷外相の受諾提案に対し、天皇から賛成する旨の「第一回の御聖断」があった。そこで、スウェーデン政府を通じて、「国体の護持の了解の下に受諾」と回答した。これに対し、バーンズ国務長官からはラジオ放送で、「shall be subject to（連合軍総司令官に従属する）」と、「日本政府の形態は、日本国民の自由に表明する意思により決定されるべき」との回答があった。

鈴木貫太郎（国H）

阿南惟幾（近現）

これに対して、鈴木首相、東郷外相、米内海相の三人は受諾すべしとし、阿南陸相、梅津参謀総長、豊田軍令部総長、大西瀧治郎次長は、「subject to（従属）」にこだわり反対であった。米内海相は、豊田軍令部総長と大西次長を呼び、天皇の御聖断は絶対であること、言葉は不適当だが原爆やソ連の参戦は天佑《てんゆう》であるとまで言って、受諾を説き伏せた。阿南陸相は、十四日の土壇場に、梅津参謀総長にクーデター計画を持ちかけたが、反対されて事なきを得た。これは、不穏な動きをする陸軍内を押さえるための二人の芝居であったという説もある。十四日に、鈴木首相は再度御前会議を開き、天皇の受諾のご意向を再確認した（第二回御聖断）。その後阿南は、鈴木首相と東郷外相に、立場上迷惑をかけたことを詫び、十五日の早朝、陸相官邸で割腹自殺をした。遺書には一言、「一死以て大罪を謝し奉る。神州不滅を信じつつ」としたためられていた。それを聞いた東郷外相は、「阿南というのはいい男だな」と言ったという。立場は違うが、お互いに国を思う気持ちは通じ合っていたのだろう。神風特攻隊創設者の大西瀧治郎軍令部次長も、特攻隊員への謝辞と、終戦に当たり軽挙を戒め、聖旨に沿うようにとの遺言を残して割腹した。自分の命令で、散華していった多くの特攻隊員に対する懺悔《ざんげ》の気持ちから、自らに止めを刺すことを禁じ、数時間苦しみ抜いて死んでいったという。

それでも十五日に、陸軍省軍事課の畑中少佐ら一部の将校が決起し、近衛第一師団長森赳中将を殺害して皇居に乱入、玉音放送の録音盤を奪取するためにＮＨＫを占拠する事件が起きたが、東部軍管区司令官田中大将に反対されて挫折した。海軍でも、厚木基地の小園大佐が反乱を起こしている。「船旅」に同乗していたＭさんは、「当時、横須賀の海軍部隊におり、東京の治安維持のため、部隊を率いて十四日徹夜で日比谷の海軍省に向かったが、運転手が道を間違えて二重橋前に行ったので、危うくこの争いに巻き込まれそうになった」と話されていた。

こうした跳ね返りは、陸・海軍の一部にあったが、一九四五年二月二十四日の近衛上奏文によると、これらは共産主義者であるという。

「一九三五年のコミンテルンの人民戦線戦術（政府や既存勢力の中に深く静かに浸透していく戦術）を、軽視してはならない。満州事変以後、支那事変、大東亜戦争まで戦線を拡大してきたのは、国民の生活の窮乏、労働者の発言権の増大、英米に対する敵愾心《てきがいしん》の昂揚を踏まえた軍部内の革新運動を進める一味と、これに便乗する新官僚及び民間有志の暗躍によるものである。彼らは、左翼も右翼も、国体の衣を付けた共産主義（天皇を戴く社会主義）である。彼らは、一億玉砕を叫び、国内を混乱におとしいれ、

遂に、革命の目的を達せんとする共産分子である。軍部内のこの一味を一掃し、早く戦争を終結すべきである」（カッコ内筆者）

近衛自身がその一味であったとする説もあるが、「一夕会《いっせき》」の流れをくむ昭和の軍部の主流である永田鉄山、東条英機、武藤章らの「統制派」、つまり、軍国主義者と非難された人たちが、意識的か無意識的かは別として、隠れ共産主義の一味ということになり、誰が敵か味方かわからなくなる。ただ、コミンテルンが自国に混乱を起こし、破滅させて共産革命を起こす戦略であったことは確かで、そこにこの多次元連立方程式を解くカギがある。あの時代は、たまたま相手がソ連であったというだけで、相手を入れ替えれば、今の時代でも同じことが起こり得るということを教えてくれている。

玉音放送後の皇居前広場（近現）

こうして、八月十五日正午に玉音放送が流れて、長かった戦争が終結した。

〈玉音放送〉
「朕《ちん》、深く世界の大勢と帝国の現状とに鑑み、非常の措置を以て時局を収拾せんと欲し、茲《ここ》に忠良なる爾臣民に告ぐ。朕は帝国政府をして、米英支蘇四国に対し、其の共同宣言を受諾する旨通告せしめたり。

……」

ペリーが浦賀に来航したときに掲げていた星条旗のはためく東京湾のミズーリ号上で、九月二日に降伏調印式が行われ、日本側は重光外相、梅津参謀総長らが出席し、降伏文書にサインした。マッカーサーの演説は、予期に反して格調高いものであり、日本側代表に大きな感銘を与えた。

降伏調印式（近現）

〈マッカーサー演説〉

「ここに我々主要交戦国代表が参集して、平和克服を目的とする厳粛なる協定を締結しようとする。……また我々は相互不信、悪意、または憎悪の念を抱いてここに集まったわけではない。むしろ戦勝国と敗戦国とを問わず、人類のより高き威厳に到達せんことを祈念するものであって、これのみが我々の奉仕する神聖なる目的に適うのである。我々はここに我らの国民が正式に受諾する諒解を留保なくかつ誠実に履行することを誓う。……この厳粛なる機会に、過去の流血と殺戮のうちから信頼と諒解の上に立つ世界が招来せられ、人類の威厳とその最も尊重する念願、すなわち、自由、寛容、正義に対する念願、の実現を志す世界が出現することを期待する。これが余の熱烈なる希望であって、かつまた、全人類の希望である。……」（『ミズーリ号への道程』加瀬《かせ》俊一《としかず》著、文藝春秋新社）

こうして正式に日本は降伏し、連合国の統治下に入った。ミズーリ号は今、ハワイのオアフ島に記念艦として係留されている。

厚生省によると、日中戦争以来の戦没者は、総数は約三百十万人。うち将兵は二百三十万人で、その半数の遺骨はまだ帰っていない。民間人は海外で三十万人、国内で五十万人となっている。

占領統治の開始

①連合軍の進駐

八月三十日に、厚木にマッカーサー元帥が、千両役者然として降り立って、GHQによる占領統治が始まった。連合軍といっても、実際はアメリカによる単独占領であった。東欧におけるソ連の所業を見ていると、日本はまだ不幸中の幸いであった。アメリカは日本を占領統治するに当たって、日本の歴史、文化を研究し、周到な準備をして乗り込んできた。子供時代に進駐軍にガムやチョコレートをもらった話をよく聞くが、それさえも、進駐にあたっての人心収攬《しゅうらん》術の一環として、事前教育によるものであったという。

私の元上司も子供の頃、意味不明ながら語呂がいいのでGI（占領軍兵士）の口真似で、「ヘイ・ユー・ガッテン・サナガベッチ」とよく言っていたそうだが、アメリカに駐在して初めて、これは、「Hey you, God damn, Son of bitch」であることがわかったそうである。確かに、食料の緊急輸送やペニシリン等の医薬品の提供により、その冬を無事に乗り切ることができ、経済復興への足掛かりを築いてくれたのはありがたい処置であったが、それも将来、日本をアメリカに反抗しないような国にするための懐柔策でもあった。ちなみに、私たちはアメリカからの支援物資だという脱脂粉乳の学校給食で育った世代であるが、サンフランシスコ駐在時に、それは日系米人による「日本難民救済会」が寄付を集めて祖国救援に送った、「ララ物資」というものであったことを知った。その団体へは、天皇陛下から感謝状が贈られていた。

②占領政策

マッカーサーは、九月二十七日に天皇の訪問を受け、その言葉に深い感銘を受けたと記している。

「私は、国民が戦争遂行に当たって政治、軍事両面で行った全ての決定と行動に対する全責任を負う者として、私自身をあなたの代表する諸国の裁決に委ねるためお訪ねした」と述べられ、マッカーサーはその態度に深く感動し、天皇は日本の最上の紳士であると回想している。(『マッカーサー回想録』ダグラス・マッカーサー著、朝日新聞社)

元々、アメリカ政府は天皇を訴追しない方針でいたが、マッカーサーはこのお言葉を聞いてそれは確信となった。

占領体制が整うにつれて、憲法の改正、軍部の解体、内務省の廃止、財閥の解体、公職追放、農地解放、組合の結成、民主主義教育の徹底等、日本を民主化する名目で、日本の社会構造の解体と、アイデンティティーの破壊を強力に進めていった。まさに、ルソーが指摘するように、「戦争とは相手国の憲法を書きかえるもの」（前掲『それでも日本人は「戦争」を選んだ』）の典型的なケースとなった。憲法には、価値観という意味で、広く、秩序、伝統、文化を含めても良いだろう。

代表的な言論人である徳富蘇峰《とくとみそほう》は、終戦直後の日記に次のように書き、国民の無節操な宗旨替えを歎いている。

「あれほど『国体の本義』とか、『鬼畜米英』を煽りたてていた報道関係は掌を返したように、占領政策に追従するようになった。軍人も、日清戦争時代から付き合ってきた山県有朋、桂太郎、山本権兵衛、東郷平八郎、乃木希典、川上操六、福島安正、明石元二郎、宇都宮太郎等には、軍人勅諭を実践しようとの誠意があり、いざとなれば国のために運命を共にするべき同志であり、味方であったが、終戦後の軍は一部のものを除き、泥人形のように崩落し、戦時中も、『良く要領を得る』との方便で嘘とごまかしで、国民をだまし、軍内部でも将は兵を、兵は将を、兵は兵を欺き合っていたことが分かり、国民の信頼を失ってしまった」

（『徳富蘇峰　終戦後日記』徳富蘇峰著、講談社）

この占領政策は、日本にとって良かったことも多々あるが、お上に弱い日本人は、いとも簡単にGHQの意図に唯々諾々と追従し、失ったものも少なくない。戦争時代の抑圧と、あまりにも甚大な被害に対する反動と、汚いものは見たくないとの思いから、この大戦争の総括を自ら真摯《しんし》に行うことなく今日に至ったために、未だに自立した国家になりきれずにいる。

ワシントンには戦勝国代表十一カ国による「極東委員会」が設立され、日本管理の政策決定と新憲法の承認の任にあたった。米英中ソは拒否権を持っていたが、アメリカは「緊急中間指令権」を持っていたので、事実上、占領政策を独自に進めることができた。なお、当初の米統合参謀本部内の「統合戦争計画委員会」による占領政策では、日本は以下の通り分割統治されることになっていた。

ソ連：北海道、東北地方。
米国：関東、信越、東海、北陸、近畿。
中国：四国。
英国：中国、九州。
東京：米、英、中、ソの四カ国管理。
大阪：米、中の二カ国管理。

ヤルタ会談の秘密協定では、「南樺太、千島、北海道の北半分はソ連領」となっていた。ルーズベルトは、アメリカの駐ソ連大使が、「千島列島は『千島・樺太交換条約』による日本の正当な領土である」と勧告するのも聞かず、簡単にソ連に与えてしまった。日本の分割統治と北海道の領有については、ギリギリにおいて、アメリカが拒否したので事なきを得たが、これはルーズベルトに代わり反共派のトルーマンが後を継いだお蔭である。その後アメリカは、沖縄、小笠原の委任統治と引き換えに、ソ連の千島列島の領有を認めた。領土はこうして大国の都合、国益で決められていく。

〈まとめ〉

一、日本の、半周遅れの帝国主義と、アメリカの太平洋の覇権および中国市場の確保は並び立たず、両国はいずれ衝突する運命であった。

二、太平洋戦争は、援蔣ルートの遮断と、長期持久戦のための南方の資源確保が誘因であり、日中戦争の延長線上にあった。

一方、アメリカは、欧州へ参戦する口実作りのために、日本を対米戦に追い込んでいった。これは、チャーチルの強く望んだことであり、国民政府も中国共産党も同様であった。

三、日本は、戦略的には、戦争終着点の見えないまま身の丈を越えて戦線を拡大し、アメリカに総力戦で負けるべくして負けた。ただし、開戦当時の戦力は互角であり、短期決戦、短期和平の道がなかったわけではない。

天皇が独白録で言われるようにドイツとの連携がうまくいっていたらどうなっていただろうか。不思議にも、両国が戦略会議をした形跡はまるでない。例えば、アメリカとの直接対決は避け（アメリカは参戦の口実を失う）、東南アジアの植民地解放（日本は資源さえ入ればよい）に徹したうえで、

（イ）インドの独立を支援して、イギリスに対するアジアからの補給を断つ。

（ロ）中国は重要拠点のみの防衛に戦線縮小し、兵力の半分（四十万）を満州に移動し、ソ連の極東軍をくぎ付けにする。

もし、日本が重要拠点の専守防衛に徹しておれば、国共は勢力争いで分裂したかもしれない。
（ハ）資本主義の盟主であるアメリカが、共産勢力と対決するように誘導する。
ドイツの勝利をあてにするなら、（イ）、（ロ）をやってアメリカを孤立させるべきではなかったか。また、終戦が一年延びていたなら、（ハ）もあり得た。
四、戦術的には、日露戦争の成功体験から、陸軍は精神主義偏重、白兵突撃にこだわり、海軍は大艦巨砲、艦隊決戦主義から抜け出せなかった。
第一次世界大戦の本当の総力戦を経験しなかったために、陸海軍の統合的運用、装備の近代化を怠り、技術、兵站、情報・謀略戦を軽視した。

また、陸軍大学校でも、過去の戦史研究の域を出ず、作戦偏重で、根拠なき積極論、強がりが幅をきかす悪弊を生み、合理的な戦略、軍政（異民族統治）に関する教育が欠如していた。
五、日中戦争、太平洋戦争を通じて、戦線の拡大によって日本を破滅に追い込んだ三つの勢力があったことは、日中戦争のところで前述した通りであるが、特に、東条は、帝国主義国同士を戦わせ、国内に混乱を生じさせ、革命をめざす者を『政治的中枢にもぐり込んだブレーン・トラスト』と呼んで警戒していた。
六、日本はあまりに大きい犠牲の反動から戦争の実相を自己総括することなくアメリカの占領政策に唯々諾々と乗ったために、『自分の城は自分で守る』という主権国家の基本を忘れ、日本固有の倫理観、価値観、美意識を喪失し、精神的支柱の薄弱な漂流民になってしまった。
七、東亜新秩序・大東亜共栄圏構想は、趣旨は立派だが、実態において我田引水の誹りを免れない。

マレー、インドネシア、ビルマ、インドには日本を解放軍として迎える勢力がいたが、戦争末期には、これらの人ともうまく共存共栄ができなかった。ただ、結果として、アジア・アフリカ諸国に、白人支配から脱し自主独立の道を開いたのは事実である。

第八章　東京裁判・勝者の裁きか

東京裁判（極東国際軍事裁判）

裁判の概要

①法廷

東京裁判は、戦時中に陸軍省、参謀本部のあった市ケ谷《いちがや》の、元陸軍士官学校講堂を改装して行われることになった。今は、市ケ谷の防衛省の一角に移築されて当時のまま保存されている。裁判の期間は、一九四六年（昭和二十一年）五月三日から一九四八年十一月十二日までで、訴追の対象期間は、一九二八年（昭和三年）の張作霖爆殺事件から一九四五年九月二日の降伏調印式までである。原告側は、降伏文書調印国十一カ国（アメリカ、イギリス、フランス、オランダ、中国、カナダ、オーストラリア、ニュージーランド、ソ連、インド、フィリピン）で、判事、検事とも同国から出された。被告は、日本の軍人、政治家、民間思想家だった（ドイツではナチス党員だった）。

②裁判の狙い

ＧＨＱ（General Headquarters ＝連合国軍総司令部）の狙いは、ポツダム宣言の趣旨に則って、「日

東京裁判法廷（近現）

本に民主主義国家を樹立するために、徹底して軍国主義を排除すること」であった。一九四五年八月八日に、米英仏ソによる「欧州枢軸国諸国の重要戦争犯罪人の訴追および処罰に関する協定（ロンドン協約）」と、それに付随する一九四六年一月十九日制定の「極東軍事裁判所条例」に基づき、戦争犯罪をA、B、Cの三カテゴリー（カテゴリーは〝範疇〟と訳すべきであるが、慣例に倣い〝級〟を使用）に規定した。

A級：「平和に対する罪」で、侵略戦争あるいは国際条約、協約、または約定に反する戦争を計画し、準備し、着手または実行、あるいは前記の遂行のための共同謀議に参加。

B級：「通常の戦争犯罪」で、戦時国際法または慣習法の違反。占領地における一般市民の殺害、虐待、または奴隷的労働その他の目的のための国外移送。捕虜や海上船舶乗員の殺害または虐待、人質の殺害、公私有財産の強奪、市町村の無差別破壊、その他軍事上の見地から正当と認められない破壊行為。

C級：「人道に対する罪」で、政治的人種的または宗教的理由により、一般人民に対して行われた殺害、絶滅、奴隷化、国外追放、その他の非人道的行為または迫害。

と定義し、A級戦犯を東京裁判で裁くことになった。B級とC級は区別が難しく「BC級」として纏《まと》められ、日本では横浜、他の国ではそれぞれ主要な都市で裁かれることになった。

裁判の争点

①裁判の不当性

この裁判には、法律の大原則から言っていくつかの問題がある。まず、「罪刑法定主義」でいう「法律で定められた事以外で罰することはできない」という原則からすると、A級、C級といわれる行為が行われたときには、このような法律はなかったので、訴追はできない。

次に「不遡及の原則」でいう「新しくできた法律でもって、それ以前の行為を遡って罰することはできない」からいっても、A級、C級は、後からできた規定であり適用できない（B級のみは、一九二九年の「ジュネーブ条約」で規定。ただし日本は未加入）。

「法の下の平等」という観点からも、敗戦国の行為だけ処罰し、戦勝国の類似の行為（無差別爆撃、原爆、無抵抗な捕虜の殺害等）を処罰しないのは著しく平等性に欠ける。

これに対し、キーナン首席検事は、「日本は無条件降伏した。戦勝国が侵略戦争の責任者を処罰できないわけはない」と主張したが、ポツダム宣言で無条件降伏したのは軍隊であって国家ではない。また、法は敗戦国の人だけに適用されるものではなく、戦勝国の人も法を犯せば当然罰せられるべきであり、キーナン首席検事の論法は公正さに欠ける。

②裁判管轄権

裁判管轄権の点でも、この裁判はポツダム宣言の受諾によって発生した裁判である以上、その訴追期間は、太平洋戦争に限定すべきである。この裁判では、当事者間で休戦協定の成立している「張鼓峰事件、ノモンハン事件等」も含めているが、これは管轄外である。

ウェッブ裁判長（近現）

③判事団

判事団についても、戦勝国ばかりで構成されており、公平さに欠ける。特に、ウェッブ裁判長は、オーストラリア政府の依頼で、日本軍の残虐行為の調査・報告をしており、偏見を持っている可能性があり不適切である。このようなことは、通常の裁判では行われない。

戦犯指定

①戦犯の逮捕

逮捕者は、一九四五年（昭和二十年）九月一日に、第一次として東条首相他四十三名、十一月十九日に、第二次として松井大将他十一名、十二月二日に第三次として広田元首相他五十九名、十二月六日に、第四次として近衛元首相他九名がリストアップされたが（そのうち、外国人が十四名）、最終的な訴追者は二十八名となった。ところが、松岡洋右（外相）、永野修身（海軍元帥・軍令部総長）は公判中に死亡し、大川周明（国家主義者）、は精神異常となり起訴免除となったために、最終的には以下の二十五名となった。

東条英機（陸軍大将・陸相・首相）、小磯国昭（陸軍大将・首相）、畑俊六（陸軍元帥・陸相）、板垣征四郎（陸軍大将・陸相）、荒木貞夫（陸軍大将）、土肥原賢二（陸軍大将）、木村兵太郎（陸軍大将）、松井石根（陸軍大将）、南次郎（陸軍大将）、梅津美治郎（陸軍大将・参謀総長）、武藤章（陸軍中将・軍務局長）、大島浩（陸軍中将・駐独大使）、佐藤賢了（陸軍中将・軍務局長）、鈴木貞一（陸軍中将・企画院総裁）、橋本欣五郎（陸軍大佐）、嶋田繁太郎（海軍大将・海相）、岡敬純（海軍中将・軍務局長）、広田弘毅（首相）、平沼騏一郎（首相）、東郷茂徳（外相）、重光葵（外相）、賀屋興宣（蔵相）、木戸幸一（内大臣）、星野直樹（満州国総務長官）、白鳥敏夫（駐伊大使）。

なお、近衛文麿（首相）、杉山元（陸軍元帥・陸相・参謀総長）、本庄繁（陸軍大将・関東軍司令官）、小泉親彦（陸軍軍医中将・厚相）、橋田邦彦（文相）、阿南惟幾（陸軍大将・陸相）、大西瀧治郎（海軍中将・海軍軍令部次長）は自決した。東条英機は、MPが逮捕に来たとき、かねてから準備していた通りピストルで心臓を撃ったが、弾はそれ自殺未遂となり、国民の顰蹙《ひんしゅく》を買った。

石原莞爾もGHQの喚問を受けたが、「自分は満州事変の張本人だから、自分を東京裁判に引っ張ってゆけ。ただし、同時にペリーも引っ張り出せ。ペリーが日本に来たからこのようになった」と言ったといわれる。そもそも、西欧人がヨーロッパから出てこなければ植民地も帝国主義戦争もなかった。石原は、日中戦争不拡大論者であり、東条とも意見対立しており、当時病身でもあったので訴追を免れている。

②弁護団

弁護団として、鵜沢総明《うざわそうめい》団長（弁護士）、清瀬一郎副団長（元衆議院副議長）、大山文雄（元陸軍法務中将）、信夫淳平（元海軍大学国際法務官）、田村幸策（外交史家）他と、米人弁護人として、経済関係はデイビッド・スミス、ウィリアム・ローガン、外交関係はベンブルース・ブレイクニー、軍事関係はジョージ・ブルーエット、他にフランクリン・ウォーレン、アリスティディス・ラザラス、オーウェン・カニンガム等が入った。これらの米人弁護人（幾人かは軍人）は、欧米流の裁判のやり方を実地で日本人に教えるとともに、国籍を超えて熱心に弁護活動を行い、被告人たちから感謝された。

論告・弁論

①検事の冒頭陳述

一九四六年（昭和二十一年）六月四日に、まずキーナン首席検事が冒頭陳述を行い、「被告は、文明に対して宣戦布告した」との有名な文句で切り出した。

〈キーナン首席検事の冒頭陳述要旨〉

一、この裁判の目的は、正義の執行にあり、全世界を破滅から救うために、文明と人道の立場から裁判は進められなければならない。

二、二十八名の被告たちは、民主主義と人間の尊厳の破壊を目的に枢軸同盟を結び、文明に対して宣戦布告をして、侵略戦争を共同謀議し、計画し、準備し、開始した。

三、訴追の対象期間を、一九〇四年日露戦争まで遡り、第一次世界大戦から満州事変、日華事変（支那事変）、太平洋戦争下で起きた様々な「日本軍の残虐行為」も順次立証される。

（『図説　東京裁判』太平洋戦争研究会編、平塚柾緒著、河出書房新社）

なお、天皇を訴追しないことは、米国政府の了解事項になっていた。

次いで、五十五項目で被告を起訴し、起訴内容を以下の十部に分類して犯罪を立証した。

キーナン首席検事（近現）

〈起訴内容〉

第一部、侵略戦争への道：軍国主義教育の実態、教育者の弾圧、言論機関の抑圧、警察権の行使による圧政・脅迫。

第二部、満州侵略：田中隆吉少将（陸軍省兵務局長）は、検察側証人として「張作霖爆殺事件、柳条湖事件、冀東防共自治政府、冀察政務委員会、内蒙古自治委員会の誕生」の内幕を暴露した。

証言に立った溥儀は、自分が満州国執政並びに皇帝になったのは関東軍の強制によるものであり、自分は傀儡であったと責任逃れをした。ブレイクニー弁護人は、その証言が事実でないことを証明するために、溥儀の英人家庭教師のジョンストン著の『紫禁城の黄昏《たそがれ》』等の証拠をあげようとしたが、却下された。なお、弟溥傑は、それが事実ではないことを語っており、本人も後の自叙伝の中で、「あの時のこと（東京裁判）を思い返すと、非常に遺憾に思う」と記している。

第三部、中国侵略：盧溝橋事件、第二次上海事変、南京事件を対象にマイナー・C・ベイツ南京国際安全地帯委員会委員、ジョン・マギー神父ら九人が証言した。

第四部、独伊との共同謀議：世界を軍事的、政治的、経済的に支配しようとする共同謀議を告発。特に大島駐独大使、白鳥駐伊大使がその対象となった。

第五部、仏印に対する侵略：ヴィシー政権を恫喝《どうかつ》して進駐したことが対象となった。

第六部、対ソ侵略：結果的に日露戦争、張鼓峰事件、ノモンハン事件は対象外となり、「日ソ中立条約」中に、ソ連が日本に参戦したことを正当化することに終始した。

第七部、日本の一般的戦争準備が対象になった。

第八部、太平洋戦争：ハーグ条約、国際連盟規約、九カ国条約等の国際条約違反が対象になった。

第九部、戦争法規違反・残虐行為を対象とした。

第十部、個人的追加証拠が提出された。

なお、田中隆吉少将（元兵務局長）は、第一次上海事変、綏遠《すいえん》事件等の謀略に関わり、その後は、陸軍省の兵務局（軍紀・風紀、憲兵の監督部署）や中野学校（諜報要員養成学校）等の謀略畑を歩み、終戦直後に旧軍部のやり方を批判する『敗因を衝く』という本を出した。それがGHQの目に留まり、キーナンから、天皇を助けるために協力を要請され、検察側の証人になった。芝白金《しばしろがね》の野村ハウスにあるキーナン検事宅の隣に、愛人とともに宿舎を与えられ、国民が食うや食わずの時代に肥え太り、名指しで軍の内情を容赦なくあばく田中を、被告たちは『日本のユダ』と言って蔑《さげす》んだ。しかし、彼が主に言いたかったことは、以下の通りで全うなことである。

「敗因の主たるもの即ち身から出た錆として、重臣の無能、政治家の堕落、軍首脳の軍閥化、軍隊の腐敗、三国同盟、日中戦争の解決の遅延、陸海軍の確執、官僚の軍属化、悪質実業家の横行、観念右翼の跋扈《ばっこ》、科学の欠乏等を挙げたい。……軍部が政治経済に関与したこと……無節操なりし言論界もその責を負わねばならぬ」（『敗因を衝く』田中隆吉著、中公文庫）

さらに、兵務局長という憲兵を統轄する立場にあって、憲兵を私利私欲で使おうとする勢力には、断固拒否したという。特に、東条の専横と世界情勢の判断の甘さを批判し、戦争指導上のことで対立し、疎まれて昭和十八年に予備役に編入されている。身近な者に語ったところによると、歯に衣着せず戦犯を告発したのは、天皇に累が及ばぬようにすることと、どうせ誰かが罪を負わなければならないのなら、その中枢にいた少数の人に罪をかぶってもらい、他の多くの人に累が及ばぬようにしたとのことである。

「陸軍が犯した罪の葬式をする」というのが、自分の使命と考えたようである。恩顧の元上司である板垣大将が死刑になった後、鬱《うつ》状態になり、昭和二十四年に自らも自刃したが、家族に早く見つけられて一命をとりとめている。彼も戦争に責任を負った一人であった。

②弁護人の陳述

弁護側の反証として、まず冒頭に清瀬弁護士が、「ウェッブ裁判長の忌避」および「平和に対する罪」と「人道に対する罪」は事後法であり、無効であると申し立てた。次いで、以下の陳述に入った。

〈清瀬弁護士の全般陳述要旨〉

一、主権国家が、主権の作用として為した行為に関して、個人に責任を問うことはできない。
二、ドイツ、イタリアと共同謀議をしたことはない。
三、戦争による人命の喪失は、殺人罪を構成しない。
四、満州事変に関する、検事側主張には反証がある。
五、盧溝橋事件の責任は、日本にはない。
六、張鼓峰事件、ノモンハン事件は解決済みであり、「日ソ中立条約」が有効下で進攻してきたソ連こそ条約違反である。
七、太平洋戦争は、生存のための自衛権の行使である。その原因である経済封鎖、蔣介石援助は、アメリカが行った。真珠湾攻撃は、事務手続きのミスで、騙し討ちではない。

次いで、米人弁護人が以下の陳述をし、大いに奮闘した。

スミス弁護人はウェッブ裁判長が、検事側に不利な証言や被告人に有利な資料や証言を次々却下するのは、「裁判への不当な干渉」として、異議申し立てをしたところ、それが「法廷侮辱罪」に当たるとして解任された。

ブレイクニー弁護人（近現）

ブレイクニー弁護人は「日本がいかに戦争に追い込まれたか」、「ハル・ノートのような通告を受ければ、モナコやルクセンブルクのような小国でさえ開戦を決意したであろう」と日本の立場を主張し、「原爆はハーグ陸戦協定に違反する残虐兵器」と指摘した。また、元陸軍軍事諜報部極東課長のブラット大佐を喚問し、開戦前夜の電報の傍受状況を引き出し、「真珠湾攻撃は騙し討ちではない」と立証した。その結果、真珠湾攻撃の件は単なる事務ミスとして、訴追項目から取り下げられた。

③天皇責任

天皇について、アメリカはグルー大使の勧告も受け、早くから日本統治のためにその必要性を認め、責任を追及しない方針であり、東京大空襲でも皇居の爆撃は厳禁していた。しかし、オーストラリア、イギリス、ソ連、中国等は、軍の最高責任者である天皇に当然責任があると考えており、特に、ウェッブ裁判長は、被告の口から天皇責任を引き出す口実を探していた。

④東条宣誓供述書

東条は、逮捕の折、自殺を試みたが気を取り直し、裁判の場で堂々と日本の立場を連合軍側に説明すべきと考え、長文の「東条宣誓供述書」を陳述した。冒頭、清瀬弁護人がその要旨を次の通り述べた。

〈東条供述書の要旨〉

一、日本は、あらかじめ米英蘭に対する戦争を計画し準備してはいない。

二、対米英蘭の戦争は、これらの国々の挑発によるもので、わが国としては自存自衛のため、止むを得ず開始された。

三、日本政府は合法的開戦通告を攻撃開始前に米国政府に行うよう周到に準備した。

四、大東亜政策の真意義は、東亜の解放と建設の協力にあった。

五、いわゆる「軍閥」は、存在しなかった。

六、統帥権は独立しており、国務大臣（政府）との協議のために「連絡会議」、「御前会議」、「最高戦争指導会議」があった。

七、東条の軍政の特徴は、統帥と規律にあった。

東条英機（近現）

東条の特に言いたかったことは、「この戦争は自存自衛の戦争で、侵略戦争をやったのではない。正理公道は日本にある」ということであった。

この二、にある「自存自衛上の戦争」という考え方は、朝鮮戦争で共産主義の脅威を実体験したマッカーサーの一九五一年五月の米上院軍事・外交合同委員会での議会証言にも出てくるものである。

〈マッカーサー証言抜粋〉

「日本は絹産業以外には、固有の産物は殆ど何もないのです。彼らは綿が無い、羊毛が無い、石油の産出が無い、錫が無い、ゴムが無い、その他実に多くの原料が欠如している。そしてそれら一切のものがアジアの海域には存在していたのです。もしこれらの原料の供給を断ちきられたら、一千万から一千二百万の失業者が発生するであろうことを彼らは恐れていました。したがって彼らが戦争に飛び込んでいった動機は、大部分が安全保障（security）の必要に迫られてのことだったのです」（『東京裁判　日本の弁明』小堀桂一郎編、講談社学術文庫）

被告の態度は三者三様であったが、荒木、松井、嶋田、橋本、岡らは、自らの信念を語り、後は責任を潔《いさぎよ》く取るとの態度で、板垣、武藤、小磯、大島らは、日本の公式見解を述べるにとどめ、南、畑、平沼、広田、平沼、重光らは、ほとんど弁護人任せであった。特に、広田は、「自分に責任がある」と言って一切弁解はしなかった。城山三郎の『落日燃ゆ』では、人格高潔な広田が無実の罪を負って、従容と死刑を受け入れたがごとく描かれているが、広田内閣のときに、「日独伊防共協定」の締結や、「軍部大臣現役制」の復活といった軍国主義化の重要な決定がなされており、日中戦争の始まりでも外相として強硬論を述べた広田は、その責任を自覚していたのであろう。

キーナンは、天皇の側近であった木戸内大臣に、「天皇に戦争責任はない」との証言を期待したが、彼は保身のために模範解答を繰り返すだけで、思惑外れであった。

それに引き換え、東条の態度は堂々として大変良かったと、嶋田繁太郎《しまだしげたろう》（海軍大将・海相）はメモに書き残している。ところが、一九四七年（昭和二十二年）十二月三十一日の判事とのやり取りの中で、東条は、思わず「日本国の臣民が、陛下のご意思に反してあれこれすることはあり得ない」と発言したために、すかさずウェッブ裁判長に、「ただいまの発言の意味はおわかりですね」と言質を取られてしまった。これに慌てたキーナン首席検事は、田中隆吉と相談し、木戸被告の息子（孝彦）を通じて、東条に訂正証言をしてくれるように依頼した。東条は快諾し、一月六日の法廷で、キーナンの「戦争を行えというのは天皇の意思か？」との質問に対し、「私や統帥部その他の進言によって、天皇は渋々ご同意になった。昭和十六年十二月八日の詔勅の中にも『誠にやむを得ざるものなり、朕の意思にあらざるなり』とのお言葉がある」と答えた。これでマッカーサーは、天皇の不起訴を決定した。

判　決

①判決文

一九四八年（昭和二十三年）十一月四日から長い判決文が朗読され、十一月十二日にやっと判決が下りた。判決文は、起訴状とほぼ同じで、結果は最初から決まっていたことがわかる。二十五人全員が有罪となり、七人が絞首刑、残りは有期刑となった。ウェッブ裁判長から、一人一人刑の宣告を受けたが、最後の東条英機は、絞首刑の宣告を聞いたとき、一瞬ニヤリと笑みを漏らし深々と一礼して退廷していったという。公の前で存念を言い尽くし、判決も覚悟の上だったのだろう。花山教誨《きょうかい》師に次のような言伝《ことづて》をしている。

「一、裁判も終わり、一応責任を終わってホッとした気持ちである。刑罰は私に関する限りは当然である。ただ責任を一人で背負わないで、同僚諸君に迷惑をかけたことは相済まない。誠に残念である。……ただ戦禍を受けた同胞のことを思うとき、私の死刑によっても責任は果たされない。全く相済まぬと思っている。

二、残念なことは、俘虜《ふりょ》虐待等の人道問題は、何とも遺憾至極である。古来から持っておる日本の博愛心、陛下のご仁徳を、軍隊その他に徹底させられなかったのは、私ひとりの責任である。……このことは軍の一部の者の不心得によるものであって、日本人全体ではない。

三、わが日本の将来について懸念なきを得ず。しかし三千年来培われた日本精神は一朝には失われないことを信ずる。究極的には、日本国民の努力と、国際的同情とによって、立派に立ち直っていくものと固く信じて逝きたい。……われわれ東亜民族の将来についても、この大戦を通じて、世界識者の正しい認識と同情とによって、将来の栄光あることを信ずる。

四、戦死、戦病死者、戦災者およびそれらの遺家族については、政府はもちろん、連合国側においても、さらに同情を願う。これらの人は赤誠《せきせい》国に殉じ、国に尽くしたものであって、戦争に対して罪ありと言うならば、われら指導者の罪である。……戦犯者の遺家族に対しては、同情ある配慮を願いたい。ソ連に抑留されておる人々の、一日も速やかに内地に送還されむことを願う」（前掲『平和の発見』）

また、花山教誨師には「国民に対する責任は死んでも償いきれないが、国際的には無罪である。東亜諸民族は将来協力すべきで、他民族と同等の権利を持つべきである。アメリカの指導者は、日本という赤化の壁を破壊するという大失敗をした」とも語っていたという。

後にマッカーサーは、朝鮮戦争で共産化の攻勢を目の当たりにして、一九五一年五月の米上院軍事・外交合同委員会で以下の通り証言しているのは興味深い。

「過去百年間に太平洋地域でわれわれが犯した最大の政治的過ちとは、共産勢力を中国で増大させたことであるというのが、私の個人的な意見である。……ジョン・ヘイから始まり、タフト、レオナルド・ウッド、ウッドロー・ウィルソン、ヘンリー・スティムソン、その他すべての偉大な設計者たちによる米国の太平洋政策を、あと一撃で、われわれはすべて台無しにするところだった。これは根本的な問題であり、次の百年間に代償を払わなければならないだろう」（「マッカーサー米議会証言録」『正論』二〇〇三年十二月号）

十一人の判事の中で、反対はインド、オランダの判事の二人だけで、少数意見が以下の五人から出された。

〈少数意見〉

ウェッブ（豪）：侵略戦争は国際法違反だが、共同謀議の罪だけで死刑にするのは反対である。天皇には、開戦の責任がある。

レーリンク（蘭）：対象は太平洋戦争に限るべきである。平和に対する罪に、死刑を適用すべきではない。文官については、無罪とすべきである。

ベルナール（仏）：閣僚、指揮官の立場にあっただけで、責任を問うのは不当である。起訴や判決に不公平がある。

ジャラニラ（比）：判決は寛大すぎる。極刑にすべきである（本人はバターン死の行進の生き残り）。

パル（印）：平和の罪など、事後法で裁かれたことは疑問である。侵略戦争の定義は困難である。検事側資料の多くは、伝聞証拠にすぎない。共同謀議そのものは、国際法の犯罪ではない。対象は太平洋戦争に限定すべきである。捕虜虐待は偶発事件であり、その直接犯はすでに（ＢＣ級で）裁かれており、東京裁判で責任を求めるのは不当である（パル判事は東京裁判が不当であると言っているだけで、日本軍の残虐行為がなかったと言っているわけではない）。

パル判事（近現）

パル判事の判決書の、最後のくだりは含蓄が深いので引用する。

〈パル判事判決書の締め括り〉

「単に、執念深い報復のために、正義の名に訴えることは許さるべきでない。世界は、真に寛大な雅量と理解ある慈悲心とを必要としている。純粋な憂慮に満ちた心に生ずる真の問題は、〝人類が急速に成長して、文明と悲惨との競争に勝つことができるであろうか〟ということである。……感情的な一般論の言葉を用いた検察側の演説口調の主張は、教育的というよりは、むしろ興行的なものであった。おそらく、敗戦国の指導者だけに責任があったのではないという可能性を、本裁判所は無視してはならない」と。（前掲『図説　東京裁判』）

なお、天皇ご自身は、三度退位のご意向を漏らされている。第一回は、終戦の八月末で、木戸内大臣に、「戦犯者を連合軍に引き渡すのは忍び難いので、自分一人が退位して収めるわけにはいかないだろうか」とご下問されたが諫《いさ》められている。また、日本の統治に天皇を必要とするマッカーサーからも、「戦争責任を認めることになる」ということで反対されている。第二回目は、一九四八年十一月で、東京裁判が終結するときに、退位の意向を示されているが、これは、「東京裁判の正当性を危うくするもの」としてマッカーサーに反対されている。第三回目は、一九五一年九月のサンフランシスコ講和条約の発効する翌年で、敗戦責任を取って退位の意向を示されたが、これは吉田首相の反対で沙汰やみとなっている。以後、天皇は、自らの責任を胸に深くしまわれながら昭和の時代を過ごされた。これまでの経緯を見ても、天皇は、明治憲法を順守し、君臨すれども統治せずの立場を堅持され、平和主義者かつ対米英協調主義者であったことは明白ではあるが、少なくとも憲法上の最高責任者であったことを鑑みれば、戦後の混乱が一段落したサンフランシスコ講和条約締結の時点で、退位されるのがよかったのではなかろうか。最高位にあるものの責任の取り方を自ら示すことで、戦後社会に、リーダーはかくあるべしとの範を垂れるべきであった。

②再審要求

直ちに、ブレイクニー弁護人からマッカーサー司令官に再審要求がなされたが、対日理事会の各国代表から形式的に意見を聞いただけで却下され、刑は確定した。

一方、ウェッブ裁判長に解任されたスミス弁護人とブラナン弁護人が十一月三十日に、米最高裁に「米大統領の命令によるマッカーサー司令官配下の東京裁判は、国際的な根拠がないうえに、米議会はマッカーサーにこのような権限を与えていないので、この裁判は米憲法違反」と訴えた。いかにも〝フェア〟を重んじる米国人らしく、日本人の発想を超えるものである。しかし、米最高裁は、十二月二十日に、これは連合国の機関であり、米法廷の管轄外として訴えを退けた。

板垣征四郎（近現）

東条英機（国H）

土肥原賢二（近現）

広田弘毅（国H）

木村兵太郎（近現）

武藤章（近現）

松井石根（防衛）

③刑の執行

　刑の執行は、十二月二十三日午前零時過ぎで、土肥原、松井、東条、武藤の四人と板垣、広田、木村の三人の組に分かれ、それぞれコップ一杯のぶどう酒と末期の水を飲み、花山教誨師にお別れをした後「天皇陛下万歳。大日本帝国万歳」を三唱して十三階段を上っていった。ほんの十分間のことであった。

　七人の遺体は連合軍により、横浜の久保山火葬場に送られ、そこで荼毘《だび》に付された。そこの飛田火葬場長や隣の興禅寺の好意でこっそり拾われたお骨は、松井大将が、上海・南京戦での彼我の戦没者を弔うために建立していた熱海の伊豆山の興亜観音堂に、「七士之碑」として安置された。七人の墓は、他にも、松井大将の出身地である愛知県蒲郡の三ヶ根山に「殉国七士墓」と、長野市赤沼の篤農家の庭に、「七光無量寿之墓」がある。

東条については、石原莞爾のように「東条上等兵」と馬鹿にしている者もいたが、反面、「カミソリ東条」とも言われていた。戦後、良く言われることはなかったが、日本の指導者にまでなった者が本当にそんなにひどかったのかと疑う気持ちが少しはあってもよい気がする。彼は、細かく、人事に好き嫌いがあったが、平等主義者で、真面目で、身辺のきれいな人間であった。

オランダのレーリンク判事は、自著『Tokyo Trial And Beyond』の中で、「私が会った日本人被告は皆立派な人格者ばかりだった。特に、東条氏の証言は冷静沈着、頭脳明晰な氏らしく見事なものであった」と書いているし、外務大臣重光葵《しげみつまもる》は「東条を単に悪人として悪く言えば事足れりというふうな世評は浅薄である。彼は、勉強家で頭も鋭い、要点を掴んでいく理解力と決断力は他の軍閥者流の及ぶところではない。惜しいかな、彼は広量と世界知識とが欠如していた。彼に十分な時があり、これらの要素を修養によって具備していたならば、今日のような日本の破局は招来しなかったであろう」と述べたと言われている。

文民統制の下での軍事官僚としてなら適任であった。近衛亡き後、日本の立場を主張するのは東条しかおらず、東条はその役目を立派に果たしたことは、嶋田繁太郎（元海軍大臣）の述懐でわかる。

東京裁判は、裁判の形式をした政治決着であったが、それでもって諸外国の納得を得、サンフランシスコ講和条約でも受け入れた以上、これを順守するしかない。靖国問題については、A級戦犯の遺族には申し訳ないが、そこからは分祀《ぶんし》し、他の場所で手厚く葬り、天皇陛下も首相も気兼ねなく靖国神社を参拝できるようにすべきと考える。

Ａ級戦犯が起訴されたのが、昭和天皇の誕生日の四月二十九日、裁判の開廷日が、後の憲法記念日の五月三日、起訴状の朗読開始日が、紀元節の二月十一日、Ａ級戦犯の死刑日が、平成天皇の誕生日の十二月二十三日であるところにＧＨＱの意図が窺われる。

こうして、二年半にわたる東京裁判は幕を閉じた。

④Ｂ・Ｃ級戦犯

ちなみに、Ｂ・Ｃ級戦犯については各国で裁判が行われ、以下のようになっている。

（イ）横浜裁判　：死刑五十三名（他に三名自殺、三十七名病死）
（ロ）マニラ（比）：百四十名死刑／千四百五十三名訴追。（含む洪思翊中将）
（ハ）シンガポール（英）：二百二十三名死刑／九百七十八名訴追。
（ニ）ラバウル（蘭）：百五十三名死刑／九百三十九名訴追。
（ホ）バタヴィア（蘭）：二百二十六名死刑／千三十八名訴追。
（ヘ）上海（中）：百四十九名死刑／八百八十三名訴追。

合計：八百九十一名死刑／五千二百九十一年名訴追（一七パーセント死刑）、うち朝鮮人の軍人・軍属の有罪百四十八名、死刑二十三名。他に、中共配下の撫順戦犯管理所、大原戦犯管理所で、被告約千三百人の裁判が行われたが、死刑はゼロだった。

⑤東京裁判の終結

やがて、冷戦が始まり、米ソが対立し、中国で共産党が政権を取るようになると、アメリカの占領政策は、日本を自由主義陣営に取り込み、反共の砦とする政策に変わり、戦犯の追及はトーンダウンしていった。絞首刑の執行された翌日の一九四八年(昭和二十三年)十二月二十四日に、巣鴨に収容されていた他のA級戦犯容疑者十八人は釈放され、極東軍事裁判の終結宣言がなされた。

〈まとめ〉

一、判事団・検事団は、戦勝国のみで構成され、また、戦勝国の罪は対象外であり、公正さに欠ける裁判だった(勝者の裁判)。

二、平和に対する罪、人道に対する罪は事後法であり、適用ができない。なお、以後の戦争において、このような裁判が行われたことはない。

三、したがって、裁判の形式を取った政治的決着というべきものであった。

四、戦争は、国益のぶつかり合いであり、それぞれに言い分がある(東条は日本の立場を堂々と陳述した)。

五、しかしながら、日本はサンフランシスコ講和条約で東京裁判を認めている以上、結果を受け入れざるを得ない。

六、あれほどの戦争をして、アジア諸国に迷惑をかけた以上、諸国民を納得させるためには、司法的判断とは別に、高度な政治的判断（統治行為）でけじめをつける必要があった。

第九章　新憲法、冷戦、ＳＦ講和条約

新憲法

背　景

ポツダム宣言の狙いは、軍国主義の根絶と民主主義政権の樹立にあった。天皇制については、「subject to 連合軍最高司令官」となっており、その解釈で、終戦時の御前会議は紛糾したが、国体を護持してくれるものとの解釈でこれを受け入れた。

改正案

新憲法の主な特徴は、主権在民、天皇の象徴化、戦争・戦力の放棄、基本的人権の尊重、文民統制等である。これは、従来の考え方を根底から覆すものであり、フランスの十九世紀の思想家ルソーがいみじくも喝破しているように、「戦争とは、相手国の憲法を書きかえるもの」ということを見事に実証している。日本が、軍事的に立ち直れないようにし、二度とアメリカに反抗することのないように、精神構造までも改造しようとしたＧＨＱの目論見は見事に成功し、日本は未だにその呪縛《じゅばく》から解放されていない。

なお、天皇は、一九四六年（昭和二十一年）一月一日に、自ら「人間宣言」をされ、神格性を否定された。天皇は、天皇機関説論争のとき、すでに機関説を支持されるとともに、自分の体は普通の人と何ら変わりはないと言われていた。その宣言では、あえて「五箇条の御誓文」を冒頭に引用され、日本は明治以来、元々、民主主義の国であったことを述べられている。GHQに対するせめてもの抵抗か、国民に民族の誇りを呼び覚ますためだったのか。

①一次試案

マッカーサー司令官の指示で、幣原内閣は第一次改正試案を作り、司令部に提出したが、内容は明治憲法の微修正程度であり、マッカーサー司令官から即座に却下された。

②GHQ草案

マッカーサー司令官は、二月二日に民政局のホイットニー局長（准将）に、改正草案の作成を命じるとともに、改正に当たりマッカーサー・ノートとして、三項目の条件を示した。その内容は以下の通りで、日本にとっては思いもよらぬものであった。

〈マッカーサー・ノート〉

一、天皇は、国家元首の地位にある（象徴＝symbol ではなく元首＝head であることに注意）。皇位は世襲される。天皇の職務と権能は憲法の定めるところに従って行使され、憲法に示された国民の基本的意志に応えるべきものとする。

二、国家主権の発動としての戦争は廃止される。

日本は紛争解決のための手段としての戦争のみならず、「自国の安全を維持する手段としての戦争」をも放棄する。

日本は防衛と保全とを、今や世界を動かしつつある崇高な理想に委ねる。

日本が陸海軍を持つ権限は、将来も許されることなく、交戦権が日本軍に与えられることもない。

三、日本の封建制度は廃止される。華族の特権は、皇族を除き、現在生存する一代以上に及ばない。

華族の地位は、今後いかなる国民または公民としての権利をも伴うものではない。予算の形態は、英国の制度に倣うこと。

（『検証　大東亜戦争史』狩野信行著、芙蓉書房出版）

民政局は、これに精力的に取り組み、ほんの十日ほどで「ＧＨＱ草案」を作成した。その中で、マッカーサー・ノートの第二項目関係については、以下のようになっていた。

「国権の発動たる戦争は廃止。

武力による威嚇または行使は、国際紛争を解決する手段としては永久に放棄。

陸海空軍その他の戦力は、これを保持しない。国の交戦権は認めない」

③日本政府案

マッカーサーの強い意志を受けて、「GHQ草案」をベースに、日本政府はGHQと折衝のうえ、「憲法改正草案要綱」を作成したが、変更点は修辞学上の違い程度のものでしかなかった。

この政府案に、若干の字句の訂正をして、「枢密院諮詢《しじゅん》案」を作成した。

「第二章、戦争の放棄
第九条、国の主権の発動たる戦争と武力による威嚇又は武力の行使は、他国との間の紛争の解決の手段としては永久に之を放棄する。
陸海空軍その他の戦力の保持は許されない。国の交戦権は認められない」

さらに、衆議院で芦田修正（傍点部）を受けて最終案となり成立した。芦田首相は、『国際平和を希求する為には戦争と武力を放棄するが、自衛権は残す』との含みを持たせた。

「第二章、戦争の放棄
第九条、①日本国民は正義と秩序を基調とする国際平和を誠実に希求し、国権の発動たる戦争と武力による威嚇又は武力の行使は国際紛争を解決する手段としては永久に之を放棄する。
②前項の目的を達成するため、陸海空軍その他の戦力は之を保持しない。国の交戦権はこれを認めない」

このようにして、第九条が作られてきたが、その発端はマッカーサー・ノートであり、その趣旨は、「自己の安全を保持するための戦争も放棄して、防衛と保護を世界を動かしつつある崇高な理想に委ねる」ということであり、「自衛のための戦争も放棄」するとしたことは明白である。

第九条の解釈

①第九条の解釈

第九条の解釈は、政治的な意図により諸説がある。

A説、自衛権を含め、一切の戦争行為および戦力を否認。

B説、自衛権は否認しないが、戦争行為は否認。そのための戦力も否認。

C説、自衛の範囲ならば、戦争も戦力も認められる。

D説、個別的自衛権は認めるが、集団的自衛権は否認。

吉田茂（近現）

②政府見解

第九条に対する政府の解釈も、世界情勢を受けて時代とともに大きく変わっている。

（イ）一九四六年衆議院での吉田首相答弁

「戦争放棄に関する本案の規定は、直接には自衛権を否定はしていませんが、第九条第②項について、一切の軍備と国の交戦権を認めない結果、自衛権の発動としての戦争もまた交戦権も放棄したものであります。いかなる形でも自衛権等認めない方がよい。そもそも近代の戦争はすべて自衛の名の下に行われたのであり、自衛戦争等という概念そのものが有害です」

（ロ）一九五〇年参議院での吉田首相答弁
「警察予備隊は軍隊ではない。警察予備隊の目的は、全く治安維持にあり軍隊ではない」

（ハ）一九五二年吉田内閣の政府統一見解
「戦力に至らざる程度の実力の保持は違憲ではない。戦力とは、近代戦争遂行に役立つ程度の装備・編成を備えたものをいう。戦力に至らざる程度の実力を保持し、これを直接侵略防衛の用に供することは違憲ではない」

（ニ）一九五四年鳩山内閣の政府統一見解
「第九条はわが国が自衛権を持つことを認めている。自衛隊のような自衛のための任務を有し、かつ、その目的のため必要相当な範囲の実力部隊を設けることは何ら憲法に違反するものではない」

（ホ）一九六〇年以降の自民党の見解
・解釈により自衛隊を容認する。
・日米安保を基本方針としながら集団的自衛権の行使は違憲である。
・非核三原則を順守する。
・自衛隊による米軍等への後方支援活動は集団的自衛権の行使に当たらない。

（へ）その他

・一九四六年憲法改正審議で、共産党の野坂参三《のさかさんぞう》衆議院議員は、自衛戦争と侵略戦争を分けたうえで、「自衛権を放棄すれば民族の独立を危うくする」と第九条には反対した。

・南原繁《なんばらしげる》貴族院議員（全面講和論者・のち東大総長）も、第九条について「国家自衛権の正当性」と将来国連傘下での「国際貢献」で、問題が生じる危惧感を表明している。つまり、「血と汗の犠牲を払うことなしに、世界恒久平和の確立を目指す国連に参加できるのか？」という疑問である。

・なお、戦前に「天皇機関説」で排斥された美濃部達吉博士は、占領軍に国家の根本規範（国体）を改定する権限はないとして、明治憲法の改定の必要性を認めなかった。どんな制度やルールも、その運用次第でどうにでもなるとの思いもあったのかもしれない。

・一九七二年九月、日中国交正常化のとき、周恩来首相は「中国帰還者連盟」に対して、「日本は大国なので、それにふさわしい軍隊を持つべきである。ただし、侵略戦争は困る」と発言し、日米安保条約も容認していた。

このように、国の最高法規である憲法の、しかも安全保障に関する一番大事な条文の解釈が様々であることは大変由々しきことである。しかも、「憲法前文」で謳われている「平和を愛する諸国民の公正と信義に信頼してわれらの安全と生存を保持する」ことが、非現実的であることは戦後の歴史を見れば明らかであるし、そもそも前文でいう「生存権」、「自国の主権」を守ることと、第九条は基本的に矛盾している（誰が守ってくれるのか）。

〈憲法前文〉

「恒久の平和を念願し、……平和を愛する諸国民の公正と信義に信頼して、われらの安全と生存を保持……全世界の国民が、ひとしく恐怖と欠乏から免れ、平和のうちに生存する権利を有する……自国の主権を維持し、他国と対等関係に立とうとする各国の責務である」

第九条は、大事な条文であるが故に、有事の時に問題を起こさないように、誰が見ても同じ解釈になるように早急に見直すべきである。なお、日米安保条約があるので米軍に守ってもらえばよいとの考え方は根本的におかしい。米軍こそ純然たる軍隊であり、自国の軍隊は否定するが、外国の軍隊（傭兵）に守ってもらうのは良いというのは、憲法の趣旨に反し詭弁《きべん》にほかならない。大体からして、外国の軍隊は補助的存在であり、自国の軍隊が前面に出ずして外国の軍隊が本気で助けてくれるわけがない。カルタゴもローマ帝国も、最後は傭兵《ようへい》に頼って自滅したことを忘れてはならない。

なお、ＧＨＱの民政局には、ホイットニー局長、ケーディス次長をはじめコミンテルンのシンパが多く参加していた。その占領政策の中で、よく言えばアメリカで実現できなかった理想を日本で実現したことになっているが、穿《うが》ってみれば、コミンテルンの方針に従って、将来の日本の変革（革命）の種まきをしたともいえる。やがて、ＧＨＱ内の陸軍参謀二部（諜報）と、民政局との確執の中で、そのことに気づいたマッカーサーは、途中からその人たちを排除し、反共政策に大きく舵を切り替えていった。

さらに、この人たちの中には、スターリンの独裁により変節した共産主義に失望し、既存の権威や秩序、価値観、文化をすべて否定した後に新しい何かが生まれるという考え方をする隠れマルクス主義者（フランクフルト学派とも言われる）がいた。彼らは、占領政策に便乗して軍部、財閥、地主などの既存勢力を解体するなど、本国ではやれないことを推し進める一方、日本の歴史・文化・価値観までも徹底的に否定することによって、彼らの考える社会主義革命の実験を日本で行ったのではないかという見方がある。それが、東京裁判史観（自虐《じぎゃく》史観）となって、意図してか知らずにか、戦後民主主義・進歩的文化人に受け継がれて、日本をおかしくしてきたという説は興味深い。純粋で理想を求める若者は、こうした考え方に共感しやすい。この考え方は、六〇年安保の熱狂や、ベトナム反戦運動、一九六八年のフランス五月革命（ドゴール体制に反発する学生運動とゼネスト）、日本の新左翼、全共闘運動、ジェンダーフリーの活動等にも影響を与えているとも言われる。国際政治は誠に奥が深い。その中で、表面だけに惑わされず、裏まで読むことは大変難しいが、それをしなければ生き残れない。当時の国際的な諜報・謀略が、いかにすさまじいものであったかがよくわかる。

〈新憲法の問題点〉

一、前文にある、「諸国民の公正と信義に信頼してわれらの安全と生存を保持」することは非現実的である。

二、前文にある、「恐怖と欠乏から免れ平和のうちに生存する権利」や、「自国の主権を維持し他国と対等関係に立つ」ことと、第九条の「戦力と交戦権を放棄」は矛盾している。なお、侵略戦争（定義は国連による）は禁止すればよい。侵略か自衛か紛らわしいものは、国会で審議すればよい。そのために、良識ある議員を選出するのは国民の義務である。

三、第九条を字義通りに解釈すれば、自衛隊は明らかに違憲である。それならば、自衛隊を廃止するか、自衛権を認めるならば自衛隊員が誇りを持って働けるように、憲法にそう明記すべきである。

四、国の最も大事な法律（憲法）が、二枚舌を許している現状が、国民の倫理観を著しく堕落させている。傭兵（米軍）が日本を守るのは構わないというのは、第九条の趣旨に反する。

五、『自分の城（国）を自分で守る』意識の欠如が、国民の無責任感、当事者意識のなさ、政治の三流化を助長してきた。

法律は、人によって恣意的に解釈・運用されないためのものである。一旦作られたら金科玉条として墨守するのではなく、必要に合わせ憲法を改正することは、どこの国でもやっていることである。

冷戦

①欧州の状況

一九四六年（昭和二十一年）三月五日に、チャーチル首相が「バルト海のシュテッテンからアドリア海のトリエステまで、ヨーロッパ大陸を縦断する鉄のカーテンが下ろされた」と発言し、冷戦の構造がはっきりとしてきた。ドイツは東西に分割され、ベルリンは米英仏ソの四カ国の分割統治になった。一九四八年のベルリン危機から「壁」が構築され、ＮＡＴＯ（北大西洋条約機構）軍とワルシャワ機構軍が対峙《たいじ》するようになった。アメリカは、自由主義の旗手として「トルーマン・ドクトリン」でソ連を封じ込め「マーシャル・プラン」で欧州の経済復興を図った。

②アジアの状況

ソ連は、一九四五年（昭和二十年）八月十五日以後も、九月二日まで軍事行動を続け、北海道への侵攻は免れたが、国後《くなしり》、択捉《えとろふ》、歯舞《はぼまい》、色丹《しこたん》まで占領した。鳩山一郎首相は、一九五六年に、ソ連との国交を回復したが、この北方四島の帰属問題が障害となり、まだソ連とは平和条約の締結には至っていない。本来は、千島列島は明治八年の、「千島・樺太交換条約」で平和裏に日本固有の領土となったものであり、日本共産党が主張するように、カムチャツカ半島の根元の占守島《しゅむしゅ》まで全千島列島が日本に帰属すべきものである。また小笠原諸島、沖縄諸島は戦後、アメリカの施政権下にあったが、佐藤栄作政権時に交渉が成立し、一九六八年（昭和四十三年）に小笠原、一九七二年（昭和四十七年）に沖縄がそれぞれ返還された。

朝鮮では、三十八度線の南北を、米ソが五年間委任統治する予定であったが、一九四八年に、李承晩《りしょうばん》が「大韓民国」の成立を宣言し、北も金日成《きんにっせい》が「朝鮮民主主義人民共和国」を建国し、南北分断国家となった。一九五〇年（昭和二十五年）六月に、北は突然、南に侵攻し朝鮮戦争が勃発した。最初、北は破竹の勢いで、瞬く間に韓国軍と連合軍を釜山《ふざん》近くまで追い詰めたが、連合軍が、仁川《じんせん》に上陸して補給線を断つと形勢が逆転し、韓国・連合軍は、北朝鮮軍を鴨緑江《おうりょうこう》まで押し返した。それに脅威を感じた革命直後の中国は、義勇軍（人民解放軍）を投入し、再び三十八度線まで押し返し、膠着《こうちゃく》状態になった。マッカーサー元帥は、問題の根本を絶つために、中国への越境と原爆の使用を献策したが、ソ連との全面戦争を恐れたトルーマン大統領は、マッカーサーを連合軍司令官から解任した。国民的人気は、マッカーサーの方が圧倒的であったが、トルーマン大統領は、ギリギリで大統領の職責を果たした。帰国したマッカーサーが、初めて共産勢力と対峙した感想を述べたのが一九五一年五月の「米上院軍事・外交委員会での証言」である。一九五三年七月に休戦協定が成立したが、この内戦での死者は百二十六万人にも上り、南北朝鮮の憎しみは拭い難いものになった。

日本では、GHQの民政局に代わって、陸軍参謀二部のウイロビー少将の勢力が強くなり、次第に右傾化していった。朝鮮動乱により、米軍は日本の治安維持に勢力を割く余裕がなくなり、アメリカの要求で、吉田首相は一九五〇年八月に警察予備隊五万人を創設した（一九五二年に保安隊、一九五四年に自衛隊に改称）。ドッジ・ラインで、デフレ不況にあった日本の経済は、朝鮮特需で復活した。

中国では、共産党が内戦に勝利し、一九四九年十月に中華人民共和国が成立し、蔣介石の国民政府は台湾に落ち延びた。支那派遣軍総司令官であった岡村寧次大将は、「日中は同舟共済」との思いと、終戦時の恩義に報いるために、蔣介石の求めに応じ、一九五〇年（昭和二十五年）二月に、「白団《バイダン》」と呼ばれる富田直亮少将以下十九名の旧陸軍参謀を軍事顧問団として台湾へ送り込んだが（以後、十五年間で八十三名）、大陸への反攻は成らなかった。後に田中角栄首相は、一九七二年（昭和四十七年）九月に周恩来首相と「日中共同声明」を発表し、国交回復をした。

③その他の地域

アジア、中近東、アフリカ、中南米で、ソ連の積極攻勢により、民族主義と共産主義が混然一体となった社会主義的政権が雨後のタケノコのように樹立されていった。これに対し、危機感を募らせたアメリカは、自由主義陣営の旗頭として、共産主義の浸透を阻止すべく、各地で衝突を繰り返した。日本が満州、中国で味わった苦労が少しはわかった。

サンフランシスコ講和条約

講和条約調印（近現）

①講和条約

一九五一年（昭和二十六年）九月八日に、吉田首相は、単独講和（アメリカを中心とした自由主義陣営との講和）を推進し、四十九カ国とサンフランシスコ講和条約を調印した。ソ連は、アメリカの庇護下にある日本の独立に反対し、ポーランド、チェコとともに調印を拒否した。インド、ビルマは、賠償金のない講和に反対し不参加となった。オーストラリアとニュージーランドは、日本の軍備制限条項のないことに脅威を感じ難色を示した。イギリスは日本との貿易競争を嫌い、厳しい条件付き講和を主張した。フィリピンは賠償請求がないので拒否したが、一九五六年に、「日比賠償協定」の調印により、講和条約を事後承認した。中国は革命があり、朝鮮は交戦国でなかったために、対象外となった。自由主義陣営も一枚岩ではなかったが、第一次世界大戦後の過酷なヴェルサイユ体制が、より不幸な第二次世界大戦を招いた教訓と、戦勝国の代表たるアメリカが民主主義国を自認する国であり、戦争の被害を受けず経済的に繁栄していたことが幸いし、敗戦国に対するペナルティーは軽いものとなった。領土は、ポツダム宣言に則り、北海道、本州、四国、九州と、それに付属する島嶼とし、賠償金は個別交渉となった。すべての国と講和すべしとする全面講和派は、共産党、社会党、南原東大総長らであった。理想としては、全面講和がよいに決まっているが、当時の冷戦状況下では米ソの折り合いが難しく、講和条約が外国の外交カードとなっていたずらに延びるよりは、「単独講和」が現実論として仕方のないことであった。

②日米安保条約

併せて、講和条約締結日の夜、「日米安保条約」も締結された。ただし、この条約は占領軍を前提とした不平等項目（米軍の駐留。米軍を日本防衛に使えるがその義務はない。米軍は治安維持も担当等）を含んでいた。その改定は、一九六〇年に、国民の大反対はあったが、岸内閣によって行われ（六〇年安保）、地位協定の一部を除き不平等はおおむね解消され、その後、十年ごとの自動延長で今日に至っている。冷戦の終結、中国をはじめ新興国の台頭・多極化、北朝鮮の核武装化などの新たな国際環境の変化を踏まえて、わが国と東アジアの安全保障体制について主体的に見直し、憲法もそれに適合するように改正すべき時である。

〈サンフランシスコ講和条約要旨〉

第一条のａ、　戦争状態の終結。

第一条のｂ、　日本国民の主権の回復。

第二条のａ、　朝鮮の独立、朝鮮における権利の放棄。

第二条のｂ、　台湾、澎湖島の権利の放棄。

第二条のｃ、　千島列島、南樺太の権利の放棄。

第二条のｄｆ、南洋諸島の権利の放棄。

第三条、　南西諸島（沖縄）、小笠原諸島のアメリカによる信託統治。

第十四条のａ－一、賠償請求の放棄（賠償は役務賠償のみとし、賠償額は個別交渉）。

第十一条、　東京裁判ほか戦犯裁判の受諾。

第十章　なぜ戦争は起こるのか

なぜ戦争は起こるのか

①明治の改革

明治政府は、迫りくる西欧の帝国主義から小さい島国である日本を守るために、これまで主君であった藩主の地位・権限を剥奪《はくだつ》（版籍奉還・廃藩置県）し、中央集権体制を確立した。さらに、同輩であった武士階級を自己否定（秩禄処分、廃刀令、徴兵制）し、四民平等の国民国家を形成した。そして、国庫収入の安定（地租改正）を図り、国民の知識・技術の向上（学制の公布・学校設立、留学、外国人教師の招聘）を図り、産業の育成（国立銀行の設立、殖産興業）、インフラの整備（鉄道、通信、郵便、太陽暦、電気、ガス他）、強兵策（鎮台制度、陸・海軍大学、士官学校設立、軍備の近代化）等、短期間に目まぐるしい改革を行った。それに対し、国民も清貧に耐え志高く、よくその国策に応えて近代国家建設に貢献した。

明治という国家は、その設計・推進者である大久保利通の描いたように、最初の十年は足元固め、次の十年はその発展期、その次の十年は世代交代の時代となった。明治十年の西南戦争で、名実ともに武士社会の古い外套を脱ぎ棄て、明治二十二年の明治憲法発布で、近代国家としての形を整え、明治三十七年の日露戦争以後は、桂太郎（首相）、西園寺公望（首相）、小村寿太郎（外相）等の次の世代が国の舵取りを行うようになっていった。

そうして、着実に近代国家としての力をつけてきた日本は、日本の発展方向を大陸に求め、半周遅れで帝国主義の仲間入りをしていった。

②国民国家

封建時代の国の成り立ちは、民族よりも領主が中心であり、住民はその領主に従属していたが、近代国家では、国民は基本的には民族を中心とした国家に対して従属するようになった（国民国家）。こうした考え方は、十九世紀初頭のナポレオン戦争のとき、革命思想を危険思想として王党派諸国が攻めてきたのを、国民の総力を挙げて防衛したことから始まる。それは、フランス国歌の「ラ・マルセイエーズ」が、マルセーユからの義勇軍の歌であることからもわかる。領主の戦争は、一つの戦闘で帰趨《きすう》が決まればすぐ休戦協定が成立し、相手の息の根を止めるまでの戦いにはならなかった。それは、政治的目的さえ達成できれば、お互いに特権階級の立場を尊重する暗黙の了解のようなものがあったためである。ところが国民国家となると、国家の危機に際しては誰かが倒れても次の人が続くというふうに、国民の最後の一兵まで戦うという構図が出来上がった。それが民族主義の高揚とともに、国家という概念をますます強固にしていった。ナポレオン軍の本当の強さは、天才に率いられただけではなく、民族の誇り、国益の自覚、国民皆兵に裏打ちされた軍隊の性格そのものにあった。そこから戦争の様相が、がらりと変わっていった。

国家と言った場合には、二つの概念がある。一つは、「統治機構」としての国家であり、「国家体制、国家権力、国対地方」といったときに使われるものである。これは国民から付託された「機関」という意味である。もう一つは、「祖国」という意味での国家であり、それは「領土（郷土の集合体）」と「国民（家族の集合体）」と「文化（風俗、習慣、秩序の集合体）」で構成される。英語で言えば、前者は「GOVERNMENTまたはSTATE」であり、後者は「COUNTRY」である。後者は、国民の依って立つところであり、外国から国民を守ってくれるのは前者である。愛国心に拒否反応を示す人たちは、前者を念頭に置いて議論しているが、通常〝愛国心〟といったときは、後者を対象とするものである。これは、時代や体制が変わろうとも不変のもので、両者を混同してはならない。戦争中に、「天皇陛下万歳。大日本帝国万歳」と言って死んでいったのも、その「国家体制」そのものを賛美したのではなく、それが「祖国の象徴」として認識されたが故であろう。戦後生まれの私には、戦前の人がなぜ、「国体の護持」にそれほどこだわったのか理解に苦しんだが、それが「国家体制」ではなく、天皇を象徴とした「国そのもの（領土、国民、文化）」を指すと思えば納得がいく。

近代史において、この〝国民国家〟の概念を置いて語ることはできない。

③戦争の根源

『二〇〇一年宇宙の旅』という映画がある。上映時間の前半部分は、猿から人類への進化の過程が延々と続く。そのうちの原始人の一族が確保した水飲み場に、他の一族が侵入してくると、その族長は必死でこれと戦う。そのとき、身近にあったイノシシの大腿骨を掴み相手を殴ると、相手は倒れ一族を守ることができた。その族長は、勝利の雄叫《おたけ》びをあげてそのイノシシの大腿骨を空に放り上げると、それがパッと宇宙船に変わり二〇〇一年の宇宙の旅が始まるというものであった。この映画は、大変示唆に富んでおり、「戦いは原始の時代からあり、それは一族を守らんがため、ひいては種の保存のためであることと、イノシシの骨みたいなものが人類最初の道具であり、それが戦いの中で進化し、科学が発展していった」ということである。「戦争は文明の母」と言われる所以《ゆえん》である。

塩野七生《しおのななみ》氏の『ローマ人の物語』によると、「安全保障と食」が脅かされたときに戦争になると書いてある。古来、様々な戦争があったが、確かに『二〇〇一年宇宙の旅』が暗示しているように、物事を単純化してみれば、戦いの動機は、生きるための〝縄張り（領土）〟の防衛と〝食〟の確保にあるのは明白である。

もう一つ、イースター島へ行ったとき、島のガイドから興味ある話を聞いた。

「昔七〜八世紀頃、漢民族の南下に押されてインドシナの原住民がポリネシアに移住し、さらに、ニュージーランドやハワイなどへ散らばっていった。その一部の百人ほどが、遥か東部のイースター島にまで辿り着いた。イースター島は、今では周囲六十キロほどの絶海の荒れ果てた孤島であるが、当時は緑したたる楽園であった。そこで子孫は繁栄していったが、人口が二万人くらいになると、木を切って家や舟を造り、薪《まき》にしているうちに、島は丸裸になってしまった。すると雨が降るたびに、表面の肥沃《ひよく》な土壌は海に洗い流され、島は一面痩せた土地になってしまった。そうすると、この小さい島で二万人もの人口を養うことができなくなった。その頃までに、大きくは四つ、小さくは十六に分かれていた部族同士で、食料をめぐって争いが起こった。その名残は、今でも倒されて目をくりぬかれた相手部族のモアイ像に残っている。血で血を洗う戦いの中で、島の人口は数百人にまで激減した。そこで各部族の長老たちが話し合い、四つの部族から屈強の若者を選抜し、島から一・五キロ離れた岩礁に、春になるとアジサシが卵を産みに来るので、それを最初に捕ってきた若者の出身部族が、翌年島を統治するというルールを考え出した（鳥人儀礼）。スタート地点から海面へ三百メートルほどの絶壁を降り、そこから岩礁に泳ぎ着くまで、競争相手に対してどんな妨害行為をしてもお構いなしで、負けた三人は勝者の部族に食べられてしまうという過酷な競争であった。しかし、このルール（国際ルールと言うべきか）によって平和が戻り、島の人口も増えてめでたしめでたしとなった」という話である。

これはほんの十八世紀のことであり、この島を訪れた西欧人が記録している。意地悪な私は、「それはよかった。ところで平和になって、また人口が増えてその後はどうなったのか」と聞くと、「また、人口は増えたが、今この島で養える人口は四千人くらいで、そこで均衡した。その人口をコントロールした決め手は、食糧難と白人が運んできた疫病であった」とのことである。不思議にも、ここにはいつ作られたのか定かでないが、「地球の臍《へそ》」という直径二～三メートルの石垣の中に、直径七十五センチの球形の石があり、この島は、奇しくも宇宙船地球号の行く末を暗示しているようである。

さらに、二〇〇九年十一月の、日経夕刊の『明日への話題』に、類似のコラムが載っていた。「世界保健機構（WHO）で、マラリアの対策に携わったO氏は、エチオピアの奥地で活躍され、村からほぼマラリアを撲滅した。多くの子供が助かり、村の人は大変喜んだ。それから数年後、先生はその村を再び訪問した。村人から、さぞかし大歓迎されると思っていたが、結果は予期に反したものだった。マラリア撲滅で子供の命が助かるようになって、村人が喜んだのも束の間、人口が増え過ぎて食べ物が不足し、食べ物を求めて争いが生じ平和な村は一転し荒廃していった」と。

「安全保障」の対象は、単に「領土」や「生命・財産」だけでなく、独立国というからには「文化」も含めたものでなければならない。また「食」は、ローマ時代は文字通り「食料」があればよかったが、交易をしなければ成り立たない現代では、「資源」と「市場」もそのうちに入るだろう。こうした「安全保障と食」の確保、つまり「国益」のぶつかり合いが戦争の主たる根源である。

④日本の近代を振り返って

日本の近代を「安全保障」という面で振り返ると、幕末はアヘン戦争やペリーの来航を目の当たりにして、まさに安全保障を肌身に感じた時代であった。

そして、「日清・日露戦争」は、ロシアの脅威を未然に防止するための、まさに自衛の戦争であった。これを避けておれば、朝鮮、満州はロシアの植民地になり、日本の独立も脅かされていたことは明らかである。つまり、ウィーン大学のシュタイン教授が、山県有朋に、主権線（国境線）の他に利益線（防衛のための前線）の必要性を説いた通り、朝鮮、満州は日本にとって正に「利益線」であった。維新後、明治の先人たちは、小軀ながら高い志と勇気、情熱、行動力で、ほんの四十年で大国ロシアを討つほどの近代国家を建設したことに感謝をしなければならない。

「第一次世界大戦」は、タナボタ戦争であったが、そこから日本も帝国主義的野心を持つようになった。「満州事変」は、当時の状況からいえば自衛（抗日・侮日運動や対ソ・対米戦への対応）と侵略が相半ばであった。そこへ、溥儀をはじめとする女真《じょしん》族が父祖の地に清朝を再興したいという願いと、五族協和、王道楽土の理想郷を造ろうという思惑が絡んでいた。

しかし、「日中戦争」は「大東亜共栄圏・東亜新秩序・防共」の美名を尽くしたとしても、また、たとえ引きずり込まれた戦争だとしても、自ら進退を決められる立場にありながらのめり込み、中国に大きな惨禍をもたらした以上、侵略戦争と言わざるを得ない。

「太平洋戦争」は、日本が南方に進出したことが直接の誘因ではあったが、蔣介石政権を支援しアジア・太平洋に覇権を築くことと、欧州戦線への参戦の糸口を求めるアメリカの周到な戦略により仕組まれた戦争とも言える。これはどちらが悪いと言うよりも、日本の遅れてきた帝国主義と、アメリカの覇権主義の相克であり、日本がアメリカに屈服しない限りいずれは避けて通れない道であった。

ただ、あえてこの戦争責任者を問うならば、近衛首相と、広田外相と言えるだろう。近衛は、かつて「ナロードニキ（人民の中へ）運動」を行ったロシアの上流インテリゲンチャのように、恵まれた自分と社会の貧困のはざまで生煮えの社会主義に染まりながら、『皇道派』に肩入れする行動右翼だったと思われる。その結果が、日中戦争の火付け役となり、燃え広がった火を日米開戦前夜に消そうとして失敗したマッチポンプの役割を演じることになった。広田外相はその加担者であった。軍には参謀本部を中心に良識派もおり、日中戦争は避けようと思えば首相の決断で踏みとどまることはできた。太平洋戦争はその成り行きである。

この日中戦争、太平洋戦争はやらずもがなの戦争であったが、帝国主義同士の争いにコミンテルンが目をつけて、反ファシズムを掲げて日独と米英を離間させ、日本と中国が破滅して共産革命が起こるように泥沼の戦争に誘い込んでいった。結局、得をしたのはソ連と中国共産党だけであった。

安全保障の問題は過去だけのものではない。日本は、幸い戦後六十年余の平和が続いたが、これは

「平和憲法」のおかげではない。何となれば、戦争は相手があることであり、「平和憲法」は自ら侵略戦争をすることは縛れるが、相手国からの侵略を防止することはできない。隣国との紛争を避けられたのは「日米安保条約」のおかげであり、これが未来永劫《えいごう》続く保証はない。北朝鮮問題に限らず、現代の日本を巡る国境問題でも火種は幾つかあるということを認識しておかなければならない。

北方領土で言えば、政府が主張する北方四島は、一八五五年の「日露修好条約」で平和裏に日本領とされたもので、そのとき、樺太は日露の混在の地（共有地）と決められた。その後、一八七五年（明治八年）五月の「千島・樺太交換条約」でも平和裏に、樺太はすべてロシア領、千島列島は全島日本領になった。これを「正」とすれば、千島列島は、四島のみならず、カムチャツカの先まですべて日本の固有の領土であると主張できる。

竹島については、日韓双方が領有権を主張しているが、帝国主義の時代の国境を「正」とするならば、一九〇五年一月に日本領となっているし、サンフランシスコ講和条約直前の一九五一年八月に、ラスク国務長官が、「竹島は日本領土」と韓国政府に伝達している。一方、我々は対馬は疑う余地のない日本領土と思っているが、韓国では古来朝鮮に朝貢していたので朝鮮領であるとする声が増えている。しかも、韓国人による対馬の土地購入が進んでおり、いつか力関係が変われば、当然紛争の種になる。

もっと深刻なのは沖縄である。尖閣列島も、沖縄返還のとき、アメリカはこれを日本領としたにもかかわらず、最近は日中で話し合えと言いだしている。それどころか、沖縄は明治十二年から日本領になっているが、中国は、「琉球は、江戸時代は日中に両属しているが、それ以前は中国に朝貢していたので中国領だ」と言い始めている。中国にとっては、太平洋に覇権を広げるためにはその出口が欲しいだろうし、十三億の国民を養うには、沖縄海域から太平洋の海底に眠る資源の確保は死活問題である。アメリカ軍が、フィリピン基地を撤退するや否や、中国は地政学的にも無理がある西沙《せいしゃ》群島のみならず、南沙《なんしゃ》群島まで実力で占拠しているのを見ると、他人事《ひとごと》ではない。かつて沖縄出身の人と沖縄の今後について話す機会があったが、沖縄には、歴史上の特殊性から、「独立すべき」、あるいは「中国に帰属すべき」という意見もあるとのことであった。こうした現実を認識したうえで、中国が、謀略を駆使して沖縄に介入してきたとき、日本国民として自分はどうするのかという覚悟を持っていなければならない。

「食の確保」という意味では、明治維新に三千万人だった人口は、昭和の動乱時には七千万人に倍増しており、折しも金融恐慌、世界恐慌に見舞われ、世界がブロック化されていく中で国民の生活は困窮し、その活路を朝鮮、満州、中国に求めざるを得なかった。そして、国民はその推進主体を、堕落した無気力な政党ではなく、陸軍に期待したことは、以下を見てもわかる。

「一九三四年（昭和九年）一月に、陸軍が策定した、『政治的非常事変勃発に処する対策要綱』の中で、農民救済策として、義務教育の国庫負担、肥料販売の国営化、農産物価格の維持、耕作権の借地権保護、労働問題については、労働組合法の制定、適正な労働争議の調停機関の設置等が挙げられており、同年十月に陸軍発行の、『国防の本義とその強化の提唱（いわゆる陸軍パンフレット）』でも、『一番大事なことは国民生活の安定を図るを要し、なかんずく、勤労民の生活保障、農山漁村の疲弊の救済はもっとも重要な政策』とし、農民に低利で金を貸す金融機関の設立などを要求している。これらは、政友会や民政党の既成政党からでなく、軍部から出ていることに留意する必要がある』（『それでも、日本人は

『「戦争」を選んだ』加藤陽子著、朝日出版社）

また、一九三六年の二・二六事件の後、当時陸軍省軍務局の実力者であった武藤章中佐、佐藤賢了少佐（ともにA級戦犯で武藤は死刑）は、次のように考えていた。

「二・二六事件が軍部内の単なる下剋上の思想に基づく不逞《ふてい》の行為であるなら、これは弾圧しただけで始末はできる。だが、青年将校を決起させたものが、農山漁村の目を覆《おお》わんばかりの困窮と大衆の貧困化に対する愛民救国の思想だとするなら、軍紀だけを引き締めても根本的解決にならない」（『斎藤隆夫かく戦えり』草柳大蔵著、文藝春秋）

国民が、政争に明け暮れる政党政治に愛想をつかし、軍部に世直しを期待し、大陸へ活路を求めたのにはこうした背景があり、単純に軍国主義が悪かったとは言いきれない事情があった。五五年体制の下での失われた十年（もうすぐ二十年になる）に失望し、民主党に期待を寄せた昨今とどこか似ている。

⑤国家の正義

国家の生い立ち、価値観、生存条件等はそれぞれ異なり、「国家の正義」は国ごとにある。個人間にあっては、統一国家の下での法律、道徳、規範があるが、国家間では、国際条約やルールがあるものの、それは最低限のガイドライン程度の意味であり、最終的には国益が優先される。マキアヴェリが言う、「悪事を働かなければ、国家を守護しがたい」は言い過ぎだとしても、そうした論理がまかり通るのが国家間の関係である。それは民主主義国でも同じで、むしろ民主主義であるが故に国益（つまり国民の利益）のためには、強引に国策を押し通すのは大国の歴史を見ればよくわかる。戦争には大義名分がいるが、こちらの正義は相手には不正義となり、結局は国益の争いを力が解決することになる。

なお、国際正義と言われるものも、五十〜百年もすれば変わっていくものである。「帝国主義」も十九世紀の間は、「マニフェスト・デスティニー」の考えの下で、未開地に文明をもたらすことは「正義」と考えられたが、第一次世界大戦以後は「悪」とされるようになった。政治・軍事を行う者は、こうした時代の変化を見誤らないようにしておかなければならない。

失敗の本質

明治維新以来、刻苦勉励の挙げ句、約三百五十万人の犠牲を払い日本一面焼け野原なったのはなぜだろうか？　昭和天皇は『昭和天皇独白録』の中で、敗戦の原因として以下の四点を指摘されている。

〈昭和天皇独白録〉
一、兵法の研究が不十分であったこと。すなわち孫子の「敵を知り己を知らば百戦危うからず」という根本原理を体得していなかったこと。
二、あまりに精神に重きを置きすぎて、科学の力を軽視したこと。
三、陸・海軍の不一致。
四、常識ある首脳者の存在しなかったこと。往年の山県（有朋）、大山（巌）、山本（権兵衛）というような大人物に欠け、政戦両略の不十分の点が多く、かつ、軍首脳者の多くは専門家であって部下統率の力量に欠け、いわゆる下剋上の状態を招いたこと。軍人が跋扈《ばっこ》して大局を考えず、進むを知って退くことを知らなかったこと。

等を挙げられている。さらに、日独の利害関係の不一致も、外交上における日本の敗因とされている。

（『昭和天皇独白録』寺崎英成著、文春文庫）

①国の仕組みの問題

第一は、明治憲法の持つ欠陥で、天皇主権でありながら立憲君主制、つまり天皇は「君臨すれども統治せず」の形態をとっており、政府・軍部はそれぞれ輔弼・輔翼という形で、天皇を隠れ蓑にして実際の政治・軍事を壟断《ろうだん》できるという構造になっていた。それは伊藤博文が、プロシアの鉄血宰相ビスマルクから教わったことで、まだ権威の定まらない明治政府（初期は薩長藩閥政府）が、旧勢力である幕府や同列の諸大名はじめ全国民を束ねて統一国家の実をあげるためのカラクリであり、市民革命を経ていない日本にとっては致し方のないことであった。そのために、天皇を神格化し、天皇の命令には絶対服従すべきことを徹底し、一般国民を思考停止に追い込んだ。それが、大正デモクラシーの一時期は緩んだものの、昭和の軍事政権になって極端に推し進められていったわけである。

第二は、統帥部（陸軍参謀本部と海軍軍令部）が天皇に直結し、戦争は政治の一手段であるにもかかわらず、統帥権（作戦だけでなく、広く解釈された）が政府から独立していたことである。そのために、政府は軍部をコントロールできず、また「陸海軍大臣現役制」により、軍部は大臣を出さないか、辞めさせることによっていつでも意に染まない内閣を阻止し、瓦解《がかい》させることができた。二・二六事件の翌年の一九三七年一月二十一日に、浜田国松衆議院議員が、議会で以下の通り、軍の政治関与を非難した通りである。

「五・一五事件も二・二六事件もそうであるが、軍にはファシズムというか独裁思想というものが流れている。少壮軍人にすら、数回総理大臣を打ち殺すだけの政治意識を持っている軍であるから、その奥の院に隠れておる者が巧妙なる政治戦術戦略のために、種々なる機略を弄することも想像に難くない。軍は、一般国民を離れた政治勢力である」（『斎藤隆夫かく戦えり』草柳大蔵著、文藝春秋）

米憲法の起草者であるトーマス・ジェファーソンが、ウエストポイント陸軍士官学校を作った目的は、勿論、士官の養成にあるが、真の狙いは、暴力装置である軍を担うことになる士官候補生に、文民統制の精神（シビリアンコントロール）を叩き込むことにあった。こういうところに、彼我の国造りの違いを感じる。

第三は、組織・人事の問題である。陸軍と海軍の不仲により、予算の取り合いや統合機能の欠如により統一した作戦がとれなかったこと、人事が陸・海軍大学、陸軍士官学校・海軍兵学校の成績順と年功序列を重んじたがために硬直していて、戦時でも配置が適材適所にならなかったことがある。日露戦争では、児玉源太郎大将は、陸軍大臣まで経験しながら少将格の満州軍の総参謀長になって陸戦を勝利に導いたし、海軍の山本権兵衛海軍大臣は、古参の将軍をすべてパージし、連合艦隊司令長官も意気軒昂な日高壮之丞を外し、舞鶴鎮守府で退役を待っていた東郷平八郎を起用し、日本海の海戦の大勝利を得ることができた。こうした芸当が、昭和の軍隊ではできなかったことに問題があった。今で言う大企業病である。

②「理念・哲学」の問題

日本は島国で、異民族との接触の機会に乏しく、その付き合い方が未熟であった。大陸に進出していくには、異民族を統治するための哲学・見識が必要であった。明治の軍隊（将校）は、幼少から漢学を学び武士道と儒学に鍛えられ、その母国に畏敬の念を持ち、敗者にも節度をもって接したが、昭和の軍隊は驕《おご》り侮《あなど》り、相手の民族の誇りをいたく傷つけた。それが、昔から東夷《とうい》（東の野蛮人）といって風下に置いてきた同じ黄色人であったために、中国人・朝鮮人の憎しみは倍増した。「五族協和、王道楽土、東亜の安寧・平和」を唱えながら、そして、朝鮮・中国に多くの共鳴し期待する同志を持ちながら、結局、その人たちの期待を裏切り、敵に回して自滅していった。戦後数十年も経って、未だに恨まれ続けなければならないのはなぜか、反省する必要がある。

古来、少数民族が大帝国を築いた例は、ペルシャ帝国、ローマ帝国、サラセン帝国、モンゴル帝国、新しくは清帝国、大英帝国など数多く、それらの国が、異民族を多く抱えながらなぜ繁栄していったかということを、陸軍大学で教えるべきであった。その代表であるローマは、属州出身者に次々と市民権を与えて同化し、属州出身の皇帝さえ受け入れ、能力ある解放奴隷を多用した。属州ガリア（現フランス）は、西ローマ帝国が滅ぶまで五百年にわたり一度も反乱を起こすことはなかった。西欧諸国は、このローマを手本としており、ガンジーも、「インドは二度と植民地になるつもりはないが、何かの理由で、どうしても植民地にならなければならないのなら、イギリスの植民地になりたい」と述べている。

古来、少数民族が多民族を支配するには、それなりの統治の妙というものがあった。モンゴルでさえ、耶律楚材《やりつそざい》ほか有能な異民族出身者（色目人等）を多用し、駅伝制の整備や本格的な紙幣の使用（国家への信頼の証《あかし》）等、数々の恩恵を与えている。清朝も、漢民族の文化を尊重し、政府高官の民族別バランスをとる等の配慮を示し、「康熙《こうき》・乾隆《けんりゅう》の時代」は、中国史上でも最も栄えた時代の一つとなっている。

これらの世界帝国による異民族統治の共通項として、外交権、軍事権、徴税権は独占するが、有能な人材を多く登用したこと、他民族の言語、宗教、文化に寛容であったこと（異質なものを容認）、統治される者の負担（租税・公課）に納得性があったこと、安全保障・治安、インフラ、教育、制度、文化等の恩恵があったこと等がある。

これからの時代に、植民地の確保はあり得ないが、他民族と付き合うにあたって今日でも心すべきことである。

③戦略・戦術のまずさ

まず、戦略目標の不明確さが挙げられる。満州事変以後、軍部が政治を壟断したために、戦って勝利することが目的化し、現地軍が独断専行する下剋上が横行し、終末到達点が不明確なまま、泥沼に入っていった。敵を知り己を知ることは戦いの常道であるが、そのいずれも怠り、コミンテルンとルーズベルトの術中に嵌《は》まっていった。

また、過度の精神主義と作戦の硬直化により、情報・技術・兵站の軽視、危機管理・不測の事態への対応プランの欠如等、近代戦・総力戦をやるには甚だ合理性を欠くものであった。小畑敏四郎中将が、「弱い中国軍ばかり相手にしていると、碁と同じでますます手が荒れる」と警告していたが、それに慣れ根拠もなしに米軍を侮ってしまった。将校も、臨機応変に対応する能力に欠け、作戦は硬直化して何度も同じことを繰り返し、ノモンハンのソ連軍と太平洋戦争の米軍から、「下士官兵は優秀、青年将校も信じられないような頑強さで戦うが、高級将校は無能。それも上に行くほど愚鈍」とまで言われた。ペリリュー島の中川大佐、硫黄島の栗林中将は例外であり、そのような軍人は中枢から外されていた。戦いは損害の多さではなく、負けたと思った方が負けなので、装備・物量の不利な者が精神力に頼ることはやむを得ないにしても、余りにも知恵がなさ過ぎた。

また、休戦和議のチャンスは何度もあったが、リスク回避のための内部統制の仕組みが弱体だった。明治・大正時代は、薩長出身の元勲を主とする元老会議がその役割を果たした。彼らは、幕末・維新の修羅場をくぐり抜け、軍事、政治、外交の経験を幅広く積んだ合理主義者であった。昭和になって、組織が肥大化し、専門化し、視野の狭い軍人が権力を持つと、手柄ばかりを求める積極論がまかり通り、大局的な判断や統制ができなくなった。現代の企業の不祥事を見ても同じで、会社を揺るがすような大事件は大抵歯止めがきかずのめり込んだケースである。それも私利私欲が絡んだものを阻止するのは容易であるが、組織のために承知でやる不祥事を止めることは大変に難しい。仕組みとしての歯止めと、それができる能力・見識のある人材の配置が不可欠である。

④国民の民度の問題

日本人は、古くから（戦国の一時期を除き）、流動性の少ない村社会で育ったために、お上《かみ》に従うことに慣れ、しきたりや世間の目を気にし、争い事を避け、個人の意見をしっかり持つという文化（個人主義）が育たなかった。明治維新も、サムライの革命であって市民革命ではなかった。

したがって、国民に、自分たちの政府という自覚もなければ、それを監視・牽制しようという意識も薄かった。個人主義というのは、自分で考え、リスクを承知で決断し、結果に責任を負うという考え方であり、自分さえよければ他はどうでもよいという利己主義とは全く違う。要は、民度の低さが政党政治の未熟さを生み、軍部の独走を許したことになり、根本的な誤りはここに帰結する。マッカーサーが、「日本人は十二歳」と言ったのはそのことを指し、幼稚という意味ではない。与えられた民主主義と日米安保条約に安住し、「自由と安全は天から降ってくるもの」と、能天気でいると、またいつか、必ず痛い目に遭うことになる。保守、革新の問題ではない。

戦争を避けるために

①未然防止策

動物は、天敵と共食いによって数がコントロールされるが、天敵のいない人間は、神様が戦争という形でセルフコントロールするようにプログラムされているのかもしれない。しかし、霊長類の長であるからには、自然の法則に従うだけでは能がない。知恵を使って、平和共存を図っていかなければならない。

誰しも戦争より平和がいいに決まっているが、念仏平和論で平和が維持できるものではないし、平和ボケで何もしないのは論外である。これまで述べたことを踏まえて、戦争を未然に防ぐためにどうすればよいだろうか。

第一は、生活のための絶対的必需品の供給を確保しておくことである。肉や果物はなくても我慢できるが、主食がなくては生きていけない。水田、畑を荒れ地にすると、元に戻すのに三年はかかり、その間、国民は飢えることになる。農業も国際競争力をつける必要はあるが、立地上のハンディはいかんともし難く、そのための補助は将来に対する保険とわきまえるべきである。一方、スケールメリットを享受できるように市町村が土地を集約するとか、企業による大規模経営を認める等、農地法の改正も必要である。日本の休耕田等を総動員し、現在の自給率を四〇パーセントから六〇～七〇パーセントに引き上げたとしても、日本で養える人口は七千～八千万人くらいと言われる。これからの日本の人口を、そこへ縮小均衡させるのか、一億二、三千万人を維持するのかによって長期戦略は異なる。米麦等の主食の農業は、最大の国防産業である。

また、食料だけでなく、エネルギーや資源の争奪戦がますます厳しくなるので、安定供給先の確保だけでなく代替品の開発がより一層大切になる。それが、科学立国として日本が生き残るための鍵となる。海中から、採算ベースで資源が確保できるようになれば、世界第六位の海洋大国である日本は、資源大国になり得る。東海から沖縄の海底には、向こう五十年以上使えるメタン・ハイドレード（氷状のメタンガス）が横たわっているし、マンガン、マグネシウム等の鉱物資源も大量に眠っている。潮汐《ちょうせき》、太陽光、風力を利用した発電の場所にも事欠かない。また、海水から重水素を取り出せれば、核融合のエネルギーも無尽蔵にある。

第二は、需要の抑制である。地球規模でみれば、イースター島やエチオピアの教訓を見るまでもなく、人口のコントロールが最重要課題である。人類の歴史で、直近の二百万年で四十億人になった。その後二十年で二十億人増え、さらに十年で十億人増え、間もなく七十億人になろうとしている。この地球で養える人口が百億人だとすると、残りわずかの時間しかない。これを放置すると、必ず食料、資源、市場の争奪戦が起こる。アフリカのことは自分たちには関係ないのでなく、国際機関を使ってこの地球規模の問題を、ソフトランディングさせなければならない。そして省資源、省エネルギーに真剣に取り組まなければならない。

第三は、国際協力を進め、隣国とは相互信頼関係を築き、相互繁栄を図ることが重要になる。どのような国も国境問題や通商問題を抱えているので、ふとしたことがきっかけでそれがエスカレートしたり、為にする勢力に悪用されないように、日頃から隣国とは重層的な交流と助け合いを行っておくことが大事である。例えば熊手のように、アメリカとは柄《え》の部分で軍事同盟を含む関係をしっかりと保ち、中国、インド、ロシア、豪亜（オセアニア・東南アジア）とは先の部分で、等距離で経済・文化交流を深めるのがよい。中華思想に対抗するには、インド、ロシアとの関係を深めておくことが不可欠であるし、東アジアの諸国は中国の覇権主義を警戒し、バランス上も高度の技術を持った平和国家日本に期待するところ大であろう。

第四は、安全保障体制の再構築である。その一は、自衛力・抑止力を持つことである。ラテン語の諺に、「平和を望むなら戦争を準備せよ」というのがあるが、これは、真珠湾攻撃に向かう南雲中将に、山本五十六連合艦隊司令長官が言った、「百年兵を養うは何のためか。国家の平和を守らんがためである」と言ったのと相通じるものがある。軍事バランスの崩れや空白が、紛争を惹起《じゃっき》する元となるので、平時に軍備を整えておくことは、平和を維持するための必要悪である。国民の生命、財産を守るために、個人を取り締まるのは警察の役目であるが、国家同士の問題解決は軍隊の役目である。将来、国際連合が、世界の軍事・警察権と司法権を独占的に保持するような時代が来れば、その必要もなくなるが、国家に主権がある以上、この問題は避けて通れない。属国とは、外交権、軍事権を失った国のことを言う。日本も通常の主権国家であるためには、西欧の主要国並にGNPの一・五パーセント程度の国防費を使い、自力で国を守れる通常兵器によるベストの装備と運用体制を構築すべきである。永世中立国もすべて軍隊を持っており、スイスのごときは国民皆兵で、全国民が定期的に軍事訓練を受けている。そのために、ヒトラーも費用対効果を考えて、スイスへの侵攻を諦めた。

特に、近隣にロシア、中国、北朝鮮という核保有国を持つ日本は、核抑止力をどうするかが最大の課題である。日本は、原子力発電の廃棄物から抽出された原爆二千発分のプルトニウムを保有し、十分な技術力があるので、核武装をしようと思えば短期間に実現できる。ただし、核不拡散の世界的動向と日本が唯一の被爆国であるという特殊性を考えれば、保有の是非は、国民の意思をよく聞く必要がある。自らは持たないとするならば、核廃絶が成るまでは、これからも米国の核の傘の下で生きるしかない。そのときは、非核三原則で言うところの「持ち込ませない」等の姑息《こそく》な詭弁を弄すべきではない。

ところで、オバマ大統領の推奨する、「核のない世界」を目指すことは良いことであるが、その実現までは、並行して「核使用禁止条約」を結んだ方が良いと考える。第一次世界大戦の反省から、「化学兵器、生物兵器の使用禁止条約」が締結されていたために、第二次世界大戦では、最大保有国のドイツ、ソ連、日本（アメリカも持っていた）も、その使用を控えている。大国にとっては、「核」を失えば大国でなくなるので、その廃絶は容易ではないが、持っていても使わないという条約（ただし相手が使えば報復できる）なら賛同を得やすいだろう。それで事実上、「核の使用のない世界」が実現できるのではなかろうか。

その二は、集団安全保障体制の再構築である。一国で安全保障を行うには負担が多すぎるし、軍備をやたらに拡張しようとすると、隣国との間で疑心暗鬼を呼び、終わりなき軍備拡張競争になる。それを避けるためには、少しでも多く味方を増やし、集団での安全保障力を高めておくことが現実的である。

それには、国連活用を考えればよいが、その限界も承知しておく必要がある。相手が中小国ならよいが、大国と利害が対立したときは、第三国のために自国の若者（国連軍）の血を流してまで大国と戦う国はいないだろう。また、人口が爆発したときは手の施しようがない。そして現在の国境を是とするしかないが、現在の国境が正しいとは限らないことを承知しておかなければならない。一番あてになるのは、信頼できる国との個別同盟である。

これからの課題

①国益の見直し

世界の現状を俯瞰《ふかん》して、日本の国益（国防、外交、産業政策）を主体的に見直し、その実現のための中長期戦略を構築する必要がある。

戦後、日本は主体性のない国になったために、外国の影響を受け易くなっている。どんな国も、手練手管を使って自国への利益誘導を図ることは当然なので、そうした外国の権威に便乗する者、主張を代弁する者（いわゆる〇〇スクール）に惑わされない様に注意しなければならない。また、定見を持たない他人任せもいけないし、その日が良ければよいという刹那主義でもいけない。我が国の子子孫孫のために、真の国益を考え、勇気を持ってその実現に向かうことが自主・独立国として大切なことである。

②憲法改正

これまでの近代史を振り返り、国民を守り養うための「安全保障と、食（食料、資源、市場）の確保」がこれからも担保されるように、国の形を再構築し不合理な憲法を見直すことである。

第九条は、国民から「自分の城は自分で守る」という気概と責任感を喪失させ、他力本願、無気力を助長させるとともに、言葉通り解釈すれば自衛隊は明らかに第九条違反であるにもかかわらず、詭弁《ざいじゃく》を弄してこれを容認する風土を作ってしまった。国の最高法規である憲法が、国民の精神的支柱を脆弱《ぜいじゃく》化し、二枚舌を容認していることは、甚だしく日本人の精神と倫理観を貶《おとし》めている。したがって、第九条と前文を改定し、「自衛権と軍隊の保持」を明記し、兵士が誇りを持って任務を全うし、国民に尊敬されるようにしなければならない。国民も、一人前の大人の国になるためには、安全な所で権利を主張するだけでなく、一朝事あれば身命を賭す覚悟を持たなければならない。自分を守る気のないものを、他人が血を流してまで助けるわけがないし、それを望むのは身勝手というものである。

なお同時に、「侵略戦争の放棄」も明記すべきである。侵略戦争の定義は、国連の規定を準用すればよい。侵略か、自衛か紛らわしい場合は、国会でよく審議をすればよい。そういった重要問題を決めるために国会はある。したがって、国民は自分たちになり代わって議論し、良識ある判断ができる高い見識と責任感のある代表を国会に送らなければならない。外国の謀略に踊る者、私利私欲の者、不公正な者、無責任なポピュリストを国会に送るようなことがあってはならない。そこでの決定が、正しかろうと誤ろうとその結果は国民が負うことになる。

〈侵略戦争の定義（国際連合の指針）〉一九七四年十二月十四日。国連総会決議三三一四号

（a）他国の領域に対する侵略もしくは攻撃、軍事占領、武力の行使による併合。

（b）他国の領域に対する砲爆撃、兵器の使用。

（c）他国の港、沿岸の封鎖。

（d）他国の陸・海・空軍または船隊、航空隊に対する攻撃。

（e）受け入れ国との合意に反する条件での軍隊の使用、合意終了後の駐留。

（f）使用を許容された領域を第三国に対する侵略行為に使用すること。

（g）上記に相当する重大性を有する武力行為を行う武装集団、不正規兵、傭兵の派遣、または国家の実質的な関与。

戦後、経済は一流と言われながら、いつまで経っても政治は三流と言われ続けてきた根本原因は、第九条と「日米安保条約」に守られ、政治の根幹をなす外交、国防をアメリカに依存し、五五年体制の中

で政権維持にのみに汲々とし、与野党ともに野合し安穏に過ごしてきた結果、修羅場《しゅらば》で自らを鍛えてこなかったことによる。清国の冊封体制下の朝鮮とさして変わりはない。

また、国内外の諸問題への迅速な対応、公益性の重視のために、首相の権限を強化するか、大統領制にした方がよい。今の仕組みはあまりにも効率が悪すぎて、世の中のスピードについてゆけないし、有事に的確に対応できない。

なお、第九十八条に、「国際貢献」を追加したり、「地方分権化」に応じた改定も適宜《てきぎ》やればよい。

さらに、現憲法の前文は悪文の代表なので、「五箇条の御誓文」に代わる建国の精神を織り込み、書き直した方がよい。法律（憲法も法律）は実態に合わせて適宜見直せばよいことである。米国憲法にも修正条項は幾つもある。

昔、米国勤務中に、会社の敷地内で工場を拡張しようとしたとき、その敷地には土の中に巣をつくるフクロウがいて自然保護の理由で建築許可が下りなかった。困って、市に相談したところ、条例を変更してフクロウに引っ越ししていただくことで許可が下りた。権利意識の強いアメリカでも、社会的な合理性があれば法律を変える柔軟性がある。

なお、国の象徴である「日の丸」、「君が代」に反対する人たちは、一度外国生活をしてみるとよい。どんな国でも、国旗が至る所に翻《ひるがえ》り、国歌が誇らしく歌われ、軍隊が尊敬されていることがわかる。「日の丸」や「君が代」が戦前を思い起こさせるとしても、それは運用した「人」の問題であって「旗」や「歌」のせいではない。アメリカが、雑多な民族で構成されながらあれほど発展し、一朝事あると強い団結を示すのには、それなりの仕掛けがある。どんなイベントに参加しても、開会式には必ず全員起立し帽子を脱ぎ、胸に手を当てて国歌を歌う。これを見ると感動し、この国のために頑張ろうという気持が湧いてくる。国も組織も、進むべき方向性と、奮い立たせる旗印が必要である。

どうしても嫌なら、新しい国旗、国歌を提案すべきである。もっとも「君が代」の歌は、元気が出ないので式典用とし、競技用には元気の出る第二国歌を作ってもいいように思う。

〈米国の例〉

・建国の精神：自由、平等、民主主義。

・ウエストポイント士官学校の標語：duty, honour, country（義務、名誉、国家）。

・公立学校で、毎朝行う誓いの言葉：I pledge allegiance to the Flag of the United States of America, and to the Republic for which it stands, one Nation under God, indivisible, with Liberty and Justice for all（国旗と国家に忠誠）。

③日米安保条約の見直し

冷戦が終わり二十年、中国が大国化し、北朝鮮が核保有国になり、米中、中台、南北朝鮮が接近している中で、日本の安全保障体制を主体的に見直す必要がある。今の日米安保条約は、冷戦時代の一九六〇年安保を踏襲しているが、二〇一〇年に、改定期が来る。共産主義が事実上崩壊し、世界が多極化している現在、日本の安全保障体制を抜本的に再構築しなければならない。環太平洋に位置し、価値観を共有し、まだスーパーパワーを保持するアメリカとの同盟を基軸とすべきであるが、そのカバー範囲を日本に限定するか、アジア地域を含めるか、世界全域か、権利と義務関係をどう再構築するか、核抑止力をどう定義するか等、有事の時に齟齬《そご》や迷いが生じないように明確に決めて、国民もそれを理解しておく必要がある。また、防衛省と米軍の指揮命令系統、システムは連携は密にしても基本的には分離独立しておくべきである。そして、自立した国家に脱皮するためには、口当たりのよい言葉や、曖昧な表現でごまかすことはもうやめた方がよい。

基地問題は、そのうえで、地政学的にもっとも効果的なところを選べばよい。偵察機能が高度化し航空機の展開力も飛躍的に進歩している現在、時間を争うような緊急事態は想定しにくい。したがって、米軍は第七艦隊と沖縄に有事即応態勢の海兵隊のみ残し、その他の軍隊はグアム、サイパンあるいは米本土へ引き揚げてもらえばよいのではないか。それでも国益のためにどうしても日本に米空軍の主力基地が必要ならば、本土・九州地区の過疎の空港に集約すればよいのではないか。

日米の基本的な関係は、従来の従属的な関係を脱し、自由主義陣営に属しながら、独自のスタンスを保持する米仏の関係くらいが適当と思う。

④中長期産業政策

かつては「ジャパン・アズ・№1」と言われ、「二十一世紀は日本の時代」とまで言われた日本が、無為無策のうちに、今や一人当たりGDP世界第十九位に零落《れいらく》してしまった。一九九〇年代に、日本株式会社が叩かれ、本来は輸出振興団体であったJETRO（日本貿易振興会）が、貿易インバランスの解消のために軸足を輸入促進に変えた頃から日本の産業の活力が失われていった。その頃から、世界に冠たる官僚も緊張感が薄れ、自己保身に走り、誇りと使命感・倫理観が廃《すた》れていったのではないか。失われた二十年から早く脱却し、国民に希望と勇気を与える長期産業政策を、政・官・産・学共同で打ち出す必要がある。労働集約的な産業はもはや新興国に対抗できないので、環境、安全、エネルギー、医療、ハイテク産業の分野で、国家的プロジェクトを起こし、傾斜的に資金、マンパワーを投入し、日本株式会社を再興すべきである。スーパーコンピューターやiPS細胞、ハイテク素材等、日本には素晴らしいシーズがたくさん転がっている。新産業を起こすには、リスクを伴うし初期投資に莫大なリソーセス（資源）が必要となるので、国が再び強力なリーダーシップを発揮することが望まれる。

アメリカは大型プロジェクトの受注には大統領が先頭に立つし、知事も企業誘致に外国まで足を延ばし、小さな工場の開所式にまで顔を出す。日本の知事にそんな人がいるだろうか。かつて、池田首相はトランジスター商人と揶揄されながらも高度経済成長を牽引していった。税収を増やしたければ、今の政治家はつまらない足の引っ張り合いをするよりもその時代に立ち返り、もっと額《ひたい》に汗して営業活動をすべきである。最近は、中国人から、「中国は社会主義の顔をした資本主義国、日本は資本主義の顔をした社会主義国」といって笑われる。セーフティーネットを張ることも大事だが、職を増やすことの方がもっと大事である。ボランティア活動も、それをやるにはベースとなる経済力の裏付けがあって始めて成り立つものである。明治も終戦後も同じ状況であった。

やたら官僚を叩くのではなく、優秀な彼らに使命感を与え、誇りを持ってお国のために死ぬ覚悟で働くくらいの活躍の場を与えることも政治の役目である。

⑤国民の意識改革

幕末に、日本を訪れた欧米人が感心したのは、日本人の勤勉さと倫理観の高さであった。徳富蘇峰によると、一部異論はあろうが、次のようなことが日本人の美意識であり、アイデンティティーであると言っている。

「芳賀矢一《はがやいち》博士の『国民性十論』（一九〇八年一月）には、日本人の国民性として、『①忠臣愛国、②祖先を尊び、家名を重んず、③現世的、実際的、④草木を愛し、自然を喜ぶ、⑤楽天洒楽、⑥淡泊瀟洒《しょうしゃ》、⑦繊細繊巧、⑧清浄潔白、⑨礼節作法、⑩温和寛恕《かんじょ》』が挙げられており、これに『負けじ魂』を付け加えたい」（『徳富蘇峰　終戦後日記』徳富蘇峰著、講談社）

戦後民主主義の時代に育った一部戦中派と私たち団塊の世代は、子供を自由放任で育て、まともに躾《しつけ》をしてこなかった。その子供が親になっている今日、倫理観の欠如はさらに蔓延しつつある。学校でもモンスター・ペアレンツと言われる若い親の非常識・横暴が目に余ると言われるが、それに先生が敢然と立ち向かっていない。日本人の美徳が急速に廃れている。教育勅語に代わるものとして、せっかく教育基本法があるのだから、それを家庭でも学校でも意識して教育し、実践させることが必要である。戦後民主主義教育で足りなかったものとして、安倍内閣は二〇〇六年の改正で「愛国心、道徳、家庭教育の責任」を新たに追加しているが、今の世相を鑑みるに、更に「嘘をつかない。強きをくじき弱きを助ける。公に奉じる」が足りないように思う。公の場と私的な場の違いがわからず、食べカス・空き缶をまき散らし、人の迷惑をかえりみず、弱者をいじめ、騙し、金のためなら身も心も売っても平気な若者を、誰が作り、どう躾てきたのかを考えれば、「自由とか、ゆとり教育」と言う以前の問題であることがわかるはずだ。

〈教育基本法のキーワード〉

（前文）個人の尊重、真理と正義、公共の精神、人間性と創造性、伝統の継承、文化の創造。

（教育の目的）

一、知識と教養、情操と道徳心。

二、個人の価値、創造性、自主および自立、勤労。

三、正義と責任、男女平等、敬愛と協力、公共の精神、社会の形成。

四、生命と自然、環境保全。

五、伝統と文化、国と郷土を愛する心、他国の尊重。

六、家庭教育の責任。

（注、傍点部分は二〇〇六年十二月の主な改定部分）

次に大事なことは、ハングリー精神を持つことである。一九八〇年代に、アメリカの産業は日本に蹂《じゅう》躙《りん》されて不況のどん底にあった。私が駐在した一九九二年でも、仕事のない若者から、何でもよいから仕事を紹介してくださいと何人からも頼まれた。彼らに共通していたことは、親の世話にならず自立しようとするハングリー精神であった。こうした若者が、ガレージの隅からアップルやオラクル等のベンチャー企業を起こし、九〇年代後半からのＩＴ革命を支え、次いで行き過ぎはあったものの金融革命を起こして、アメリカの復活を果たした。同じ不況の中でも、日米の若者の目の輝きの違いを痛感する。新井白石《あらいはくせき》が「憤せざれば、啓せず」と言った通り、発憤《はっぷん》しないと道は開かれない。

最後に言いたいことは、各人が個を確立（自ら考え、リスクを承知で決断し、結果の責任を取る）することである。何をやるにもリスクはつきものであり、それゆえに人間は真剣に考えるようになる。何でも政府や他人のせいにしていると、過保護に慣れて人間は退化する。主体性のある個人として、無責任、無関心、無気力から脱却しなければならない。

政治家もメディアも、些細な手続き論や形式論ばかりをあげつらうのでなく、性根を据えて政策論を戦わせてもらいたいものである。政治を、バラエティー番組で面白おかしく取り上げているようでは、いつまで経っても、瓦版《かわらばん》の域を出ないし、政治家も国民も一流にはならない。メディアには、もっと崇高な使命を果たしてもらいたい。

また、官僚も、お国のために能力をフルに発揮してもらいたいものである。私の知る限りでは一九八〇～九〇年代の日米通商摩擦の時代の官僚は日の丸を背負って大変頑張った。昨年（二〇〇九年）の民主党による事業仕分けの官僚答弁を見ていて、気概と説明能力のなさに唖然とした。緊張感のないこの二十年で、官僚も劣化したものである。これは、官僚だけの問題ではなく、国民全体の問題である。ようやく、国民の中にも危機感が醸成されつつあることは良いことで、一人一人が問題意識をもって、頑張れば、また、新たな日本の発展が期待できる。

『七人の侍』は、数ある名画の最高傑作だと思うが、その理由は、困難に立ち向かった戦後勃興期のエネルギーのようなものを感じさせるからだろう。その中で、七人の個性ある侍を適材適所で使い分け、無気力な百姓に、「自分の城は自分で守る」当事者意識と「他人を守ることが自分を守ることになる」との意識に目覚めさせ、野武士を壊滅させるという大事業をなすことに感動を憶える。ここに意識改革の真髄が凝縮されている。

ローマ帝国滅亡の主原因は、当事者意識を持った健全な市民階級（納税と兵役の主体）の崩壊と傭兵依存にあり、自覚症状のないままいつの間にか滅亡した。日本がその轍《てつ》を踏んではならない。国益のために、体を張る政治家と、それを支える国民づくりにすべては帰結する。

「ローマ帝国は、蛮族でも攻めてきて、激しい攻防戦を繰り広げた末の壮絶な死ではない。炎上もなければ阿鼻叫喚もなく、ゆえに誰ひとり気付いた人もいないうちに消え失せたのである」（『ローマ人の物語XV』塩野七生著、新潮社）

（参考）

〈日米安保条約要約〉

一九六〇年一月十九日

一、国連憲章の定めるところに従い、武力不行使、国連の目的外のことを慎む。
二、締約国は、経済的協力を促進する。
三、締約国は、憲法上の規定に従うことを条件に、自衛力を維持発展させる。
四、日本国の安全又は極東の平和及び安全に対する脅威が生じた時は協議する。
五、日本施政下にあるいずれか一方に対する武力攻撃に対して、憲法上の規定及び手続きに従って共同防衛を行う。
この措置は、国連の安全保障理事会が必要な措置を取った時に終止する。
六、日本国の安全と極東の平和及び安全の維持のために米軍基地を供与する。
七、この条約は、国際連合の措置が効力を生じたと両国が認める時まで効力を有する。
この条約が十年間効力を存続したのちは、いずれかが一年前の通告で終了する

〈地位協定〉

五、米側が先に被疑者を確保した場合、日本検察当局が起訴するまでは米側が拘束。
十七、米軍人・軍属が公務中に犯罪を犯した場合の第一次裁判権は米軍側、公務以外の場合は日本側。

〈米軍基地〉

・日本国内に十三カ所（七五パーセントが沖縄）。
・米軍は三万六千人。
〈思いやり予算〉……日本人従業員給与、住宅・施設費、水道・光熱費
・六千～七千億円／年（過去二十七年間で五兆円）を日本が負担（これは独、韓の支払額合計の倍以上）。

あとがき

フランスに行ったときに、ある若者に、ナポレオンについてどう思うかを聞いてみたことがある。フランス人なら、すべての人が英雄ナポレオンを尊敬しているのかと思っていたが、その人は意に反して、「嫌いだ」と言ったのには驚いた。私は、外国へ行くといつも軍事博物館を見学するようにしている。どの国も、誇らしげに歴史と武器を展示して自分の国の正当性を誇示している。これがないのは日本ぐらいである。フランスでは、セーヌ河畔の廃兵院跡に軍事博物館「アンヴァリッド」があり、栄光のフランスを象徴するように歴代の連隊旗と武具がきらびやかに所狭しと陳列されている。そこに金色に輝く壮麗なドームがあり、その地階の中央に、巨大な茶色の大理石でできたナポレオンの棺《ひつぎ》がある。一階の円形状の手すりからその棺を見下ろすことができるようになっているが、そこに立つ初老のご婦人が涙ぐんでそれを見つめていたのが大変印象的であった。同じナポレオンを、人によっては、「血に飢えた征服者」と見、人によっては、「栄光のフランスそのもの」と見ており、そこから、「事実」は一つでも、「正義」や「真実」は相対的なものであることがわかる。ちなみに、その四隅には、それを守るように救国の将軍の像が配置されているが、その一角にナポレオンの息子で、ローマ王だったフランソワの廟《びょう》があり、それをイタリアからここへ運んだのはヒトラーであった。

　歴史を見るときには、できるだけ「事実」を明らかにして、その「正邪の判断」は、読者や後の人に任せるようにした方がよい。特に、対立勢力がぶつかり合う場合は、それぞれに「正義」がある。「真実」というのも、その正当性を訴えるためのレトリックで、実際はある価値観によるフィルターを通して語られることが多く、胡散臭《うさん》い。国際政治は一筋縄ではいかない。何かをやるにはそれなりの理由がある。物事には表（建前）もあれば裏（本音）もある。それはお互い様であり、相手を非難しても始まらない。見たくないものを見ないように、砂に頭を埋めるダチョウではなく、現実を現実として見つめ、目を逸らすことなく対策を講じていく必要がある。

日本がアジアを解放しようとしたのか侵略しようとしたのかは、ナポレオンがヨーロッパの解放者か侵略者かというのとよく似ている。ある面では正しく、ある面では欺瞞《ぎまん》である。戦後は、占領政策による洗脳と過度の反省、それに便乗した進歩的文化人による型にはまった偏向教育がなされてきた。これが、文部省教育として津々浦々にまで波及したのは、左翼系の人たちだけによるのではなく、権力を持つ側にも同調者がいたからである。歴史は多面的に見なければならない。公文書の公開によって新しい事実も出てきた。戦後六十余年が経ってあの戦争も歴史になってきたので、先入観を捨てて事実に向き合うことが必要である。戦後のトラウマから解放されるべき時である。

日本固有の文化には、巻頭のペリー、シュリーマン、マッカーサーの指摘にある通り、世界に珍しい良い点が多々あった。これが戦後見捨てられ、失われた二十年を経てますますひどくなっているような気がしている。弱い者いじめ、詐欺行為の横行、迷惑行為の蔓延、権利は主張するが義務を果たさない、公徳心・愛国心の欠如等、倫理観・国民意識の堕落・崩壊が甚だしい。これは、自由、平等、民主主義とは無縁のもので、その履き違い以外の何物でもない。民族の誇りとアイデンティティーを失うと、自律心、向上心が阻害されてしまう。日本には外国から羨ましがられる良い伝統、文化があるので、それを蘇らせる必要がある。ワシントンＤＣに行ったとき、タクシーの運転手から、いきなり日本人であることを前提に話しかけられたことがある。運転手に、なぜ日本人とわかるのかと聞いたら「日本人は、服装がきちんとしており、Majesty（堂々としていること）、Dignity（品位）があるのですぐわかる」とのことであった。これまでの、多くの日本人の努力の賜物であり、こうしたことは大事にしたいものである。

私は、専門家ではなく、浅学菲才の一介の歴史好きにすぎない。本書作成に当っては、多くの皆さんの研究成果、資料を引用させてもらった。特に、最近公開された情報は、私どもの習った歴史観、事実を大きく覆すものであった。諸賢のご尽力に敬意を表するとともに、厚くお礼を申し上げたい。この本は、歴史を知らない若い人向けに作成した。若い人に読んでいただき、先人が何を考え、どんなに頑張ったか、そしてどこでどう道を誤ったか、その原因は何か、それを他山の石としてこれからどうするべきかについて、興味を覚え、疑問を持ったところを、自分なりに調べて、自分の意見を持つようにしていただけると幸いである。歴史は必ず繰り返す。過去の事実を知ったうえでどうすべきかを判断すること、そして国家の行為は現実的・合理的かつバランスが大事であること、そして、それを支えるものは、国民自身であるという自覚を持ってもらいたいと思う。この本に共感してもらっても、反面教師にしてもらってもよい。右でも左でもよい。

思いもよらず、門外漢の私が、「地球一周の船旅」で近代史を話すことになったのは、妻に背中を押されてのことである。おそらく、定年になって暇を持て余すとロクなことがないとの深謀遠慮によるものであろうが、いろいろと調べていくと意外な発見があり、どんどん深みに入っていった。また、皆さんの前で話す中で、多くの方々からご意見や参考情報を頂き、話に厚みが増してきた。特に、同じ「船旅」仲間の池田隆氏には、幾冊もの参考図書のご提供と、ひとかたならぬご支援を頂き、室松智雄氏には海軍時代の実体験を聞かせていただき、肥高邦秀氏には、シンガポール、カウラ（オーストラリア）、ペリリュー島（パラオ諸島）の墓参と、「南方方面戦没者慰霊祭」でお世話になり、この紙面を借りて、深く感謝の意を表したい。

明治以来三百五十万人の英霊・戦没者にこの書を捧げる。

二〇一〇年　夏

横内　則之

参考文献

（あ）

軍国日本の興亡　猪木正道　中公新書
朝鮮紀行　英国夫人の見た李朝末期　イザベラ・バード　時岡敬子訳　講談社
連合艦隊の最後　伊藤正徳　光人社
日本史　井上光貞　学生社
大東亜戦争作戦日誌　井本熊男著　芙蓉書房出版
太平洋戦争は無謀な戦争だったのか　ジェームズ・B・ウッド著　茂木弘道訳、WAC
聖徳太子Ⅰ～Ⅲ　梅原猛　小学館
ガダルカナルの戦い　エドウィン・P・ホイト　井原裕司訳　元就出版社
南洲残影　江藤淳　文藝春秋
緒戦の悲劇　F・A・マッケンジー著　渡辺学訳　平凡社東洋文庫
昭和の歴史③～⑦　大江志乃夫、江口圭一、藤原彰、粟屋憲太郎、木坂順一郎著　小学館ライブラリー
愛情はふる星のごとく　尾崎秀実　青木書店
吉田茂とその時代　岡崎久彦　PHP研究所
ノモンハン戦　御田重宝　徳間書店
沖縄ノート　大江健三郎　岩波新書

文明の道　アレクサンドロスの時代　ＮＨＫ出版

（か）

外事警察資料　不二出版
それでも、日本人は『戦争』を選んだ　加藤陽子　朝日出版社
散るぞ悲しき　梯久美子　新潮社
南京事件論争史　日本人は史実をどう認識してきたか　笠原十九司　平凡社新書
ミズーリ号への道程　加瀬俊一著　文藝春秋社
児玉源太郎　神川武利　ＰＨＰ研究所
秋山真之　神川武利　ＰＨＰ研究所
検証　大東亜戦争史上・下巻　狩野信行著　芙蓉書房出版
浜口雄幸と永田鉄山　川田稔　講談社
原敬と山県有朋　川田稔　中公新書
親日派のための弁明　金完燮著　荒木和博訳　草思社
日露戦争　近現代史編纂会　日本文芸社
蔣介石　黄仁宇著　北村稔訳　東方書店
海軍および海軍兵学校のあゆみ　酒巻和男氏の講話　記念誌編集委員会
斎藤隆夫かく戦えり　草柳大蔵　文藝春秋
金子さんの戦争　熊谷伸一郎　リトルモア

福沢諭吉著作集第8巻　慶応義塾大学出版会
中国が葬った歴史の新・真実　黄文雄　青春出版社
日中戦争　児島襄　文春文庫
蟹工船・党生活者　小林多喜二著　新潮文庫

（さ）

韓国　堕落の二千年史　崔基鎬　祥伝社
あなたは「三光作戦」を知っていますか　坂倉清・高柳美知子　新日本出版社
ローマ人の物語Ⅰ〜XV　塩野七生　新潮社
天皇と東条英機の苦悩　塩田道夫　日本文芸社
コミンテルン・ドキュメントⅡ、Ⅲ　ジェーン・デグラム編著　荒畑寒村、対馬忠行他訳　現代思潮社
シュリーマン旅行記　清国・日本　H・シュリーマン　石井和子訳　講談社学術文庫
証言　沖縄「集団自決」　謝花直美　岩波新書
明治という国家　司馬遼太郎　日本放送出版協会
坂の上の雲　司馬遼太郎　文春文庫
紫禁城の黄昏　R・F・ジョンストン　中山理訳　祥伝社
真珠湾の真実　ロバート・スティネット　妹尾作太男訳　文藝春秋
正論　二〇〇三年十二月号、二〇〇四年一月号　産経新聞社
日本の証言　瀬島龍三　フジテレビ出版

大東亜戦争の実相　瀬島龍三　ＰＨＰ研究所
ある神話の背景　沖縄・渡嘉敷島の集団自決　曽野綾子　ＰＨＰ文庫

（た）

高松宮日記　高松宮宣仁　中央公論社
孫文　田所竹彦　築地書館
図説　日露戦争　太平洋戦争研究会　河出書房新社
図説　満州帝国　太平洋戦争研究会　河出書房新社
図説　日中戦争　太平洋戦争研究会　河出書房新社
図説　太平洋戦争　太平洋戦争研究会　河出書房新社
図説　秘話でよむ太平洋戦争二　太平洋戦争研究会　河出書房新社
図説　東京裁判　太平洋戦争研究会　河出書房新社
図説　太平洋戦争十六の大決戦　太平洋戦争研究会　河出書房新社
武器・兵器でわかる太平洋戦争　太平洋戦争研究会　日本文芸社
敗因を衝く　田中隆吉著　中公文庫
特集「三光」政策の実相　季刊「中帰連」　中国帰還者連絡会
帰って来た戦犯たちの後半生　中国帰還者連絡会　新風書房
墓標なき八万の死者　満州開拓団の壊滅　角田房子　中公文庫
昭和天皇独白録　寺崎英成著　文春文庫

大東亜戦争の本質　同台経済懇話会　紀伊國屋書店
徳富蘇峰　終戦後日記　徳富蘇峰　講談社
失敗の本質　日本軍の組織論的研究　戸部良一他　ダイヤモンド社

（な）

関東軍　中山隆志　講談社
日本の「敵」　中西輝政　文藝春秋
帝国としての中国　中西輝政　東洋経済新報社
日本人としてこれだけは知っておきたいこと　中西輝政　ＰＨＰ研究所
真珠湾攻撃総隊長の回想　淵田美津雄自叙伝　淵田美津雄著　中田整一　講談社
其の逝く処を知らず　西木正明　集英社文庫

（は）

北一輝　国体論及び純正社会主義　長谷川雄一他　ミネルヴァ書房
昭和史二十の争点　日本人の常識　秦郁彦　文藝春秋
南京事件　秦郁彦　中公新書
歪められる日本現代史　秦郁彦　ＰＨＰ研究所
平和の発見　花山信勝　朝日新聞社
「東京裁判」を読む　半藤一利他　日本経済新聞出版社
昭和史　半藤一利　平凡社ライブラリー

南京事件「証拠写真を検証する」 東中野修道他 草思社
日本の近代（上・下） 福田和也 新潮社
乃木希典 福田和也 文藝春秋
岡村寧次大将 舩木繁 河出書房新社
近代史 日本とアジア（上・下） 古川万太郎 婦人之友社
Venona ヴェノナ ジョン・アール・ヘイズ&ハーヴェイ・クレア著 中西輝政監訳 ＰＨＰ研究所
ペリー艦隊日本遠征記 Ｍ・Ｃ・ペリー オフィス宮崎訳 栄光教育文化研究所
あの戦争は何だったのか 保坂正康 新潮新書
日本の戦争 常識のウソ 保坂正康 アスコム
零戦 堀越二郎 奥宮正武 ＰＨＰ文庫

（ま）
日本初のロケット戦闘機「秋水」 松岡久光 三樹書房
「特攻」と遺族の戦後 宮本雅史 角川書店
大東亜戦争の秘密 森嶋雄仁 元就出版社
マッカーサー回想記（上・下）津島一夫訳 朝日新聞社

（や）
済世遺言 山吉盛典著 国立歴史民族博物館所蔵
この国の失敗の本質 柳田邦男 講談社文庫

横濱　二〇〇四年夏号　Vol.5　開国百五十周年特集
戦艦大和ノ最期　吉田満　講談社文芸文庫
ポーツマスの旗　吉村昭　新潮文庫
（ら）
南京の真実　ジョン・ラーベ　平野卿子訳　講談社
（わ）
東条英機　歴史の証言　渡辺昇一　祥伝社

著者プロフィール

横内 則之（よこうち のりゆき）

1945年10月、香川県生まれ。
1969年３月、京都大学法学部卒業。
４月、トヨタ自動車㈱入社。
情報システム部、人事部、調達部勤務（うち７年間アメリカ駐在）、調達部長。
2008年６月、トヨタ紡織㈱専務取締役、常勤監査役を経て退任。

学校で習わない日本の近代史 なぜ戦争は起こるのか

2010年８月15日　初版第１刷発行
2024年12月15日　初版第６刷発行

著　者　横内 則之
発行者　瓜谷 綱延
発行所　株式会社文芸社
〒160-0022　東京都新宿区新宿１－10－１
電話　03-5369-3060（代表）
03-5369-2299（販売）

印刷所　株式会社エーヴィスシステムズ

ISBN978-4-286-09317-8